LA RELÈVE APOCALYPTIQUE DU MESSIANISME

I

LA ROYAUTÉ, LE RÈGNE, LE ROYAUME DE DIEU CADRE DE LA RELÈVE APOCALYPTIQUE

BIBLIOTHECA EPHEMERIDUM THEOLOGICARUM
LOVANIENSIUM

L

LA RELÈVE APOCALYPTIQUE
DU MESSIANISME ROYAL

I

LA ROYAUTÉ - LE RÈGNE
LE ROYAUME DE DIEU
CADRE DE LA RELÈVE APOCALYPTIQUE

PAR

JOSEPH COPPENS

PROFESSEUR À LOUVAIN

LEUVEN
UITGEVERIJ PEETERS

LEUVEN
UNIVERSITY PRESS

1979

ISBN 2-8017-0123-8

Dépôt légal 1979/0602/19

Éditions Peeters, Postbus 41, B-3000 Louvain (Belgique)

Leuven University Press / Presses Universitaires de Louvain
Universitaire Pers Leuven
Krakenstraat 3, B-3000 Leuven-Louvain (Belgium)

PIAE · MEMORIAE

ANDREAE · CHARUE

MDCCCXCVIII-MCMLXXVII

IN · FACULTATE · THEOLOGICA · LOVANIENSI

OLIM · CONDISCIPULO

POSTHAC · IN · SACRA · PAGINA · EXPLANANDA

MAGISTRO · COLLEGAE · SAGACITER · ERUDITO

DENIQUE · ANNIS · MCMXLII-MCMLXVIII

INDIVISAE · ALMAE · MATRIS · LOVANIENSIS

INDEFESSO · PATRONO

D · D · B ·

AUCTOR

PRÉFACE

Voici le troisième volume d'une synthèse de l'attente messianique qu'en 1967, à mon jubilé professoral, mon ancien condisciple, Mgr André Charue, m'invita à entreprendre [1]. A l'ouvrage : *Le Messianisme royal. Ses origines. Son développement. Son accomplissement*, publié en 1968 dans la collection *Lectio divina* [2], a succédé en 1974 *Le Messianisme et sa Relève prophétique* [3], paru dans la collection *Bibliotheca Ephemeridum Theologicarum Lovaniensium*, collection que nous avons lancée en 1947 et qui est devenue, au cours de ces dernières années, une série dont l'importance n'échappe plus aux exégètes et aux théologiens [4].

Le présent volume intitulé : *La Royauté, le Règne et le Royaume de Dieu, cadre de la Relève apocalyptique* sera, s'il plaît à Dieu (*Jacq.*, IV, 15), le premier d'une trilogie appelée à exposer une deuxième relève du messianisme royal, celle que nous proposons d'appeler la Relève apocalyptique.

Le Prophète des derniers temps, celui auquel nous avons consacré en ordre principal notre attention dans *La Relève prophétique du Messianisme royal*, n'a pas été la seule figure à se présenter à la foi du peuple d'Israël pour prendre la relève de l'attente messianique la plus classique. Quand l'apocalypse se fut introduite et implantée en Israël surgit dans l'espérance en l'avènement du règne de Dieu, à savoir dans les visions eschatologiques du livre de Daniel, une nouvelle figure, celle du Fils d'homme. C'est elle qui s'imposa, pour une deuxième relève du messianisme, à certains milieux du Judaïsme intertestamentaire. C'est elle aussi qui, selon le témoignage des évangiles synoptiques, a largement retenu l'attention de Jésus dans son attente de la réalisation ultime et définitive du règne de Dieu.

1. André Charue 1898-1977 : cfr *Au Service de la Parole divine. Mélanges offerts à Monseigneur André-Marie Charue, évêque de Namur*, Gembloux, 1969. — A. DESCAMPS, *In Memoriam Mgr Charue*, ap. *RTL*, 1978, pp. 125-129. — J. COPPENS, *Mgr A.-M. Charue. In Memoriam*, ap. *ETL*, 1978, t. LIV, pp. 221-235 et ap. *Annua Nuntia Lovaniensia*, t. XXI, Louvain, Peeters, 1978.

2. T. LIV, Paris, 1968. In-8, 228 p.

3. *Le Messianisme et sa Relève prophétique. Les anticipations vétérotestamentaires. Leur accomplissement en Jésus*, ap. *BETL*, t. XXXVIII, Gembloux, 1974. In-8, x-274 p.

4. Cf. la liste des ouvrages parus publiée dans les *ETL*, 1978, t. LIV, pp. 291-294.

C'est vers elle enfin que se tournèrent de préférence certains milieux de l'Église apostolique, peut-être le groupe des Sept attesté par le livre des Actes, puis les cercles d'où l'évangile johannique est issu et ceux qui ont donné naissance à l'Apocalypse.

C'est donc vraiment autour de cette figure énigmatique de l'avenir eschatologique du règne de Dieu que s'est constituée et organisée la relève du messianisme que nous proposons d'appeler apocalyptique. Pour la comprendre et l'évaluer, il nous a paru qu'il importait d'abord d'esquisser le cadre où elle a surgi, puis d'en exposer la phase vétéro- et intertestamentaire, enfin d'en examiner la relecture, estimée définitive par la foi chrétienne, que Jésus et après lui l'Église apostolique en ont faite.

Au cours de nos recherches pour réaliser, au mieux de nos moyens, ce programme, la matière est devenue si abondante que nous sommes amené à la distribuer en trois volumes. Le premier, c'est-à-dire le présent ouvrage, expose *Le cadre de la Relève apocalyptique*; le deuxième sera consacré à *La Relève apocalyptique dans les écrits vétéro- et intertestamentaires*; le troisième étudiera *La Relève apocalyptique du Messianisme royal dans les écrits du Nouveau Testament.*

On nous permettra d'évoquer une fois de plus les maîtres auxquels nous sommes redevables de notre amour des Saintes Écritures et de notre intérêt pour les origines et le développement de l'espérance messianique : les professeurs Joseph De Caluwe [5], Albin Van Hoonacker, Édouard Tobac, Camille Van Crombrugghe [6], Paul van Imschoot [7].

5. L'abbé Joseph De Caluwe naquit à Beveren-Waas le 2 juin 1881 et décéda à Gand le 23 novembre 1965. — Professeur d'apologétique au Petit Séminaire de St-Nicolas-Waas, il parvenait à enthousiasmer ses meilleurs élèves pour la lecture et l'étude critique des Saintes Écritures. Docteur en théologie de la Faculté de Louvain, lecteur assidu des meilleures publications, il se tenait au courant du progrès des études et avait un talent peu commun d'en communiquer à ses auditeurs, en des exposés aussi lucides que passionnants, les résultats les plus valables.

6. Cf. J. COPPENS, *Prof. Dr Mag. Abb. Van Hoonacker*, ap. *Ons Volk ontwaakt*, 1926, t. XII, pp. 690-692. — *Lijkrede van Kan. Professor Dr. A. Van Hoonacker*, ap. *Uit eigen aard. Redevoeringen (Eerste Bundel)*, Leuven, 1934, pp. 63-75. — *Le chanoine Albin Van Hoonacker. Son enseignement, sa méthode et son œuvre exégétiques*, Bruges, 1935. — *M. le chanoine Van Hoonacker, professeur émérite de la Faculté de théologie*, ap. *Un. Cath. Louvain. Katholieke Universiteit te Leuven. Annuaire. Jaarboek 1934-1936*, Louvain, 1937, pp. LI-LXXXIX. — J. COPPENS, *Éloge académique de Monsieur le professeur Édouard Tobac*, Louvain, Meulemans, 1930. — *Éloge académique de M. le chanoine Édouard Tobac, professeur à la Faculté de théologie, prononcée à la salle des promotions, le 30 juin 1930*, ap. *Un. Cath. Louvain. Kath. Univ. Leuven. Annuaire-Jaarboek 1930-1933*, Louvain, 1934, pp. LXXVIII-XCV. — J. COPPENS, *Le chanoine Camille Van Crombrugghe. Un maître de l'enseignement et*

Qu'on nous autorise aussi à renvoyer à nos publications antérieures sur le messianisme dont plusieurs d'ailleurs n'ont pas été reprises dans les volumes de synthèse parus jusqu'à présent :

Les particularités du style prophétique, ap. *NRT*, 1932, t. LIX, pp. 674-693.

É. TOBAC, *Les Prophètes d'Israël. I. Le prophétisme en Israël. Les prophètes orateurs.* Nouvelle édition, revue et augmentée par J. Coppens, Malines, 1932. In-8, XXXVI-192 p.

Pour mieux comprendre et mieux enseigner l'Histoire sainte de l'Ancien Testament, Bruges-Paris, 1936. In-8, 82 p.

Heilsgeschiedenis van het Oude Testament voor Priesters en Onderwijzers uiteengezet, Averbode, 1940. In-8, 167 p.

L'argument des prophéties messianiques selon les « Pensées » de Pascal, ap. *ETL*, 1976, t. XXII, pp. 337-361.

Les Harmonies des deux Testaments. I. En étudiant les divers sens des Saintes Écritures. II. Les apports du sens plénier. III. Les apports des sens seconds. IV. La primauté du sens littéral. Essai de synthèse, ap. *NRT*, 1948, t. LXX, pp. 794-810; 1949, t. LXXI, pp. 3-38, 337-366, 477-496.

Les Harmonies des deux Testaments. Essai sur les divers sens des Écritures et sur l'unité de la Révélation, Paris-Tournai, 1949. In-8, 148 p.

Le protévangile. Un nouvel essai d'exégèse, ap. *ETL*, 1950, t. XXVI, pp. 5-36.

Nieuw licht over de Ebed-Jahweh-liederen, ap. *Pro Regno. Pro Sanctuario.* (Festschrift G. v. d. Leeuw), Nijkerk, 1950, pp. 115-123. Cfr *ALBO*, sér. II, fasc. 15. Louvain, 1950. In-8, 16 p.

Où en est le problème du messianisme? (A propos de l'ouvrage de A. Bentzen), ap. *ETL*, 1951, t. XXVII, pp. 81-91.

Le messianisme israélite selon Alfred Loisy, ap. *ETL*, 1951, t. XXVII, pp. 53-69.

Vom christlichen Verständnis des Alten Testaments. — Les Harmonies des deux Testaments. Supplément bibliographique, ap. *Folia lovaniensia*, 3-4, Louvain-Fribourg-en-Br., 1952.

La Prophétie de la ʿAlmah, ap. *ETL*, 1952, t. XXVIII, pp. 748-778.

Le messianisme israélite d'après Paul de Broglie, ap. *ETL*, 1953, t. XXIX, pp. 585-608.

Les origines du messianisme. Le dernier essai de synthèse historique, ap. *L'Attente du Messie*, pp. 31-38, Bruges, 1954.

La Prophétie d'Emmanuel, ap. *ibid.*, pp. 39-50.

De messiaanse verwachting in het Psalmboek, ap. *Meded. Kon. Vl. Academie Wet. Lett. Sch. Kunsten België*, XVII, 5, Bruxelles, 1955. In-8, 36 p.

Le messianisme sapiential et les origines littéraires du Fils de l'homme daniélique, ap. *Wisdom in Israel and in the Ancient Near East presented to Professor H.H. Rowley*, Leyde, 1955, pp. 33-41.

de la pensée théologiques, ap. *Rev. Cath. Idées Faits*, 1940, t. XIX, n° 52, vendredi 22 mars, pp. 9-12; t. XX, n°s 1-2, vendredi 5 avril, pp. 15-19. — *Le chanoine Camille Van Crombrugghe. Un maître de l'enseignement et de la pensée théologiques*, Bruxelles, Lesigne, 1940. — *Le chanoine Camille Van Crombrugghe. In Memoriam*, ap. *Ann. Univ. Louvain. Jaarboek Kath. Univ. Leuven, 1940-1941*, Louvain, 1942, pp. LXXXI-CII.

7. P. van Imschoot 17 décembre 1889 – 25 mai 1968 : cf. *ETL*, 1968, t. XLIV, pp. 666-667.

La Bénédiction de Jacob. Son cadre historique à la lumière des parallèles ougaritiques, ap. *Suppl. V.T. IV. Congress Volume Strasbourg 1956*, Leyde, 1956, pp. 97-115.

La portée messianique du Psaume CX, ap. *ETL*, 1956, t. XXXII, pp. 5-24. Cfr *ALBO*, sér. III, fasc. 1.

Une interprétation originale du fils de la 'Almah, ap. *ETL*, 1957, t. XXXIII, pp. 509-510.

Le Serviteur de Yahvé. Vers la solution d'une énigme, ap. *Sacra Pagina*, t. I, pp. 434-454, Gembloux, 1959.

Les Origines littéraires des Poèmes du Serviteur de Yahvé, ap. *Biblica*, 1959, t. XL, pp. 248-258.

Das prophetische Argument in der Apologetik Pascals, ap. *Trier. Theol. Zeitschr.*, 1959, pp. 321-331.

L'interprétation d'Is., VII, 14, à la lumière des études les plus récentes, ap. *Lex tua Veritas. Festschrift Hubert Junker*, Trier, 1961, pp. 31-46.

Le roi idéal d'Is., IX, 5-6 et XI, 1-5, est-il une figure messianique?, ap. *A la Rencontre de Dieu. Mémorial Albert Gelin*, Le Puy, 1961, pp. 85-108.

Le Fils de l'homme danièlique et les relectures de Dan., VII, 13, dans les Apocryphes et les Écrits du Nouveau Testament, ap. *ETL*, 1961, t. XXXVII, pp. 5-51.

J. COPPENS - L. DEQUEKER, *Le Fils de l'homme et les Saints du Très-Haut en Daniel, VII, dans les Apocryphes et dans le Nouveau Testament*, ap. *ALBO*, sér. III, fasc. 23, Louvain, 1961.

Le messianisme sacerdotal dans les Écrits du Nouveau Testament, ap. *La Venue du Messie* (*Rech. Bibl.*, VI), pp. 101-112, Bruges, 1962.

La Nouvelle Alliance en Jer. 31, 1-34, ap. *CBQ*, 1963, t. XXV, pp. 12-29.

Le chapitre VII de Daniel, ap. *ETL*, 1963, t. XXXIX, pp. 87-94.

Les Saints du Très-Haut sont-ils à identifier avec les Milices célestes?, *ibid.*, pp. 94-100.

L'Origine du symbole du Fils d'homme, *ibid.*, pp. 100-104.

Le Serviteur de Yahvé et le Fils d'homme danièlique sont-ils des figures messianiques?, *ibid.*, pp. 104-111.

La finale du quatrième Chant du Serviteur (*Is.*, *LIII, 10-12*), ap. *ETL*, 1963, t. XXXIX, pp. 114-119.

L'Espérance messianique. Ses origines et son développement. I. *Les apports de l'exégèse catholique d'expression française à l'étude du messianisme vétérotestamentaire*, ap. *RSR*, 1963, XXXVII, pp. 113-149.

L'évolution de l'espérance messianique. Essai de synthèse, *ibid.*, pp. 225-249.

L'Espérance messianique. Ses origines et son développement, ap. *ALBO*, sér. IV, fasc. 9, Bruges, 1963. In-8, 64 p.

Le Fils d'homme danièlique visir céleste?, ap. *ETL*, 1964, t. XL, pp. 72-80.

L'espérance messianique royale à la veille et au lendemain de l'exil, ap. *Studia biblica et semitica Th. Chr. Vriezen dicata*, Wageningen, 1966, pp. 46-61.

Le messianisme royal. Ses origines. Son développement. Son accomplissement. I. *État de la question.* II. *Le messianisme royal dynastique.* III. *Le messianisme royal dans la littérature prophétique.* IV. *Le messianisme royal. Son déclin et sa résurgence postexilique.* V. *Les relectures christologiques.* VI. *Jésus et l'accomplissement de l'attente messianique royale*, ap *NRT*, 1968, t. XC, pp. 30-48, 225-251, 479-512, 622-650, 834-863, 936-975.

Le Messianisme royal. Ses origines. Son développement. Son accomplissement, ap. *Lectio divina*, t. LIV, Paris, 1968. In-8, 228 p.
Un nouvel essai d'interpréter Dan., VII, ap. *ETL*, 1969, t. XLV, pp. 124-129.
La vision danielique du Fils d'homme, ap. *VT*, 1969, t. XIX, pp. 172-182.
L'Oracle messianique de Michée, V, 1-5, ap. *Near Eastern Studies in Honor of W. F. Albright*. Éd. H. Goedicke, Baltimore, 1969, pp. 57-62.
Le Messianisme royal. La relève prophétique. I. *Moïse médiateur prophétique de l'alliance*. II. *Le prophète de l'avenir en tant que Nouveau Moïse*. III. *Le Serviteur de Yahvé, figure prophétique de l'avenir*. A. *Le dossier du Serviteur*. — IV. B. *Les Poèmes du Serviteur. Commentaire*. C. *L'identité du Serviteur*. V. *La mission du Serviteur et son statut eschatologique*. VI. *Le prophète eschatologique. L'annonce de sa venue. Les relectures*. VII. *La relève prophétique et l'évolution spirituelle de l'attente messianique et eschatologique d'Israël*, ap. *ETL*, 1971, t. XLVII, pp. 177-243; 1972, t. XLVIII, pp. 5-36, 343-371; 1973, t. XLIX, pp. 5-35, 775-783.
Het koninklijk Messianisme in het licht van recente bijdragen, ap. *Jaarboek Kon. Acad. Wet. Lett. Sch. Kunsten 1972*, Bruxelles, 1973, pp. 135-136.
De Mensenzoon-logia in het Markusevangelium. Avec un résumé, des notes et une bibliographie en français, ap. *Med. Kon. Acad. Wet. Lett. Sch. Kunsten België*, XXXV, 3, Bruxelles, 1973. In-8, 55 p.
Les logia du Fils de l'homme dans l'Évangile de Marc, ap. *L'Évangile de Marc* (*BETL*, t. XXXIV), Gembloux, 1973, pp. 487-528.
Le Messianisme et sa Relève prophétique. Les anticipations vétérotestamentaires. Leur accomplissement en Jésus (*BETL*, t. XXXVIII), Gembloux, 1974. In-8, 276 p.
Le Recours au Serviteur de Yahvé dans la sotériologie paulinienne, ap. *ETL*, 1974, t. 50, pp. 255-256.
Le Fils de l'homme dans la tradition évangélique (à propos de J. R. Donohue, J. M. Nützel, J. Lange), *ibid.*, pp. 260-263.
Le Fils de l'homme dans l'évangile johannique, ap. *ETL*, 1976, t. LII, pp. 28-81.
Le Fils de l'homme dans le dossier paulinien, *ibid.*, pp. 309-330.
Le Serviteur de Yahvé. Personnification de Sion-Jérusalem en tant que centre cultuel des rapatriés, *ibid.*, pp. 344-346.
La Composition du Livre de Daniel, *ibid.*, pp. 346-349.
L'Apocalyptique. Son dossier. Ses critères. Ses éléments constitutifs. Sa portée néotestamentaire, ap. *ETL*, 1977, t. LIII, pp. 1-23.
La Vision du Très-Haut en Dan., VII et Hén. éthiopien, XIV, *ibid.*, pp. 187-189.
L'interprétation collective du Fils d'homme danielique, *ibid.*, pp. 189-191.
Le Psaume CX, *ibid.*, pp. 191-192.
Le Fils de l'homme johannique, ap. *ETL*, 1978, t. LIV, pp. 126-130.

Puisse ce nouvel ouvrage obtenir de la part de nos collègues l'accueil bienveillant réservé aux précédents.

Louvain, le 1er octobre 1978.

TABLE DES MATIÈRES

CHAPITRE I

PROLÉGOMÈNES

L'APOCALYPTIQUE
SON DOSSIER. SES CRITÈRES. SES ÉLÉMENTS CONSTITUTIFS. SA PORTÉE NÉOTESTAMENTAIRE

Le problème de l'apocalyptique, c'est-à-dire celui de son origine, de son développement, de son impact non seulement sur la thématisation théologique du message de Jésus mais également sur la pensée et le message du Sauveur lui-même, a suscité au cours de ces dernières années un renouveau d'intérêt [1]. Mieux que dans le passé, les exégètes soulignent, aussi bien dans les spéculations apocalyptiques juives que dans les traditions chrétiennes, l'attente du Royaume de Dieu et le rôle dévolu à un personnage énigmatique, le Fils de l'homme, pour la venue et même la réalisation de ce règne. D'où la nécessité pour l'historien des origines chrétiennes de se pencher sur les écrits apocalyptiques de la période vétéro- et intertestamentaire, de rechercher dans quelle mesure ils contiennent une relève du messianisme royal, parallèle à la relève prophétique [2], et de se demander si éventuellement

1. Pour un aperçu des études consacrées aux écrits apocalyptiques voir N. A. DAHL, *Apokalyptik, Apokalypser*, ap. *Svenskt Bibliskt Uppslagswerk*, Gävle, 1948, t. I, col. 86-90. — J. VAN DODEWAARD, *Apocalyptique*, ap. *Dictionnaire encyclopédique de la Bible*, Turnhout, 1960, col. 113-115. — S. AALEN, *Apokalypsen-Apokalyptik*, ap. *Bibl.-Hist. Handwörterbuch*. Éd. B. REICKE - L. ROST, Goettingue, 1962. — B. HEMELSOET, *Apokalyptiek*, ap. *Bijbels Woordenboek*, Ruremonde, s.d., p. 65. — J. M. SCHMIDT, *Die jüdische Apokalyptik. Die Geschichte ihrer Erforschung von den Anfängen bis zu den Textfunden von Qumran*, Neukirchen, 1969. — W. HARNISCH, *Verhängnis und Verheissung der Geschichte*, Goettingue, 1969. — K. KOCH, *Ratlos vor der Apokalyptik. Eine Streitschrift über ein vernachlässigtes Gebiet der Bibelwissenschaft und die schädligen Auswirkungen auf Theologie und Philosophie*, Gütersloh, 1970. — J.L. DAVENPORT, *The Eschatology of Jubilees*, Leyde, 1971. — J. SCHREINER, *Ansätze der Apokalyptik*, ap. *Literatur und Religion des Frühjudentums. Eine Einführung*. Éd. J. MAIER et J. SCHREINER, Wurzbourg, 1973, pp. 31-42. — J. SCHREINER, *Die apokalyptische Bewegung*, *ibid.*, pp. 214-253. — M. CARREZ, *L'Eschatologie dans la théologie protestante*, ap. *Les quatre fleuves*, Paris, 1975, fasc. 2, pp. 22-34.

En 1975, l'Association des exégètes catholiques français consacra à Toulouse une semaine d'études à l'apocalyptique dont les actes ont été : *Apocalypse et Théologie de l'Espérance. Congrès de Toulouse (1975)*, ap. *Lectio divina*, t. XCV, Paris, 1977.

2. Voir J. COPPENS, *Le Messianisme et sa relève prophétique. Les anticipations vétérotestamentaires. Leur accomplissement en Jésus*, dans *Bibl. Eph. Theol. Lov.*, t. XXXVIII, Gembloux, 1974.

cette deuxième relève marqua de son empreinte la foi de l'Église apostolique, ou même le message et la conscience de Jésus.

I. Longtemps l'apocalyptique et son éventuel impact sur la formation du christianisme naissant ne furent pas, surtout dans les milieux réformés, un objet de recherches privilégié. Les premiers artisans de la Réforme, en particulier Luther, sans doute traumatisés par les divagations des anabaptistes munstériens et les émeutes qu'elles suscitèrent, s'y montrèrent indifférents ou hostiles[3]. Et puis la Réforme refusa d'introduire dans le canon des Livres saints les deutéro-canoniques[4], et elle négligea fortement les apocryphes, précisément les écrits où l'apocalyptique est largement présente.

A partir du XIXe siècle, — du moins si nous nous reportons aux exposés historiques parus jusqu'à maintenant, — surtout deux tendances se disputent à l'endroit de l'apocalyptique l'adhésion des exégètes et des historiens du christianisme naissant. Les uns, ceux qui grosso modo se rattachent à un courant de pensée libérale, affichent l'indifférence pour cette littérature ou même la répudient carrément. Parmi les représentants de cette allergie aux apocalypticiens, citons, pour le début de ce siècle, W. M. de Wette et W. Vatke[5] et, pour la fin, quelques-uns des chefs de file de la critique vétérotestamentaire, tels J. Wellhausen et B. Duhm[6].

Le mouvement apocalyptique, observent les partisans de cette première attitude, représente l'invasion de l'imaginaire, de l'irrationel, du mythologique, dans les traditions religieuses les meilleures et les plus authentiques d'Israël. Invasion pernicieuse puisqu'à leur avis elle fut due largement à des facteurs étrangers, par exemple les spéculations de la mythologie iranienne. Puis, invasion d'autant plus dangereuse qu'elle menaça de submerger le kérygme essentiel du prophétisme classique et de lui substituer un conglomérat de croyances, où le dualisme, le fatalisme, le pessimisme, sinon un optimisme béat, risquèrent de l'emporter sur la religion prophétique et d'y altérer même la notion du divin. Ajoutons que l'apocalyptique fut mise sur le compte de groupuscules marginaux n'ayant guère conservé des contacts étroits avec les autorités responsables des croyances et des institutions du peuple de Dieu. Et voici, à leurs yeux, le coup

3. J. BARR, *Jewish Apocalyptic in Recent Scholarly Study*, ap. *Bull. John Rylands University Library*, 1975, t. LVIII, pp. 9-35, en particulier pp. 33-34.

4. Cfr A. LOISY, *Histoire du Canon de l'Ancien Testament*, Paris, 1890.

5. J. M. SCHMIDT, *op. cit.*, p. 22.

6. *Ibid.*, p. 24.

de grâce porté à la tradition apocalyptique: Jésus se serait distancé de ce courant de pensée. Lui aussi l'aurait jugé marginal et même foncièrement étranger aux valeurs substantielles de la foi vétérotestamentaire. «La pensée de Jésus, — telle fut par exemple une affirmation de Maurice Goguel, — a été eschatologique; elle n'a pas été apocalyptique»[7].

La deuxième attitude, celle accordant à ladite littérature une place plus ou moins notable, peut, elle aussi, se réclamer de divers représentants de la science biblique dès les débuts du XIXᵉ siècle, tels L. Noack et H. G. A. Ewald[8]. Partagèrent le même point de vue Fr. Lücke, qualifié de «fondateur des études d'apocalyptique»[9], et A. Hilgenfeld bien connu pour sa contribution imposante à la publication et à l'analyse systématique des écrits apocryphes[10].

Quant au renouveau actuel des études consacrées à l'apocalyptique, plusieurs facteurs y ont concouru[11]. Mentionnons d'abord que pas

7. M. GOGUEL, *Eschatologie et apocalyptique dans le christianisme primitif*, ap. *RHR*, 1932, t. CVI, pp. 381-434, 489-524, en particulier p. 387.

8. J. M. SCHMIDT, *op. cit.*, p. 24.

9. F. LÜCKE, *Commentar über die Schriften des Evangelisten Johannes*. IV, 1. *Versuch einer vollständigen Einleitung in die Offenbarung und in die gesamte apokalyptische Literatur*, 1832. — *Versuch einer vollständigen Einleitung in die Offenbarung des Johannes oder allgemeine Untersuchungen über die apokalyptische Literatur überhaupt und die Apokalypse des Johannes insbesondere*, 1852.

10. A. HILGENFELD, *Die jüdische Apokalyptik in ihrer geschichtlichen Entwicklung*, 1857; 2ᵉ éd., 1866. — *Die jüdische Apokalyptik und die neuesten Forschungen*, ap. *ZWT*, 1860, t. III, pp. 301-362. — *Jüdische Apokalyptik und Christenthum*, ap. *ZWT*, 1888, t. XXXI, pp. 488-498.

11. La plupart de ces facteurs n'ont pas échappé à J. BARR, *art. cit.*, pp. 22-26. En 1975, au colloque de Toulouse sur l'apocalyptique, d'autres facteurs furent encore allégués pour expliquer la vogue actuelle des études consacrées à ce genre littéraire. Certes on reconnut que cet engouement correspond à une visée biblique foncière, il est vrai surtout vétérotestamentaire, selon laquelle la présence de Dieu dans la révélation est moins une épiphanie qu'une aide et une promesse d'avenir. Mais de plus on estima qu'il répond à une conviction aujourd'hui fort répandue affirmant que le langage apocalyptique, c'est-à-dire imaginaire, symbolique, est le seul propre à évoquer le divin, qui est à strictement parler indicible. Puis et surtout, il est censé répondre à une aspiration fondamentale de la présente génération à laquelle le marxisme apprit à tourner ses énergies vers l'avenir, au besoin même utopique.

Désormais, dans l'optique d'écrivains tels P. Teilhard de Chardin ou J. Moltmann, l'utopie aurait conquis un droit de cité en théologie. Trois valeurs éminentes lui reviennent: celle d'une norme critique libérant de l'attache au statu quo, celle d'un critère heuristique permettant la recherche et l'élaboration de nouvelles hypothèses, celle d'une impulsion poussant à l'action malgré tous les obstacles entrevus.

Sans doute, toute concession aux tendances apocalyptiques ou utopiques n'est pas sans dangers: celui de verser dans le culte de chimères et celui de négliger ou de

mal d'auteurs se sont montrés peu satisfaits d'une tendance à leurs yeux trop répandue à envisager la révélation vétérotestamentaire sous l'angle principal, sinon unique, d'un développement continu, linéaire, baptisé au surplus de *Heilsgeschichte*, «histoire du salut»: réaction en partie justifiée contre le succès obtenu notamment par les ouvrages et·les vues d'O. Cullmann ou de G. von Rad[12]. Relevons ensuite qu'on a contesté la prétendue rupture brutale et illégitime de l'apocalyptique avec la tradition prophétique[13]. Bien loin de pouvoir mettre la période intertestamentaire entre parenthèses, il apparaît aujourd'hui que les écrits ayant vu le jour et s'étant répandus en Israël «entre Tenach et Mishnah» possèdent une importance capitale. C'est entre autres le cas de la version de la Septante que d'aucuns ont entrepris de valoriser jusqu'à lui attribuer le caractère d'un écrit inspiré[15].

Un des facteurs décisifs pour réévaluer la littérature apocalyptique fut à coup sûr la découverte et l'analyse des manuscrits juifs découverts dans les grottes du Désert de Juda. Désormais il était établi sur la base de ces documents que l'apocalyptique avait fleuri à l'époque de Jésus, puis qu'elle avait pris racine non seulement dans quelques groupes marginaux ayant vécu presque en-dehors des traditions les plus authentiques de leur peuple mais jusque dans des milieux certes sectaires mais restés fermement attachés à la Tôrah, aux prescriptions légalistes et sacerdotales y formulées[16]. Les documents qum-

sous-estimer la culture personnelle au profit du bien-être de la collectivité. Pour y parer, on veillera d'abord, — ainsi que le fit d'ailleurs l'apocalyptique vétéro- et intertestamentaire grâce à ses larges sections parénétiques, — à associer aux spéculations sur l'avenir l'énoncé de normes éthiques; puis on se préoccupera d'évaluer correctement le langage symbolique de façon à le mettre à l'abri de toute interprétation conduisant à la fabulation, la gnose, la science-fiction; enfin on fera appel à l'histoire, en l'occurrence aux données historiques sur Jésus et l'Église naissante, pour affranchir les visées réformistes de tout ce qui serait de nature à les éloigner du message de la révélation chrétienne.

12. *Art. cit.*, pp. 24-25. — Pour l'auteur, G. von Rad se trompa en détachant l'apocalyptique de la *Heilsgeschichte* et en essayant de la rattacher aux courants sapientiaux. — Voir aussi M. CARREZ, *L'eschatologie dans la théologie protestante*, dans *Les Quatre fleuves*, n° 2: *Espérance chrétienne et avenir humain*, Paris, 1975, pp. 22-34. — Voir G. VON RAD, *Théologie de l'Ancien Testament Traduit en français par* A. GOY, Genève, 1967, t. II, pp. 263-277.

13. J. BARR, *art. cit.*, pp. 22-23.

14. Cfr W. VAN UNNIK, *Quelques problèmes*, dans *La Littérature juive entre Tenach et Mischna*, ap. *Recherches bibliques*, t. IX, Leyde, 1974, pp. 1-14.

15. Cfr D. BARTHÉLEMY, *La place de la Septante dans l'Église*, dans *Aux grands carrefours de la révélation et de l'exégèse de l'Ancien Testament* (*Recherches bibliques*, t. VIII), Paris, 1966, pp. 13-28.

16. J. BARR, *art. cit.*, p. 23. — Sur la découverte des grottes de Qumrân voir

rânіens, — en majeure partie, semble-t-il, de provenance essénienne, — sont farcies de notions et d'espérances eschatologiques. Certains, tels le *Rouleau de la Guerre* et le *Rouleau du Temple*, relèvent même tout entiers du genre apocalyptique[17].

Autre facteur non moins décisif: la thèse de J. Weiss et d'A. Schweitzer touchant le caractère eschatologique de l'évangile de Jésus, — thèse battant en brèche le portrait libéral du Sauveur, — a fini par s'imposer à beaucoup d'auteurs. Son succès s'accompagna d'un autre résultat également favorable à l'apocalyptique, celui de l'accueil bienveillant réservé aux ouvrages de H. Gunkel, P. Volz et W. Bousset. Ces trois auteurs se prononcèrent en effet sans réserves pour une large ouverture aux données du milieu culturel et religieux où le judaïsme intertestamentaire s'est développé et où à son tour le christianisme naissant s'implanta, milieu où précisément l'apocalyptique se répandit[18]. Le retour d'intérêt pour une littérature trop longtemps sous-estimée et négligée prit une telle ampleur qu'en 1960 Ernst Käsemann lança le slogan: «L'apocalyptique est mère de la théologie chrétienne»[19].

E.-M. LAPERROUSAZ, *Qumrân. L'établissement essénien des bords de la mer Morte*, Paris, 1976.

17. Voir sur les recherches qumrâniennes jusqu'en 1959 l'excellent ouvrage collectif: *La Secte de Qumrân et les origines du Christianisme* (*Recherches bibliques*, t. IV), Paris, 1959. Sur les publications récentes cf. *Qumrân. Sa piété, sa théologie et son milieu.* Éd. M. DELCOR, ap. *BETL*, t. XLVI, Gembloux, 1978.

Selon pas mal d'auteurs, l'apocalyptique a accompli à Qumrân un progrès notable dans la mesure où les qumrâniens furent peut-être les premiers à croire que le processus conduisant à la fin des temps était déjà amorcé.

Jésus et l'Église apostolique partagèrent, tout en la renforçant notablement, la conviction d'une eschatologie anticipée, déjà partiellement réalisée. En outre, dans la perspective chrétienne, la visite de Dieu et la venue de Jésus furent censées coïncider. Quand l'espérance en une *Naherwartung* recula et finalement disparut, la théologie chrétienne fut amenée à se représenter deux parousies et à projeter la parousie définitive dans un lointain avenir, parfois en postulant entre les deux l'avènement d'un royaume millénariste.

18. Cfr M. CARREZ, *art. cit.*, pp. 24-25, avec renvoi aux ouvrages de J. Weiss (1892) et A. Schweitzer (1913). L'influence exercée par ces auteurs sur l'exégèse protestante fut exposée en 1936 par le théologien suédois FOLKE HOLMSTRÖM: *Das eschatologische Denken der Gegenwart. Drei Etappen der theologischen Entwicklung des 20. Jahrhunderts. Neubearbeitet und verkürzte Ausgabe. Ins Dt. übersetzt von* L. M. KRUSKA, Gütersloh, 1936.

19. J. BARR, *art. cit.*, p. 24 avec renvoi à *The Beginnings of Christian Theology*, ap. *New Testament Questions of Today*, 1969, pp. 82-107 et dans *Journal for Theology and the Church*, 1969, t. IV, pp. 17-46: l'apocalyptique y est saluée comme «la mère de toute la théologie chrétienne».

En 1973, W. SCHMITHALS réagit vivement contre l'engouement pour un mouvement

Une certaine pensée protestante, d'une part influencée par l'idéologie marxiste et, de l'autre, désireuse de lui conférer un apport chrétien, se hâta de lui emboîter le pas[20]). Sous l'influence d'un ouvrage-programme qui se répandit rapidement au-delà des frontières de son pays d'origine[21], une théologie surgit qui se prétendit nouvelle en mettant l'accent sur l'espérance, l'avenir, l'«eschaton». Pour que la révélation puisse réussir à dégager des contingences historiques ses valeurs permanentes, il importerait, — telle du moins était la conviction y exprimée, — de l'envisager non plus à un moment particulier de son cours, même censé privilégié ou absolu, ni moyennant une vue kaléidoscopique de ses étapes successives, mais uniquement dans le déchiffrement de son «eschaton», c'est-à-dire de sa visée eschatologique[22].

Étoffons cet aperçu sommaire en nous reportant en ordre principal aux ouvrages récents de K. L. Schmidt et K. Koch, qui s'appliquent systématiquement à nous informer des publications les plus récentes ou les plus discutées.

Dans les pays anglo-saxons, les exégètes ont, ce nous semble, moins qu'ailleurs négligé l'apport des écrits apocalyptiques. Ils le doivent en partie à l'intérêt y suscité par l'œuvre monumentale de R. H. Charles: *The Apocrypha and Pseudepigrapha of the Old Testament*[23]. D'où l'attention soutenue y prêtée à cette catégorie de

d'idées marginal, décadent, ésotérique, à assimiler à la gnose: *Die Apokalyptik. Einführung und Deutung*, Goettingue, 1973.

20. J. BARR, *art. cit.*, p. 26 avec renvoi à J. MOLTMANN, *A Theology of Hope*, 1967.

21. J. MOLTMANN, *Theologie der Hoffnung*, Munich, 1964, 6e éd., 1966. — Pour une discussion des textes néotestamentaires auxquels on est tenté de renvoyer voir J.-R. FLECHA ANDRÉS, *Esperanza y Moral en el Nuevo Testamento*, León, 1975.

22. W. PANNENBERG paraît avoir repris en partie les vues de J. Moltmann. J. BARR, *art. cit.*, p. 26, résume en ces termes la position du théologien allemand: «It is, he says, in apocalyptic that history is seen as universal history: here for the first time, as distinct from Old Testament prophecy, we have not particular messages relating to individual situations but an attempt to grasp the problem of universal history and to relate it to a revelation brought about at the end. Thus apocalytic is seen as the indispensable foundation for the rise of Christianity.» D'après le résumé de Barr, W. Pannenberg parle de l'apocalyptique non plus comme la «mère de toute la théologie chrétienne» mais comme le «fondement pour la croissance du Christianisme».

23. Oxford, 1913. Rappelons que R. H. Charles (1855-1931) fut attaché au Merton College d'Oxford. — Cfr J. C. RYLAARDSDAM, *Intertestamental Studies since Charles' Apocrypha and Pseudepigrapha*, ap. *The Study of the Bible Today and Tomorrow*. Éd. H. R. WILLOUGHBY, 1947.

documents littéraires par des auteurs tels H. H. Rowley[24], T. W. Manson et W. Manson[25], D. L. Russell et T. F. Glasson[26], W. G. Rollins[27] et B. Lindars[28].

Au début de ce siècle, l'Allemagne produisit elle aussi un ouvrage comparable à celui de R. H. Charles[29]. Il fut le fruit de la collaboration d'une excellente équipe. C'est que l'importance de l'apocalyptique n'y avait pas non plus été perdue de vue[30]. Puis survinrent pour la souligner davantage les travaux déjà signalés de J. Weiss[31], A. Schweitzer[32], P. Volz[33], W. Bousset[34]. L'horizon des recherches, déjà devenu plus étendu grâce à P. Volz et W. Bousset, s'amplifia même jusqu'à y inclure l'exploration de milieux et de documents auxquels les anglo-saxons ne s'étaient guère arrêtés[35].

24. *The Relevance of Apocalyptic*, 1944; 2e éd., 1947; 3e 1965 (texte d'une série de conférences données en 1942); *Apokalyptik. Ihre Form und Bedeutung zur biblischen Zeit*, 1965; *Early Jewish Apocalyptic and the Dead Sea Scrolls*, 1957.

25. T. W. MANSON, *Apocalyptica*, ap. *JTS*, 1945, t. XLVI, pp. 41-45; 1947, t. XLVII, pp. 59-61; *Some Reflections on Apocalyptic*, ap. *Mélanges Goguel*, Paris, 1950, pp. 139-145. — W. MANSON, *Eschatology in the New Testament*, ap. *Seot. JT*, 1953, pp. 1-16.

26. D. S. RUSSELL, *The Methods and Message of Jewish Apocalyptic*, 1964. — *Between the Testaments*, Londres, 1960. — *Zwischen den Testamenten*, Neukirchen, 1962. — T. F. GLASSON, *Apocalypses and Pseudepigraphs*, Londres, 1961. — *Greek Influence in Jewish Apocalyptic. With Special Reference to the Apocalypses und Pseudepigraphs*, Londres, 1961.

27. W. G. ROLLINS, *The New Testament and Apocalyptic*, ap. *NTS*, 1970-1971, t. XVII, 454-476.

28. B. LINDARS, *The Apocalyptic Myth and the Death of Christ*, Manchester, 1974. — Texte d'une conférence donnée à Manchester.

29. *Die Apokryphen und Pseudepigraphen des Alten Testaments*. Éd. E. KAUTZSCH, 2 vol., Tubingue, 1900; nouv. éd. anast., 1921.

30. Cfr J. COPPENS, *Le messianisme et sa relève prophétique*, p. 28, notes 135-137.

31. J. WEISS, *Die Predigt Jesu vom Reiche Gottes*, Goettingue, 1892. — Cfr M. CARREZ, *art. cit.*, p. 24.

32. A. SCHWEITZER, *Das Messianitäts- und Leidensgeheimnis*, Tubingue, 1901; 3e éd., 1956. Cfr M. CARREZ, *art. cit.*, pp. 24-25.

33. P. VOLZ, *Jüdische Eschatologie von Daniel bis Akiba*, Tubingue, 1903.

34. W. BOUSSET - H. GRESSMANN, *Die Religion des Judentums im späthellenistischen Zeitalter*, 3e éd., dans *HbNT*, t. XXI, Tubingue, 1926.

35. Contentons-nous d'un seul renvoi: A. VON GALL, *Basileia ton Theou. Eine religionsgeschichtliche Studie zur vorkirchlichen Eschatologie*, dans *Religionswissenschaftliche Bibliothek*, t. VII, Heidelberg, 1926.

Pour l'évolution des positions dans les cercles allemands citons, pour l'importance de plus en plus grande accordée à l'apocalyptique, E. Stauffer iunior (1941), O. Plöger (1959), U. Wilckens (1959, 1961), D. Rössler (1960), E. Käsemann (1960, 1965), A. Ströbel (1962, 1967), P. Stuhlmacher (1962, 1966), W. Pannenberg (1964). Plaidèrent pour une voie moyenne A. Nissen (1967), W. Murdock (1967), H. D. Betz (1968). Ces divers auteurs sont étudiés et présentés par Kl. KOCH: cfr *supra*, n. 1.

En France aussi, les ouvrages consacrés aux apocalypticiens ne manquèrent pas. Rappelons *Le Livre d'Hénoch traduit* par F. Martin (Paris, 1906), *Les Paraboles d'Hénoch et leur messianisme* par L. Gry (Paris, 1910), la version française des *Odes de Salomon* par J. Labourt et P. Batiffol (Paris, 1911) et celle des *Psaumes de Salomon* par J. Viteau (Paris, 1911). Mais on peut se demander si la part faite par A. Loisy à l'eschatologie dans l'interprétation du kérygme évangélique[36], n'amena pas les milieux catholiques à accorder trop peu d'importance à l'apport de l'apocalyptique pour une meilleure intelligence des origines chrétiennes. Remarquons que par ailleurs, au lendemain de la première guerre mondiale, un retour s'amorça vers l'exploration prioritaire d'un milieu juif plus traditionnel, celui des cercles rabbiniques, voir pharisaïques[37].

Observons aussi que la théologie dialectique[38] et que la critique bultmannienne, — celle-ci jetant le discrédit sur toute donnée d'allure mythologique, — ne favorisèrent pas l'estime des traditions apocalyptiques. D'où, quand il s'est agi de les évaluer, une bouleversante divergence d'appréciations[39]. D'où aussi par exemple le titre de l'ouvrage de Kl. Koch: *Ratlos vor der Apokalyptik*[40], titre dont la version anglaise ne rend guère l'attitude ressentie par l'auteur en présence de l'amas hétéroclite des matériaux étudiés[41].

36. Cfr *supra*, n. 4. — Voir cependant J. B. FREY, *Apocalyptique*, ap. *DBS*, 1928, t. I, col. 326-354. — M.-J. LAGRANGE, *Le Judaïsme avant Jésus-Christ*, ap. *Études bibliques*, Paris, 1931. — B. RIGAUX, *L'Antéchrist et l'Opposition au Royaume messianique dans l'Ancien et le Nouveau Testament*, ap. *Univ. Cath. Lov. Diss. mag. S. Theol.*, sér. 2, t. XXIV, Gembloux, 1932. — J. BONSIRVEN, *Genres littéraires dans la littérature juive postbiblique*, ap. *Bibl.*, 1954, t. XXXV, pp. 328-345. — J. DANIÉLOU, *Théologie du Judéo-christianisme*, Paris, 1958. — M. SIMON, *Les Sectes juives au temps de Jésus*, Paris, 1960.

37. Cfr par exemple G. FOOT MOORE, *Judaism in the First Centuries of the Christian Era*, 3 vol., Cambridge, 1927-1930. — J. BONSIRVEN, *Le Judaïsme palestinien*, 2 vol., Paris, 1934. — R. TRAVERS HERFORD, *The Pharisees*, Londres, 1924.

Notons à titre de curiosité que GEZA VERMES revient lui aussi à accorder la priorité aux traditions rabbiniques pour comprendre Jésus: «In fact, if I may return to the main conclusion of this paper, if the Qumran Scrolls are invaluable in shedding new light on early Christianity, rabbinic literature skilfully handled, is still the richest source for the interpretation of the original Gospel message, and the most precious aid to the quest for the historical Jesus»: cfr *The Impact of the Dead Sea Scrolls on the Study of the New Testament*, ap. *Journ. Jew. Stud.*, 1976, t. XXVII (pp. 107-116), p. 116.

38. Cfr M. CARREZ, *art. cit.*, p. 26.

39. Pour une orientation bibliographique cfr *supra*, note 1.

40. Gütersloh, 1970.

41. J. BARR, *art. cit.*, p. 9. — La version anglaise de l'ouvrage fut publiée en 1972 sous le titre pas tout à fait fidèle de *The Rediscovery of Apocalyptic*.

II. De fait, concédons-le sans tergiverser, la littérature apocalyptique charrie des traditions disparates, peu cohérentes, déconcertantes, où le risque de s'égarer ou celui de vouloir s'en détourner n'est pas mince. Pour l'aborder avec quelque chance d'en profiter, il importe au préalable de préciser la nature de ce genre littéraire, d'en fournir des critères sûrs, d'en dégager les éléments véritablement constitutifs.

L'usage du terme «apocalyptique» pour désigner le genre littéraire en question est généralement considéré comme ayant une origine chrétienne. Il dériverait du titre donné à l'écrit johannique clôturant le canon des livres du Nouveau Testament[42]. Tantôt le vocable désigne strictement le genre littéraire[43], tantôt il s'applique également aux matériaux qui en relèvent. Cette double acception n'est pas de nature à plaire à tous. D'aucuns y voient une source d'équivoque. Ils voudraient réserver le terme à la seule désignation du genre littéraire et choisir un autre mot, par exemple «messianisme» ou surtout «eschatologie» pour signifier le contenu[44]. Jusqu'à maintenant la suggestion n'a guère été suivie, et les auteurs continuent généralement à ne pas distinguer entre le genre littéraire et les matériaux qu'il recouvre[45].

Une autre suggestion a plus de chances d'être retenue. Elle invite à mieux discerner et séparer dans l'attente eschatologique d'abord les données ayant trait à l'eschatologie collective, c'est-à-dire à l'avenir du peuple de Dieu, — puis celles relatives à l'eschatologie individuelle, c'est-à-dire au destin réservé aux individus au moment de l'instauration finale, définitive, absolue, du règne de Dieu, — enfin, en troisième lieu, celles situées en marge de ces deux attentes, c'est-à-dire toutes les données relatives au domaine profane, étrangères à l'histoire du salut, à savoir celles dérivant d'une prétendue exploration de la nature, du cosmos, et découlant du dévoilement de leurs secrets[46].

42. J. BARR, *art. cit.*, p. 15.

43. A en croire J. M. SCHMIDT (*op. cit.*, p. 174, cité par J. BARR, *art. cit.*, p. 15, n. 1), E. SCHÜRER aurait été le premier à proposer de réserver le terme «apocalyptique» au genre littéraire.

44. Il s'agit plus précisément selon J. BARR, *art. cit.*, p. 15, n. 1, de la 2ᵉ édition, — celle de 1886, — de la *Geschichte des jüdischen Volkes* d'E. SCHÜRER.

45. Pour clarifier les exposés, J. BARR, *art. cit.*, p. 16, invite de son côté à distinguer dans les textes apocalyptiques quatre niveaux: ceux du langage, — de la structure, — de l'encadrement littéraire précis, p. ex. historique, allégorique, — et de l'enseignement doctrinal. A notre avis, il est bien difficile de distinguer et de séparer aussi exactement ces quatre réseaux.

46. S. AALEN, *Apokalypsen-Apokalyptik*, ap. *Bibl.-hist. Handwörterbuch*. Éd. B. REICKE - L. ROST, t. I, Goettingue, 1962. Aalen propose de parler de «heilsge-

Tous les écrits communément classés dans le genre apocalyptique ne conviennent pas pour nous en fournir des critères sûrs, susceptibles de le définir et circonscrire. On retiendra seulement ceux qu'un large consensus reconnaît comme échantillons irrécusables du genre[47], notamment, parmi les écrits inspirés, le livre de Daniel et l'apocalypse johannique et, parmi les apocryphes, le IVe Livre d'Esdras, l'Apocalypse syriaque de Baruch, les Livres hénochiques, y compris les Paraboles ou Similitudes de l'Hénoch éthiopien.

Parmi les critères proposés, les uns dits formels ont trait à la forme littéraire, les autres dits matériels ou thématiques concernent les sujets développés. Signalons comme critères formels le plus souvent allégués: le syncrétisme littéraire — c'est-à-dire la présence de *Mischformen* — ou idéologique, la pseudonymie, l'efflorescence de l'imaginaire et du fantastique, le symbolisme, spécialement le symbolisme animalier, l'ésotérisme, le recours aux cadres oniriques, visionnaires ou même extatiques, le caractère sapientiel, voire gnostique ou pseudo-scientifique, la mise en œuvre de la gématrie, l'appel à l'intervention d'anges-interprètes pour dévoiler le sens caché des révélations reçues, la présence de discours d'adieu, testamentaires.

Parmi les critères thématiques, on signale la prédominance de l'eschatologie aussi bien cosmique que nationale et individuelle, — l'élaboration d'une nouvelle conception du développement historique, conception qui donne congé à l'évolution linéaire, continue, et qui entrevoit pour la fin des temps une mutation véritablement méta-historique, comportant jusque l'idée d'une nouvelle création et dès lors la correspondance entre l'*Urzeit* ou temps des origines, et l'*Endzeit* ou celui de la consommation finale, — l'introduction de conceptions et d'attitudes religieuses étrangères au jahvéisme prophétique, où s'entremêlent le dualisme et le fatalisme, — l'accueil favorable réservé aux aspirations universalistes, — la présence d'un mélange curieux d'optimisme et de pessimisme à l'endroit de la situation désastreuse, politique, morale et religieuse du peuple élu, — la tendance au «passivisme», c'est-à-dire à tout remettre entre les mains de l'action divine, — la propension à rendre Dieu moins accessible et à confier la conduite du monde à l'intervention de puissances angéliques, bonnes ou mauvaises, — enfin la conscience d'être en

schichtlich-eschatologisch», «individual-eschatologisch» et «kosmologisch-theosophisch».

47. Cfr L. CERFAUX, *Le chrétien*, p. 87, n. 1.

relation étroite avec les cohortes angéliques, notamment dans la célébration de la liturgie[48].

Ne reconnaissons pas à tous les critères énumérés la même valeur. Plusieurs ne sont pas à considérer comme des traits propres aux seuls écrits apocalyptiques. Pour une meilleure sélection, il importe de se laisser guider par ce que nous pouvons envisager comme la véritable marque de toute vraie visée apocalyptique. A ce que le vocable lui-même insinue, il doit s'agir essentiellement d'une littérature de «dévoilement». Puis, à tenir compte strictement des livres susceptibles d'être retenus par voie de priorité pour former le dossier du genre littéraire, l'objet de ce dévoilement consiste avant tout en ce qui y est appelé les «mystères» divins, c'est-à-dire les desseins providentiels touchant la venue finale, absolue, définitive, du règne ou du royaume de Dieu, au point que le terme *rāz*, *mustèrion*, acquiert pour ainsi dire un sens technique[49].

Bref, l'apocalyptique concerne une matière nettement circonscrite, à savoir l'eschatologie, et celle-ci comprend essentiellement la visée d'un au-delà, à distinguer ultérieurement, semble-t-il, en historique et cosmique. L'au-delà historique enblobe tout ce qui se rapporte au destin final réservé par Dieu à son peuple élu. A l'ordinaire, il prévoit la venue d'une série de tribulations, d'angoisses extrêmes, puis l'avènement d'un cataclysme et d'un jugement universels mettant fin à la désolation des temps, enfin l'instauration d'une économie et d'une société nouvelles. En revanche, l'au-delà cosmique dévoile les mystères du royaume transcendant de Dieu, ceux de son royaume céleste où Il trône à jamais entouré des milices célestes. Dans les spéculations sur l'au-delà historique, le sort final du peuple élu conserve le plus souvent le caractère d'un bonheur collectif, terrestre et matériel. Dans les visions de l'au-delà cosmique et le dévoilement des secrets du royaume divin transcendant, les élus obtiennent avant tout une félicité d'un ordre plus spirituel, notamment dans leur association à la société des anges et leur participation à une gloire et une liturgie célestes[50].

48. Pour divers essais de fixer les critères on peut se référer aux ouvrages de J. L. SCHMIDT ou Kl. KOCH: cfr note 1.

49. Le terme araméen correspondant est *rāz*. Il n'est guère étudié dans E. JENNI - Cl. WESTERMANN, *Theol. Handwörterbuch z. A.T.*, Munich, 1974. Cfr E. VOGT, *Mysterium in textibus Qumran*, ap. *Bibl.*, 1956, t. XXXVII, pp. 247-257, par exemple 1 QS, III, 23.

50. C'est l'attente non seulement de l'apocalypse johannique mais aussi celle de

On peut en déduire que l'apocalyptique vise à communiquer une connaissance spéciale, qu'on peut être tenté d'appeler «gnose», à condition de préciser rigoureusement le sens du terme. La gnose en question concerne en effet une matière bien délimitée, à savoir la connaissance des mystères, c'est-à-dire des desseins de Dieu relatifs surtout à la fin des siècles et plus particulièrement à son imminence. La «gnose» ainsi acquise comprend non seulement la connaissance anticipée, sans doute partielle, de ce que nous avons appelé l'au-delà historique et l'au-delà cosmique mais aussi celle des signes des temps susceptibles d'annoncer la proximité de l'avènement eschatologique. Du point de vue de son origine, elle dérive tantôt d'une relecture péchèrique des saintes Écritures, tantôt de l'intervention d'un ministère angélique ou même d'une communication proprement divine reçue soit au cours de la prière, privée ou collective, c'est-à-dire cultuelle, liturgique, soit au cours d'une autre expérience religieuse, prenant à l'occasion l'allure d'un état mystique. On pourra dans ces conditions parler, suivant les contextes, de gnose péchèrique, angélique, charismatique et mystique.

Au fur et à mesure que l'apocalyptique se développa, elle accorda, — du moins dans certains milieux comme ceux des Esséniens, — plus d'importance à l'eschatologie individuelle et elle tendit à se hausser à un niveau plus spirituel. Ce sont précisément ces deux tendances de la spéculation apocalyptique qui paraissent avoir le plus capté l'attention des premiers cercles chrétiens et avoir influencé éventuellement leurs écrits. Au contraire, les spéculations pseudo-scientifiques, notamment astronomiques, sont restées marginales, même dans les milieux juifs. Elles n'ont d'ailleurs guère marqué en profondeur ceux des écrits apocalyptiques qui en imposent le plus par leur souffle religieux.

Parmi les critères formels proposés, nous sommes prêt à retenir la pseudonymie, du moins dans la mesure où elle fait appel aux premiers ancêtres du peuple élu ou à ceux de toute l'humanité. Conservons également les recours aux visions à condition d'y inclure une part plus notable aux songes ainsi qu'aux phénomènes d'extase, ou encore à l'intervention d'anges-interprètes ou à celle d'herméneutes humains

plusieurs textes qumrâniens: cfr K.H. SCHELKLE, *Die Gemeinde von Qumran und die Kirche des Neuen Testaments*, ap. *Die Welt der Bibel*, Dusseldorf, 1960, p. 64, avec renvoi à *Hodayôt*, III, 21-23. D'où parfois la tendance à un certain dualisme, à l'opposition entre la lumière et les ténèbres, entre les fils de la lumière et les fils des ténèbres.

versés dans l'interprétation des Saints Livres et la pratiquant par voie de ce qu'on appelle de plus en plus communément depuis les découvertes de Qumrân la méthode du péšèr. Ne refusons pas non plus toute importance à l'inclination à diviser le déroulement de l'histoire en périodes successives, — ni à la volonté de déceler dans les événements passés une préfiguration de l'avenir, par exemple d'un nouvel exode, — ou encore à la confiance placée dans la gématrie et dans divers procédés de calcul pour prévoir et annoncer la date précise de l'échéance finale.

Grâce aux critères thématiques ainsi retenus, les éléments les plus distinctifs et les plus constitutifs de l'apocalyptique émergent du conglomérat disparate d'images et d'espérances qui les accompagnent et les enveloppent. L'apocalypticien est certain de l'imminence de l'avènement des derniers jours. Il interprète les malheurs des temps, notamment le paroxysme du mal moral et religieux, ainsi que la *thlipsis*, c'est-à-dire les angoisses de la persécution religieuse, comme les signes avant-coureurs de la fin. Il croit à une intervention divine[51], à la fois cosmique et judiciaire, pour mettre fin à la détresse du peuple élu. Il est convaincu du salut total et permanent des «saints» et, par ricochet, de la perte non moins totale des méchants, qu'elle soit décrite comme un écrasement historique ou présentée comme une damnation éternelle. Il attend fermement l'instauration d'un nouvel ordre qualifié parfois de «création nouvelle»[52], ou, à tout le moins, de «nouvel éon»[53]. Enfin, dans certains milieux, il entrevoit la parousie d'un personnage mystérieux, dit le «Fils d'homme» ou «de l'homme», appelé à présider l'économie nouvelle ou même parfois à amener ou du moins à accélérer sa venue[54].

51. D'où l'inclination à un certain fatalisme, déterminisme et «passivisme». Toutefois les appels parénétiques à la fidélité et même à la résistance, au besoin armée, ne manquent pas dans divers textes.

52. D'où en quelque sorte un point de vue «métahistorique».

53. L'image concrète de l'ordre nouveau varie beaucoup. On le conçoit aussi bien sur le plan temporel, terrestre, matériel, centré autour d'une nouvelle Jérusalem et d'un nouveau Temple que sur un plan transcendant, céleste, éternel. Cfr *supra* nos réflexions sur les critères thématiques.

54. Voir l'essai entrepris pas LARS HARTMAN pour dégager des traditions apocalyptiques le noyau de l'attente eschatologique: *Prophecy Interpreted. The Formation of Some Jewish Apocalyptic Texts and of the Eschatological Discourse Mark 13 par.*, ap. *Coniectanea Biblica. New Testament Series*, I, Lund, 1966, pp. 23-141. Remarquons que l'auteur part d'un dossier apocalyptique plus étendu, comprenant, — outre Daniel, Henoch, IV Esdras, Baruch syriaque, l'apocalypse johannique, — les Psaumes de Salomon, les Jubilés, les Testaments des Douze Patriarches, l'Apocalypse d'Abraham et les Oracles Sibyllins 3-4: cfr *ibid.*, p. 23.

On s'étonne que l'expression «royaume de Dieu» ne soit pas davantage utilisée. Il n'en reste pas moins que l'attente apocalyptique vise avant tout l'avènement de ce royaume ou de ce règne, avènement destiné à clôturer la longue pérégrination du peuple élu vers son salut définitif et à achever l'évolution du monde vers sa forme parfaite[55].

III. Les vues que l'analyse des matériaux littéraires nous a permis d'élaborer touchant les critères d'une véritable attente apocalyptique et ses éléments constitutifs, suffisent-elles à nous éclairer également sur les milieux où le genre littéraire a pris naissance et où il trouva le climat le plus favorable à son éclosion et évolution?

Bien que parcimonieuses et d'une interprétation souvent délicate, les données recueillies nous autorisent, semble-t-il, tout d'abord à écarter l'opinion qui pose en thèse une rupture brutale entre l'apocalyptique et le prophétisme israélite classique[56]. Dans de nombreuses sections d'Ézéchiel, dans l'apocalypse isaïenne: *Is.*, XXIV-XXVII, dans pas mal de péricopes du Trito-Isaïe, par exemple les chapitres LXV-LXVI, en Zacharie XII-XIV et dans le livre de Joël, les visions ébauchent déjà le nouveau genre littéraire. Que son origine ait été favorisée par le contact d'Israël avec des traditions étrangères, — on a renvoyé aux *Oracles d'Hystaspès* et à l'*Oracle du Potier*[57], et aux spéculations iraniennes, — on peut le concéder. Mais de là à conclure que l'apocalyptique n'est que la «fille dégénérée de la prophétie», née en terre étrangère, il y a une marge qu'on ne peut franchir qu'en affirmant, — hypothèse dictée par un a priori peu soucieux du développement historique, — que le judaïsme authentique a pris fin avec la réforme d'Esdras et la promulgation de sa Tôrah.

Les rapports de l'apocalyptique avec les traditions sapientielles d'Israël[58], déjà soupçonnées par G. Hölscher et plus récemment

Si l'on intègre les *Testaments* au dossier apocalyptique, on ajoutera aux critères formels la communication de l'avenir eschatologique par voie de «testament».

55. Voir l'article de J.A. Soggin, *Mèlèk*, ap. E. Jenni - Cl. Westermann, *Theol. Handwörterbuch z. A.T.*, Munich, 1971, t. I, col. 908-920.

56. Cette contestation fut notamment le fait d'auteurs tels J. Wellhausen et B. Duhm. Elle exerça son influence sur les théologies de l'Ancien Testament de L. Köhler et W. Eichrodt.

57. Les oracles grecs d'Hystaspès furent composés vraisemblablement sous Antiochus I (294/80-261) ou Séleucus IV (187-175): cfr J. Bidez - F. Cumont, *Les Mages hellénisés*, Paris, 1938, t. II, pp. 357-377. L'Oracle du Potier nous est transmis en trois versions grecques.

58. Cfr *supra*, note 12.

soulignées par G. von Rad, apparaissent au premier abord moins bien établis. Toutefois déjà le livre de Daniel, livre pour une large part d'allure apocalyptique, les signale. Il glorifie les *maśkîlîm* (*Dan.*, XII, 3). Il les montre penchés sur les Livres saints (*Dan.*, IX, 2) et, à ce titre, il les présente comme les précurseurs des auteurs postérieurs de *pešarîm*. Daniel lui-même, — aussi bien dans la partie araméenne du livre: V, 12 que dans la section hébraïque: X, 1b, — est décrit comme un sage, doué de l'esprit d'intelligence, de pénétration. Mais à moins de porter son attention principale au département de l'apocalyptique somme toute marginal qui se préoccupa en tout premier lieu d'explorer les secrets de la nature et qui risqua à tout moment de balancer dans la pseudo-science ou la «gnose» au sens péjoratif, on ne peut affirmer que l'allure sapientiale devint la note dominante.

Un des problèmes les plus difficiles consiste à assigner à la naissance et au culte des spéculations apocalyptiques un milieu, un *Sitz im Leben*, concret. On renvoie aux *Ḥasidîm* ou Assidéens, mais sans apporter des preuves nettes. Le seul milieu précis pour lequel les attestations ne manquent pas, est celui des Esséniens. Ainsi que nous l'avons déjà noté, la communauté qumrânienne nous livre des textes, notamment le *Rouleau de la Guerre*, le *Rouleau du Temple*[59], le *Commentaire d'Habacuc*, plusieurs hymnes ou *Hodayôt*, où le nouveau genre littéraire domine. Elle nous met donc en présence d'un courant d'idées et d'espérances apocalyptiques dont aussi bien Jésus que l'Église apostolique ont pu prendre connaissance[60].

Quel que soit le milieu concret auquel on estime devoir s'arrêter en dernière instance pour localiser le bouillonnement de l'attente apocalyptique, il importe de le comprendre comme fermement décidé à rester fidèle à la Tôrah et au message des prophètes. C'est à la lumière de cette double source d'inspiration, l'une et l'autre expression authentique de la foi d'Israël, que les apocalypticiens ont réagi aux graves événements qu'ils eurent à affronter et qu'ils essayèrent de comprendre et d'expliquer à leur peuple. Enrichis au surplus par les dernières réflexions de la sagesse sur un au-delà personnel et spirituel, stimulés sans doute aussi par l'attente d'autres peuples qu'ils avaient

59. Le Rouleau de la Geurre est édité et étudié depuis plusieurs années: cfr J. Carmignac, *La Règle de la Guerre*, ap. J. Carmignac - P. Guilbert, *Les Textes de Qumran traduits et annotés*, Paris, 1971, t. I, pp. 81-126; le Rouleau du Temple fut analysé pour les participants des XXVIIes Journées bibliques de Louvain par le professeur Yadîn de Jérusalem. Cf. *Qumrân*, pp. 115-119: *Le Rouleau du Temple*. — Cf. J. Maier, *Die Tempelrolle vom Toten Meer übersetzt und erläutert*, Munich, 1978.

60. Cfr K. H. Schelkle, *op. cit.*, pp. 57-66.

appris à connaître, animés surtout par une confiance ardente en la fidélité de Dieu à l'égard de son peuple, ils formulèrent avec des accents en partie nouveaux la grande espérance d'une nation martyre mettant désormais l'accent principal sur le règne de Dieu, ouvrant ainsi même à l'eschatologie collective des perspectives plus spirituelles et surtout la complétant par l'insistance sur le destin personnel et éternel des croyants restés fidèles dans la tourmente et les persécutions à leur Dieu, sa loi et sa religion Reconnaissons cependant que l'espérance apocalyptique n'a pas toujours trouvé une expression digne de son élan mais que souvent elle s'est égarée dans l'imaginaire, l'utopique, le fantastique. Mais rien n'est aussi difficile que d'énoncer le transcendant. Même la philosophie balbutie et ses visées les plus élevées ne finissent-elles pas bien souvent en aspirations et images poétiques?

IV. Une dernière question importante surgit: quelle valeur convient-il d'attribuer au mouvement apocalyptique, d'abord dans l'évolution de la foi juive qui s'est instaurée à partir de l'exil peut-être malgré la réforme d'Esdras, puis et surtout dans le revival religieux de mouvements tel celui des Esséniens dont Jésus et l'Église apostolique furent les contemporains et dont, d'une façon consciente ou à leur insu, ils ont pu subir l'influence

Qu'il faille attribuer à l'apocalyptique considérée pour et en elle-même une valeur religieuse certaine, R. H. Charles[61] et surtout H. H. Rowley, dans un opuscule qui obtint un grand succès, ont réussi à le montrer. A lire leurs exposés, il revient à l'apocalyptique d'avoir mis en lumière ou même d'avoir découvert plusieurs vérités religieuses qu'avant elle la foi juive avait perdues de vue ou même n'avait pas entrevues. Elle a fortement rappelé aux fidèles juifs une croyance déjà inculquée par les prophètes, à savoir que le cours de l'histoire est conduit par Dieu et qu'il possède dès lors une véritable finalité. Elle a de plus exposé cette finalité, c'est-à-dire l'eschatologie collective du peuple de Dieu, d'une façon en partie nouvelle et meilleure, en ne s'arrêtant pas uniquement à la vision d'une félicité matérielle, temporellement limitée, mais en visant un bonheur éternel, céleste, en présence de

61. R. H. CHARLES, *Religious Development between the Old and the New Testament*, Londres, 1914; 8e éd. dans *The Home University Library of Modern Knowledge*, Londres, 1931, pp. 13-46. Aux pp. 15-16, l'auteur s'insurge contre les vues négatives d'A. VON HARNACK et de F. C. POTTER, *The Messages of the Apocalyptic Writers*, ap. *The Messages of the Bible*, Londres, 1916.

Dieu et en compagnie des milices angéliques. Puis, du moins dans certains écrits plus marginaux, tels les *Testaments des Douze Patriarches*, elle conféra à l'éthique vétérotestamentaire un horizon plus universel et une profondeur plus spirituelle. Enfin, et peut-être surtout, — ainsi que nous l'avons souligné plus haut, — elle a donné naissance à une eschatologie individuelle et répondu ainsi aux questions brûlantes soulevées par Job et Qohéleth touchant l'au-delà de la mort, questions que le prophétisme n'avait pas résolues. En outre, quelles que soient l'ampleur et la valeur de ces apports doctrinaux, au plan de l'existence elle a contribué à donner au peuple juif, au cours d'une période de persécution où son existence était gravement menacée, la foi, le courage et la force requise pour résister à la séduction et à l'oppression païennes, en d'autres mots pour assurer sa survie.

Que l'apocalyptique possède également un intérêt spécial à la suite de ses contacts et de son influence sur la théologie apostolique ou même sur le message et la conscience de Jésus, on l'a maintes fois affirmé bien avant qu'Ernst Käsemann n'eût lancé son slogan[62].

Et tout d'abord les exégètes sont presque unanimes à postuler ces contacts et cette influence sur la théologie paulinienne[63]. Même un auteur, porté au début de sa carrière à interroger de préférence les courants du milieu hellénistique, tel Lucien Cerfaux[64], finit par s'en rendre compte au terme de ses investigations sur la pensée paulinienne[65] et à le reconnaître aussi bien pour la christologie de l'Apôtre que pour son ecclésiologie et même son anthropologie.

Dans le dernier volume de sa trilogie paulinienne, le maître louvaniste note sans ambages qu'à la fois Jean-Baptiste, Jésus et Paul

62. E. KÄSEMANN, *Die Anfänge christlicher Theologie*, ap. *ZTK*, 1960, t. LVII, pp. 162-185. Cfr G. EBELING, *Der Grund christlicher Theologie. Zum Aufsatz Ernst Käsemanns über 'Die Anfänge christlicher Theologie'*, ap. *ZTK*, 1961, t. LVIII, pp. 227-244 et E. KÄSEMANN, *Zum Thema der urchristlichen Apokalyptik*, ap. *ZTK*, 1962, t. LIX, pp. 257-284.

63. J. BAUMGARTEN, *Paulus und die Apokalyptik. Die Auslegung apokalyptischer Ueberlieferungen in den echten Paulusbriefen*, ap. *WMANT*, t. XLIV, Neukirchen, 1975.

64. Sur l'œuvre de L. Cerfaux lire J. COPPENS, *La carrière et l'œuvre scientifiques de Mgr Lucien Cerfaux*, ap. *L'Évangile de Luc. Problèmes littéraires et théologiques. Mémorial Lucien Cerfaux*, ap. *BETL*, t. XXXII, Gembloux, 1973, pp. 23-59.

65. *La Théologie de l'Église suivant saint Paul*, ap. *Unam Sanctam*, t. X, Paris, 1942; 2e éd., 1948; 3e éd. mise à jour et augmentée, 1965. — *Le Christ dans la théologie de saint Paul*, ap. *Lectio divina*, t. VI, Paris, 1951; 2e éd., 1954. — *Le Chrétien dans la théologie paulinienne*, ap. *Lectio divina*, t. XXXIII, Paris, 1966. — *L'itinéraire spirituel de saint Paul*, ap. *Lire la Bible*, 4, Paris, 1965.

se rattachent et s'intègrent au mouvement apocalyptique[66]. Certes Jésus et Paul sont dits s'y référer d'une manière originale, c'est-à-dire en émondant leurs sources et en les dépassant. Cette ambiance apocalyptique d'un ordre nouveau[67], ils la créèrent notamment grâce à la certitude fermement acquise d'une eschatologie en partie déjà réalisée et dès lors anticipée[68], certitude s'exprimant dans l'annonce de l'« évangile », de la « bonne nouvelle », certitude inspirant un optimisme, une joie, un bonheur, jusqu'alors inconnus, — grâce aussi à l'expérience d'une force spirituelle non moins nouvelle et interprétée comme le don eschatologique de l'Esprit[69], — grâce enfin à la certitude de la résurrection, déjà accomplie dans le Christ[70] et, du même coup, assurée à tous ceux lui unis par la foi et les sacrements[71]. Bref, à en croire L. Cerfaux, le christianisme auquel Paul s'est converti, auquel la vision de Damas l'a agrégé, fut un christianisme apocalyptique. Et l'auteur de préciser : « Le Christ qui lui apparut était le Fils de l'homme des apocalypses juives »[72].

Quoiqu'il en soit de cette dernière affirmation sans doute quelque peu exagérée, L. Cerfaux note correctement que les apocalypses juives sont plus proches de l'Apôtre que les religions à mystères ou que les gnoses orientales[73]. Faisant partie d'un mouvement évolutif propre au judaïsme intertestamentaire, mouvement visant à spiritualiser et à universaliser les anciennes conceptions et institutions d'Israël[74], les apocalypses possédaient, — L. Cerfaux n'en doute pas, — dans leurs éléments les plus élevés plus d'une donnée se prêtant à exprimer le mystère paulinien[75].

Dans le domaine de la christologie, les rapports avec l'apocalypse se font jour dès les premières épîtres pauliniennes, celles dont l'authenticité n'est pas mise en question. Ils concernent par exemple aussi bien la parousie du Seigneur : *I Thess.*, IV, 15-17 ; *I Cor.*, I, 7, que celle de son adversaire par excellence, l'Antéchrist : *II Thess.*, II, 3, 6, 8. Seule l'absence du titre Fils de l'homme pose au premier

66. *Le Chrétien*, pp. 123, 139.
67. *Ibid.*, p. 123.
68. *Ibid.*, p. 123.
69. *Ibid.*, p. 123.
70. *Ibid.*, p. 123.
71. *Ibid.*, p. 88.
72. *Ibid.*, p. 88.
73. *La Théologie de l'Église*, p. 267.
74. *Ibid.*, p. 267.
75. *Ibid.*, p. 267.

abord quelque problème. Mais, note L. Cerfaux, ce titre appartenait «à ce type de vocabulaire apocalyptique que le christianisme primitif abandonne très tôt. Il était particulièrement étrange et impossible à conserver dans le monde des églises pauliniennes»[76]. Car, ajoute le professeur, si Paul consent à incorporer dans ses exposés des éléments empruntés à l'apocalyptique juive courante, son génie religieux ne manque pas de les élaborer et de les plier à sa foi nouvelle[77].

En ecclésiologie, les analogies deviennent surtout nombreuses dans le troisième stade de la pensée paulinienne[78], celui où l'Église, — antérieurement entrevue d'abord principalement comme l'assemblée, l'*ekklèsia* cultuelle par excellence, puis comme le corps du Christ, — se dévoile désormais, notamment dans les épîtres de la captivité, comme un mystère céleste[79]. Sans doute, dans les mêmes lettres, l'hagiographe use également de formules dont les accointances sont plutôt helléniques, tels «corps du Christ» et «plérôme»[80], mais les expressions ecclésiales principales dérivent, à tout considérer, de l'apocalyptique[81].

Pour saisir l'influx apocalyptique sur l'ecclésiologie paulinienne, reportons-nous par exemple à l'exorde de l'épître aux Éphésiens, à la doxologie (vv. 3-14) et à la prière (vv. 15-23) de cette péricope. L'auteur de la lettre y décrit l'économie chrétienne à l'aide d'emprunts apocalyptiques nombreux, décantés il est vrai de la frange d'une imagerie jugée à coup sûr dépassée et sans valeur[82]. Nous rencontrons dans l'ample et beau passage, d'abord plusieurs termes du vocabulaire apocalyptique[83] tous relatifs à l'économie du salut[84],

76. *Le Christ*, p. 330. — Récemment P. DACQUINO a néanmoins estimé pouvoir découvrir le Fils de l'homme à l'arrière-fond des spéculations deutéro-pauliniennes sur le corps du Christ: *Cristo capo del corpo che è la Chiesa* (*Col.*, *I*, *18*), ap. *La Cristologia in San Paulo*, Brescia, 1976, pp. 157-161.

77. *Ibid.*, p. 46.

78. J. COPPENS, *La Carrière de Mgr Cerfaux*, pp. 33-34, 39. — Cfr J. COPPENS, *L'état présent des études pauliniennes*, ap. *ETL*, 1956, t. XXXII, pp. 363-372 et *ALBO*, sér. III, n° 3, Bruges, 1956.

79. *La Théologie de l'Église*, p. 305.

80. *Ibid.*, p. 305.

81. *Ibid.*, p. 305.

82. *Le Christ*, p. 46.

83. *Apocaluptein*, apocalypse: I, 8, 17; cfr III, 5; VI, 19; — *mustèrion*: I, 9; cfr III, 3, 9; — *thelèma* divin: I, 5, 9, 11; — *proorizein*: I, 5, 11; — *aiôn*: I, 29; cfr II, 2, 7; III, 9, 11; — *epouranios*: I, 3, 20; cfr II, 6; III, 10; VI, 12; — *doxa*: I, 6, 12, 18; — *apolutrôsis*: I, 7; cfr IV, 30; *klèronomia*: I, 14, 18; cfr V, 5; — *sphragis*: I, 13; cfr IV, 30; *Apoc.*, VII, 3, 4; — *hagios*: I, 4, 15, 18; cfr II, 19.

84. Cfr *Eph.*, III, 2, 9.

puis un ensemble de thèmes nous renvoyant à ce qui constituait en quelque sorte le centre même de l'attente juive eschatologique. La doxologie et la prière sont centrés sur le «mystère», c'est-à-dire sur le dessein salutaire de Dieu, et sur l'événement jugé capital de sa révélation finale à tous les hommes, juifs et gentils. Elles en énumèrent les divers éléments. Presque tous possèdent un correspondant dans l'attente apocalyptique: le déroulement des siècles jusqu'à leur achèvement, l'avènement du plérôme, la rédemption des élus, la réalisation de leur vocation et de leur prédestination grâce à la collation d'une sainteté céleste et d'une filiation divine, leur association anticipée à la cité de Dieu et à la compagnie des milices angéliques, bref l'attribution d'un héritage céleste, désormais confirmée par la réception du sceau de l'Esprit[85].

L'apocalyptique joue également un rôle nullement négligeable dans les exposés pauliniens de la vie chrétienne. L'Apôtre fut d'ailleurs le premier à l'expérimenter. C'est à une apocalypse qu'il est redevable de sa conversion et de sa première connaissance du Seigneur: *Gal.*, I, 12, 16; *Eph.*, III, 3. D'autres révélations l'ont suivie: *Gal.*, II, 2; *I Cor.*, II, 10. L'Apôtre ne se refuse même pas d'admettre la présence d'interventions charismatiques d'ordre apocalyptique jusque dans la vie spirituelle du commun des fidèles: *I Cor.*, XII, 7; XIV, 6, 26, 30; *Phil.*, III, 16; *Eph.*, I, 17. Dans ce dernier texte, deutéro-paulinien, remarquons l'association de sagesse et d'apocalypse. Elle est exceptionnelle, tout comme celle d'apocalypse et de gnose. Nous avons affaire, semble-t-il, à deux régistres de vocabulaire différents[86], bien qu'il ne soit pas exclu que les deux charismes désignés par l'Apôtre se superposent et recouvrent au fond une même et seule expérience spirituelle[87].

Enfin l'apocalyptique a marqué de son empreinte, d'une façon il est vrai marginale, la cosmologie paulinienne. Dans la description du combat eschatologique, Paul et l'apocalyptique juive s'accordent par exemple pour attribuer aux anges une intervention efficace[88]. L'Apôtre évite toutefois de s'arrêter à une description imaginaire du monde angélique. «Un passage d'Éphésiens, note L. Cerfaux, est

85. Sur la portée eschatologique du sceau, probablement celui imprimé par l'Esprit, cfr *Apoc.*, VII, 3, 4.

86. J. Dupont, *Gnosis. La connaissance religieuse dans les Épîtres de saint Paul*, ap. *Univ. Cath. Lov. Diss. ad gradum magistri in Facultate theologica*, sér. II, t. XL, Bruges, 1949, p. 200.

87. *Ibid.*, p. 201.

88. *Le Chrétien*, p. 54.

révélateur de son incuriosité pour les spéculations de ce genre: après avoir énuméré Principautés, Puissances, Vertus, Seigneuries, il ajoute 'et tout nom nommé non seulement dans l'éon présent, mais aussi dans l'éon futur' (*Eph.*, I, 21). Ce qui l'intéresse est que le Christ soit élevé au-dessus de tous les êtres angéliques»[89].

Bref, il n'est pas douteux que l'apocalyptique ait été pour Paul une source de son vocabulaire et même celle d'un ensemble de notions dont il s'est servi pour formuler sa foi en la nouvelle économie de salut, et même en Celui qui l'avait fondé par son message, sa mort sacrificielle et son retour glorieux à la vie.

Mais Paul n'est pas seul à avoir subi et accepté l'influence de la pensée apocalyptique. S'appuyant sur les conclusions de divers ouvrages récents[90], pas mal d'auteurs soutiennent que cette même influence s'est exercée sur les traditions évangéliques du christianisme primitif, non seulement sur les croyances somme toute périphériques touchant la consommation des temps et l'avènement de l'ordre nouveau eschatologique[91] mais jusque sur le noyau même de la plus ancienne christologie. Les deux strates littéraires qu'on nous invite à distinguer dans la source Q ainsi que l'évangile de Marc nous livreraient une image historique de Jésus sur laquelle serait surimprimée la figure du Fils d'homme danïélique ou hénochique. La source Q contemple Jésus exalté au ciel en tant que Fils de l'homme, exerçant d'en haut, en cette qualité précise, son influence salutaire sur la communauté des croyants. Marc identifie, lui aussi, le Sauveur avec le Fils de l'homme céleste, mais, contrairement à Q, il hésiterait à croire qu'il manifeste à présent son *exousia*. Bien que par moments il l'ait exercée durant sa vie terrestre, il en aurait suspendu l'exercice au lendemain de sa résurrection, réservant à la parousie, c'est-à-dire à son épiphanie eschatologique, la révélation foudroyante de sa puissance et de son autorité[92].

Nous n'avons pas pour l'instant à examiner le bien-fondé de ces ébauches en partie confuses et discordantes des plus anciennes christologie. Il suffit de constater qu'un groupe imposant d'auteurs fait dépendre pour une part importante de l'apocalyptique en vogue à

89. *Ibid.*, p. 57.

90. Par exemple D. LÜHRMANN, *Die Redaktion der Logienquelle*, ap. *WMANT*, t. XXXIII, Neukirchen, 1969. — Th. J. WEEDEN, *The Mark-Traditions in Conflict*, Philadelphie, 1971. — S. SCHULZ, *Q. Die Sprachquelle der Evangelisten*, Zurich, 1972.

91. A ce sujet il y a accord unanime. Voir pour un exposé du problème L. HARTMAN, *op. cit.*, pp. 235-240.

92. Cfr l'ouvrage de Th. J. WEEDEN, *supra*, n. 90.

l'époque de Jésus la naissance et la croissance des premiers essais de christologie.

Mais le Sauveur lui-même a-t-il échappé à l'emprise de l'attente et des spéculations apocalyptiques? Il ne manque pas d'auteurs pour estimer que même Lui fit appel à la figure apocalyptique par excellence, celle du Fils de l'homme, pour comprendre à la fois sa mission et sa personne. Au terme de sa longue et fructueuse carrière, Lucien Cerfaux se prononça nettement en faveur de cette vue historique. « Jésus, observa-t-il, acheva de libérer l'attente du Royaume de ses attaches avec le messianisme royal; il se révéla comme le Fils de l'homme annoncé par le Livre de Daniel, le chef du peuple des Saints du Très-Haut (*Dan.*, VII, 22.25.27) »[93].

V. Nous n'ignorons pas qu'une telle position nette et catégorique est aujourd'hui largement contestée. Elle a au moins le mérite de poser clairement le problème de la relève apocalyptique du messianisme royal dans la prédication de Jésus. C'est dire l'intérêt, voire la nécessité d'aborder, après l'étude de la relecture prophétique du messianisme[94] celle d'une relecture complémentaire, celle de la relève apocalyptique[95].

Une telle étude se concentrera tout naturellement sur la figure du Fils de l'homme, personnage mystérieux, énigmatique, en qui se cristallisa l'attente apocalyptique du Sauveur eschatologique et en qui la littérature néotestamentaire, voire le Sauveur lui-même sont censés avoir répéré leur principal, sinon leur premier modèle christologique. Entreprendre cette étude, c'est s'engager dans un long et périlleux cheminement. Il débutera avec l'analyse du chapitre VII de Daniel[96], il se poursuivra par celle des antécédents éventuels de la figure mystérieuse y mentionnée et de ses prolongements intertestamentaires, attestés par le IVe Livre d'Esdras et les Livres hénochiques[97]. Il nous conduira ensuite aux écrits néotestamentaires où la figure du Fils de

93. L. CERFAUX, *Le Chrétien*, p. 87.

94. Cfr J. COPPENS, *Le Messianisme et sa relève prophétique. Les anticipations vétérotestamentaires. Leur accomplissement en Jésus*, ap. *BETL*, t. XXXVIII, Gembloux, 1974.

95. Voir déjà quelques-unes de nos études antérieures groupées dans *Le Messianisme et sa relève prophétique*, pp. 255-256: *Postface*.

96. Cfr la note précédente.

97. Voir J. THEISOHN, *Der auserwählte Richter. Untersuchungen zum traditionsgeschichtlichen Ort der Menschensohngestalt der Bilderreden des Aethiopischen Henoch*, dans *Studien zur Umwelt des Neuen Testaments*, t. XII, Goettingue, 1975.

l'homme est censée présente, sinon dans le dossier paulinien, assurément dans la source Q, les Actes, l'évangile de Marc[98] et les relectures matthéenne et lucanienne des traditions évangéliques primitives. Il aboutira enfin à la littérature johannique, c'est-à-dire au quatrième évangile[99], ainsi qu'à l'apocalypse johannique où surgira le problème d'un éventuel réemploi d'apocalypses juives antérieures[100].

Au terme de cette pérégrination vétéro- inter- et néotestamentaire se posera la question d'une synthèse. A cette fin, il importera de se demander d'abord comment les écrivains néotestamentaires ont compris la portée du titre de Fils de l'homme à côté de ceux de *Kyrios* et de *Christos*, puis de rechercher, dans l'hypothèse de son emploi par Jésus, comment le Sauveur lui-même l'a entendu, enfin d'examiner dans quelle mesure les lignes de faîte dégagées se prêtent à l'élaboration harmonieuse d'une christologie, substantiellement fidèle à la foi apostolique et même, au-delà d'elle, à la conscience du Sauveur lui-même[101]. Cette enquête s'impose d'autant plus que dans un article récent Geza Vermes a contesté l'existence de la figure d'un Fils d'homme dans la littérature juive antérieure au christianisme naissant[102].

98. Voir J. COPPENS, *Les Logia du Fils de l'homme dans l'évangile de Marc*, ap. *L'Évangile de Marc. Tradition et rédaction*, ap. *BETL*, t. XXXIV, Gembloux, 1974, pp. 487-528.

99. Cfr J. COPPENS, *Le Fils de l'homme dans l'évangile johannique*, ap. *ETL*, 1976, t. LII, pp. 28-81.

100. Voir U. B. MÜLLER, *Messias und Menschensohn in jüdischen Apokalypsen und in der Offenbarung des Johannes*, dans *Studien zum Neuen Testament*, t. VI, Gütersloh, 1972.

101. Pour un premier essai de synthèse voire J. COPPENS, *De oud- en intertestamentische Verwachting van een eschatologische heilsmiddelaar. Haar realisatie in het wordende Christendom. Avec un résumé et des compléments en français*, dans *Meded. Kon. Acad. Wet. Lett. Sch. Kunsten van België*, t. XXXVII, nº 3, Bruxelles, 1975.

102. *The Present State of the «Son of Man» Debate*, ap. *JJS*, 1978, t. XXIX, pp. 123-134.

CHAPITRE II

PROLÉGOMÈNES

BIBLIOGRAPHIE CHOISIE.

La bibliographie du sujet est considérable. Nous avons dès lors dû faire un choix. Nous avons retenu en premier lieu les ouvrages ou articles que nous avons nous même utilisés et ceux que nous y avons rencontrés le plus souvent cités.

Nous avons réparti les titres en deux séries : la première groupe les études concernant surtout l'apocalyptique et les problèmes qui s'y rattachent; la deuxième énumère les travaux qui ont plus spécialement comme objet la royauté de Yahvé.

Nous énumérons les titres dans l'ordre chronologique. Il permet de mieux se rendre compte du développement des recherches bibliques.

I

L'Apocalyptique

1833

LÜCKE, F., *Commentar über die Schriften des Evangelisten Johs.* IV. 1. *Versuch einer vollständigen Einleitung in die Offenbarung und in die gesamte apokalyptische Literatur*, 2e éd., Bonn, 1833-1834.

1852

LÜCKE, F., *Versuch einer vollständigen Einleitung in die Offenbarung des Johannes oder allgemeine Untersuchungen über die apokalyptische Literatur überhaupt. und die Apokalypse des Johannes insbesondere*, 2e éd., Bonn, 1848-1852.

1857

HILGENFELD, A., *Die jüdische Apokalyptik in ihrer geschichtlichen Entwicklung*, Iéna, 1857; nouv. éd. 1866.

1858

VOLKMAR, G., *Das vierte Buch Esra und apokalyptische Geheimnisse überhaupt*, 1858.

1860

BAUER, F.C., *Die Bedeutung des Ausdrucks* ὁ υἱὸς τοῦ ἀνθρώπου, ap. *ZWTh*, 1860, III, 274-292.

HILGENFELD, A., *Handbuch der Einleitung in die Apokryphen*, 3 vol., Tubingue, 1860-1867.

HILGENFELD, A., *Die jüdische Apokalyptik und die neuesten Forschungen*, ap. *ZWTh*, 1860, III, 301-362.

NICOLAS, M., *Des doctrines religieuses des Juifs pendant les deux siècles antérieurs à l'ère chrétienne*, Paris, 1860; 2e éd., 1869.

1861

VOLKMAR, G., *Einige Bemerkungen über Apokalyptik, über Esra IV und Henoch im Besonderen*, ap. *ZWTh*, 1861, 111-136.

1871

VON ORELLI, C., *Die hebräische Synonyma der Zeit und Ewigkeit genetisch und sprachvergleichend dargestellt*, Leipzig, 1871.

1882

VÖLTER, D., *Die Entstehung der Apokalypse. Ein Beitrag zur Geschichte des Urchristentums*, Fribourg-en-Br. et Tubingue, 1882; 2e éd. 1885.

1884

NESTLE, E., *Der Greuel der Verwüstung*, ap. *ZAW*, 1884, IV, 248.

1885

SMEND, R., *Ueber jüdische Apokalyptik*, ap. *ZAW*, 1885, V, 222-251.

1886

VISCHER, E., *Die Offenbarung Johannis, eine jüdische Offenbarung in christlicher Ueberarbeitung*, ap. *TU*, II, 3, Berlin, 1886.

VÖLTER, D., *Die Offenbarung Johannis, keine ursprüngliche jüdische Apokalypse. Eine Streitschrift gegen die Herren Harnack und Vischer*, Tubingue, 1886.

1888

BALDENSPERGER, G., *Das Selbstbewusstsein Jesu im Lichte der messianischen Hoffnungen seiner Zeit*, Strasbourg, 1888; 2e éd., 1892; 3e éd., sous un titre nouveau 1903.

HILGENFELD, A., *Jüdische Apokalyptik und Christenthum*, ap. *ZWTh*, 1888, XXXI, 488-498.

1892

BALDENSPERGER, G., *Das Selbstbewusstsein Jesu im Lichte der messianischen Hoffnungen seiner Zeit*, 2e éd., Strassbourg, 1892.

DE FAYE, E., *Les Apocalypses juives*, Paris, 1892.

WEISS, J., *Die Predigt Jesu vom Reiche Gottes*, Goettingue, 1892.

1893

KABISCH, R., *Die Eschatologie des Paulus*, Goettingue, 1893.

VÖLTER, D., *Das Problem der Apokalypse nach seinem gegenwärtigen Stande dargestellt und neu untersucht*, Fribourg-en-Br., 1893.

1895

BOUSSET, W., *Der Antichrist in der Ueberlieferung des Judentums, des Neuen Testaments und der alten Kirche*, Goettingue, 1895.

GUNKEL, H., *Schöpfung und Chaos in Urzeit und Endzeit. Eine religionsgeschichtliche Untersuchung über Gen 1 und Ap. Joh. 12*, Goettingue, 1895.

1896

BOUSSET, W., *Apokalyptik*, ap. *RE*, 1896, I, 612-615.

1899

CHARLES, R. H., *Eschatology. The Doctrine of a Future Life in Israel, Judaism and Christianity*, ap. *Jowett Lectures 1898-1899*, Londres, 1898; 2e éd., Londres 1913; *New Ed. with Introduction* by G. BUCHANAN, VII-XXX, New York, 1963.

GUNKEL, H., *Aus Wellhausens neuesten apokalyptischen Forschungen*, ap. *ZWTh*, 1899, n.s. VII, 581-611.

WELLHAUSEN, J., *Zur apokalyptischen Literatur*, ap. *Skizzen und Vorarbeiten*, t. VI, Berlin, 1899, 215 ss.

1900

BALDENSPERGER, W., *Die neueste Forschung über den Menschensohn*, ap. *ThR*, 1900, III, 201-210, 243-255.

GEISENDORF, Th., *L'avènement du roi messianique d'après l'apocalyptique juive et les évangiles synoptiques*, Cahors, 1900.

SABATIER, A., *L'apocalypse juive et la philosophie de l'histoire*, ap. *RÉJ*, 1900, XIV, LXV-LXXXV.

TORREY, C. C., *Apocalypses*, ap. *Jew. Encycl.*, 1901, I, 669-675.

BUTTENWIESER, M., *Apocalyptic Literatur*, *ibid.*, 675ss.

WEISS, J., *Die Predigt Jesu vom Reiche Gottes*, 2e éd., Goettingue, 1900.

1902

BOEHMER, J., *Der alttestamentliche Unterbau des Reiches Gottes*, Leipzig, 1902.

VÖLTER, D., *Der Menschensohn in Dan. 7, 13*, ap. *ZNW*, 1902, III, 173-174.

1903

BALDENSPERGER, G., *Das Selbstbewusstsein Jesu im Lichte der messianischen Hoffnungen seiner Zeit. I. Die messianisch-apokalyptischen Hoffnungen des Judentums*, Strasbourg, 1903.

BOUSSET, W., *Die jüdische Apokalyptik, ihre religionsgeschichtliche Herkunft und ihre Bedeutung für das NT*, Berlin, 1903.

BOUSSET, W., *Die Religion des Judentums im ntl. Zeitalter*, ap. *HNT*, XXI, Tubingue, 1903; 2e éd., 1906.
GRY, L., *Le Millénarisme dans ses origines et son développement*, Paris, 1904.
KATTENBUSCH, F., *Der Märtyrertod*, ap. *ZNW*, 1903, IV, 111-127.
VOLZ, P., *Jüdische Eschatologie von Daniel bis Aqiba*, Tubingue, 1903; 2e éd., 1934.
WERNLE, P., *Die Reichsgotteshoffnung in den ältesten christlichen Dokumenten und bei Jesus*, Tubingue, 1903.

1905

GRESSMANN, H., *Der Ursprung der israelitisch-jüdischen Eschatologie*, ap. *FRLANT*, VI, Goettingue, 1905.
PORTER, F. C., *The Messages of the Apocalyptic Writers*, ap. *The Message of the Bible*, Londres, 1905.

1907

BOUSSET, W., *Hauptprobleme der Gnosis*, ap. *FRLANT*, t. X, Goettingue, 1907.

1908

CAUSSE, A., *L'évolution du messianisme dans le christianisme primitif*, Paris, 1908.
HERTLEIN, E., *Der Daniel der Römerzeit. Ein kritischer Versuch zur Datierung einer wichtigen Urkunde des Spätjudentums*, Leipzig, 1908.

1909

MESNARD, J. A., *Les tendances apocalyptiques chez le prophète Ézéchiel. Étude des influences qui ont déterminé le développement*, Paris, 1909.

1910

DUHM, B., *Das kommende Reich Gottes*, Tubingue, 1910.

1912

REITZENSTEIN, R., *Religionsgeschichte und Eschatologie*, ap. *ZNW*, 1912, XIII, 1-28.

1913

JACKSON, H. L., *The Eschatology of Jesus*, Londres, 1913.

1914

BURKITT, F. C., *Jewish and Christian Apocalypses*, ap. *Schweich Lectures*, Londres, 1914.
CHARLES, R. H., *Religious Development between the Old and the New Testaments*, Londres, 1914; nouv. éd. 1919, 1921, 1924, 1925, 1927, 1929, 1931.
VÖLTER, D., *Jesus der Menschensohn oder das Berufsbewusstsein Jesu*, Strasbourg, 1914.

1915

HERTLEIN, E., *Die Menschensohnfrage im letzten Stadium. Ein Versuch zum Einsicht in das Wesen des altchristlichen Schrifttums*, 1915.

MESSEL, N., *Die Einheitlichkeit der jüdischen Eschatologie*, ap. *BZNW*, XXX, Giessen, 1915.

1916

PORTER, F.C., *The Messages of the Apocalyptic Writers*, ap. *The Messages of the Bible*, Londres, 1916.

VÖLTER, D., *Die Menschensohnfrage neu untersucht*, Leyde, 1916.

1920

KOHLER, K., *The Essenes and the Apocalyptic Literature*, ap. *JQR*, 1920, XI, 145-168.

NILSSON, M.P., *Primitive Time Reckoning*, Lund, 1920.

1921

KUHN, G., *Beiträge zur Erklärung des Buches Henoch*, ap. *ZAW*, 1921, XXXI, 240-275.

1922

DOBSCHÜTZ, E. von, *Zeit und Raum im Denken des Urchristentums*, ap. *JBL*, 1922, XLI, 212-223.

GINZBERG, L., *Some Observations on the Attitude of the Synagogue towards the Apocalyptic-Eschatological Writings*, ap. *JBL*, 1922, XLI, 115-136.

KEULERS, J., *Die eschatologische Lehre des vierten Esrabuches*, ap. *Bibl. Stud.*, XX, 2-3, Fribourg-en-Br., 1922.

MESSEL, N., *Der Menschensohn in den Bilderreden des Henoch*, ap. *BZNW*, XXXV, Giessen, 1922.

MOWINCKEL, S., *Das Thronbesteigungsfest Jahwäs und der Ursprung der Eschatologie*, ap. *Psalmenstudien*, II, Oslo, 1922; nouv. éd., 1961.

SCHMIDT, K.L., *Eschatologie und Mystik im Urchristentum*, ap. *ZNW*, 1922, XXI, 277-291.

SCHMIDT, N., *The Origin of Jewish Eschatology*, ap. *JBL*, 1922, XLI, 102-114.

WELCH, A., *The Visions of the End*, Édimbourg, 1922; nouv. éd., 1958.

1922-1923

WENSINCK, A.J., *The Semitic New Year and the Origin of Eschatology*, ap. *Act. Orient.*, 1922-1923, I, 158-199.

1923

DÜRR, L., *Die Stellung des Propheten Ezechiel in der israelitisch-jüdischen Apokalyptik*, ap. *ATAbh.*, IX, 1, Munster-en-W., 1923.

PEAKE, A.S., *The Roots of Hebrew Prophecy and Jewish Apocalyptic*, ap. *BJRL*, 1923, VII, 233-255.

WEINEL, H., *Die spätere christliche Apokalyptik*, ap. *Eucharisterion H. Gunkel*, Goettingue, 1923, II, 141-173.

1924

BEHM, J., *Das Geschichtsbild in der Apokalyptik*, ap. *ZSTh*, 1924, II, 323 ss.
DIX, G. H., *The Heavenly Wisdom and the Divine Logos in Jewish Apocalyptic. A Study of the Vision of the Woman and the Man-Child in Revelation XII, 1-5, 13-17*, ap. *JTS*, 1924-1925, XXVI, 1-12.
STAUFFER, E., *Das theologische Weltbild der Apokalyptik*, ap. *ZST*, 1924, II, 323 s.

1925

CERFAUX, L., *L'Église et le Règne de Dieu d'après S. Paul*, ap. *Eph. Theol. Lov.*, 1925, II, 181-198.
MCCOWN, C. C., *Hebrew and Egyptian Apocalyptic Literature*, ap. *HTR*, 1925, XVIII, 357-411.
HÖLSCHER, G., *Die Ursprünge der jüdischen Eschatologie*, ap. *Vorträge d. theol. Konf. z. Giessen*, XLI, Giessen, 1925.

1926

BOUSSET, W., *Die Religion des Judentums im späthellenistischen Zeitalter*, ap. *HNT*, 21, Tubingue, 1926; 4e éd. par E. LOHSE, Tubingue, 1966.
DIX, G. H., *The Enochic Pentateuch*, ap. *JTS*, 1926, XXVII, 29-42.
MICKLEM, N., *Prophecy and Eschatology*, Londres, 1926.
MONTGOMERY, J. A., *The Education of the Seer of the Apocalypse*, ap. *JBL*, 1926, XLV, 70-80.
PEDERSEN, J., *Israel. Its Life and Culture*, I-IV, Londres-Copenhague, 1926-1940; nouvelle édition, 1954.

1927

KENNARD, Sp., *Politique et Religion chez les Juifs au temps de Jésus et dans l'Église primitive*, Paris, 1927.

1928

FREY, J. B., *Apocalyptique*, ap. *DBS*, 1928, I, 326-459.
EISLER, R., *Jèsous basileus ou basileusas*, 2 vol., Heidelberg, 1928-1930.
KAUFMANN, J., *Apokalyptik*, ap. *Enc. Jud.*, 1928, II, 1142-1161.
ODEBERG, H., *3 Henoch or the Hebrew Book of Henoch*, Cambridge, 1928.
WINDISCH, H., *Die Sprüche vom Eingehen in das Reich Gottes*, ap. *ZNW*, 1928, XXVII, 163-192.

1929

FICHTNER, J., *Prophetismus und Apokalyptik in Protojesaja*, Breslau, 1929. — Diss. non publiée.
GUILLAUME, G., *Temps et verbe*, Paris, 1929.

HÖLSCHER, G., *Problèmes de la littérature apocalyptique juive*, ap. *RHPR*, 1929, IX, 101-114.

KOSCHMIEDER, G., *Zeitbezug und Sprache*, ap. *Wiss. Grundfr.*, t. XI, Leipzig, 1929.

MUNDLE, W., *Das religiöse Problem des IV. Esrabuches*, ap. *ZAW*, 1929, XLVII, 222-249.

SEVENSTER, G., *Ethiek en Eschatologie in de synoptische evangeliën*, Leyde, 1929.

1930

LEISEGANG, H., *Die Begriffe der Zeit und Ewigkeit im späteren Platonismus*, Munster, 1930.

PETERSON, E., *Die Einholung des Kyrios*, ap. *ZSTh*, 1930, VII, 683-702.

1931

LAGRANGE, M.-J., *Le Judaïsme avant Jésus-Christ*, ap. *Études bibliques*, Paris, 1931.

MICHAELIS, W., *Reich Gottes und Geist Gottes nach dem Neuen Testament*, Bâle, 1931.

PEAKE, A. S., *The Roots of Hebrew Prophecy and Jewish Apocalyptic*, ap. *BJRL*, 1923, VII.

STAUFFER, E., *Das theologische Weltbild der Apokalyptik*, ap. *ZSTh*, 1931, VIII, 203-215.

WENDLAND, H. D., *Die Eschatologie des Reiches Gottes bei Jesus. Eine Studie über den Zusammenhang von Eschatologie, Ethik und Kirchenproblem*, Gütersloh, 1931.

WILDER, A. N., *The Nature of Jewish Eschatology*, ap. *JBL*, 1931, L, 201-206.

1932

GASTER, M., *Samaritan Eschatology*, ap. *The Samaritan Oral Law and Ancient Tradition*, t. I, Leicester, 1932.

GUNTERMANN, F., *Die Eschatologie des heiligen Paulus*, Munster-en-W., 1932.

KAMINKA, A., *Beiträge zur Erklärung der Ezra-Apokalypse und zur Rekonstruktion ihres hebräischen Urtextes*, ap. *MGWJ*, 1932, LXXVI, 121-138, 206-212, 494-511, 604-607; 1933, LXXVII, 339-355.

RIGAUX, B., *L'Antéchrist et l'Opposition au Royaume messianique dans l'Ancien et le Nouveau Testament*, ap. *Univ. Cath. Lov. Diss. mag. S. Theol.*, II, 24, Gembloux, 1932.

1933

GUITTON, J., *Le temps et l'éternité*, Paris, 1933.

KÜPPERS, W., *Das Messiasbild der spätjüdischen Apokalyptik*, Berne, 1933.

1934

BALLEY, J. W., *The Temporary Messianic Reign in the Literature of Early Judaism*, ap. *JBL*, 1934, LIII, 170-187.

OTTO, R., *Reich Gottes und Menschensohn*, Munich, 1934.

PFEIFFER, R. H., *Wisdom and Vision in the OT*, ap. *ZAW*, 1934, LII, 93-101.

VOLZ, P., *Die Eschatologie der jüdischen Gemeinde im neutestamentlichen Zeitalter nach den Quellen der rabbinischen, apokalyptischen und apokryphen Literatur dargestellt*, Tubingue, 1934.

1935

BALDENSPERGER, G., *Le Fils de l'homme*, ap. *Rev. Hist. Phil. Rel.*, 1935, XIII, 262-273.

HOOKE, S. H., *The Myth and Ritual Pattern in Jewish and Christian Apocalyptic*, ap. *The Labyrinth*, Londres-New York, 1935, 211-233.

LÖWE, R., *Kosmos und Aion. Ein Beitrag zur heilsgeschichtlichen Dialektik des urchristlichen Weltverständnisses*, ap. *NTliche Forschungen*, 3e sér., fasc. 5, Gütersloh, 1935.

VOLZ, P., *Der eschatologische Glaube im Alten Testament*, ap. *Festschr. Beer*, Stuttgart, 1935, 72-87.

1936

HOLMSTRÖM, F., *Das eschatologische Denken der Gegenwart. Drei Etappen der theologischen Entwicklung des zwanzigsten Jahrhunderts*, Gütersloh, 1936.

KÜMMEL, W. G., *Die Eschatologie der Evangelien*, ap. *Theol. Blätter*, sept.-oct. 1936, 225-241.

1937

AUBERT, L., *Une première apocalypse* (*Ésaie 24-27*), ap. *Ét. Théol. Rel.*, 1936, XI, 280-296; 1937, XII, 54-67.

BULTMANN, R., *Reich Gottes und Menschensohn*, ap. *Theol. Rundsch.*, 1937, n.s., IX, 1-35.

HÉRING, J., *Le Royaume de Dieu et sa venue*, Paris, 1937.

OESTERLEY, W. O. E., *The Apocalyptic Literature: a Seer among His People*, ap. *The Age of Transition. Judaism and Christianity*, I, Londres et New York, 1937, 83-101.

WESTERINK, H. J., *Het Koninkrijk Gods bij Paulus*, Hilversum, 1937.

1938

LINDBLOM, J., *Die Jesaja-Apokalypse, Jes. 24-27*, ap. *Lunds Univ. Årsskrift*, nouv. sér., I, 34, 3, Lund, 1938.

PFISTER, F., *Kairos und Symmetrie*, ap. *Festgabe H. Bulle. Würzb. Stud. Altertumswiss.*, t. XIII, Stuttgart, 1938, 131-150.

1939

ZIMMERMANN, F., *Textual Observations on the Apocalypse of Baruch*, ap. *JTS*, 1939, XL, 151-156.

1940

DELLING, G., *Das Zeitverständnis des Neuen Testaments*, Gütersloh, 1940.

GRY, L., *Essai sur la plus ancienne teneur et la fortune du Catalogue de Signes de la Fin* (*IV Esdras, V, 1-14, VI, 18-29, VII, 26-38*[15]), ap. *RSPT*, 1940, XXIX, 264-277.

GRY, L., *La « mort du Messie » en IV Esdras, VII, 29 (III, V, 4)*, ap. *Mémorial Lagrange*, éd. L.-H. VINCENT, Paris, 1940, 133-139.

MUILENBURG, J., *The Literary Character of Is. 34*, ap. *JBL*, 1940, LIX, 339-365.

OTTO, R., *Reich Gottes und Menschensohn. Ein religionsgeschichtlicher Versuch*, 2e éd., Munich, 1940.

SCHMIDT, J., *Der Ewigkeitsbegriff im Alten Testament*, ap. *Altt. Abh.*, XIII, 5, Munster-en-W., 1940.

SJÖBERG, E., *Känna I Henok och 4 Esra tanken på den lidaude Människosonen?*, ap. *STÅ*, 1940, V, 163-183.

SWAIN, J. W., *The Theory of the Four Monarchies. Opposition History under the Roman Empire*, ap. *Class. Philol.*, 1940, XXXV, 1-21.

THEISSING, J., *Die Lehre Jesu von der ewigen Seligkeit*, Breslau, 1940.

1941

OESTERLEY, W. O. E., *The Jews and Judaism during the Greek Period. The Background of Christianity*, 1941.

BEEK, M.-A., *Nationale en transcendente Motieven in de Joodse Apokalyptiek van de laatste eeuwen vóór Christus*, Assen, 1941.

1942

CLAVIER, H., *L'accès au Royaume de Dieu*, ap. *RHPR*, 1942, XXII, 1-29, 215-239; 1943, XXIII, 185-236.

LUNTZ, G., *Notes on the Greek Enoch*, ap. *JBL*, 1942, LXI, 193-204.

1943

BERRY, G. R., *The Apocalyptic Literature in the O.T.*, ap. *JBL*, 1943, LXII, 9-16.

1944

ROWLEY, H. H., *The Relevance of Apocalyptic*, Londres, 1944; 2e éd. 1947; 3e éd. 1962.

SHARMAN, H. B., *Son of Man and Kingdom of God*, 2e éd., New-York, 1944.

ZUNTZ, G., *Enoch on the Last Judgement*, ap. *JTS*, 1944, XLV, 161-170.

ZUNTZ, G., *The Greek Text of Enoch 102, 1-3*, ap. *JBL*, 1944, LXIII, 53-54.

1945

MANSON, T. W., *Miscellanea apocalyptica*, ap. *JTS*, 1945, XLVI, 41-45.

1946

CULLMANN, O., *Christus und die Zeit. Die urchristliche Zeit- und Geschichtsauffassung*, Zurich, 1946.

CULLMANN, O., *Königsherrschaft Christi und Kirche im Neuen Testament*, 2e éd., Zurich, 1946.

SJÖBERG, E., *Der Menschensohn im äthiopischen Henochbuch*, ap. *Skr. Kungl. Hum. Vetenskapssamf.*, XLI, Lund, 1946.

1947

BOWMAN, J., *The Background of the Term « Son of Man »*, ap. *Exp. Times*, 1947-1948, LIX, 283-288.

PEDERSEN, J., *Israel*, t. III-IV, Londres, 1947.

RYLAARDSDAM, J. C., *Intertestamental Studies since Charles' Apocrypha and Pseudepigrapha*, ap. *The Study of the Bible Today and Tomorrow*, éd. H. R. WILLOUGHBY, Chicago, 1947.

1948

CALLAHAN, J. F., *Four Views of Time in Ancient Philosophy*, Harvard, 1948.

CULLMANN, O., *Le Retour du Christ*, 3ᵉ éd., Paris-Neuchâtel, 1948.

DAVIES, W. D., *Apocalyptic and Pharisaism*, ap. *ET*, 1948, XLIX, 233-237.

DUNCAN, G. S., *Jesus, Son of Man*, Londres, 1948.

GUILLET, J., *« Cette génération infidèle et dévoyée »*, ap. *RSR*, 1948, XXXV, 275-281.

MOLLAT, D., *Jugement dans le NT. Les évangiles synoptiques*, ap. *SDB*, 1949, IV, 1344-1359.

MOWINCKEL, S., *Urmensch und « Königsideologie »*, ap. *Stud. Theol.*, 1948, II, 71-89.

NOACK, B., *Das Gottesreich bei Lukas. Eine Studie zu Lc 17, 20-24*, ap. *SBUps*, 10, Uppsala, 1948.

VON RAD, G., *Theologische Geschichtsschreibung im Alten Testament*, ap. *TZ*, 1948, IV, 161-174.

1949

ÉLIADE, M., *Le mythe de l'éternel retour. Archétypes et répétition*, Paris, 1949.

FRIDRICHSEN, A., *Antikrist*, ap. *Oikodomé*, 1949, I, 43-57.

MANSON, T. W., *The Son of Man in Daniel, Enoch and the Gospels*, ap. *BJRL*, 1949-1950, XXXII, 171-193.

1950

BEEK, M. A., *Inleiding in de Joodse apokalyptiek van het Oud- en Nieuw-testamentisch Tijdvak*, ap. *Theologica*, VI, Leiden, 1950.

MANSON, T. W., *Some Reflections on Apocalyptic*, ap. *Aux Sources de la Tradition chrétienne* (Mélanges Goguel), Neuchâtel, 1950, 139-145.

MARSH, J., *Time*, ap. *A Theological Word Book of the Bible*, éd. A. RICHARDSON, Londres, 1950, 258-267.

POULET, G., *Études sur le temps humain*, Paris, 1950.

WILDER, A. N., *Eschatology and Ethics in the Teaching of Jesus*, 2ᵉ éd., New-York, 1950.

1951

BIETENHARD, H., *Die himmlische Welt im Urchristentum und Spätjudentum*, ap. *WUNT*, II, Tubingue, 1951.

BRANDON, S. G. F., *Time and Mankind*, Londres, 1951.

GEWIESS, J., *Die Begriffe plèroun und plèrôma im Kolosser- und Epheserbrief*, ap. *Vom Wort des Lebens. Festschr. Meinertz*, Munster-en-W., 1951, 128-141.

PUECH, H. C., *Temps, histoire et mythe dans le christianisme des premiers siècles*, ap. *Proceedings 7th Congr. Hist. Rel.*, Amsterdam, 1951, 33-52.

PUECH, H. C., *La Gnose et le Temps*, ap. *Eranos-Jahrbuch*, 1951, XX, 57-113.

SCHURR, V., *« Reich Gottes » in der Verkündigung*, ap. *Paulus*, 1951, XXIII, 16-32.

VOLBORN, W., *Studien und Zeitverständnis des Alten Testaments*, Goetingue, 1951.

1952

BEASLEY-MURRAY, G. R., *A Century of Eschatological Discussion*, ap. *ET*, 1952-1953, LXIV, 312-316.

BLACK, M., *The Eschatology of the Similitudes of Enoch*, ap. *JTS*, 1952, n.s., III, 1-10.

BLOCH, J., *On the Apocalyptic in Judaism*, ap. *JQR Monogr.*, 2e sér., Philadelphie, 1952.

FROST, S. B., *O.T. Apocalyptic. Its Origin and Growth*, Londres, 1952.

HESCHEL, A. J., *Space, Time and Reality*, ap. *Judaism*, 1952, I, 262-273.

JENNI, E., *Das Wort ʿôlam im Alten Testament*, ap. *ZAW*, 1952, LXIV, 197-248.

LADD, G. E., *The Kingdom of God in the Jewish Apocryphal Literature*, ap. *BS*, 1952, CIX, 55-62, 164-174, 318-331; 1953, CX, 32-49.

MARSCH, J., *The Fulness of Time*, Londres, 1952.

MORGENTHALER, R., *Kommendes Reich*, Zurich, 1952.

PIDOUX, G., *A propos de la notion biblique du temps*, ap. *Rev. Théol. Phil.*, 1952, II, 120-125.

POPE, M., *Is. 34*, ap. *JBL*, 1952, LXXI, 235-243.

RISSI, M., *Zeit und Geschichte in der Offenbarung des Johannes*, Zurich, 1952.

SCHNIEWIND, J., *Die Leugner der Auferstehung in Korinth*, ap. *Nachgelassene Reden und Aufsätze*, Berlin, 1952, 110-139.

WALVOORD, J. F., *A Review of « Crucial Questions about the Kingdom of God »*, ap. *BS*, 1952, CIX, 1-10.

1953

BARRETT, C. K., *New Testament Eschatology*, ap. *Scot. JT*, 1953, VI, 136-155, 225-243.

BURNS, A. L., *Two Words for Time*, ap. *Austr. Bibl. Rev.*, 1953, III, 7-22.

DE ROMILY, J., *Histoire et raison chez Thucydide*, Paris, 1953.

FEUILLET, A., *Le Fils de l'homme de Daniel et la tradition biblique*, ap. *RB*, 1953, LX, 170-202, 321-346.

GROSS, H., *Weltherrschaft als religiöse Idee im Alten Testament*, Bonn, 1953.

MANSON, W., *Eschatology in the New Testament*, ap. *Scot. JT. Occ. Paper*, 2, 1953, 1-16.

TRESMONTANT, C., *Essai sur la pensée hébraïque*, Paris, 1953.

1954

BEASLEY-MURRAY, G. R., *Jesus and the Future. An Examination of the Criticism of the Eschatological Discourse, Mark 13, with Special Reference to the Little Apocalypse Theory*, Londres, 1954.

BONSIRVEN, J., *Genres littéraires dans la littérature juive postbiblique*, ap. *Bibl.*, 1954, t. XXXV, 328-345.

BULTMANN, R., *History and Eschatology in the N.T.*, ap. *NTS*, 1954-1955, I, 5-16.

KÖRNER, J., *Endgeschichtliche Parusieerwartung und Heilsgegenwart im Neuen Testament*, ap. *Ev. Theol.*, 1954, XIV, 177-192.

MARTIN-ACHARD, R., *La signification du temps dans l'Ancien Testament*, ap. *Rev. Phil. Théol.*, 1954, III, 137-140.

MINEAR, P. S., *Christian Hope and the Second Coming*, Philadelphie, 1954.

MULDER, E. S., *Die Teologie van die Jesaja-Apocalipse* (*Jesaja 24-27*), Groningue, 1954.

OTTO, R., *Reich Gottes und Menschensohn. Ein religionsgeschichtlicher Versuch*, 3e éd., Munich, 1954.

PÖLCHER, H. A., *Hilgenfeld und das Ende der Tübinger Schule*, Erlangen, 1954.

RATSCHOW, C. H., *Anmerkungen zur theologischen Auffassung des Zeitproblems*, ap. *ZTK*, 1954, LI, 360-387.

1955

BOWMAN, J., *Early Samaritan Eschatology*, ap. *JJS*, 1955, VI, 63-72.

BURROWS, M., *Thy Kingdom Come*, ap. *JBL*, 1955, LXXIV, 1-8.

SJÖBERG, E., *Der verborgene Menschensohn in den Evangelien*, ap. *Skr. Kngl. Human. Vetenskapssamf.*, LIII, Lund, 1955.

1956

BORNKAMM, G., *Enderwartung und Kirche im Matthäusevangelium*, ap. *The Background of the NT and its Eschatology. Festschrift C. H. Dodd*, Cambridge, 1956, 222-260.

CADBURY, H. J., *Acts and Eschatology*, *ibid.*, 300-321.

EDWARDS, G., *The Exodus and Apocalyptic*, ap. *A Stubborn Faith* (*Festschrift W. A. Irwin*, ed. E. C. HOBBS), Dallas, 1956.

EICHRODT, W., *Heilserfahrung und Zeitverständnis im Alten Testament*, ap. *Theol. Zeitschr.*, 1956, XII, 103-125.

GROSS, H., *Die Idee des ewigen und allgemeinen Weltfriedens im alten Orient und im Alten Testament*, Trèves, 1956.

MAILLARD, A., *La « petite apocalypse » d'Isaïe (34-35)*, Lyon, 1956.

MAYER, R., *Die biblische Vorstellung vom Weltenbrand. Eine Untersuchung über die Beziehungen zwischen Parsismus und Judentum*, ap. *Bonn. Orient. Stud.*, n.s., 4, Bonn, 1956.

ROWLEY, H. H., *The Day of the Lord*, ap. *The Faith of Israel. Aspects of Old Testament Thought*, 177-201, Londres, 1956.

STREGE, M., *Das Reich Gottes als theologisches Problem im Lichte der Eschatologie und der Mystik A. Schweitzers*, Stuttgart, 1956.

WIDENGREN, G., *Quelques rapports entre juifs et iraniens à l'époque des Parthes*, ap. *SVT*, 1956, IV, 199-214.

1957

BRUNEC, M., *De « homine peccati » in 2 Thess. 2, 1-12*, ap. *VD*, 1957, XXXV, 3-33.

ÉLIADE, M., *Mythes, rêves et mystères*, Paris, 1957.

FORESTELL, J. T., *Christian Revelation and the Resurrection of the Wicked*, ap. *CBQ*, 1957, XIX, 165-189.

LADD, G. E., *Why not Prophetic-Apocalyptic?*, ap. *JBL*, 1957, LXXVI, 192-200.

MEINERTZ, M., *« Dieses Geschlecht » im Neuen Testament*, ap. *BZ*, 1957, nouv. sér. I, 283-289.

NOTH, M., *Das Geschichtsverständis der alttestamentlichen Apokalyptik*, ap. *Gesamm. Studien. Theol. Büch.*, VI, Munich, 1957, 248-273; 2ᵉ éd., 1960.

RINGGREN, H., *Jüdische Apokalyptik*, ap. *RGG*, 3ᵉ éd., 1957, I, 464-466.

ROWLEY, H. H., *Jewish Apocalyptic and the Dead Sea Scrolls*, Londres, 1957.

SCHULZ, S., *Untersuchungen zur Menschensohn-Christologie im Johannesevangelium*, Goettingue, 1957.

STUIBER, A., *Refrigerium Interim*, ap. *Theoph.*, 1957, XI, 74-83.

1958

DANIÉLOU, J., *Théologie du Judéo-christianisme*, Paris, 1958.

GESE, H., *Geschichtliches Denken im Alten Orient und im Alten Testament*, ap. *ZTK*, 1958, LV, 127-145.

GRELOT, P., *La géographie mythique d'Hénoch et ses sources orientales*, ap. *RB*, 1958, LXV, 33-69.

GRELOT, P., *La légende d'Hénoch dans les apocryphes et dans la Bible. Origine et signification*, ap. *RSR*, 1958, XLVI, 5-26, 181-210.

GRELOT, P., *L'eschatologie des Esséniens et le livre d'Hénoch*, ap. *RQ*, 1958-1959, I, 113-131.

HESCHEL, A. J., *La notion du temps dans la Bible*, ap. *Évidences*, 1958, LXXIV, 33-38.

LAUER, S., *Philo's Concept of Time*, ap. *Journ. Jew. Stud.*, 1958, IX, 39-46.

MOWINCKEL, S., *Jahwes Dag*, ap. *Norsk Theol. Tidsskr.*, 1958, LIX, 1-56, 209-229.

RUSSELL, D. S., *Tussen Maleachi en Mattheüs*, La Haye, 1958.

SCHNEIDER, E. E., *Die Bedeutung der Begriffe Raum, Zeit und Ewigkeit in der christlichen Verkündigung und Lehre*, ap. *Kerygma und Dogma*, 1958, IV, 281-286.

WILDER, A. N., *Eschatological Imagery and Earthly Circumstance*, ap. *NTS*, 1958, V, 219-245.

1958-1959

NÖTSCHER, F., *Himmlische Bücher und Schicksalsglaube in Qumran*, ap. *RQ*, 1958-1959, I, 405-411.

SCOTT, R. B. Y., *'Behold, He Cometh with Clouds'*, ap. *NTS*, 1958-1959, V, 127-132.

1959

ALFRINK, B. J., *L'idée de résurrection d'après Dan., XII, 1-2*, ap. *Bibl.*, 1959, XL, 355-371.

BARRETT, C. K., *Die Umwelt des Neuen Testaments. Ausgewählte Quellen*, ap. *WUNT*, IV, Tubingue, 1959.

HEMPEL, J., *Königtum Gottes im Alten Testament*, ap. *RGG*, 3ᵉ éd., 1959, 1706-1709.

PANNENBERG, W., *Heilsgeschehen und Geschichte*, ap. *Kerygma und Dogma*, 1959, V, 218-237, 259-288.

PLÖGER, O., *Theokratie und Eschatologie*, ap. *WMANT*, II, Neukirchen, 1959.

RAD, G. von, *The Origin of the Concept of the Day of Yahweh*, ap. *JSS*, 1959, IV, 97-108.

SCHNACKENBURG, R., *Gottes Herrschaft und Reich. Eine biblisch-theologische Studie*, Fribourg-en-Br., 1959.

1959-1960

MANEK, J., *The Biblical Concept of Time and our Gospels*, ap. *NTS*, 1959-1960, VI, 45-51.

1960

FOHRER, G., *Die Struktur der alttestamentlichen Eschatologie*, ap. *TLZ*, 1960, LXXXV, 401-420.

KÄSEMANN, E., *Die Anfänge christlicher Theologie*, ap. *ZTK*, 1960, LVII, 162-185; *Ex. Vers. Bes.*, 2e éd., Goettingue, 1968, 82-104.

LAMORTE, A., *Le problème du temps dans le prophétisme biblique*, Beatenberg, 1960.

RAD, G. von, *Les idées sur le temps et l'histoire en Israël et l'eschatologie des Prophètes*, ap. *Maqqél Shâqédh. Hommage W. Vischer*, Montpellier, 1960, 198-209.

REICKE, B., *Official and Pietistic Elements in Jewish Apocalypticism*, ap. *JBL*, 1960, LXXIX, 137-150.

RÖSSLER, D., *Gesetz und Geschichte. Untersuchungen zur Theologie der jüdischen Apokalyptik und der pharisäischen Orthodoxie*, Neukirchen, 1960; 2e éd., 1962.

RUSSELL, D. S., *Between the Testaments*, Londres, 1960.

SCHOLEM, G. G., *Jewish Mysticism, Merkabah Mysticism and Talmudic Mysticism*, New York, 1960.

ULLENDORFF, E., *An Aramaic 'Vorlage' of the Ethiopic Text of Enoch*, ap. *Atti Conv. Intern. Stud. Etiop. Roma 1958*, Rome, 1960, 259-268.

VAWTER, B., *Apocalyptic: its Relation to Prophecy*, ap. *CBQ*, 1960, XXII, 33-46.

VERNANT, J. P., *Le mythe hésiodique des races. Essai d'analyse structurale*, ap. *Rev. Hist. Rel.*, 1960, CLVII, 21-54.

VIDAL-NAQUET, P., *Temps des dieux et temps des hommes*, ap. *Rev. Hist. Rel.*, 1960, CLVII, 55-80.

ZIMMERMANN, F., *Underlying Documents of IV Ezra*, ap. *JQR*, 1960-1961, LI, 107-134.

1961

BARR, J., *Biblical Words for Time. The Semantics of Biblical Language*, Oxford, 1961.

BUCHANAN, G. W., *Eschatology and the End of Days*, ap. *JNES*, 1961, XX, 188-193.

COLPE, C., *Die religionsgeschichtliche Schule. Darstellung und Kritik ihres Bildes vom gnostischen Erlösermythus*, ap. *FRLANT*, LXXVIII, Goetingue, 1961.

EBELING, G., *Der Grund christlicher Theologie. Zum Aufsatz Ernst Käsemanns über 'Die Anfänge christlicher Theologie'*, ap. *ZTK*, 1961, LVIII, 227-244.

EDDY, S. K., *The King is Dead*, Lincoln, 1961.

GLASSON, T. F., *Apocalypses and Pseudepigraphs*, Londres, 1961.

GLASSON, T. F., *Greek Influence in Jewish Apocalyptic. With Special Reference to the Apocalypses and Pseudepigraphs*, Londres, 1961.

GALLING, K., *Das Rätsel der Zeit im Urteil Kohelets (Koh., 3, 1-15)*, ap. *ZTK*, 1961, LVIII, 1-15.

HAMMER, L. P., *Myth, Faith and History in the New Testament*, ap. *Journ. Bible Rel.*, 1961, XXIX, 113-118.

HAUFE, G., *Entrückung und eschatologische Funktion im Spätjudentum*, ap. *ZRGG*, 1961, XIII, 105-113.

KOCH, K., *Spätisraelitisches Geschichtsdenken am Beispiel des Buches Daniel*, ap. *HZ*, 1961, CXCIII, 1-32.

MUILENBURG, J., *The Biblical View of Time*, ap. *Harv. Theol. Rev.*, 1961, LIV, 225-252.

SCHOLEM, G. G., *Major Trends in Jewish Mysticism*, New York, 1961.

THORNDIKE, J. P., *The Apocalypse of Weeks and the Qumran Sect*, ap. *RQ*, 1961, III, 163-184.

1962

AALEN, S., *Apokalypsen-Apokalyptik*, ap. *Bibl.-Hist. Handwörterbuch*. Éd. B. REICKE - L. ROST, t. I, Goettingue, 1962.

BETZ, O., *Der Katechon*, ap. *NTS*, 1962-1963, IX, 276-291.

CULLMANN, O., *Unsterblichkeit der Seele oder Auferstehung der Toten*, Stuttgart, 1962.

DAVIES, W. D., *Apocalyptic and Pharisaism*, ap. *Christian Origins and Judaism*, Londres, 1962, 19-30.

GRELOT, P., *Le Jour de Yahveh*, ap. *Sens chrétien de l'A.T. Esquisse d'un traité dogmatique*, ap. *Bibl. Théol. I. Théologie dogmatique*, III, Paris-Tournai, 1962, 347-352.

HIGGINS, A. J. B., *The Sign of the Son of Man (Matt. XXIV, 30)*, ap. *NTS*, 1962-1963, IX, 380-382.

JUNKER, H., *Sancta civitas, Jerusalem nova (Is. 2)*, ap. *Ecclesia. Festschrift M. Wehr*, ap. *Trier. Theol. Stud.*, XV, Trèves, 1962, 17-33.

KÄSEMANN, E., *Zum Thema der urchristlichen Apokalyptik*, ap. *ZTK*, 1962, LIX, 257-284; *Ex. Vers. Bes.*, 2e éd., Goettingue, 1968, 105-131.

KNOCH, O., *Die eschatologische Frage, ihre Entwicklung und ihr gegenwärtiger Stand. Versuch einer knappen Uebersicht*, ap. *BZ*, 1962, n.s. VI, 112-120.

NANDRASKY, K., *Zum Begriff « Zeit »*, ap. *Communio Viatorum*, 1962, V, 228-233.

RÖSSLER, D., *Gesetz und Geschichte. Untersuchungen zur Theologie der jüdischen Apokalyptik und der pharisäischen Orthodoxie*, 2e éd., ap. *WMANT*, III, Neukirchen-Vluyn, 1962.

RUSSELL, D. S., *Zwischen den Testamenten*, Neukirchen, 1962.

SCHENKE, H. M., *Der Gott « Mensch » in der Gnosis*, Goettingue, 1962.

SCHUBERT, K., *Die Entwicklung der Auferstehungslehre von der nachexilischen bis zur frührabbinischen Zeit*, ap. *BZ*, 1962, n.s., VI, 177-214.

STROBEL, A., *Die apokalyptische Sendung Jesu. Gedanken zur Neuorientierung in der kerygmatischen Frage*, Rothenburg-an-der-Tauber, 1962.

TOURNAY, R., *Relectures bibliques concernant la vie future et l'angélologie*, ap. *RB*, 1962, LXIX, 481-505.

1963

HAHN, I., *Josephus und die Eschatologie von Qumran*, ap. *Qumran-Probleme*, ed. H. BARDTKE (*Deutsche Akad. Wiss. Berlin. Sekt. Altertumswiss.*, XLII), Berlin, 1963, 167-191.

KAPELRUD, A. S., *Die aktuellen und die eschatologischen Behörden der Qumrangemeinde*, *ibid.*, 259-268.

RODRIGUEZ OCHOA, J. M., *Estudio de la dimensión temporal en Prov., Job y Qohelet. El eterno volvar a comenzar en Qohelet*, ap. *Est. Bibl.*, 1963, XXII, 33-67.

ROWLEY, H. H., *The Relevance of Apocalyptic*, 3e éd., Londres, 1963.

SEKINE, M., *Erwägungen zur hebräischen Zeitauffassung*, ap. *Congress Volume. Bonn 1962. Suppl. VT*, IX, Leyde, 1963, 66-82.

SIRARD, L., *La parousie de l'Antéchrist, 2 Thess. 2, 3-9*, ap. *An. Bibl.*, XVIII, Rome, 1963, 89-100.

SNAITH, H. N., *Time in the Old Testament*, ap. *Prophecy and Fulfilment* (Festschrift S. H. Hooke), Londres, 1963, 175-184.

WILDBERGER, H., *Jesaja's Verständnis der Geschichte*, ap. *SVT*, IX, 83-117.

1964

BLANK, J., *Krisis*, Fribourg-en-Br., 1964.

BRANDON, S. G. F., *Time as God and Devil*, ap. *BJRL*, 1964, XLVII, 12-31.

BUBER, M., *Prophetie und Apokalyptik (1954)*, ap. *Werke*, II : *Schriften zur Bibel*, Munich, 1964, 925-942.

BULTMANN, R., *Ist die Apokalyptik die Mutter der urchristlichen Theologie? Eine Auseinandersetzung mit E. Käsemann*, ap. *Apophoreta* (*Festschrift Haenchen*), ap. *BZNW*, XXX, Berlin, 1964, 64-69.

BULTMANN, R., *Geschichte und Eschatologie*, 2e éd. remaniée, Tubingue, 1964.

DHANIS, E., *De Filio hominis in Vetere Testamento et in Iudaismo*, ap. *Gregor*, 1964, XLV, 1-59.

GLASSON, T. F., *The Ensign of the Son of Man (Matt. XXIV, 30)*, ap. *JTS*, 1964, n.s. XV, 299-400.

KRAUS, H. J., *Schöpfung und Weltvollendung*, ap. *Ev. Theol.*, 1964, XXIV, 462-485.

LEVÊQUE, P. - VIDAL-NAQUET, P., *Clisthène l'Athénien. Essai sur la représentation de l'espace et du temps dans la pensée politique grecque de la fin du VIe siècle à la mort de Platon*, ap. *Ann. Litt. Univ. Besançon*, Paris, 1964.

ROBINSON, D. W. B., *II Thess. 2, 6 : 'That which restrains' or 'That which holds away'*, ap. *Studia evangelica*, II (*TU*, LXXXVII), Berlin, 1964, 635-638.

RUSSELL, D. S., *The Method and Message of Jewish Apocalyptic*, Londres, 1964.

SCHREINER, J., *Das Ende der Tage. Die Botschaft von der Endzeit in den alttestamentlichen Schriften*, ap. *Bibel und Leben*, 1964, t. V, 180-194.

SCHUNCK, K. D., *Strukturlinien in der Entwicklung der Vorstellung vom « Tag Jahwes »*, ap. *VT*, 1964, XIV, 319-330.

VIELHAUER, P., *Apokalypsen und Verwandtes, — Apokalyptik des Urchristentums, — Apostolisches, Apokalypsen und Verwandtes*, ap. E. HENNECKE - W.

SCHNEEMELCHER, *Neut. Apokryphen in deutscher Uebersetzung*, 3e éd., Tubingue, 1964, 407-427, 428-454.

1965

BOMAN, T., *Das hebräische Denken im Vergleich mit dem Griechischen*, 4e éd., Goettingue, 1965.
BRANDON, S. G. F., *History, Time and Deity*, Manchester, 1965.
DUCHÊNE, H., *Le thème du temps dans l'œuvre de Mircéa Éliade* (Diss. Louvain), Louvain, 1965.
FROST, S. B., *Apocalyptic and History*, ap. *Bible in Modern Scholarship*, éd. J. P. HYATT, Nashville-New York, 1965, 98-115.
MUILENBURG, J., *Prophecy and Apocalyptic*, *ibid.*, 74-97.
ROWLEY, H. H., *Apokalyptik. Ihre Form und Bedeutung zur biblischen Zeit*, 3e éd., Einsiedeln, 1965.
SCHOLEM, G. G., *Major Trends in Jewish Mysticism*, New York, 1965.
SCHUBERT, K., *Das Zeitalter der Apokalyptik*, ap. *Bibel und zeitgemässer Glaube*, Klosterneuburg, 1965, 265-285.

1966

BEEK, M. A., *Zeit, Zeiten und eine halbe Zeit*, ap. *Studia biblica et semitica T. C. Vriezen dedicata*, Wageningen, 1966, 19-24.
BETZ, H. D., *Zum Problem des religionsgeschichtlichen Verständnisses der Apokalyptik*, ap. *ZTK*, 1966, LXIII, 391-409.
BOUSSET, W. - GRESSMANN, H., *Die Religion des Judentums im späthellenistischen Zeitalter*, 4e éd., Tubingue, 1966.
BRUNNER, H., *Die Weisen, ihre Lehre und Prophezeiungen in altägyptischer Sicht*, ap. *ZÄSAK*, 1966, XCIII, 29-38.
FENSHAM, F. C., *A Possible Origin of the Concept of the Day of the Lord*, ap. *Bibl. Essays*, 90-97, Steltenbosch, 1966.
HARTMAN, L., *Prophecy Interpreted. The Formation of Some Jewish Apocalyptic Texts and of the Eschatological Discourse Mark 13 par.*, ap. *Coniectanea Biblica. NT Series*, I, Lund, 1966.
HOFFMANN, P., *Die Toten im Christus*, ap. *NTA*, s. 2, II, Munster, 1966.
JEREMIAS, J., *« Flesh and Blood cannot inherit the Kingdom of God »* (*I Cor XV, 50*), ap. *Abba*, Goettingue, 1966, 298-307.
KOCH, K., *Die Apokalyptik und ihre Zukunftserwartungen*, ap. *Kontexte*, 1966, III, 51-58.
KUHN, H. W., *Enderwartung und gegenwärtiges Heil*, ap. *StUNT*, IV, Goettingue, 1966.
MOORE, A. L., *The Parousia in the New Testament*, Leyde, 1966.
NOTH, M., *The Understanding of History in OT Apocalyptic*, ap. *The Laws in the Pentateuch and Other Studies*, Philadelphie, 1966, 194-214.
STARR, C. G., *Historical and Philosophical Time*, ap. *History and the Concept of Time*, 1966, VI, 1-23.
VERNANT, J. P., *Le mythe hésiodique des races. Sur un essai de mise au point*, ap. *Rev. Philol.*, 1966, 247-276.
WEISS, H. F., *Untersuchungen zur Kosmologie des hellenistischen und palästinischen Judentums*, ap. *TU*, XCVII, Berlin, 1966.

WEISS, M., *The Origin of the « Day of the Lord » Reconsidered*, ap. *HUCA*, 1966, XXXVII, 29-72.

1967

ALBREKTSON, B., *History and the Gods*, Lund, 1967.

KALLAS, J., *The Apocalyps - an Apocalyptic Book?*, ap. *JBL*, 1967, LXXXVI, 69-80.

LANGEVIN, P. É., *Le Jour du Seigneur*, ap. *Jésus Seigneur et l'Eschatologie. Exégèse des Textes pauliniens*, ap. *Studia. Travaux de recherche par les Facultés S.J. de Montréal*, t. XXI, Bruges-Paris, 1967, 107-167.

MURDOCK, W. R., *History and Interpretation in Jewish Apocalypticism*, ap. *Interpretation*, 1967, XXI, 167-187.

NISSEN, A., *Tora und Geschichte im Spätjudentum*, ap. *NT*, 1967, IX, 241-277.

REESE, G., *Die Geschichte Israels in der Auffassung des frühen Judentums. Eine Untersuchung der Tiervision und der Zehnwochenapokalypse des äthiopischen Henochbuches, der Geschichtsdarstellung der Assumptio Mosis und der des 4. Esrabuches*, Heidelberg, 1967 (Masch. Diss.).

ROBINSON, J. M., *Offenbarung als Wort Gottes und als Geschichte*, Zurich, 1967, 11-134.

STRAND, K. A., *Another Look at Lord's Day in the Early Church and in Rev. 1, 10*, ap. *NTS*, 1966-1967, X, 174-181.

STROBEL, A., *Kerygma und Apokalyptik*, Goetingue, 1967, 124-137.

WIED, G., *Der Auferstehungsglaube des späten Israel in seiner Bedeutung für das Verhalten von Apokalyptik und Weisheit* (Dissertation), Bonn, 1967.

WILCKE, H. A., *Das Problem eines messianischen Zwischenreiches bei Paulus*, ap. *AThANT*, LI, Zurich, 1967.

1968

BETZ, H. D., *Das Verständnis der Apokalyptik in der Theologie der Pannenberg-Gruppe*, ap. *ZTK*, 1968, LXV, 257-270.

BOYD, W. J. P., *Apocalyptic and Life after Death*, ap. *TU*, 1968, CIII, 39-56.

BROWN, R., *The Historical Development from Prophecy to Apocalyptic*, ap. *Jerome Biblical Commentary*, Englewood Cliffs, 1968.

GALE, R. M., *The Philosophy of Time*, 1968.

HUNZINGER, C. H., *Die Hoffnung angesichts des Todes im Wandel der paulinischen Aussagen*, ap. *Leben angesichts des Todes. Festschr. H. Tielicke*, éd. B. LOHSE et H. P. SCHMIDT, Tubingue, 1968, 69-88.

JONES, B. W., *More about the Apocalypse as Apocalyptic*, ap. *JBL*, 1968, LXXXVII, 325-327.

KLEIN, R. W., *The Day of the Lord*, ap. *Conc. Theol. Monthly*, 1968, XXXIX, 517-525.

LEIVESTAD, R., *Der apokalyptische Menschensohn ein theologisches Phantom*, ap. *ASTI*, 1968, VI, 49-105.

LINDBLOM, J., *Geschichte und Offenbarungen*, ap. *Acta Reg. Soc. Hum. Lit. Lund.*, LXV, Lund, 1968.

LUTZ, H. M., *Jahwe, Jerusalem und die Völker. Zur Vorgeschichte von Sach. 12, 1-8 und 14, 1-5*, ap. *WMANT*, XXVII, Neukirchen, 1968.

LUZ, U., *Das Geschichtsverständnis des Paulus*, ap. *BEvTh*, XLIX, Munich, 1968.

PANNENBERG, W., *Revelation as History*, Londres, 1968.

PLÖGER, O., *Theocracy and Eschatology. Trad.* S. RUDMAN, Richmond, 1968.

PREUSS, H. D., *Johweglaube und Zukunftserwartung*, ap. *BWANT*, LXXXVII, Stuttgart, 1968.

SCHUSSLER FIORENZA, E., *The Eschatology and Composition of the Apocalypse*, ap. *CBQ*, 1968, XXX, 357-369.

STECK, H. O., *Zum Problem theologischer Strömungen in nachexilischer Zeit*, ap. *EvTh*, 1968, XXVIII, 451-458.

WHITEMAN, M., *Philosophy of Space and Time*, 1968.

1969

BARR, J., *Biblical Words for Time*, 2e éd., ap. *Stud. Bibl. Theol.*, Londres, 1969.

BETZ, H. D., *On the Problem of Religio-Historical Understanding of Apocalypticism*, ap. *Journ. Theol. Church*, 1969, VI, 134-165, 192-207.

COLPE, C., *Der Begriff « Menschensohn » und die Methode der Erforschung messianischer Prototypen*, ap. *Kairos*, 1969, n.s., XI, 84-107.

CROSS, F. M., *New Directions in the Study of Apocalyptic*, ap. *JThC*, 1969, VI, 157-165.

EBELING, G., *The Ground of Christian Theology*, ap. *Journ. Theol. Church*, 1969, VI, 47-68.

FREEDMAN, D. N., *The Flowering of Apocalyptic*, ap. *JThC*, 1969, VI, 166-174.

FUCHS, E., *On the Task of Christian Theology*, *ibid.*, 69-98.

FUNK, R. W. (ed.), *Apocalypticism*, ap. *Journal of Theology and Church*, VI, New York, 1969.

FUNK, R. W., *Apocalyptic as an Historical and Theological Problem in Current New Testament Scholarship*, *ibid.*, 175-191.

GRECH, P., *Interprophetic Reinterpretation and Old Testament Eschatology*, ap. *August.*, 1969, IX, 235-265.

HARNISCH, W., *Verhängnis und Verheissung der Geschichte*, ap. *FRLANT*, XCVII, Goettingue, 1969.

HENGEL, M., *Judentum und Hellenismus*, ap. *WUNT*, X, Tubingue, 1969.

HOFFMANN, P., *Die Toten im Christus*, 2e éd., ap. *NTA*, n.s. II, Munster, 1969.

KÄSEMANN, E., *The Beginnings of Christian Theology*, ap. *New Testament Questions Today*, Philadelphie, 1969.

KÄSEMANN, E., *On the Subject of Primitive Christian Apocalyptic*, *ibid.*, Philadelphie, 1969.

MICHEL, O., *Studien zu Josephus. Apokalyptische Heilsansagen im Bericht des Josephus (BJ 290f., S. 293-295) ; ihre Umdeutung bei Josephus*, ap. *Neotest. et Semitica* (Festschr. M. Black), Édimbourg, 1969, 115-136.

MÜLLER, H. P., *Ursprünge und Strukturen alttestamentlicher Eschatologie*, ap. *BZAW*, CIX, Berlin, 1969.

ROMANIUK, K., *Die Eschatologie des Buches der Weisheit*, ap. *Bibel und Leben*, 1969, X, 198-211.

SCHMIDT, J. M., *Die jüdische Apokalyptik. Die Geschichte ihrer Erforschung von den Anfängen bis zu den Textfunden von Qumran*, Neukirchen, 1969.

SCHMIDT, J. M., *Forschung zur jüdischen Apokalyptik*, ap. *B. Ev. Theol.*, 1969, XIV, 47-53.

SCHMIDT, J. M., *Forschung zur jüdischen Apokalyptik*, ap. *Verk. Forsch.*, 1969, XIV, 44-69.

SCHMIDT, W. H., *Transzendenz in alttestamentlicher Hoffnung*, ap. *Kairos*, 1969, XI, 201-218.

SCHOTTROFF, L., *Heil als innerweltliche Entweltlichung*, ap. *NT*, 1969, XI, 294-317.

SCHREINER, J., *Alttestamentlich-jüdische Apokalyptik. Eine Einführung*, ap. *Bibl. Handbibliothek*, VI, Munich, 1969.

SCHREINER, J., *Die Symbolsprache der jüdischen Apokalyptik*, ap. W. HEINEN (éd.), *Bild-Wort-Symbol in der Theologie*, Wurzbourg, 1969, 51-81.

THOMA, C., *Jüdische Apokalyptik am Ende des ersten nachchristlichen Jahrhunderts*, ap. *Kairos*, 1969, n.s. XI, 134-144.

TRAPPIELLO, J. G., *La noción del «Día de Yahve» en el Antiguo Testamento*, ap. *Cultura Bíblica*, 1969, XXVI, 331-336.

VON DER OSTEN-SACKEN, P., *Die Apokalyptik in ihrem Verhältnis zu Prophetie und Weisheit*, ap. *Theologische Existenz Heute* , 157, Munich, 1969.

WILCH, J. R., *Time and Event. An Exegetical Study of the Use of 'eth in the Old Testament in Comparison with Other Temporal Expressions in Clarification of the Concept of Time*, Leyde, 1969. — Abondante bibliographie pp. 172-180.

1970

BEARDSLEE, W. A., *Hope in Biblical Eschatology and in Process Theology*, ap. *Journ. Amer. Acad. Theol.*, 1970, XXXVIII, 227-239.

BECKER, J., *Erwägungen zur apokalyptischen Tradition in der paulinischen Theologie*, ap. *EvTh*, 1970, XXX, 393-609.

CARNITO, C., *L'espressione «il Giorno di Yhwh»: origine ed evoluzione semantica*, ap. *Bib. Or.*, 1970, XII, 11-25.

COLLADO, V., *Escatologías de los profetas. Estudio literario comparativo*, Rome, 1970.

ECKERT, W., *Jüdisches Volkgelobtes Land*, Munich, 1970, 135-152.

EVANS, C. F., *Resurrection and the New Testament*, ap. *SBT*, 2e sér., 12, Londres, 1970.

FOHRER, G., *Glaube und Hoffnung: Weltbewältigung und Weltgestaltung in alttestamentlicher Sicht*, ap. *TZ*, 1970, XXVI, 1-21.

HAMERTON-KELLY, R. G., *The Temple and the Origins of Jewish Apocalyptic*, ap. *VT*, 1970, XX, 1-15.

KEGEL, G., *Auferstehung Jesu - Auferstehung der Toten*, Gütersloh, 1970.

KLEIN, G., *'Reich Gottes' als biblischer Zentralbegriff*, ap. *EvTh*, 1970, XXX, 642-670.

KOCH, K., *Ratlos vor der Apokalyptik. Eine Streitschrift über ein vernachlässigtes Gebiet der Bibelwissenschaft und die schädlichen Auswirkungen auf Theologie und Philosophie*, Gütersloh, 1970.

KOENEN, L., *The Prophecies of a Potter. A Prophecy of World Renewal Becomes an Apocalypse*, ap. *Amer. Stud. Papyrology*, 1970, VII, 249-254.

LEBRAM, J. C. H., *Apokalyptik und Hellenismus im Buche Daniel*, ap. *VT*, 1970, XX, 503-524.

MARTIN-ACHARD, R., *L'Apocalyptique d'après trois travaux récents*, ap. *RTP*, 1970, XX, 310-318.

PANNENBERG, W., *Basic Questions in Theology*, Londres, 1970.

SCHOTTROFF, L., *Der Glaubende und die feindliche Welt*, ap. *WMANT*, XXXVII, Neukirchen-Vluyn, 1970.

WANKE, G., *Eschatologie. Ein Beispiel theologischer Sprachverwirrung*, ap. *Kerygma und Dogma*, 1970, XVI, 300-312.

WILCKENS, U., *Das biblische Auferstehungszeugnis historisch untersucht und erklärt*, ap. *Themen der Theolgie*, IV, Stuttgart-Berlin, 1970.

1970-1971

CARMIGNAC, J., *Les dangers de l'eschatologie*, ap. *NTS*, 1970-1971, XVII, 365-390.

ROLLINS, W. G., *The New Testament and Apocalyptic*, *ibid.*, 454-476.

1971

AMSLER, S., *Zacharie et l'origine de l'apocalyptique*, ap. *Congress Volume Uppsala 1971* (*SVT*, XXII), Leyde, 1971, 227-231.

BEARDSLEE, W. A., *New Testament Apocalyptic in Recent Interpretation*, ap. *Interpr.*, 1971, XXV, 419-425.

BRAASEN, C., *The Significance of Apocalypticism for Systematic Theology*, *ibid.*, 1971, XXV, 480-499.

HANSON, P. D., *Old Testament Apocalyptic Reexamined*, *ibid.*, 1971, XXV, 454-479.

HANSON, P. D., *Jewish Apocalyptic against Its Near Eastern Environment*, ap. *RB*, 1971, LXXVIII, 31-58.

JENNI, E., *Jôm, Tag.*, ap. *Theol. Handwörterbuch*. Éd. E. JENNI et Cl. WESTERMANN, Munich, 1971, I, 707-726.

LOHSE, E., *Apokalyptik und Christologie*, ap. *ZNW*, 1971, LXII, 48-67.

MÜLLER, H. P., *Mantische Weisheit und Apokalyptik*, ap. *Congress Volume Uppsala 1971* (*SVT*, XXII), Leyde, 1971, 268-293.

NORTH, R., *Prophecy to Apocalyptic via Zechariah*, ap. *Congress Volume Uppsala 1971* (*SVT*, XXII), Leyde, 1972, 47-71.

NORTH, R., *Pannenberg's Historicising Exegesis*, ap. *Heythrop Journal*, 1971, XII, 379-400.

SIBER, P., *Mit Christus leben*, ap. *AThANT*, LXI, Zurich, 1971.

SPÖRLEIN, B., *Die Leugnung der Auferstehung*, Ratisbonne, 1971.

VERNANT, J. P., *Mythe et Pensée chez les Grecs*, t. I, Paris, 1971.

WILDER, A., *The Rhetoric of Ancient and Modern Apocalyptic*, ap. *Int.*, 1971, XXV, 436-453.

1972

AUNE, D. E., *The Cultic Setting of Realized Eschatology in Early Christianity*, ap. *NTS*, XXVIII, Leyde, 1972.

BRANDENBURGER, E., *Adam und Christus*, ap. *WMANT*, VII, Neukirchen-Vluyn, 1972.

HAAG, E., *Der Tag Jahwes im A.T.*, ap. *Bib. Leb.*, 1972, XII, 238-248.

HENGEL, M., *Anonymität, Pseudepigraphie und 'Literarische Fälschung' in der hellenistisch-jüdischen Literatur*, ap. *Entretiens sur la litt. class.*, XVIII, Vandoeuvres-Genève, 1972.

KOCH, Kl., *The Rediscovery of Apocalyptic*, ap. *Stud. Bibl. Theol.*, n.s., 22, Londres, 1972.

MCCULLOUGH, W. S., *Israel's Eschatology from Amos to Daniel*, ap. *Stud. Ancient Palest. World.* Ed. J. W. WEVERS and D. B. REDFORD, Toronto, 1972, 86-100.

MÜLLER, U. B., *Messias und Menschensohn in jüdischen Apokalypsen und in der Offerbarung des Johannes*, ap. *StNT*, VI, Gütersloh, 1972.

NICKELSBURG, G. W. E., *Resurrection, Immortality and Eternal Life in Intertestamental Judaism*, ap. *HTS*, XXVI, Newhaven, 1972.

VAN DER PLOEG, J., *Eschatology in the O.T.*, ap. *OTS*, 1972, XVII, 89-99.

1973

CAVALLIN, H. C. C., *Life after Death*, ap. *CB. NT*, VII, 1, Lund, 1973.

GESE, H., *Anfang und Ende der Apokalyptik dargestellt am Sacharjabuch*, ap. *ZTK*, 1973, LXX, 20-49.

HAMERTON-KELLY, R. G., *Pre-existence, Wisdom and the Son of Man*,Cambridge, 1973.

HARNISCH, W., *Eschatologische Existenz. Ein exegetischer Beitrag zum Sachanliegen von 1. Thessalonicher 4, 13-5, 11*, ap. *FRLANT*, CX, Goettingue, 1973.

KLEIN, G., *Apokalyptische Naherwartung bei Paulus*, ap. *Neues Testament und christliche Existenz. Festschrift H. Braun*, éd. H. D. BETZ et L. SCHOTTROFF, Tubingue, 1973, 241-262.

MARROW, S. B., *Apocalyptic Genre and Eschatology*, ap. *The Word in the World*, Cambridge (Mass.), 1973, 71-82.

MORRIS, L., *Apocalyptic*, Downers Grove, 1973.

MÜLLER, K., *Die Ansätze der Apokalyptik*, ap. *Literatur und Religion des Frühjudentums. Eine Einführung* (éd. J. MAIER et J. SCHREINER), Wurzbourg-Gütersloh, 1973, 31-42.

PRIGENT, P., *Apocalypse et Apocalyptique*, ap. *Exégèse biblique et Judaïsme*. Éd. J.-E. MESNARD, Strasbourg, 1973, 126-145.

SALAS, A., *La Biblia ante el «más allá». Immortalidad o resurrección*, ap. *Actualidad Biblica*, Madrid, 1973.

SCHMITHALS, W., *Die Apokalyptik. Einführung und Deutung*, Goettingue, 1973.

SCHMITT, A., *Entrückung – Aufnahme – Himmelfahrt*, ap. *FrB*, X, Stuttgart, 1973.

SCHREINER, J., *Die apokalyptische Bewegung*, *ibid.*, 214-253.

1974

BARTH, C., *Diesseits und Jenseits im Glauben des späten Israel*, ap. *Stuttg. Bibelstudien*, 72, Stuttgart, 1974.

COLLINS, J. J., *The Symbolism of Transcendance in Jewish Apocalyptic*, ap. *BR*, 1974, XIX, 5-22.

COLLINS, J. J., *Apocalyptic Eschatology as the Transendance of Death*, ap. *CBQ*, 1974, XXXVI, 21-43.

EVERSON, A. J., *The Day of Yahweh*, ap. *JBL*, 1974, XCIII, 329-337.

GAMMIE, J. G., *Spatial and Ethical Dualism in Jewish Wisdom and Apocalyptic Literature*, ap. *JBL*, 1974, XCIII, 356-385.

GINZBERG, L., *Some Observations on the Attitude of the Synagogue toward Apocalyptic Writings*, ap. S. Z. LEIMAN, *The Canon and Masorah of the Hebrew Bible*, New-York, 1974, 142-163.

MERKLEIN, H., *Untergang und Neuschöpfung. Zur theologischen Bedeutung neutestamentlicher Texte vom « Ende » der Welt*, ap. J. LANGE (éd.), *Biblische Randbemerkungen*, Wurzbourg, 1974, 349-360.

PERRIN, N., *Eschatology and Hermeneutics. Reflections on Method in the Interpretation of the N.T.*, ap. *JBL*, 1974, XCIII, 3-14.

PESCH, R., *Tod und Auferstehung*, ap. *Kontinuität in Jesus*, éd. R. PESCH et H. A. ZWERGEL, Fribourg-en-Br., 1974, 35-72.

SILBERMAN, L. H., *The Human Deed in a Time of Despair. The Ethics of Apocalyptic*, ap. *Essays in Old Testament Ethics*, New York, 1974, 191-202.

HARRELSON, W., *The Significance of « Last Words » for Intertestamental Ethics*, *ibid.*, 203-213.

1974-1975

EVERSON, A. J., *The Day of Yahweh as Historical Event*, ap. *Diss. Abstracts*, 1974-1975, XXXV, 8009.

1975

AUCLAIR, R., *Le Jour de Yahvé. La fin des temps*, Paris, 1975.

BAUMGARTEN, J., *Paulus und die Apokalyptik. Die Auslegung apokalyptischer Ueberlieferungen in den echten Paulusbriefen*, ap. *WMANT*, XLIV, Neukirchen-Vluyn, 1975.

COLLINS, J. J., *Jewish Apocalyptic against Its Hellenistic Near Eastern Environment*, ap. ***BASOR***, 1975, n° 220, 27-36.

COLLINS, J. J., *The Court-Tales in Daniel and the Development of Apocalyptic*, ap. *JBL*, 1975, XCIV, 218-234.

DE VRIES, S. J., *Yesterday, Today and Tomorrow. Time and History in the Old Testament*, Londres, 1975.

GERO, S., *« My Son the Messiah ». A Note on 4 Esr 7, 28-29*, ap. *ZNW*, 1975, LXVI, 264-267.

GRESHAKE, G. - LOHFINK, G., *Naherwartung – Auferstehung – Unsterblichkeit. Untersuchungen zur christlichen Eschatologie*, Fribourg-in-Br., 1975.

GRØMBAEK, J. H., *Om forholdet mellem historie og eskatologi hos de klassiske profeter*, ap. N. HYLDAHL (éd.), *Hilsen til Noack*, Copenhague, 1975, 81-93.

HANSON, P. D., *The Dawn of Apocalyptic. The Historical and Sociological Roots of Jewish Apocalyptic*, Philadelphie, 1975.

HARTMAN, L., *The Function of So-Called Apocalyptic Timetables*, ap. *NTS*, 1975, XXII, 1-14.

LAW, S., *Can Apocalyptic be Relevant*, ap. *What About the New Testament. Essays in Honour of Christopher Evans*. Éd. M. HOOKER and C. HICKLING, Londres, 1975, 89-102.

MASSYNGBERDE FORD, J., *Revelation. Introduction, Translation and Commentary*, ap. *Anchor Bible*, New York, 1975.

RIAN, D., *Apokalyptikkens renessanse i nyere teologi*, ap. *Norsk Teol. Tidskrift*, 1975, LXXVI, 23-33.

RICHTER, G., *Präsentische und futurische Eschatologie im 4. Evangelium*, ap. *Gegenwart und kommendes Reich*, éd. P. FIEDLER et D. ZELLER, ap. *SBB*, Stuttgart, 1975, 117-152.

SALDARINI, A. J., *Apocalyptic and Rabbinic Literature*, ap. *CBQ*, 1975, XXXVII, 348-358.

SCHMITHALS, N., *The Apocalyptic Movement. The Historical and Sociological Roots of Jewish Apocalyptic Eschatology*, Philadelphia, 1975.

SIDER, R. J., *The Pauline Conception of the Resurrection Body in I Corinthians XV, 35-54*, ap. *NTS*, 1975, XXI, 428-439.

THEISOHN, J., *Der auserwählte Richter. Untersuchungen zum traditionsgeschichtlichen Ort der Menschsohngestalt der Bilderreden des Aethiopischen Henoch*, Goettingue, 1975.

VEIJOLA, T., *Die ewige Dynastie. David und die Entstehung seiner Dynastie nach der deuteronomistischen Darstellung*, ap. *AAF*, sér. B, CXCIII, Helsinki, 1975.

WIFALL, W., *Son of Man. A Pre-Davidic Social Class*, ap. *CBQ*, 1975, XXXVII, 331-340.

WILCKENS, U., *Christus, der « letzte Adam », und der Menschensohn*, ap. *Jesus und der Menschensohn. Festschrift A. Vögtle*, éd. R. PESCH et R. SCHNACKENBURG, Fribourg-en-Br., 1975, 387-403.

WEIMAR, P., *Daniel 7. Eine Textanalyse*, ap. *Jesus und der Menschensohn* (Festschrift A. Vögtle), Fribourg-en-Br., 1975, 11-36.

MÜLLER, K., *Der Menschensohn im Danielzyklus*, *ibid.*, 37-80.

DEISSLER, A., *Der 'Menschensohn' und das 'Volk der Heiligen des Höchstens' in Dan. 7*, *ibid.*, 81-91.

BLACK, M., *Die Apotheose Israels : eine neue Interpretation des danielischen 'Menschensohns'*, *ibid.*, 92-99.

LEHMANN, K., *Ueber das Verhältnis der Exegese als historisch-kritischer Wissenschaft zum dogmatischen Verstehen*, *ibid.*, 421-434.

KAISER, O., *Menschensohn, Menschensohnforschung und praktische Verkündigung. Ueberlegungen zur Dialektik von Autonomie und Finalisierung neutestamentlicher Wissenschaft*, *ibid.*, 435-488.

1976

BECKER, J., *Auferstehung der Toten im Urchristentum*, ap. *SBS*, LXXXII, Stuttgart, 1976.

BERCIANO, M., *Kairos. Tiempo humano e historico salvifico en Clemente de Alejandria*, Burgos, 1976.

BERGER, Kl., *Die Auferstehung der Propheten und die Erhöhung des Menschensohnes. Trditionsgeschichtliche Untersuchungen zur Deutung des Geschickes Jesu in frühchristlichen Texten*, ap. *SUNT*, XIII, Goettingue, 1976.

COPPENS, J., *Le Fils de l'homme dans l'évangile johannique*, ap. *ETL*, 1976, LII, 28-81.

COPPENS, J., *Le Fils de l'homme dans le dossier paulinien*, ap. *ETL*, 1976, LII, 309-330.

DAVIES, W. D., *From Schweitzer to Scholem : Reflections on Sabbatai Svi*, ap. *JBL*, 1976, XCV, 529-558.

DELCOR, M., *Le festin d'immortalité sur le montagne de Sion à l'ère eschatologique en Is. 25, 6-9, à la lumière de la littérature ugaritique*, ap. *Salmant.*, 1976, XXIII, 89-98.

GARCIA CORDERO, M., *Del Messianismo a la Escatologia en el Antiguo Testamento*, ap. *Salm.*, 1976, XXIII, 15-59.

METTINGER, T. N. D., *King and Messiah. The Civil and Sacral Legitimation of the Israelite Kings*, ap. *Coniect. Biblica. O.T. Series*, VIII, Lund, 1976.

MÜLLER, H. P., *Märchen, Legende und Enderwartung: Zum Verständnis des Buches Daniel*, ap. *VT*, 1976, XXVI, 338-350.

NÜTZEL, J. M., *Zum Schicksal des eschatologischen Propheten*, ap. *BZ*, 1976, XX, 59-94.

PETITJEAN, A., *Les Conceptions vétérotestamentaires du temps. Acquisitions. Crises et programme de la recherche*, ap. *RHPR*, 1976, LVI, 383-400.

SCHREINER, J., *Die apokalyptische Bewegung*, ap. J. MAIER - J. SCHREINER (éd.), *Literatur und Religion des Frühjudentums*, Wurzbourg, 1976, 254-272.

1977

AFTERMATH, Fr., *Du corps psychique au corps spirituel. Interprétation de 1 Cor. 15, 35-49 par les auteurs chrétiens des quatre premiers siècles*, ap. *BGBT*, XVIII, Tubingue, 1977.

ASSOCIATION CATHOLIQUE FRANÇAISE POUR L'ÉTUDE DE LA BIBLE. *Apocalypse et Théologie de l'Espérance*, ap. *Lectio divina*, XCV, Paris, 1977 (cité *ATE*).

BECKER, J., *Messiaserwartung im Alten Testament*, ap. *St. B. St.*, LXXXIII, Stuttgart, 1977.

BENOIT, P., *L'évolution du langage apocalyptique dans le corpus paulinien*, ap. *ATE*, 299-335.

BOGAERT, P. M., *La ruine de Jérusalem et les apocalypses juives après 70*, ap. *ATE*, 123-141.

CALLOUD, J. - DELORME, J. - DUPLANTIER, J. P., *L'Apocalypse de Jean: Proposition pour une analyse structurale*, ap. *ATE*, 351-381.

CAQUOT, A., *Remarques sur les chapitres 70 et 71 du livre éthiopien d'Hénoch*, ap. *ATE*, 111-122.

COPPENS, J., *L'Apocalyptique. Son dossier. Ses critères. Ses éléments constitutifs. Sa portée néotestamentaire*, ap. *ETL*, 1977, LIII, 1-23.

COPPENS, J., *La vision du Très-Haut en Dan., VII et Hén. éthiopien*, XIV, *ibid.*, 187-189.

COPPENS, J., *L'interprétation collective du Fils d'homme daniélique*, *ibid.*, 189-191.

DELCOR, M., *Bilan des études sur l'apocalyptique*, ap. *ATE*, 27-42.

DELCOR, M., *Mythologie et apocalyptique*, ap. *ATE*, 143-177.

DELORME, J., Cf. *supra*, J. Calloud.

DUPLANTIER, J. P., Cf. *supra*, J. Calloud.

DUPONT, J., *La ruine du temple et la fin des temps dans le discours de Marc 13*, ap. *ATE*, *208-269*.

EYT, P., *Apocalyptique, utopie, espérance*, ap. *ATE*, 441-458.

FRUCHON, P., *Sur l'interprétation des apocalypses*, ap. *ATE*, 385-440.

GESE, H., *Der Tod im Alten Testament*, ap. *Alttest. Vorträge z. bibl. Theol.*, Munich, 1977, 31-54.

GESE, H., *Der Messias*, *ibid.*, 128-151.

GRELOT, P., *Histoire et eschatologie dans le Livre de Daniel*, ap. *ATE*, 63-109.

GROSS, H., *Die Entwicklung der altt. Heilshoffnung*, ap. *Kernfragen des A.T.*, Ratisborne, 1977, 53-65.

GROSS, H., *Der Messias, im A.T.*, *ibid.*, 66-84.

HABETS, G., *Eschatologie-eschatologisches*, ap. H.J. FABRY (éd.), *Bausteine Bibl. Theologie*, Bonn, 1977, 351-369.

JACOB, E., *Aux sources bibliques de l'Apocalyptique*, ap. *ATE*, 43-61.

KNOCH, O., *« Wirst du an den Toten Wunder wirken? » Sterben, Tod und ewiges Leben im Zeugnis der Bibel. Ein besinnliches Lesebuch*, Ratisbonne, 1977.

LÉGASSE, S., *Jésus historique et le Fils de l'homme. Aperçu sur les opinions contemporaines*, ap. *ATE*, 271-298.

MILLER, D.L., *The Development of the Concept of Immortality in the Old Testament*, ap. *Diss. Abstracts*, 1977, XXVIII, 21-85.

MONLOUBOU, L., *Liminaire*, ap. *ATE*, 19-24.

SCHMID, H.H., *Šalôm. La pace nell'Antico Oriente e nell'Antico Testamento. Edizione italiana a cura di* F. MONTAGNINI, ap. *Studi Biblici*, XLIV, Brescia, 1977.

SCHMITT, J., *Apocalyptique et christologie johannique*, ap. *ATE*, 337-350.

STIASSNY, J., *L'occultation de l'Apocalyptique dans le rabbinisme*, ap. *ATE*, 179-203.

VEIJOLA, T., *Das Königtum in der Beurteilung der deuteronomistischen Historiographie. Eine redaktionsgeschichtliche Untersuchung*, ap. *AASF*, CXCVIII, Helsinki, 1977.

1978

COPPENS, J., *La Royauté de Yahvé dans le Psautier*, ap. *ETL*, 1977, LIII, 297-362; 1978, LIV, 1-59.

DI LELLA, A., *Apocalyptic*, ap. L. F. HARTMAN - A. DI LELLA, *The Book of Daniel*, ap. *Anchor Bible*, New York, 1978, 62-71.

FISCHER, U., *Eschatologie und Jenseitserwartung im hellenistischen Diasporajudentum*, Berlin, 1978.

Eschatologie im Alten Testament. Éd. H.D. PREUSS, ap. *Wege der Forschung*, CDLXXX, Darmstadt, 1978. Cité *EAT*.

PREUSS, H.-D., *Eschatologie im Alten Testament. Einleitung*. — *EAT*, 1-19.

Eschatologie im Alten Testament. Bibliographie. — *EAT*, 481-495.

WANKE, G., *« Eschatologie ». Ein Beispiel theologischer Sprachverwirrung (1970)*. — *EAT*, 342-360.

STAERK, W., *Alttestamentliche Eschatologie (1929)*. — *EAT*, 20-21.

KNIGHT, G.A.F., *Eschatologie im Alten Testament (1951)*. — *EAT*, 22-30.

LINDBLOM, J., *Gibt es eine Eschatologie bei den alttestamentlichen Propheten (1952)*. — *EAT*, 31-72.

FROST, S.B., *Eschatologie und Mythos (1952)*. — *EAT*, 73-87.

VRIEZEN, Th.C., *Prophetic und Eschatologie (1953)*. — *EAT*, 88-128.

GRÖNBAECK, J.H., *Zur Frage der Eschatologie in der Verkündigung der Gerichtspropheten (1959)*. — *EAT*, 129-146.

FOHRER, G., *Die Struktur der alttestamentlichen Eschatologie (1960)*. — *EAT*, 147-180.

GROSS, H., *Die Entwicklung der alttestamentlichen Heilshoffnung* (*1961*). — *EAT*, 181-197.

SCHREINER, J., *Die Botschaft von der Endzeit in den alttestamentlichen Schriften (1964)*. — *EAT*, 198-216.

GROSS, H., *Die Eschatologie im Alten Bund (1965)*. — *EAT*, 217-226.

DINGERMANN, F., *Israels Hoffnung auf Gott und sein Reich (1967)*. — *EAT*, 227-239.

LOHFINK, N., *Eschatologie im Alten Testament (1967)*. — *EAT*, 240-258.

KÖHLER, W., *Prophetie und Eschatologie in der neueren alttestamentlichen Forschung (1968)*. — *EAT*, 259-292.

EIFLER, R., *Der Ursprung der jüdisch-christlichen eschatologischen Heilserwartung innerhalb der altisraelitischen Religion im 7. und 6. Jahrhundert v.u.Z. (1970)*. — *EAT*, 361-379.

VAN DER PLOEG, J. P. M., *Eschatologie im Alten Testament (1972)*. — *EAT*, 380-393.

MCCULLOUGH, W. S., *Israels Eschatologie von Amos bis zu Daniel (1972)*. — *EAT*, 394-414.

KAISER, O., *Geschichtliche Erfahrung und Eschatologische Erwartung. Ein Beitrag zur Geschichte der alttest. Eschatologie im Jesajabuch (1973)*. — *EAT*, 444-461.

SCHUNCK, K.-D., *Die Eschatologie der Propheten des A. T. und ihre Wandlung in exilisch – nachexilischer Zeit (1974)*. — *EAT*, 462-480.

CARMIGNAC, J., *La notion d'eschatologie dans la Bible et à Qumrân (1969)*. — *EAT*, 306-324.

PREUSS, H. D., *Jahweglaube als Zukunftserwartung (1968)*. — *EAT*, 293-305.

MURPHY, R. E., *Geschichte, Eschatologie und das Alte Testament (1969-1970)*. — *EAT*, 325-341.

MÜLLER, H.-P., *Mythos und Transzendenz. Paradigmen aus dem A.T. (1972)*. — *EAT*, 415-443.

II

LE FILS D'HOMME. FIGURE APOCALYPTIQUE

Pour la bibliographie, nous nous permettons de renvoyer à celle publiée dans J. COPPENS, *De Mensenzoon-logia in het Markusevangelium. Avec un résumé, des notes et une bibliographie en français*, ap. *Med. Kon. Acad. Wet., Lett. en Sch. Kunsten*, t. XXXV, fasc. 3, Bruxelles, Paleis der Academiën, 1973, pp. 29-37.

Pour les publications les plus récentes, renvoyons provisoirement à R. PESCH-R. SCHNACKENBURG (éd.), *Jesus und der Menschensohn. Festschrift A. Vögtle*, Fribourg-en-Br., 1975, à G. VERMES, *The Present State of the « Son of Man » Debate*, ap. *JJS*, 1978, t. XXIX, 125-134 et à Fr. M. WILSON, *The Son of Man in Jewish Apocalyptic Literature*, ap. *Studia biblica et theologica*, 1978, t. VIII, pp. 28 ss.

III

La Royauté et le Royaume de Dieu

WEISS, J., *Die Predigt Jesu vom Reiche Gottes*, Goettingue, 1892; 2e éd. Goettingue, 1900.

BOEHMER, J., *Der alttestamentliche Unterbau des Reiches Gottes*, Gütersloh, 1902.

WERNLE, P., *Die Reichsgotteshoffnung in den ältesten christlichen Dokumenten und bei Jesus*, Tubingue, 1903.

LAGRANGE, M.-J., *Le Règne de Dieu dans l'A.T.*, ap. *RB*, 1908, XVII, 36-61.

BOEHMER, J., *Der religionsgeschichtliche Rahmen des Reiches Gottes*, Leipzig, 1909.

DUHM, B., *Das kommende Reich Gottes*, Tubingue, 1910.

BARTMANN, B., *Das Reich Gottes in der Heiligen Schrift*, Munster-en-W., 1912.

VOLZ, P., *Das Neujahrsfest Jahves*, Tubingue, 1912.

BOUSSET, W., *Die Religion des Judentums im neutestamentlichen Zeitalter*, 2e éd., Tubingue, 1913.

VON GALL, A., *Ueber die Herkunft der Bezeichnung Jahves als König*, ap. *Studien zur semitischen Philologie und Religionsgeschichte* (éd. K. MARTI), *Wellhausen-Festschrift*, 1914, 145-160.

MOWINCKEL, S., *Das Thronbesteigungsfest Jahwähs und der Ursprung der Eschatologie*, ap. *Psalmenstudien*, II, Oslo, 1922. — Nouvelle édition en 1961.

WENSINCK, A. J., *The Semitic New Year and the Origin of the Eschatology*, ap. *Acta Orientalia*, 1923, I, 158-199.

CERFAUX, L., *L'Église et le Règne de Dieu d'après S. Paul*, ap. *ETL*, 1925, II, 181-198.

WILSON, D. R., *The Words for Kingdom in the O.T.*, ap. *Princ. Theol. Rev.*, 1925, XXIII, 133-137.

BOUSSET, W. - GRESSMANN, H., *Die Religion des Judentums im späthellenistischen Zeitalter*, 3e éd., Tubingue, 1926, 213-222.

VON GALL, A., *Basileia tou theou*, Heidelberg, 1926.

BÖHL, F. M. Th., *Nieuwjaarsfeest en Koningsdag*, Groningen, 1927.

MOORE, G. F., *Judaism in the First Centuries of the Christian Era*, New York, 1927-1930.

SCHMIDT, H., *Die Thronfahrt Jahwes am Fest der Jahreswende im alten Israel*, Tubingue, 1927.

EISSFELDT, O., *Jahwe als König*, ap. *ZAW*, 1928, XLVI, 81-105. Cf. *Kleine Schriften*, Tubingue, 1962, I, 172-193.

BAUDISSIN, W., *Kyrios als Gottesname im Judentum und seine Stelle in der Religionsgeschichte*. Éd. O. EISSFELDT, 4 vol., 1926-1929.

CASPARI, W., *Der Herr ist König*, ap. *Christentum und Wissenschaft*, 1928, IV, 23-31.

FRICK, R., *Die Geschichte des Reich-Gottes-Gedankens in der alten Kirche bis zu Origenes und Augustinus*, ap. *BZNT*, VI, Giessen, 1928.

WINDISCH, H., *Die Sprüche von Eingehen in das Reich Gottes*, ap. *ZNW*, 1928, XXVII, 163-192.

CASPARI, W., *Das priesterliche Königsreich*, ap. *Th. Bl.*, 1929, VIII, 105-110.

BONSIRVEN, J., *Le Judaïsme palestinien au temps de Jésus-Christ*, Paris, 1934.

EISLER, R., *Jèsous basileus ou basileusas*, 2 vol., Heidelberg, 1928-1930.

EPPEL, R., *Le piétisme juif dans les Testaments des Douze Patriarches*, Paris, 1930.

MICHAELIS, W., *Reich Gottes und Geist Gottes nach dem N.T.*, Bâle, 1931.

WENDLAND, H. D., *Die Eschatologie des Reiches Gottes bei Jesus. Eine Studie über den Zusammenhang von Eschatologie, Ethik und Kirchenproblem*, Gütersloh, 1931.

KLEINKNECHT, H., *Basileus im Griechentum*, ap. *TWNT*, 1933, I, 562-563.

PAP, L. I., *Das israelitische Neujahrsfest*, Kampen, 1933.

VON RAD, G., *Melek und Malkût im Alten Testament*, ap. *TWNT*, 1933, I, 563-569.

KUHN, K. G., *Malkût Shama'îm in der rabbinischen Literatur*, *ibid.*, 570-573.

SCHMIDT, K. L., *Basileia (tou theou) im hellenistischen Judentum*, *ibid.*, 573-579.

SCHMIDT, K. L., *Basileus, — basileuô, — basileios, — basilikos, — basileia (tou theou) in der Alten Kirche*, *ibid.*, 579-592, 592-593, 593, 593, 593-595.

CERFAUX, L., *La doctrine du Royaume de Dieu*, ap. *Collat. Tornacenses*, 1933, 1934, XXIX, 321-339.

OTTO, R., *Reich Gottes und Menschensohn*, Munich, 1934; 2e éd., 1940; 3e éd., 1954.

VOLZ, P., *Die Eschatologie der jüdischen Gemeinde im neutestamentlichen Zeitalter*, 2e éd., Tubingue, 1934.

FLEW, R. N., *Jesus and the Kingdom of God*, ap. *Exp. T.*, 1934-1935, XLVI, 214-218.

RADFORD, J. G., *The Kingdom of God*, *ibid.*, 427-428.

CALÈS, J., *Les Psaumes du Règne de Dieu*, ap. *RSR*, 1935, XXV, 462-489.

HOOKE, S. H. (Éd.), *The Labyrinth*, Londres, 1935.

KÜPPERS, W., *Gottesherrschaft und Königtum in Israel*, ap. *Intern. Kirchl. Zschr.*, 1935, XXV, 148-160.

BUBER, M., *Das Königtum Gottes*, 2e éd., Berlin, 1936.

VAN IMSCHOOT, P., *Le Règne de Dieu dans l'A.T.*, ap. *Coll. Gand.*, 1936, XXIII, 254-258.

WOLFF, H. W., *Herrschaft Jahwes und Messiasgestalt im Alten Testament*, ap. *ZAW*, 1936, LIV, 168-202.

CAMPBELL, J. Y., *The Kingdom of God has Come*, ap. *ET*, 1936-1937, XLVIII, 91-94.

BULTMANN, R., *Reich Gottes und Menschensohn*, ap. *Theol. Rundschau*, 1937, n.s., IX, 1-35.

HÉRING, J., *Le Royaume de Dieu et sa venue*, Paris, 1937.

WESTERINK, H. J., *Het Koninkrijk Gods bij Paulus*, Hilversum, 1937.

GALLING, K., *Vom Richteramt Gottes*, ap. *Deutsche Theologie*, 1939, VI, 86-97.

SOMMERLATH, E., *Kirche und Reich Gottes*, ap. *ZSTh*, 1939, XVI, 562-575.

LINDBLOM, J., *The Idea of the Kingdom of God*, ap. *Exp. T*, 1939-1940, LI, 59-63.

GRANT, F. C., *The Gospel of the Kingdom*, New York, 1940.

MATULICH, S., *The Kingdom of the Heavens in the Gospel of St. Matthew*, ap. *CBQ*, 1941, III, 43-49.

CLAVIER, H., *L'accès au Royaume de Dieu*, ap. *RHPR*, 1942, XXII, 1-29, 215-239.

BRUCE, F. F., *The Kingdom of God. A Biblical Survey*, ap. *Evangelical Quart.*, 1943, XV, 263-268.

CLAVIER, *L'accès au Royaume de Dieu*, ap. *RHPR*, 1943, XXIII, 185-236.
ENGNELL, I., *Studies in Divine Kingship in the Ancient Near East*, Uppsala, 1943. — Reprint 1967.
BIETENHARD, H., *Das tausendjährige Reich. Eine biblisch-theologische Studie*, Berne, 1944.
BIETENHARD, H., *Die Reich Gottes - Erwartung im Neuen Testament*, Berne, 1944.
MUILENBURG, J., *Psalm 47*, ap. *JBL*, 1944, LXIII, 235-256.
OÑATE, J. A., *El «Reiño de Dios» en la Sagrada Escritura*, ap. *Estud. Bibl.*, 1944, n.s. III, 343-382.
SHARMAN, H. B., *Son of Man and Kingdom of God*, 2e éd., New-York, 1944.
CULLMANN, O., *Königsherrschaft Christi und Kirche im Neuen Testament*, 2e éd., ap. *ThST* (B), 10, Zurich, 1946.
HILL, W. S., *Jesus' Teaching Concerning the Kingdom*, ap. *Religion in Life*, 1947, XVI, 373-380.
PEDERSEN, J., *Israel. Its Life and Culture*, t. III-IV, Londres-Copenhague, 1947, 46, 677, 709, 746-750.
RAD, G. von, *Das judäische Königsritual*, ap. *TLZ*, 1947, LXXII, 211-218.
SNAITH, N. H., *The Jewish New Year Festival. Its Origin and Development*, Londres, 1947.
DE ORBISO, Teofilo, *El «Reiño de Dios» en los Salmos*, ap. *Est. Franc.*, 1948, XLIX, 13-35, 199-209.
GADD, C. J., *Ideas of Divine Rule in the Ancient Near East*, Oxford, 1948.
GRANT, R. M., *The Coming of the Kingdom*, ap. *JBL*, 1948, LXVII, 297-303.
LAMPE, G. W. H., *Some Notes on the Significance of basileia tou theou, basileia Christou in the Greek Fathers*, ap. *JTS*, 1948, XLIX, 58-73.
MCDOWELL, E. A., *The Problem of the Kingdom*, ap. *Review and Expositor*, 1948, XLV, 3-17.
NOACK, B., *Das Gottesreich bei Lukas. Eine Studie zu Luk, 20-24*, ap. *SyBU*, 10, Uppsala, 1948.
ROBERTS, C. H., *The Kingdom of Heaven*, ap. *HTR*, 1948, XLI, 1-8.
BENTZEN, A., *King Ideology – «Urmensch» – «Troonbestijgingsfeest»*, ap. *StTh*, 1950, XLVII, 157-191.
LINDSKOG, G., *Logia. Studien*, ap. *StTh*, 1950, IV, 129-189.
NOTH, M., *Gott, König, Volk im A.T.*, ap. *ZTK*, 1950, XLVII, 157-191. — Cf. *Gesamm. Studien*, 188-299.
WESTERINK, H. J., *Kerk en Koninkrijk Gods*, ap. *Geref. Theol. Tijdschr.*, 1948, XLVIII, 163-181; 1949, XLIX, 203-218; 1950, L, 183-190.
CLAVIER, H., *The Kingdom of God. Its Coming and Man's Entry in It*, ap. *Exp.T*, 1948-1949, LX, 241-244.
QUINN, E., *The Kingdom of God and the Church in the Synoptic Gospels*, ap. *Scripture*, 1950, IV, 237-244.
FEUILLET, A., *Les Psaumes eschatologiques du Règne de Yahweh*, ap. *NRT*, 1951, LXXIII, 244-260, 352-363.
HAHN, R. S., *Basileia and its Cognates in the New Testament*. (Diss. South. Bapt. Seminary), 1951.
KRAUS, H. J., *Die Königsherrschaft Gottes im Alten Testament*, Tubingue, 1951.
MOWINCKEL, S., *Offersang og sangoffer*, Oslo, 1951.

SCHURR, V., *Reich Gottes in der Verkündigung*, ap. *Paulus*, 1951, XXIII, 16-32.

GRAY, J., *Canaanite Kingship in Theory and Practice*, ap. *VT*, 1952, II, 193-220.

GRIFFITHS, J. G., *Basileus*, ap. *Class. Philol.*, 1952, XXXII, 193-210.

LADD, G. E., *The Kingdom of God in Jewish Apocryphal Literature*, ap. *Bibl. Sacra*, 1952, CIX, 55-62, 164-174, 318-331 ; 1953, CX, 32-49.

MAYER, R., *Der Erlöserkönig des A.T.*, ap. *Münch. Theol. Zeitschr.*, 1952, III, 221-243, 367-384.

MORGENTHALER, R., *Kommendes Reich*, Zurich, 1952.

HUTTON, W. R., *The Kingdom of God has Come*, ap. *ET*, 1952-1953, LXIV, 89-91.

ALT, A., *Gedanken über das Königtum Jahwes* (1945). — Cf. *Kleine Schriften*, I, 344-357. Munich, 1953.

BRIGHT, J., *The Kingdom of God. The Biblical Concept and its Meaning for the Church*, New York, 1953.

CERFAUX, L., *L'itinéraire du règne de Dieu au royaume des cieux*, ap. *Bible et Vie chrétienne*, 1953, III, 20-32.

DE LIAGRE BÖHL, F. M. Th., *Nieuwjaarsfeest en Koningsdag in Babylon en in Israël*, ap. *Opera Minora*, Groningue, 1953, 263-281.

LE MÊME, *Älteste keilinschriftliche Erwägungen der Stadt Jerusalem und ihrer Göttin*, *ibid.*, 380-383.

DODD, C. H., *The Parables of the Kingdom*, 13ᵉ éd., Londres, 1953.

GROSS, H., *Weltherrschaft als religiöse Idee im A.T.*, Bonn, 1953.

KÖHLER, L., *Jahwäh mālak*, ap. *VT*, 1953, III, 188-189.

KÖHLER, L., *Theologie des Alten Testaments*, 3ᵉ éd., ap. *Neue Theol. Grundrisse*, Tubingue, 1953.

MOWINCKEL, S., *Zum israelitischen Neujahr und der Ursprung der Eschatologie*, Oslo, 1953.

ODEBERG, H., *The Kingdom of God and the Kingdom of Heaven*, ap. *Reformation Review*, 1953, LIV, 34-39.

ROMBOLD, G., *Das Reich Gottes und das Reich des Satans bei den Synoptikern.* (Diss. Graz), Graz, 1953.

CORDERO, M. GARCIA, *El reinado de Dios en el Antiguo Testamento*, ap. *Ciencia tomista*, 1954, LXXXI, 3-33.

DE FRAINE, J., *L'aspect religieux de la royauté israelite*, Rome, 1954.

RIDDERBOS, J., *Yahwäh mâlak*, ap. *VT*, 1954, IV, 87-89.

VAN STEMPVOORT, P. A., *De betekenis van legôn ta peri tès basileias tou theou in Hand. I, 3*, ap. *Ned. Theol. Tijdschr.*, 1954-1955, IX, 349-355.

BURROWS, M., *Thy Kingdom Come*, ap. *JBL*, 1955, LXXIV, 1-8.

HENSCHKE, R., *Die sakrale Stellung des Königs in Israel*, ap. *ELKZ*, 1955, IX, 69-74.

JOHNSON, A. R., *Sacral Kingship in Ancient Israel*, Cardiff, 1955.

SCHMID, H., *Jahweh und die Kulttraditionen von Jerusalem*, ap. *ZAW*, 1955, LXVII, 168-197.

WIDENGREN, G., *Sakrales Königtum im A.T. und Judentum*, Stuttgart, 1955.

BUBER, M., *Königtum Gottes*, 3ᵉ éd., Heidelberg, 1956.

GRAY, J., *The Hebrew Conception of the Kingship of God*, ap. *VT*, 1956, VI, 268-285.

GROSS, H., *Die Idee des ewigen und allgemeinen Weltfriedens im alten Orient und im A.T.*, Trèves, 1956.

GROSS, H., *Lässt sich in den Psalmen ein « Thronbesteigungsfest Gottes » feststellen?*, ap. *Trier. Theol. Zeitschr.*, 1956, LXV, 24-40.

MCCULLOUGH, W. S., *The « Enthronement of Yahweh » Psalms*, ap. *A Stubborn Faith. Festschrift Irwin*, 1956, 53-61.

MICHEL, O., *Studien zu den sogenannten Thronbesteigungspsalmen*, ap. *VT*, 1956, VI, 40-68.

MOWINCKEL, S., *He that Cometh*, Oxford, 1956.

ROBINSON, H. Wheeler, *The Religions Ideas of the Old Testament. Second Edition revised by* L. H. BROCKINGTON, Londres, 1956, 54-60.

STREGE, M., *Das Reich Gottes als theologisches Problem im Lichte der Eschatologie und der Mystik A. Schweitzers*, Stuttgart, 1956.

ZALAMPIS, M., *The Relation of Eschatology to the Son of Man and the Kingdom of God*, ap. *Review and Expositor*, 1956, LIII, 326-331.

BEAUCAMP, É., *L'espérance du règne de Dieu et son développement dans la trame de l'histoire d'Israël*, ap. *Vie spirit.*, 1957, 96, 572-591.

BONSIRVEN, J., *Le Règne de Dieu*, Paris, 1957.

LE MÊME, *Le Règne de Dieu suivant l'A.T.*, ap. *Mélanges Robert*, 1957, 295-302.

FASCHER, E., *Gottes Königtum im Urchristentum*, ap. *Numen*, 1957, IV, 85-119.

KOOLHAAS, A. A., *Theocratie en monarchie in Israël* (Diss. Utrecht), Utrecht, 1957.

PRESS, R., *Jahwe und sein Gesalbter*, ap. *Theol. Zeitschr.*, 1957, XIII, 321-334.

FRANKFORT, H., *Kingship and the Gods. A Study of Ancient Near Eastern Religion as the Integration of Society and Nature*, 3e éd., Chicago, 1958.

HOOKE, S. H. (éd.), *Myth, Ritual and Kingship*, Oxford, 1958.

CAQUOT, A., *Le psaume 47 et la royauté de Yahwé*, ap. *RHPhR*, 1959, XXXIX, 311-337.

HEMPEL, J., *Königtum Gottes im Alten Testament*, ap. *RGG*, 3e éd., III, 1706-1709, Tubingue, 1959.

HÉRING, J., *Le Royaume de Dieu et sa venue*, 2e éd., Neuchâtel, 1954.

KESSLER, W., *Aus welchen Gründen wird die Bezeichnung « Jahwe Zebaoth » in der späteren Zeit gemieden?*, ap. *Gottes ist der Orient. Festschrift Eissfeldt*, Berlin, 1959, 79-83.

SCHNACKENBURG, R., *Gottes Herrschaft und Reich*, Fribourg-en-Br., 1959; 4e éd., 1965.

CAZELLES, H., *Mito, rituale e regalità*, ap. *BiOr*, 1960, II, 121-135.

LORETZ, O., *Der Glaube des Propheten Isaias an das Gottesreich*, ap. *ZKT*, 1960, LXXXII, 40-73, 159-181.

MAAG, V., *Malkût Jhwh*, ap. *VTS*, Leyde, 1960, 129-153.

MALY, E. H., *The Jotham Fable Anti-monarchal?*, ap. *CBQ*, 1960, XXII, 299-305.

MICHEL, D., *Tempora und Satzstellung in den Psalmen*, 1960, 215-221.

MORGENSTERN, J., *The King-God among the Western Semites and the Meaning of Epiphanes*, ap. *VT*, 1960, X, 138-197.

NELIS, J., *Intronisation (Fête). — Dictionnaire encyclopédique de la Bible. Traduit du néerlandais*, Turnhout, 1960, 866-868.

LE MÊME, *Royaume de Dieu*, *ibid.*, 1621-1630.

ROST, L., *Königsherrschaft Jahwes in vorköniglicher Zeit*, ap. *ThLZ*, 1960, LXXXV, 721-724.

BERNHARDT, K. H., *Das Problem der altorientalischen Königsideologie, im Alten Testament unter besonderer Berücksichtigung der Geschichte der Psalmenexegese dargestellt und kritisch gewürdigt*, ap. *SVT*, VIII, Leyde, 1961.

GALLING, K. - CONZELMANN, H., *Reich Gottes im Judentum und im NT*, ap. *RGG*, 3e éd., t. V, 912-914, 914-918, Tubingue, 1961.

GRAY, J., *The Kingship of God in the Prophets and Psalms*, ap. *VT*, 1961, XI, 1-29.

SCHMIDT, W. H., *Königtum Gottes in Ugarit und Israel. Zur Herkunft der Königsprädikation Jahwes*, ap. *BZAW*, LXXX, Berlin, 1961; 2e éd., 1966.

AALEN, S., *« Reign » and « House » in the Kingdom of God in the Gospels*, ap. *NTS*, 1961-1962, VIII, 215-240.

BESKOW, P., *Rex gloriae. The Kingship of Christ in the Early Church*, Stockholm, 1962.

EISSFELDT, O., *Jahwe als König*, ap. *Kleine Schriften*, I, 172-193, Tubingue, 1962.

HARRELSON, W., *Nonroyal Motifs in the Royal Eschatology*, ap. *Israels Prophetic Heritage. Festschrift Muilenburg*, 147-165, Londres, 1962.

KRAUS, H. J., *Gottesdienst in Israel. Grundriss einer Geschichte des alttestamentlichen Gottesdienstes*, 2e éd., Munich, 1962.

LACK, R., *Les origines de Elyon, le Très-Haut, dans la tradition cultuelle d'Israël*, ap. *CBQ*, 1962, XXIV, 44-64.

LADD, G. E., *The Kingdom of Gott - Reign or Realm?*, ap. *JBL*, 1962, LXXXI, 230-238.

MAROT, K., *Basileus*, ap. *Acta Antiqua*, 1962, X, 175-186.

POULSSEN, N., *Rex et templum in Israel*, ap. *Verb. Domini*, 1962, XL, 264-269.

RIDDERBOS, H., *The Coming of the Kingdom. Trad.* H. DE JONGSTE, Philadelphie, 1962.

WIESER, T., *Kingdom and Church in Luke-Acts* (Diss.), New York, 1962.

YOSHIDA, H., *Gedanken über die Königsherrschaft Gottes in der altisraelitischen Erwählungstradition*, ap. *L'Orient chrétien*, 1962, II, 21-36.

BIETENHARD, H., *Die Botschaft vom Reiche Gottes im Neuen Testament*, Berne, 1963.

KAPELRUD, A. S., *Nochmals Yahwä mālak*, ap. *VT*, 1963, XIII, 229-231.

LIPIŃSKI, É., *« Yahweh mālak »*, ap. *Biblica*, 1963, XLIV, 405-460.

LUNDSTRÖM, G., *The Kingdom of God in the Teaching of Jesus. A History of the Interpretation from the Last Decades of the Nineteenth Century till the Present Day. Trad.* J. BULMAN, Édimbourg-Richmond, 1963.

MICHAELIS, W., *Reich Gottes und Aeonenwende in der Verkündigung Jesu*, ap. *Neutest. Aufsätze. Festschrift J. Schmid*, Ratisbonne, 1963, 161-166.

PERRIN, N., *The Kingdom of God in the Teaching of Jesus*, Londres, 1963.

RINGGREN, H., *Israelitische Religion*, ap. *Die Religionen der Menschheit*, Stuttgart, 1963.

SCHNACKENBURG, R., *Gottes Herrschaft und Reich*, 3e éd., Fribourg-en-Br., 1963.

SCHREINER, J., *Sion-Jerusalem, Jahwes Königssitz. Theologie der heiligen Stadt im A.T.*, ap. *Stud. ANT*, VII, Munich, 1963.

SMEND, R., *Jahwekrieg und Stammesbund. Erwägungen zur ältesten Geschichte Israels*, ap. *FRLANT*, LXXXIV, Goettingue, 1963.

WEISS, J., *Die Predigt Jesu vom Reiche Gottes*, 3e ed., Goettingue, 1963.

WIDENGREN, G., *Royal Ideology and the Testaments of the Twelve Patriarchals*, ap. *Promise and Fulfilment*, Édimbourg, 1963.

DE VAUX, R., *Le Roi d'Israël vassal de Yahvé*, ap. *Mélanges E. Tisserant* (*Studi e Testi*, 231), Rome, 1964, I, 119-133.

GLASSON, T. F., *The Kingdom as Cosmic Catastrophe*, ap. *TU*, 1964, LXXXVIII, 187-200.

LADD, G. E., *Jesus and the Kingdom. The Eschatology of Biblical Realism*, New York, 1964.

LINDENBURG, M. A., *Basileuô dit du Soleil*, ap. *Actes XIII*^e^ *Congrès intern. Ét. byzant. 1961*, 1964, 285-289.

LIPIŃSKI, É., *L'intronisation royale de Dieu*, ap. *Assemblées du Seigneur*, 1964, n° 9, 7-22.

NEUWIRTH, A., «*Dein Thron, O Gott*» (*Ps. 45,7*). *Untersuchungen zum Gottkönigtum im Alten Orient und im Alten Testament* (Diss.), Graz, 1964.

SCHMIDT, W., *Jerusalemer El-Traditionen bei Jesaja. Ein religionsgeschichtlicher Vergleich zum Vorstellungskreis des göttlichen Königstums*, ap. *Zeitschr. Relig. Geistesgesch.*, 1964, XVI, 302-313.

DE FRAINE, J., *Le thème biblique: le Royaume de Dieu*, ap. *Ass. du Seigneur*, 1965, n° 15, 45-70.

LIPIŃSKI, É., *La Royauté de Yahwé dans la poésie et le culte de l'Ancien Israël*, Bruxelles, 1965.

MCKENZIE, J. L., *The Reign of God*, ap. *The Power and the Wisdom*, Milwaukee, 1965, 48-70.

TSEVAT, M., *Yahweh Ṣeba'ot*, ap. *HUCA*, 1965, XXXVI, 49-58.

WATTS, J. D., *Yahweh Mālak Psalms*, ap. *Theol. Zeitschr.*, 1965, XXI, 341-348.

ASENSIO, F., *El Yahweh de Malak de los « Salmos del Reiño » en la historia de la « Salvación »*, ap. *Est. Bibl.*, 1966, XXV, 299-315.

BROWNLEE, W. H., *Le livre grec d'Esther et la Royauté divine*, ap. *RB*, 1966, LXXVI, 161-185.

COPPENS, J., *Les Psaumes de l'intronisation de Yahvé*, ap. *ETL*, 1966, XLII, 225-231.

CROSS, Fr. M., *The Divine Warrior in Israel's Early Cult*, ap. *Biblical Motifs. Origins and Transformations*. Éd. A. ALTMANN, Cambridge, 1966, 11-30.

DE FRAINE, J., *La Royauté de Yahvé dans les textes concernant l'arche*, ap. *VTS*, XV, Leyde, 1966, 134-149.

EISSFELDT, O., *Mein Gott im Alten Testament*, ap. *Kleine Schriften*, III, 35-47, Tubingue, 1966.

LE MÊME, *Jahwe Zebaoth*, *ibid.*, 103-123.

GAMPER, A., *Gott als Richter in Mesopotamien und im A.T. Zum Verständnis einer Gebetsbitte*, Innsbruck, 1966.

GELSTON, A., *Note on Jhwh mlk*, ap. *VT*, 1966, LXVI, 507-512.

RENDTORFF, R., *El, Ba'al und Yahwe. Erwägungen zum Verhältnis von kanaanäischer und israelitischer Religion*, ap. *ZAW*, 1966, LXXVIII, 272-292.

SCHMIDT, W. H., *Königtum Gottes in Ugarit und Israel*, 2e éd., ap. *BZAW*, LXXX, Berlin, 1966.

COPPENS, J., *La date de l'intronisation des Psaumes de l'intronisation de Yahwé*, ap. *ETL*, 1967, XLIII, 192-197.

MUSSNER, F., *Gottesherrschaft und Sendung Jesu nach Mk 1, 14f. zugleich ein Beitrag über die innere Struktur des Markusevangeliums*, ap. *Praesentia salutis. Gesammelte Studien*, Dusseldorf, 1967, 81-98.

POULSSEN, N., *König und Tempel im Glaubenszeugnis des A.T.*, Stuttgart, 1967.

RENDTORFF, R., *The Background of 'El 'Elyôn in Gen. XIV*, ap. *Fourth World Congress of Jew. Stud.*, 1967, I, 167-170.

ROSS, J. P., *Jehweh Ṣᵉba'ot in Samuel and Psalms*, ap. *VT*, 1967, XVII, 70-92.

ROWLEY, H. H., *Worship in Ancient Israel. Its Forms and Meaning*, ap. *Edward Cadbury Lectures delivered in the University of Birmingham*, Londres, 1967.

VOLKMANN, H., *Die basileia als endoxos douleia. Ein Beitrag zur Wortgeschichte der Duleia*, ap. *Historia*, 1967, XVI, 155-161.

ZEHRER, F., *Die Botschaft des Neuen Testaments von der Basileia Christi in ekklesiologischer Schau*, Graz, 1967.

CASSIN, E., *La Splendeur divine. Introduction à l'étude de la mentalité mésopotamienne*, Paris, 1968.

FLENDER, H., *Die Botschaft Jesu von der Herrschaft Gottes*, Munich, 1968.

GODSCHALK, L. A. F., *Het Koninkrijk Gods naar de Schriften*, Groningue, 1968.

LIPIŃSKI, É., *La Royauté de Yahwé dans la Poésie et le Culte de l'Ancien Israël*, 2e éd., Bruxelles, 1968.

CRAIGIE, P. C., « *Yahweh is a Man of War* », ap. *Scott. Journ. Theol.*, 1969, XXII, 183-188.

DE VAUX, R., *El et Baal, le Dieu des Pères et Yahweh*, ap. *Mission de Ras Shamra*, XVII. *Ugaritica*, VI, Paris, 1969, 501-517.

GRAY, J., *Sacral Kingship in Ugarit*, ap. *Ugaritica*, t. VI, Paris, 1969, 289-302.

TREVES, M., *The Reign of God in the O.T.*, ap. *VT*, 1969, XIX, 230-243.

WESTERMANN, Cl., *Koninkrijk Gods*, ap. B. REICKE - L. ROST, *Bijbels-historisch Woordenboek*, III, 79-81, Utrecht, 1969.

CAQUOT, A., *La Religion d'Israël des origines à la captivité*, ap. *Histoire des religions*, I (*Bibl. Pléiade*), Paris, 1970, 359-461.

HIERS, R. H., *The Kingdom of God in the Synoptic Tradition*, ap. *Univ. Florida Humanities Monograph*, 33, Gainesville, 1970.

KLEIN, G., *Reich Gottes als biblischer Zentralbegriff*, ap. *Ev. Theol.*, 1970, XXX, 642-670.

LANGLAMET, F., *Les Récits de l'institution de la royauté (I Sam., VII-XII)*, ap. *RB*, 1970, LXXVII, 161-200.

METZGER, M., *Himmlische und irdische Wohnstatt Jahwes*, ap. *Ugar. Forsch.*, 1970, 139-158.

SCHMID, H., *Die Herrschaft Abimelechs (Jd c. 9)*, ap. *Jud.*, 1970, XXVI, 1-11.

WESTERMANN, Cl., *Die Herrlichkeit Gottes in der Priesterschrift*, ap. *Abh. Theol. A. N. Test.*, 1970, LIX, 227-249.

KRETZER, A., *Die Herrschaft der Himmel und die Söhne des Reiches. Eine redaktionsgeschichtliche Untersuchung zum Basileiabegriff und Basileiaverständnis im Matthäusevangelium*, ap. *SBM*, X, Stuttgart, 1971.

MICHEL, O., *Der Umbruch : Messianität = Menschensohn. Fragen zu Markus 8,31*, ap. *Tradition und Glaube. Festschrift K. G. Kuhn*, Goettingue, 1971, 310-316.

SCHLIER, H., *Reich Gottes und Kirche nach dem Neuen Testament*, ap. *Das Ende der Zeit*, Fribourg-on-Br., 1971, 37-51.

SCHLIER, H., *Ueber die Herrschaft Christi*, *ibid.*, 52-66.

SCHMIDT, W. H., *Kritik am Königtum*, ap. *Probleme biblischer Theologie. Festschrift v. Rad*, Munich, 1971, 440-461.

SOGGIN, J. A., *Mèlèk König*, ap. *Theol. Handwörterbuch zum A.T.* Éd. E. JENNI et Cl. WESTERMANN, Munich, 1971, I, 908-920.

CAQUOT, A., *Le Judaïsme depuis la captivité de Babylone jusqu'à la révolte de Bar-Kokheba*, ap. *Histoire des Religions*, II. (*Bibl. Pleïade*), Paris, 1972, 114-184.

HABEL, N.C., *Yahweh, Maker of Heaven and Earth*, ap. *JBL*, 1972, XCI, 321-337.

REICKE, B., *Heilig ist der Herr Zebaoth*, ap. *Theol. Zeitschr.*, 1972, XXVIII, 24-31.

SCHLOSSER, J., *Les dits du « Règne de Dieu » dans Logia de Luc et de Matthieu. Étude littéraire et théologique* (Dissertation), Strasbourg, 1972.

STOLZ, Fr., *Jahwehs und Israels Kriege. Kriegstheorien und Kriegserfahrungen im Glauben des Alten Israels*, ap. *ATANT*, LX, Zurich, 1972.

ZIMMERLI, W., *Grundriss der alttestamentlichen Theologie*, ap. *Theologische Wissenschaft*, Stuttgart, 1972, 32-33.

CAZELLES, H., *De l'idéologie royale*, ap. *JANE Society*, 1973, V, 59-73.

DE JONGE, M., *Jesus as Prophet and King in the Fourth Gospel*, ap. *ETL*, 1973, XLIX, 160-177.

EISSFELDT, O., *Jahwes Königsprädizierung als Verklärung national-politischer Ansprüche Israels*, ap. *Kleine Schriften*, V, 216-122, Tubingue, 1973.

HIERS, R., *The Historical Jesus and the Kingdom of God. Present and Future in the Message and Ministry of Jesus*, ap. *Univ. Florida Humanities Monogr.*, 38, Gainesville, 1973.

LOHSE, E., *Die Gottesherrschaft in den Gleichnissen Jesu*, ap. *Die Einheit des Neuen Testaments. Exegetische Studien zur Theologie des N.T.*, Goettingue 1973, 49-61.

MILLER, D., *The Divine Warrior in Early Israel*, Cambridge, 1973.

MUELLER, D., *Kingdom of Heaven or Kingdom of God*, ap. *Vigiliae Christianae*, 1973, XXIII, 266-276.

GRÄSSER, E., *Zum Verständnis der Gottesherrschaft*, ap. *ZNW*, 1974, LXV, 3-26.

IN DER SMITTEN, W.Th., *Gottesherrschaft und Gemeinde. Beobachtungen an Frühformen eines jüdischen Nationalismus in der Spätzeit des Alten Testaments*, Bern, 1974.

KELBER, W.H., *The Kingdom in Mark. A New Place and a New Time*, Philadelphie, 1974.

KREBS, W., *Der sitzende Gott*, ap. *Theol. Zeitschr.*, 1974, XXX, 1-10.

NEWMAN, B.M., *Translating « the Kingdom of God » and « the Kingdom of Heaven » in the New Testament*, ap. *Bible Translator*, 1974, XXV, 401-404.

RUPPERT, L., *Israels Gott als Herr der Geschichte*, ap. *Die Botschaft von Gott*, 94-111, Fribourg-en-Br., 1974.

RUPPERT, L., *Jahwe, der Herr und König*, *ibid.*, 112-127.

VAN DEN BRANDEN, A., *Il Dio Eljôn*, ap. *Bibbia e Oriente*, 1974, LXIV, 65-84.

VÖLKEL, M., *Zur Deutung des Reiches Gottes bei Lukas*, ap. *ZNW*, 1974, LXV, 57-70.

FIEDLER, P. - ZELLER, D. (éd.), *Gegenwart und kommendes Reich*, Stuttgart, 1975.

JONES, G.H., *« Holy War » or « Yahweh War »*, ap. *VT*, 1975, XXV, 642-658.

KINGSBURY, J.D., *Matthew : Structure, Christology, Kingdom*, Philadelphie, 1975, 128-160.

LATTKE, M., *Zur jüdischen Vorgeschichte des synoptischen Begriffs der « Königsherrschaft Gottes »*, ap. P. FIEDLER-D. ZELLER (éd.), *Gegenwart und kommendes Reich*, Stuttgart, 1975, 9-25.

MAISCH, I., *Die Botschaft Jesu von der Gottesherrschaft*, ap. P. FIEDLER - D. ZELLER (éd.), *Gegenwart und kommendes Reich*, Stuttgart, 1975, 27-41.

MERK, O., *Das Reich Gottes in den lukanischen Schriften*, ap. *Festschrift W. G. Kümmel*, Goettingue, 1975, 201-220.

VÖGTLE, A., *Der eschatologische Bezug der Wir-Bitten des Vaterunser ibid.*, 344-362.

WENZ, H., *Theologie des Reiches Gottes. Hat Jesus sich geirrt?*, ap. *EZS*, 73, Hambourg, 1975.

WOLF, P., *Gericht und Reich Gottes bei Johannes und Jesus*, ap. P. FIEDLER - D. ZELLER (éd.), *Gegenwart und kommendes Reich*, Fribourg-en-Br., 1975, 43-49.

WORDEN, T., *The Glory of God*, ap. *Clergy Rev.*, 1975, LX, 85-94.

ZANDEE, J., *Gott ist König. Königssymbolismus in den antiken Gottesvorstellungen, besonders in der Religion des alten Aegypten*, ap. *SHR*, XXXI, 1975, 167-178.

COPPENS, J., *Dieu dans l'Ancien Testament. Bibliographie*, ap. *La Notion Biblique de Dieu. Le Dieu de la Bible et le Dieu des Philosophes* (*BETL*, XLI), Gembloux, 1976, 450-472.

EATON, J. H., *Kingship and the Psalms*, ap. *Biblical Theology*, 32, Londres, 1976.

NEWMAN, B. M., *The Kingdom of God/Heaven in the Gospel of Matthew*, ap. *Bible Translator*, 1976, XXVII, 427-434.

HUSS, W., *Der « König der Könige » und der « Herr der Herren »*, ap. *ZDPV*, 1977, XCIII, 131-140.

GOURGUES, M., *A la droite de Dieu. Résurrection de Jésus et actualisation du Psaume 110:1 dans le N.T.*, ap. *Études bibliques*, Paris, 1978.

COPPENS, J., *La Royauté de Yahvé dans le Psautier*, ap. *ETL*, 1977, LIII, 297-362; 1978, LIV, 1-59.

CHAPITRE III

ÉTAT DE LA QUESTION. POSITION DU PROBLÈME

Le thème de la royauté divine ne bénéficie pas d'une attention particulière dans la plupart des théologies récentes de l'Ancien Testament [1]. A. Deissler [2], M. Garcia Cordero [3], et surtout W. Eichrodt [4] nous fournissent les aperçus les plus approfondis. Ils sont à compléter par l'article de G. von Rad dans le *Theologisches Wörterbuch z. N.T.* [5] et surtout par celui de J.A. Soggin dans le *Theologisches Handwörterbuch zum Alten Testament* [6].

Rares sont aujourd'hui les exégètes qui, retenant à la lettre l'énoncé de quelques textes bibliques, font remonter jusqu'à l'époque de Moïse, plus précisément jusqu'à la conclusion de l'alliance sinaïtique et la formation du peuple élu sous la houlette de Yahvé et de ses représentants, la reconnaissance et l'acclamation de Yahvé comme roi d'Israël [7]. Les arguments apportés en faveur d'une date aussi reculée

1. P. VAN IMSCHOOT, *Théologie de l'Ancien Testament*, t. I : *Dieu*, Paris-Tournai, 1954, pp. 22-24. — E. JACOB, *Théologie de l'Ancien Testament*, Neuchâtel, 1955, pp. 47-49. Des deux notices, celle d'Edmond Jacob est la plus riche..

2. A. DEISSLER, *Gottes Selbstoffenbarung im Alten Testament*, pp. 257-260, ap. *Mysterium Salutis. Grundriss heilsgeschichtlicher Dogmatik*, t. II : *Die Heilsgeschichte vor Christus*, Einsiedeln, 1967.

3. M. GARCIA CORDERO, *Teologia de la Biblia*, t. I : *Antiguo Testamento*, ap. *BAC*, Madrid, 1970, pp. 559-569.

4. W. EICHRODT, *Theologie des Alten Testaments*, t. I : *Gott und Volk*, 5ᵉ éd., Stuttgart-Goettingue, 1967, pp. 122-125.

5. *Theol. Wörterbuch NT*, 1933, t. I, pp. 563-569.

6. J.A. SOGGIN, *Mèlèk-König*, ap. *Theol. Handwörterbuch A.T.*, éd. E. JENNI et Cl. WESTERMANN, Munich, 1971, pp. 908-920.

7. Cf. E. SELLIN, *Der alttestamentliche Prophetismus*, Leipzig, 1912. — M. BUBER, *Der Kommende. I. Königtum Gottes*, 2ᵉ éd., Berlin, 1936. — M. BUBER, *Het Geloof van Israël*, ap. *De Godsdiensten der Wereld*, t. I, Amsterdam, 1940, pp. 174-175. — É. KÖNIG, *Geschichte der alttestamentlichen Religion kritisch dargestellt*, 2ᵉ éd., Gütersloh, 1915. — Plaide également pour une date ancienne J. DE FRAINE, *L'Aspect religieux de la royauté israélite. L'institution monarchique dans l'Ancien Testament et dans les textes mésopotamiens*, Rome, 1954. En revanche, J. PEDERSEN, *Israel its Life and Culture*, t. III-IV, Londres-Copenhague, 1947, p. 677 doute de l'exactitude de la position de Buber.

Dans *L'Évolution religieuse d'Israël*, t. I : *La Religion des Hébreux nomades*, Bruxelles, 1937, É. DHORME ne s'explique pas sur les origines de l'attribution du titre *mèlèk* à Yahvé. Il admet néanmoins que dès la conquête de la terre de Canaan,

se répètent. Pour la plupart des auteurs, ils n'emportent pas la conviction. Certes les Sémites semblent avoir donné communément le titre de «roi» à leurs divinités[8], mais uniquement, semble-t-il, dans les cas d'une civilisation avancée, notamment urbaine.

Parmi les textes bibliques invoqués pour la période mosaïque citons *Exod.*, XV, 18; *Num.*, XXIII, 21; *Deut.*, XXXIII, 5, et, pour l'époque suivante, prémonarchique, *Jud.*, VIII, 23; *I Sam.*, VIII, 7; XII, 12. D'aucuns insistent également sur la possession de l'arche par les tribus israélites dans leur conquête de la Palestine et sur les traditions anciennes qui l'interprètent comme le trône royal de Yahvé.

Au cours de ces dernières décennies, deux courants de recherches ont contribué à dégager les vues sur les origines de la croyance israélite en la royauté de Yahvé de l'impasse où elles se trouvaient bloquées. Le premier dérive en ordre principal des travaux de l'exégète norvégien Sigmund Mowinckel[9]. Partant de l'existence d'une fête du nouvel an, prétendûment établie sur des bases solides en 1912 par Paul Volz[10], le professeur d'Oslo a estimé pouvoir lui rapporter une importante série de psaumes et lui attribuer, sur la base de la documentation rassemblée, une signification nouvelle, celle d'une intronisation royale annuelle de Yahvé[11]. Parmi les psaumes auxquels S. Mowinckel a fait appel,

Yahvé a pu être qualifié de «Yahvé-Ṣebha'ôth»: *ibid.*, pp. 360-362. — A propos du titre «roi» il fait la remarque suivante, *ibid.*, p. 331 : «Comme l'idée de maître et de seigneur (*ba'al* et *'ādhôn*), l'idée de roi finira par être attachée à une personnalité qui deviendra le Roi par excellence ... Au lieu d'individualiser par l'article ce Roi par excellence, on pouvait lui donner la terminaison *um* qui correspondait à l'ancienne mimation. Milkom devient ainsi une forme de Moloch.»

8. Déjà dans les *Burnett Lectures* de 1888-1889, W. Robertson Smith appela l'attention sur le fait que les Sémites qualifiaient communément de «roi» leurs divinités. Ils attendaient de leurs dieux, en tant que monarques, principalement trois bienfaits: la solution, par voie de réponse oraculaire, des problèmes de leur existence nationale; également par la même voie, les sentences judiciaires susceptibles de trancher les conflits défiant la clairvoyance de la justice humaine; enfin l'aide efficace dans la lutte contre les ennemis de l'extérieur. L'historien bien connu de la religion des Sémites renvoyait à *Melkart*, le baal de Tyr, à *Milkom*, la divinité des Ammonites et à *Malakbel*, le grand dieu des Palmyréniens: *Lectures on the Religion of the Semites.* First series: *The Fundamental Institutions*, nouv. éd., Londres, 1894.

9. J. Coppens, *S. Mowinckel. In Memoriam*, ap. *Jaarboek Kon. Academie van België*, 1966 et *Anal. Lov. Bibl. Orient.*, sér. IV, fasc. 28, Louvain, 1966.

10. *Das Neujahrsfest Jahwes*, Tubingue, 1912.

11. *Das Thronbesteigungsfest Jahwäs und der Ursprung der Eschatologie*, ap. *Psalmenstudien*, II, Kristiana, 1922. — Dans son commentaire d'Isaïe, S. Mowinckel résume, en une formule brève et lapidaire, sa position: «Jahvaes fremtidige verdensomfattende kongeherreddømme er den centrale tanke både i det eldre jødiske nasjonale gjenreisningshôp og i den senjødiske eskatologi».

il faut compter en tout premier lieu un groupe important de poèmes caractérisés par la mention explicite de la royauté de Yahvé, à savoir les *Ps.* XLVII, XCIII, XCV, XCVI, XCVII, XCVIII et XCIX. Le titre *mèlèk* (*Ps.* XLVII, XCV, XCVIII) ou l'expression *Yhwh mālak* (*Ps.* XCIII, XCVI, XCVII, XCIX) s'y présentent.

L'hypothèse de Mowinckel a obtenu un succès considérable, et jusqu'aujourd'hui elle continue à influencer grandement les commentaires du Psautier. Toutefois divers auteurs, en particulier H.-J. Kraus et A. Weiser, lui ont apporté d'importantes modifications. Selon le premier, seul le *Ps.* XLVII fait songer à l'existence d'une fête de l'intronisation de Yahvé[12], sans que l'allusion y découverte soit absolument certaine[13]. Les autres psaumes s'expliqueraient tous beaucoup mieux en fonction d'une fête célébrant l'élection de Sion et l'instauration de la dynastie davidique[14]. A. Weiser est d'accord avec J.-H. Kraus pour se distancer de la position de S. Mowinckel. Mais dans la mesure où les psaumes allégués se réfèrent à une fête, celle-ci lui semble avoir eu comme thème et objet plutôt le renouvellement de l'alliance d'Israël avec Yahvé[15].

Le second courant de recherches qui a renouvelé les discussions, dérive de la découverte et de l'interprétation des documents de l'ancienne ville cananéenne d'Ougarit[16]. Certes antérieurement aux fouilles et aux trouvailles d'Ougarit, — à coup sûr une des plus importantes de ce siècle pour une meilleure explication des textes hébreux de l'Ancien Testament[17], — les historiens d'Israël savaient qu'entre la langue, les traditions littéraires et religieuses des tribus israélites et celles de la population de la terre de Canaan des affinités existaient, mais jamais elles n'étaient apparues aussi nombreuses, aussi évidentes, aussi importantes. Le rapprochement sautait aux yeux, notamment en ce qui concerne l'affirmation de la royauté divine.

12. H.J. KRAUS, *Psalmen*, ap. BKAT, t. XV, fasc. 3, Neukirchen, 1958, p. 205.

13. *Ibid.*, pp. 204-205.

14. *Ibid.*, p. 204.

15. *Die Psalmen übersetzt und erklärt*, ap. *ATDeutsch*, t. XIV-XV, Goettingue, 1950, pp. 35-36.

16. Cf. R. DE LANGHE, *Les Textes de Ras Shamra-Ugarit et leurs rapports avec le Milieu biblique de l'Ancien Testament*, 2 vol., Gembloux, 1945.

17. Le spécialiste par excellence de ces textes utilisés pour une nouvelle lecture et interprétation de l'hébreu biblique est M. Dahood, professeur à l'Institut biblique de Rome: cf. E. R. MARTINEZ, *Hebrew-Ugaritic Index to the Writings of Mitchell J. Dahood. A Bibliography with Indices of Scriptural Passages, Hebrew and Ugaritic Words and Grammatical Observations*, Rome, 1967.

En effet, quand les textes bibliques saluent Yahvé comme roi, ils le célèbrent comme le souverain des Élohim et comme le seigneur, le *'adôn*, du ciel et de la terre. Or ce sont également les attributs caractéristiques du dieu cananéen 'Elyôn et des divinités ougaritiques El et Baal, précisément là où les textes mythologiques leur confèrent la royauté. D'où l'hypothèse aujourd'hui souvent mise en avant que Yahvé a hérité des attributs du El ougaritique, de Baal, ou à la fois de ces deux divinités[18].

Au lendemain des premières études exploratrices des documents ougaritiques, Aubrey R. Johnson, à cette époque professeur à l'université de Cardiff, a présenté un premier essai de synthèse des données nouvelles avec les résultats auxquels H. Gunkel et S. Mowinckel avaient abouti dans leur approche du Psautier, notamment touchant la royauté tant humaine que divine[19]. L'ouvrage de Johnson fut favorablement accueilli. Il réussit à mettre en lumière d'abord qu'Israël a attribué à son monarque un caractère sacré, particulièrement en raison de l'alliance conclue par Yahvé avec la maison davidique[20], — puis que ce peuple a affirmé non moins fermement la royauté de son dieu, le saluant comme un roi possédant un trône à la fois au ciel et sur terre, à savoir sur la colline de Sion[21], — enfin que les autorités religieuses d'Israël ont établi à Jérusalem un sacerdoce et un temple pour y célébrer annuellement, à l'automne, au cours de la fête des tabernacles, l'intronisation royale solennelle de Yahvé[22].

La grande fête de l'intronisation annuelle du dieu d'Israël, ajoutait Johnson, n'a pas manqué d'évoluer. Dans sa phase initiale, ou, sans doute plus exactement, dans sa préhistoire, dans ses antécédents préisraélites, la fête de l'automne représentait et exaltait la victoire du dieu de la vie sur le dieu Môth, divinité infernale de la mort[23]. Quand la fête fut reprise par Israël et accommodée à sa foi, elle fut appelée à commémorer toutes les victoires de Yahvé, d'abord

18. Voir un relevé de quelques rapprochements significatifs dans H. J. KRAUS, *op. cit.*, pp. 197-201.

19. *Sacral Kingship in Ancient Israel*, Cardiff, 1955.

20. *Ibid.*, pp. 1-27.

21. *Ibid.*, pp. 27-46.

22. *Ibid.*, pp. 47-77. — L'A. s'écarte toutefois de S. Mowinckel en contestant qu'il était question de célébrer une vraie intronisation de Yahvé: *ibid.*, p. 57, note 2. On exaltait plutôt la souveraineté éternelle du Dieu d'Israël, souveraineté remontant aux origines et appelée à durer sans fin. Quant au but de la fête, elle visait à confirmer les croyants dans leur fidélité à Yahvé et à la dynastie davidique dont le Dieu d'Israël s'était déclaré l'allié et le garant: *ibid.*, p. 47.

23. *Ibid.*, pp. 87-81.

ses triomphes cosmiques, puis et surtout ses victoires historiques, celles du passé et celles appelées, dans un avenir fixé dans les desseins divins, à assurer à Israël et à son dieu la suprématie sur l'ensemble des nations[24]. Un des traits notoires de la fête israélite aurait été l'association de plus en plus étroite du roi au destin divin évoqué et célébré dans le culte[25]. Cette union intime du monarque avec son dieu, pour le pire et pour le mieux, serait même devenue, au cours des temps, le berceau de l'espérance messianique[26].

Rien d'étonnant qu'à la suite de tant d'apports nouveaux les positions anciennes se sont trouvées dépassées. Divers auteurs, et non des moindres, se sont rendus compte qu'une modification de leurs vues s'imposait. Une des évolutions les plus spectaculaires a été sans doute celle d'Otto Eissfeldt[27]. S'appuyant sur la large, quasi unanime diffusion de l'épithète divine *mèlèk* parmi les peuples sémitiques, le professeur de Halle concédait déjà en 1928 qu'antérieurement à l'épopée mosaïque, et davantage au cours de celle-ci, les Hébreux ont pu occasionellement décerner à leur dieu Yahvé, ou éventuellement au prédécesseur de celui-ci, le titre de «roi»[28]. Néanmoins il estimait devoir retenir le prophète Isaïe comme le premier historiquement bien attesté à attribuer à Yahvé l'épithète *mèlèk* dans un contexte hymnique et avec une portée désormais absolue, tendant à exclure toute autre divinité. Selon O. Eissfeldt il n'est pas exclu que l'opposition prophétique au culte de Milcom, divinité des Ammonites, contribua à donner à l'ancienne titulature royale de Yahvé une vigueur nouvelle[29]. Y concourut également le fait que le nom sacré du dieu d'Israël, à savoir Yahvé, avait perdu pour les contemporains d'Isaïe, sinon totalement son sens primitif,

24. *Ibid.*, pp. 81-93. — L'A. rapporte à la période préexilique de la fête les *Ps.* XXIX: pp. 54-57, XLIII: pp. 57-59, XCV: pp. 59-61, XCIX: pp. 61-63, XXIV: pp. 63-65, XLVII: pp. 65-68, LXVIII: pp. 68-77. Les trois derniers poèmes attesteraient l'existence d'une procession propre à la fête.

25. *Ibid.*, pp. 93-118.

26. *Ibid.*, pp. 118-126.

27. O. Eissfeldt, *Jahwe als König*, ap. *ZAW*, 1928, t. XLVI, pp. 81-105 et ap. *Kleine Schriften*. Éd. Fr. Maass et R. Sellheim, t. I, Tubingue, 1962, pp. 172-193. — *Malkiel (König ist El) und Malkija (König ist Jahwe)*: *Gottesglaube und Namengebung in Israel*, ap. *Kleine Schriften*. Éd. F. Maass et R. Sellheim, t. III, Tubingue, 1966, pp. 384-385. — *El und Yahwe*, ap. *JSSt*, 1956, t. I, pp. 25-37 et ap. *Kleine Schriften*, t. III, Tubingue, 1966, pp. 386-397. — *Jahwes Königsprädizierung als Verklärung nationalpolitischer Ansprüche Israels*, ap. *Wort, Lied und Gottesspruch. Festschrift J. Ziegler*, Wurzbourg, 1972, pp. 51-55 et ap. *Kleine Schriften*, t. V, Tubingue, 1973, pp. 216-221.

28. *Kleine Schriften*, t. I, p. 192.

29. *Ibid.*, p. 192.

du moins beaucoup de son prestige et de son contenu originels. D'où le besoin pour la prédication prophétique de trouver de nouvelles expressions pour marquer la transcendance divine, telles *'ᵃdônāy* (*Kyrios*) et *mèlèk*[30]. Ajoutons que selon Eissfeldt l'épithète royale ne connut pas tout de suite un notable et universel succès. Il faut attendre l'époque de Jérémie pour rencontrer dans les noms propres théophoriques Yahvé associé à *mèlèk*.

C'est en 1973, dans la *Festschrift Ziegler* qu'Otto Eissfeldt fit connaître sa nouvelle position. Alors que dans son article de 1928 il attribuait tous les psaumes proclamant la royauté de Yahvé à l'époque exilique ou postexilique, quelque quarante ans plus tard il n'hésitait pas à affirmer que les *Ps*. II, XXIV, XLVI, XLVII, LXXXII, tous impliquant à ses yeux la souveraineté royale de Yahvé, présupposaient l'existence du royaume de Juda, voire celle du royaume uni et de la dynastie davidique[31]. Il estimait même pouvoir préciser que le *Ps*. XXIV se référait à l'entrée de l'arche à Jérusalem sous le roi David et que le *Ps*. XLVII pouvait avoir été composé à l'occasion du transport de l'arche au temple construit par Salomon. Il écartait toutefois l'opinion de *LRY*[32] faisant remonter à la période du sanctuaire de Silo le *Ps*. XLVII[33] et même le *Ps*. XXIV[34], mais il ne se refusait pas à croire que le texte de *Num*., X, 35-36 pouvait être de deux ou de trois siècles antérieur à ceux attribués désormais par lui à l'époque de David et de Salomon.

Remarquons que l'évolution d'O. Eissfeldt fut pour une part notable déterminée par l'importance de plus en plus grande attribuée à l'influence des traditions cananéennes sur la naissance et la vogue de l'épithète divine *mèlèk* dans les milieux religieux d'Israël. En 1956, au Congrès d'histoire des religions tenu à Rome, le professeur de Halle n'avait pas hésité à conclure que Yahvé avait bel et bien hérité du dieu cananéen El le titre de *mèlèk*[35].

Par sa nouvelle prise de position O. Eissfeldt rejoignit en partie les vues de plusieurs de ses collègues. Quelques-uns estimèrent pouvoir dater à une époque encore plus reculée l'introduction de l'épithète divine *mèlèk* en Israël, optant par exemple pour le culte

30. *Ibid*., p. 192. — Plus tard, note O. Eissfeldt, pourrait également avoir joué un rôle le désir de contester la royauté du dieu babylonien Marduk.

31. *Kleine Schriften*, t. V, p. 220.

32. *Ibid*., p. 221.

33. *LRY*, pp. 407, 433.

34. *LRY*, pp. 430, 433.

35. *Kleine Schriften*, t. III, pp. 384-385.

célébré au sanctuaire de Silo ou même remontant aux assemblées dites amphictyoniques organisées par les tribus israélites durant la période des Juges[36].

36. Voici les positions adoptées par quelques auteurs récents.

A l'époque de l'Exode songe J. GRAY, *The Legacy of Canaan. The Ras Shamra Texts and their Relevance to the Old Testament*, ap. *SVT*, t. V, Leyde, 1957, p. 71. Les Hébreux auraient appris à connaître le thème de la royauté divine quand ils prirent connaissance de la légende cultuelle de Baal au sanctuaire de Baal-Saphôn, dans le delta oriental du Nil. Il est entendu, note l'auteur, que plus tard ils adaptèrent le thème à leurs propres croyances (*ibid.*, p. 10).

Pour l'époque des Juges opte par exemple P. GRELOT, *Sens chrétien de l'Ancien Testament. Esquisse d'un traité dogmatique*, ap. *Bibl. de Théologie*. I. *Théologie dogmatique*, III, Paris, 1962, p. 332, note 3.

Pour H. RINGGREN, *Israelitische Religion*, Stuttgart, 1963, la notion de la royauté de Yahvé est ancienne et elle apparaît liée dès les origines à l'arche, comprise comme trône de Yahvé. Renvoyant à J. GRAY, *The Kingship of God in the Prophets and the Psalms*, ap. *VT*, 1961, t. XI, pp. 1-29, — V. MAAG, *Malkut Jahwe*, ap. *SVT*, VII, Leyde, 1960, pp. 129-153. — W. SCHMIDT, *Königtum Gottes in Ugarit and Israel*, ap. *BZAW*, LXXX, Berlin, 1961, il conclut que la notion prit naissance sous l'influence cananéenne : *op. cit.*, pp. 43-44, 73.

A. ALT date d'avant la période royale l'introduction du titre : *Kleine Schriften*, t. I, Munich, 1953, pp. 353-354, et W. EICHRODT se rallie à cette manière de voir dans sa *Theologie des Alten Testaments*, 5e éd., t. I, Stuttgart, 1957, p. 122, tout en concédant que l'appellation n'obtint toute sa faveur qu'avec l'introduction de la royauté et cela non sans l'influence du milieu cananéen.

Fr. STOLZ, *Strukturen und Figuren im Kult von Jerusalem. Studien zur altorientalischen, vor- und frühisraelitischen Religion*, ap. *BZAW*, CXVIII, Berlin, 1970, p. 179, se décide lui aussi, et plus radicalement, pour un emprunt aux traditions religieuses de la Jérusalem jébuséenne, à savoir à la théologie de El, y vénéré à la fois comme le dieu transcendant et le dieu proche de ses fidèles.

D'après H. J. KRAUS, *Gottesdienst in Israel. Grundriss einer Geschichte des alttestamentlichen Gottesdienstes*, Munich, 1962, p. 238, le titre de *mèlèk* fut attribué à Yahvé à Jérusalem après l'occupation de cette ville. Il aurait été lié à la colline de la cité, et s'expliquerait du fait que la ville avait acquis déjà antérieurement à la venue des Israélites une position de domination sur les localités voisines, et — *last not least* — qu'après la conquête par les Hébreux elle est devenue le siège d'un sanctuaire pour Yahvé.

Pour A. R. JOHNSON, *Sacral Kingship in Ancient Israel*, Cardiff, 1955, pp. 34-35, le culte de Yahvé comme roi date pour le moins des débuts de la royauté, et, dans la mesure où il a concerné la dynastie davidique, il a servi à rappeler au monarque terrestre la présence d'un souverain céleste auquel il tenait tenu de rendre compte de son gouvernement.

Sans éprouver le besoin de préciser beaucoup, G. von Rad proposa en 1933 une date postérieure à la royauté : cf. *TWNT*, 1933, t. I, p. 568. Quant à S. Mowinckel, il paraît avoir évolué. Après avoir situé l'introduction de la fête de l'intronisation de Yahvé aux débuts de la monarchie, il finit par la reporter vers la fin : cf. *ZAW*, 1930, t. LII, p. 267, note 3.

Parmi les plus obstinés à tenir pour une date exilique et postexilique il y eut

Et voici comment un des derniers ouvrages à traiter du problème envisage sa solution[37]. Le thème de la royauté de Yahvé n'appartient pas aux données primitives de la foi d'Israël[38]. Pour le faire remonter à une époque relativement ancienne, en toute hypothèse antérieure à l'instauration de la monarchie, on ne peut faire appel au thème de Yahvé présidant une cour divine, céleste[39]. On ne peut davantage le rattacher au sanctuaire de Silo en faisant notamment appel à l'arche interprétée comme trône divin, porté par les chérubins, ou à l'épithète divine *Ṣ^eba'ôt*[40]. Tout porte à croire que le thème de la royauté divine a pris naissance à Jérusalem[41], — qu'il s'y est introduit en même temps que la monarchie, surtout la monarchie davidique, — que, tout comme partout ailleurs dans l'Ancien Orient, il s'est accommodé de la présence d'un monarque terrestre, celui-ci étant compris et situé dans le cadre d'une vassalité, — enfin qu'il s'est spécialement acclimaté et développé dans le culte public, pénétrant néanmoins occasionellement dans la piété privée. A l'introduction du thème ont indubitablement concouru des influences étrangères, cananéennes, jébuséennes[42], influences reçues d'autant plus facilement que certaines traditions israélites anciennes, notamment celles centrées sur l'arche, leur offraient un terrain d'accueil[43].

Tous les israélites n'ont pas réagi de la même façon à l'introduction et au succès de plus en plus grand du thème de la royauté divine. Alors que la théologie officielle n'y a vu aucune opposition à l'existence d'un monarque terrestre, réduit au rôle de vassal, certains cercles anciens ont exploité le thème pour combattre la monarchie

A. VON GALL, *Ueber die Herkunft der Bezeichnung Jahwes als König*, ap. *Festschrift Wellhausen*. Éd. K. MARTI, ap. *BZAW*, t. XXVII, Giessen, 1914, pp. 147-160.

37. Frank CRÜSEMANN, *Der Widerstand gegen das Königtum. Die antiköniglichen Texte des A.T. und der Kampf um den frühen israelitischen Staat*, ap. *WMANT*, XLIX, Neukirchen-Vluyn, 1978.

38. *Ibid.*, p. 75 et p. 78 : « Die wirklich alten Texte der vorstaatlichen Zeit jedenfalls kennen es nicht. »

39. Ce fut l'hypothèse d'A. Alt, contestée notamment par L. Rost (1960), H.W. Schmidt (1961 ; 2e éd., 1966) et W. SCHLIESSKE, *Gottessöhne und Gottessohn im Alten Testament. Phasen der Entmythisierung im A.T.*, ap. *BWANT*, t. XCVII, Stuttgart, 1973.

40. L'hypothèse est contestée notamment par R. SCHMITT, *Zelt und Lade als Thema alttestamentlicher Wissenschaft. Eine kritische forschungsgeschichtliche Darstellung*, Gütersloh, 1973.

41. Fr. CRÜSEMANN, *op. cit.*, pp. 78, 82.

42. *Ibid.*, p. 76.

43. *Ibid.*, p. 76.

terrestre et proclamer l'appartenance exclusive de la royauté à Yahvé. Cette tendance s'exprime dans deux textes à situer entre le règne de Salomon et l'exil à savoir *Deut.*, XXXIII, 5 et *Num.*, XXIII, 21[44]. On peut en rapprocher également *I Sam.*, VIII, 7 et XII, 12, deux passages qu'on se gardera d'attribuer à la tradition deutéronomique[45].

Concluons de cet aperçu que le problème des origines de la croyance israélite en la royauté de Yahvé est à l'ordre du jour, puis que les solutions envisagées sont en pleine mutation et par conséquent qu'il est opportun de soumettre le dossier vétéro- et intertestamentaire de la royauté de Yahvé à une nouvelle analyse.

Ce dossier comprend d'abord quelques textes réputés traditionnellement comme anciens: *Exod.*, XV, 18; *Num.*, XXIII, 21 (E?); *Deut.*, XXXIII, 5 (E?); *I Sam.*, VIII, 7; *I Reg.*, XXII, 19-22; puis il contient une série relativement nombreuse de passages prophétiques: *Is.*, VI, 5; XXIV, 23; XXXIII, 22; XLI, 21; XLIII, 15; XLIV, 6; LII, 7; *Jer.*, VIII, 19; X, 7, 10; XLVIII, 15; XLIX, 38; LI, 57; *Ezech.*, XX, 33; *Dan.*, II, 47; III, 33; III, 55, 100 Vulg.; IV, 31; *Abd.* 21; *Mich.*, II, 13; IV, 7; *Soph.*, III, 15; *Zach.*, XIV, 9, 16, 17; *Mal.*, I, 14, série dans laquelle les textes daniéliques ouvrent, d'un avis presque unanime, une perspective apocalyptique; enfin il dispose d'un groupe imposant de témoignages empruntés au Psautier: V, 3; X, 16; XXII, 29; XXIV, 7, 8, 9, 10; XXIX, 10; XLIV, 5; XLVII, 3, 7, 8; XLVIII, 3; LXVIII, 25; LXXIV, 12; LXXXIV, 4; LXXXIX, 19; XCIII, 1; XCV, 3; XCVI, 10 = *I Chron.*, XVI, 31; XCVII, 1; XCVIII, 6; XCIX, 4; CIII, 19; CXLV, 1, 11-13; CXLVI, 10; CXLIX, 2. C'est dans le psautier que se rencontre la notion abstraite de la «royauté» de Yahvé: XXII, 29; CIII, 19; CXLV, 11, 12, 13: *malkut Yhwh* (*Ps.* CIII, 19), *m^elûkā* (*Ps.* XXII, 29. Cf. *Abd.* 21), *mèmšālā* (*Ps.* CXLV, 11-13. Cf. *mamlākā* en *I Chron.*, XXIX, 11 et *malkû* par. *šolṭān* en *Dan.*, III, 33; IV, 31).

Il est naturel que cette abondante attestation prophétique et piétiste de la royauté de Yahvé se soit répercutée non seulement dans la littérature apocalyptique mais également dans divers écrits historiques ou légendaires tardifs: *Esdr.*, V, 8, 11, 12; VI, 9, 10; VII, 12, 21, 23; *Neh.*, II, 4, 20; *I Chron.*, XXIX, 23; *II Chron.*, XVIII, 18; XX, 6-8; *Judith* (Bible de Jérusalem), IX, 12; *Tobie* (BJ), XIII, 1, 6, 7, 10, 11, 13, 15, 16; *Esther* (BJ), IV, 17b, 17c, 17l, 17q, 17r; *II Macc.*, I, 24; XIII, 4, ainsi que dans quelques textes sapientiaux tant hellénistiques: *Sag.*,

44. *Ibid.*, p. 83.
45. *Ibid.*, p. 83.

III, 8b; V, 16-23; VI, 4, 20-21; IX, 10; X, 10; XI, 10; XVIII, 15, que palestiniens : *Siracide* (BJ), I, 8; XVIII, 1 (ancienne version latine, cf. Bible de Maredsous); L, 15; LI, 1; ainsi qu'un verset du texte hébreu inséré après LI, 17 où se rencontre l'incise: *Louez le roi des rois.* Plus tard l'attestation de la royauté divine s'est tout naturellement implantée dans la littérature apocryphe vétérotestamentaire que nous interrogerons brièvement ainsi que dans les écrits néotestamentaires dont le témoignage prolonge et développe les visées vétérotestamentaires.

Il y aurait lieu de verser également au dossier de la croyance en la royauté de Yahvé les passages qui mentionnnent le trône divin[46] et ceux qui font allusion à la *kābôd* ou gloire divine[47]. Mais les premiers ont le plus souvent été pris en considération indirectement, et les seconds ne concernent qu'un aspect secondaire de la royauté, aspect qui mérite d'être étudié séparément et qui par ailleurs l'a déjà été[48].

A la notion de la royauté se rattache également celle exprimée par les termes *šāfaṭ, šôfēṭ*[49]. C'est que d'abord le propre du roi dans les conceptions du Proche Orient ancien est d'exercer la justice, puis que le «jugement» appartient aux vues prophétiques sur la royauté de Yahvé principalement dans ce qu'on a appelé sa phase eschatologique. Que nous n'ayions pas inclus ces deux vocables dans notre enquête s'explique et, ce nous semble, se justifie. Les textes sont en l'occurrence extrêmement nombreux et, à ce titre, requièrent qu'une enquête spéciale leur soit consacrée. Puis les passages où la notion de *šafaṭ* est explicitement rapprochée de celle de la royauté divine n'abondent pas. Pour le psautier entrent en ligne de compte les *Ps.* IX, X, XCVI (= *I Chron.*, XVI, 33) et XCVIII, et, en-dehors du recueil des psaumes, les rapprochements ne sont guère plus nombreux. L'exercice de la judicature résulte pour Yahvé certes de sa dignité et qualité de roi, mais ce n'est pas elle qui selon les vues bibliques a fondé sa souveraineté royale.

46. Cf. *Ps.* IX, 5, 8; XLVIII, 9; LXXXIX, 15; XCIII, 2; CIII, 19; *Is.*, VI, 1; LXVI, 1; *Jer.*, III, 17; XVII, 12; *Ez.*, I, 26.

47. Voir Cl. WESTERMANN, *kbd*, ap. E. JENNI - Cl. WESTERMANN, *Theol. Handwörterbuch z. A.T.*, t. I, Munich, 1971, col. 799-811.

48. Cf. B. STEIN, *Der Begriff K^ebôd Jahweh und seine Bedeutung für die alt. Gotteserkenntnis*, Emsdetten, 1939. — T. A. MEGER, *The Notion of Divine Glory in the Hebrew Bible*, Louvain, 1965. — E. CASSIN, *La Splendeur divine. Introduction à l'étude de la mentalité mésopotamienne*, Paris, 1968.

49. Pour un premier aperçu sur *šāfaṭ* cf. G. LIEDKE, *šāfaṭ, richten*, ap. E. JENNI - Cl. WESTERMANN, *Theologisches Wörterbuch zum A.T.*, t. II, Munich, 1976, col. 990-1009.

Observons en terminant que l'enquête de Lorenzo Viganò sur les données sémitiques du nord-ouest ne verse pas au dossier de la royauté de Yahvé de données susceptibles de l'éclairer d'une lumière nouvelle[50].

Dans le titre de notre ouvrage, nous mentionnons à la fois la royauté, le règne et le royaume de Dieu. Ces trois vocables expriment des notions étroitement apparentées mais dont chacune possède ses nuances. A suivre pour le vocabulaire français le *Dictionnaire* de Paul Robert, le terme «*royauté*» signifie avant tout la dignité de roi, le pouvoir royal, le régime monarchique. Le vocable «*règne*» vise davantage l'exercice de ce pouvoir considéré dans ses diverses modalités, notamment dans sa durée. Le terme «*royaume*» désigne la sphère, c'est-à-dire le territoire, ou l'état, ou la communauté, sur lesquels le pouvoir royal exerce son autorité, en d'autres mots l'expansion géographique, politique ou social du règne.

Il est souvent malaisé de préciser laquelle des notions exprimées par les trois vocables correspondant à l'unique expression hébraïque *malkût*, domine dans les textes bibliques que nous aurons à étudier. Il est des passages où les trois significations, ou du moins plus d'une, paraissent impliquées La troisième, celle signifiée par le terme «*royaume*», surgit surtout là où le texte se rapporte au résultat que tout pouvoir royal vise à réaliser finalement, à savoir la constitution d'un milieu, géographiquement, ou politiquement, ou socialement circonscrit, où son autorité et son influence l'ont emporté.

50. *Nomi e titoli di Yhwh alla luce de! semetico del Nord-ovest*, ap. *Biblica et Orientalia*, t. XXXI, Rome, 1976.

CHAPITRE IV

La ROYAUTÉ DE YAHVÉ DANS LE PSAUTIER

De tous les livres de l'Ancien Testament, le Psautier offre le plus de textes se rapportant à la royauté, au règne et au royaume de Yahvé. D'où l'invitation à entreprendre toute enquête sur la doctrine vétéro-testamentaire de la souveraineté divine par une analyse des passages s'y référant dans les psaumes bibliques. Nous traduirons et commenterons ces textes en suivant en gros l'ordre de la Bible masorétique. Nous aborderons donc successivement : I. *les psaumes du premier livre : I-XLI*, c'est-à-dire les *Ps.* V, IX, X, XXIV, XXIX; II. *ceux du deuxième recueil*: *XLII-LXXII*, à savoir les *Ps.* XLIV, XLVII, XLVIII, LXVIII; III. *ceux du troisième recueil*: *LXXIII-LXXXIX*, à savoir les *Ps.* LXXIV, LXXXIV, LXXXIX; IV. *ceux du quatrième livre*: *XC-CVI* — hormis le *Ps.* CIII en raison de son affinité avec les poèmes du groupe suivant, — c'est-à-dire les psaumes communément dits de la royauté de Yahvé à distribuer en deux séries : XCIII, XCIX, XCVII et XCV, XCVIII, XCVI; V. enfin *le psaume CIII et ceux du cinquième recueil: CVII-CL*, c'est-à-dire les *Ps.* CXLV, CXLVI et CXLIX. Quelques textes empruntés à des psaumes évoquant moins directement la souveraineté divine compléteront le dossier.

Le Psautier biblique a donné lieu à d'innombrables travaux de valeur fort inégale. Nous n'entendons pas énumérer toutes les publications consultées. Nous nous contentons en guise d'introduction de renvoyer à celles dont nous nous sommes servi le plus souvent.

Pour une introduction à l'étude critique du Psautier, signalons W. O. E. OESTERLEY, *A Fresh Approach to the Psalms*, Londres, 1937. — H. GUNKEL - J. BEGRICH, *Einleitung in die Psalmen*, Goettingue, 1928, 1933, 1966. — S. MOWINCKEL, *Psalmenstudien*, 6 vol., Oslo, 1921-1924; reprint 1960 et 1966. — A. BENTZEN, *Introduction to the Old Testament*, 2e éd., Copenhague, 1952. — M. TSEVAT, *A Study of the Language of the Biblical Psalms*, ap. *JBL. Mon. Ser.*, t. IX, Philadelphie, 1955. — R. DE LANGHE (éd.), *Le Psautier. Ses origines. Ses problèmes. Son influence*, ap. *Orientalia et Biblica Lovaniensia*, t. IV, Louvain, 1962. — L. SABOURIN, *The Psalms. Their Origin and Their Meaning*, Staten Island, 1969. — E. LIPIŃSKI, *Psaumes. Formes et genres littéraires*, ap. *SDB*, 1973, fasc. 48, col. 1-125. — E. BEAUCAMP, *Le Psautier*, *ibid.*, col. 125-206. — I. SAINT-ARNAULD, *Les Psaumes dans la tradition chrétienne*, *ibid.*, col. 206-214.

Parmi les commentaires le plus souvent utilisés mentionnons : C. A. Briggs, *A Critical and Exegetical Commentary on the Book of Psalms*, I-II, Édimbourg, 1906-1907; nouv. éd., 1951-1957. — R. Kittel, *Die Psalmen*, ap. *KAT*, Leipzig, 1914, 1922, 1929. — Fr. Wutz, *Die Psalmen textkritisch untersucht*, Munich, 1925. — H. Gunkel, *Die Psalmen übersetzt und erklärt*, Goettingue, 1926. — E. König, *Die Psalmen eingeleitet, übersetzt und erklärt*, Gütersloh, 1927. — H. Herkenne, *Das Buch der Psalmen übersetzt und erklärt*, ap. *Bonn. Bibel*, Bonn, 1936. — F. Nötscher, *Die Psalmen*, ap. *Echter Bibel*, Wurzbourg, 1947. — E. Podechard, *Le Psautier. Notes critiques. Traduction littérale et explication historique*, 2 vol. : *Ps. 1-100* et *Ps. 110*, Lyon, 1949-1954. — A. Weiser, *Die Psalmen*, ap. *Das A.T. deutsch*, Goettingue, 1950, 1959, 1966. — E. J. Kissane, *The Book of Psalms. Translated from a Critically Revised Hebrew Text with Commentary*, 2 vol., Dublin, 1953-1954. — A. Bruno, *Die Psalmen. Eine rhythmische und textkritische Untersuchung*, Stockholm, 1954. — S. Mowinckel, *Salmeboken*, ap. *Det Gamle Testamente. Skriftene*. I. Del, Oslo, 1955. — G. Castellino, *Libro dei Salmi*, ap. *La Sacra Bibbia*, Turin, 1955. — H. J. Kraus, *Psalmen*, ap. *Bibl. Kommentar AT*, Neukirchen-Vluyn, 1958-1961. — A. Deissler, *Die Psalmen*, 3 fasc., Dusseldorf, 1963-1965. — M. Dahood, *Psalms Translated with an Introduction and Notes*, ap. *Anchor Bible : Psalms I 1-50*, New-York, 1965; *Psalms II 51-100*, New-York, 1968; *Psalms III 101-150*, New-York, 1970. — J. van der Ploeg, *Psalmen uit de grondtekst vertaald en uitgelegd*, ap. *Boeken van het O.T.* : *Ps. 1-44*, Ruremonde, 1971; *Ps. 45-68*, Ruremonde, 1972; *Ps. 69-75*, Ruremonde, 1972; *Ps. 76-102*, Ruremonde, 1973; *Ps. 102-121*, *122-150*, Ruremonde, 1975. — L. Jacquet, *Les Psaumes et le cœur de l'homme. Étude textuelle, littéraire et doctrinale. Introduction et Premier Livre du Psautier. Psaumes 1 à 41*, Gembloux, 1975. — Le même, t. II : *Psaumes 42 à 100*, Gembloux, 1977.

Et voici quelques-unes des traductions auxquelles nous nous sommes maintes fois référé : É. Reuss, *Le Psautier ou le Livre de cantiques de la Synagogue*, ap. *La Bible. Traduction nouvelle avec introductions et commentaires*, Paris, 1875. — M. Le Hir, *Les Psaumes traduits de l'hébreu en latin, analysés et annotés en français. Publiés par* M. Grandvaux, Paris, 1876. — C. M. Van Sante, *Psalmi e textu originali critice emendato translati*, Turnhout, 1921. — J. M. Powis Smith (Éd.), *The Bible. An American Translation. The Old Testament Translated by a Group of Scholars*, Chicago, 1935. — L. Desnoyers, *Les Psaumes. Traduction rythmée d'après l'hébreu*, Paris, 1935. — *La Bible du Centenaire. Les Psaumes*, Paris, 1936. — M. Buber, *Das Buch der*

Preisungen verdeutscht, ap. *Die Schrift zu verdeutschen unternommen von* M. Buber *gemeinsam mit* Fr. Rosenzweig, Berlin, s.d. — H. Torczyner, *Die Heilige Schrift ins Deutsche übertragen*, Francfort-s.-M., 1937. — *Liber Psalmorum cum Canticis Breviarii romani. Nova interpretatio cura Professorum Instituti Biblici*, Rome, 1945. — *La Sainte Bible. Nouvelle édition. Éd.* H. Renard, Paris, 1951. — R. Tournay - R. Schwab, *Les Psaumes*, ap. *La Sainte Bible*, 2e éd., Paris, 1955. — É. Dhorme, *La Bible. L'Ancien Testament*, t. II, Paris, 1959. — *La Sainte Bible du chanoine Crampon. Traduction d'après les textes originaux. Ancien Testament. Traduction revisée par* J. Bonsirven, Tournai, 1960. — *Bijbel. Vertaling in Opdracht van het Nederlandsch Bijbelgenootschap*, Amsterdam, 1966. — *Le Psautier de la Pontificia Commissione per la Neo-Volgata*, Città del Vaticano, 1968. — *The New English Bible with the Apocrypha*, Oxford-Cambridge, 1970. — É. Osty, *Le Livre des Psaumes*, ap. *La Bible des Éditions Rencontre*, Genève, 1971. — R. Tamisier, *Psaumes*, ap. *Votre Bible. Traduction nouvelle sur les textes originaux*, Paris, 1972. — *La Bible de Jérusalem. La Sainte Bible traduite en français sous la direction de l'École biblique de Jérusalem.* Nouvelle édition revue et augmentée, Paris, 1974. — *Traduction œcuménique de la Bible* (*TOB*). *Édition intégrale*, Paris, 1975.

* * *

Aux ouvrages cités en cours de route ajoutons pour le *Ps.* XLVII : J. Muilenburg, *Psalm 47*, ap. *JBL*, t. LXIII, pp. 225-256. — A. Caquot, *Le Psaume 47 et la royauté de Yahwé*, ap. *RHPR*, 1959, t. XXXIX, pp. 311-337.

Pour le *Ps.* XLVIII : J. Morgenstern, *Psalm 48*, ap. *HUCA*, 1941, t. XVI, pp. 1-95. — M. Dahood, *The Language and Date of Psalm 48 (47)*, ap. *CBQ*, 1954, t. XVI, pp. 15-19. — A. Deissler, *Der anthologische Charakter des Ps. XLVIII (XLVII)*, ap. *Sacra Pagina*, t. I, Gembloux, 1959, pp. 495-503. — L. Krinetzki, *Zur Poetik und Exegese von Ps. 48*, ap. *BZ*, 1960, n.s., t. IV, pp. 70-97.

Pour le *Ps.* LXVIII : J. Aistleitner, Zu *Psalm 68*, ap. *BZ*, 1931, t. XIX, pp. 29-41. — R. Tournay, *Le Psaume LXVIII*, ap. *Vivre et Penser*, 1942, t. II, pp. 227-245. — A. Johnson, *Sacral Kingship in Israel*, Cardiff, 1955, pp. 68-77. — R. Tournay, *Le Psaume LXVIII et le Livre des Juges*, ap. *RB*, 1959, t. LXVI, pp. 358-368. — Th. H. Gaster, *Myth, Legend and Custom in the O.T.*, 1969, pp. 759-764.

Pour le *Ps.* LXXXIV: L. Kunz, *Die Gestalt des 84. Psalms*, ap. *ThGl*, 1955, t. XLV, pp. 22-24. — G. R. Driver, *Water in the Mountains*, ap. *PEQ*, 1970, t. CII, pp. 83 ss., 87-91.

Pour le *Ps.* LXXXIX: J. T. Milik, *Fragment d'une source du Psautier* (*4Q Ps. 89*), ap. *RR*, 1966, t. LXIII, pp. 94-104.

Pour les Psaumes dits de la Royauté de Yahvé voir *supra*, p. 67-76 la Bibliographie sur la Royauté divine.

Pour le *Ps.* CXLV: L. J. Liebreich, *Psalm 34 and 145 in the Light of Their Key-Words*, ap. *HUCA*, 1956, t. XXVII, pp. 181-192.

* * *

Pour une bibliographie du Psautier voir J. Coppens, *Het Onsterfelijkheidsgeloof in het Psalmboek*, ap. *Meded. Kon. Vl. Academie Wet. Lett. Sch. Kunsten*, t. XIX, 3, Bruxelles, 1957, pp. 47-57, et pour une introduction au Psautier cf. J. Becker, *Israel deutet seine Psalmen*, Stuttgart, 1966; 2e éd. 1967; *Wege der Psalmenexegese*, Stuttgart, 1975. — É. Lipiński, *Psaumes. Formes et genres littéraires*. É. Beaucamp, *Le Psautier*, ap. *DBS*, 1973, fasc. 48, 2-125 et 125-206.

I. La Royauté de Yahvé dans les Psaumes du Premier Recueil

Le premier recueil du Psautier comprend les psaumes I-XLI dont fait partie une première collection dite davidique, à savoir les psaumes III-XLI. A l'exception des *Ps.* I, II, X, XXXIII, tous les poèmes y transmis possèdent la suscription *le-Dawid.* Une des caractéristiques des collections davidiques, c'est, nous dit-on, la place prépondérante y occupée par les prières individuelles : lamentations de malades ou de persécutés, requêtes d'innocents réclamant de Yahvé un jugement les restituant dans leurs droits ou supplications sollicitant de sa bienveillance l'accès à ou même le séjour en son Temple. Un deuxième trait distinctif c'est qu'en régle générale peu d'éléments font soupçonner que l'orant appartient au personnel du temple, qu'il soit prêtre ou lévite. On tend à en conclure que ce premier recueil pourrait être qualifié de laïque, d'autant que plusieurs des prières y contenues paraissent être mises dans la bouche du roi [1].

Parmi les quatre, éventuellement les cinq psaumes [2], du premier recueil, nous distinguons sous bénéfice d'inventaire ultérieur : la requête d'un innocent implorant de Yahvé l'accès et l'accueil bienveillant au temple : V, 1-13; une instruction touchant les qualités d'innocence requises pour accompagner Yahvé dans la procession le conduisant dans sa ville ou dans son sanctuaire : XXIV, 1-10; l'action de grâces d'un malheureux opprimé qui s'est senti exaucé : IX, 1-11; un hymne de reconnaissance à Yahvé pour son intervention générale en faveur des pauvres et des opprimés : IX, 12-21; une lamentation implorant de Yahvé la punition des impies et des méchants et, par voie de conséquence, le salut des humbles, des opprimés, des orphelins : X, 1-18; un hymne célébrant la royauté céleste de Yahvé révélant, au cours d'une épiphanie orageuse, sa puissance et sa gloire : XXIX, 1-11. — Cf. L. Krinetzki, *Ps. 5. Eine Untersuchung s. dicht. Struktur u. s. theol. Gehaltes*, ap. *TQS*, 1962, t. CXLII, 23-46.

1. *Le Psaume V.*

2. Prête l'oreille à mes dires, Yahvé,
   Discerne mes propos [a].

1. E. Beaucamp, *art. cit.*, col. 144-145.

2. Selon G. Castellino, *op. cit.*, p. 773, il y a lieu de distinguer trois poèmes dans le complexe des *Ps.* IX-X, à savoir IX, 1-11; IX, 12-21; X, 1-18.

3. Sois attentif à la voix de mon appel,
ô mon Roi et mon Dieu!
Car c'est toi que je prie.
4. Yahvé, au matin tu écoutes ma voix,
au matin, je (l')expose à toi[b],
et je me tiens aux aguets.
5. Car tu n'es pas un Dieu[c] se complaisant dans la méchanceté,
et près de toi le mauvais ne séjournera pas.
6. Devant tes yeux, les arrogants ne se dresseront pas[d].
Tu hais tous les faiseurs d'iniquité,
7. tu fais périr les diseurs de mensonge;
l'homme de sang et de fourberie[e]
Yahvé l'abhorre.

8. Quant à moi, grâce à l'abondance de ton amour,
j'entrerai dans ta maison.
Dans ta crainte je me prosternerai
vers le palais de ta sainteté.
9. Yahvé, guide-moi dans ta justice[f]
à cause de ceux qui m'épient,
devant ma face aplanis ton chemin.

10. Car rien de stable dans leur bouche,
leur tréfonds n'est que perversité[g],
leur gosier, un sépulcre béant,
et leur langue, ils la fourbissent.
11. Fais les périr[h], ô Dieu,
qu'ils tombent dans leurs intrigues,
pour la multitude de leurs crimes renverse-les,
car c'est contre toi qu'ils se sont révoltés.

12. Et se réjouiront ceux qui se réfugient en toi,
à jamais ils jubileront[i].
Tu les couvriras, et ils exulteront en toi
les amants de ton nom.
13. Car toi tu bénis le juste, Yahvé,
de faveur, comme d'un bouclier, tu l'entoureras.

a. M. DAHOOD, suivant Zorell, rattache *hāgīg* à *hāgāh* et il propose la version «to utter». — b. M. DAHOOD : «I will draw up my case.» — c. M. DAHOOD suggère le nom composé «A no-god» et il traduit : «A no-god delights in evil, but you». La suggestion n'est pas retenue. — d. M. DAHOOD renvoie à *Job*, XXXIII, 5 pour le rapprochement *ʿèr^e^kā* et *hityaṣṣābāh*. — e. M. DAHOOD s'écarte largement, sans raison suffisante, des versions reçues. — f. Curieuse proposition de M. DAHOOD « into your meadow », conformément à ses vues sur les nombreuses attestations du psautier sur un au-delà. — g. M. DAHOOD traduit *hawwôt* par « an engulfing chasm » et G. CASTELLINO proposa, *op. cit.*, p. 48, « abisso » en raison du parallélisme avec « sépulcre béant ». — h. Sens proposé par M. DAHOOD pour *'šm* avec renvoi à *Ps.* XXXIV, 22, 23; *Is.*, XXIV, 6; *Jer.*, II, 3; *Ezech.*, VI, 6; *Os.*, V, 15; X, 2; XIV, 1; *Joel*, I, 18; *Prov.*, XXX, 10. — i. L'orant passe d'une prière de demande à une prière de confiance en Yahvé : sur les psaumes de confiance voir P. VONCK, *L'expression de confiance dans les Psaumes*, ap. *Message et Mission. Recueil commémoratif du Xe anniversaire de la Faculté de théologie de Kinshasa*, Louvain, 1968, pp. 1-51.

Il n'est pas facile de fixer le genre littéraire du psaume. On le classe parmi les prières individuelles, mais, à l'intérieur de ce groupe, sa place est plus malaisée à définir. D'aucuns y découvrent un psaume d'accusé, mais constatons l'absence d'indices établissant que le psalmiste est traduit en justice. Les plaintes formulées contre les méchants, les arrogants, les malfaisants, les hommes de sang et de fraude, sont toutes d'ordre général. Elles ne comportent pas d'allusion à une accusation directe, concrète, susceptible d'avoir conduit le psalmiste devant une cour de justice [1].

1. Au v. 10, le psalmiste paraît envisager un ennemi particulier. Le texte masorétique lit *b^epîhû*, mais beaucoup de commentateurs corrigent cette lecture. Ils préfèrent le pluriel accordant ainsi le suffixe avec ceux des substantifs suivants. M. Dahood préfère néanmoins garder le singulier. Il l'introduit même dans le vocable *qirbām*, discernant dans la consonne finale l'enclitique *mem*, tout en rapportant au substantif *qrb* le suffixe de *pihū* sur la base de ce qu'il appelle un « double-duty suffix » : *op. cit.*, p. 34 et 17.

La suggestion de M. Dahood ne me paraît pas s'imposer. Lui-même accorde que le passage du singulier au pluriel, « the disconcerting shift from singular to plural » peut relever d'un procédé poétique : *ibid.*, pp. 34-35.

Qu'il ne s'agisse pas d'un accusé au sens technique du mot, on peut l'inférer de la demande du psalmiste exprimée au v. 9. Il n'y supplie nullement Yahvé de le proclamer innocent mais le prie de lui procurer la force de progresser sur le sentier de la justice, qui est la voie même de son Dieu.

Pour établir l'hypothèse contraire, M. Dahood insiste sur le sens du verbe *'ārak* (v. 4), interprété à la lumière du *Ps.* L, 21 et de *Job*, XXXIII, 5; XXXVII, 19. De ces parallèles résulterait que le terme possède une portée judiciaire, forensique : *op. cit.*, p. 30. On pourrait aussi faire valoir la présence des *šôr^erāy* du v. 9. Toutefois il s'agit là non d'un accusateur particulier mais d'un groupe plus ou moins compact d'ennemis : cf. XXVII, 11; LIV, 7; LVI, 3; LIX, 11, pour lesquels le psalmiste souhaite non pas précisément qu'ils soient confondus en justice mais que Yahvé les fasse périr, leur fasse expier leurs crimes : cf. vv. 5-7, 11, à la manière des vengeances divines évoquées en *Ps.* VII, 16; IX, 16; XXXV, 7-8; XXXVII, 14-15; LIV, 7; LVII, 7; LIX, 12-14; XCIV, 23; CXLI, 10. Les malfaisants tombent dans les pièges qu'ils ont tendus, et Yahvé se charge lui-même qu'il en soit ainsi : LIV, 7; XCIV, 23.

Quant au sens du verbe *'ārak*, on peut, semble-t-il, renvoyer, à la suite de M. DAHOOD et d'A. DEISSLER : *Die Psalmen. I. Teil (Ps. 1-41)*, 3e éd., ap. *Die Welt*

C'est précisément parce qu'il envisage une situation débordant toute action judiciaire particulière que l'orant se tourne vers Yahvé, qu'il l'apostrophe comme son roi et son dieu. Une telle apostrophe n'est pas unique dans le Psautier. Elle se retrouve, identique ou inversée, aux *Ps.* XLIV, 5; LXXXIV, 4 : «mon Roi et mon Dieu» et au *Ps.* LXXIV, 12 : «mon Dieu et mon Roi». Au *Ps.* LXVIII, 25, nous rencontrons également la succession : Dieu-roi, mais non plus dans une apostrophe à Yahvé[2].

Dans notre psaume, le titre de roi est attribué à Yahvé, semble-t-il, en tant que juge, c'est-à-dire en tant qu'appelé à exercer une fonction propre aux rois selon une conception sémitique bien établie. En revanche, aux *Ps.* XLIV, 5; LXXIV, 12 et LXVIII, 25, c'est en tant que guerrier que Yahvé est célébré. Au *Ps.* LXXXIV, le titre *Yahvé Ṣ^eba'ôt*, mentionné jusqu'à quatre fois, aux vv. 2, 4, 9, 13, évoque également l'aspect guerrier du dieu israélite, bien que le contenu du poème ne le réclame pas.

A ne tenir compte que du seul verset 8, on a l'impression de se trouver en présence d'un poème composé sinon par un lévite ou un prêtre[3] du moins par un dévôt laïque, venant visiter le temple ou même s'y rendant en pèlerinage[4]. La venue au sanctuaire, le fait de pouvoir s'y prosterner (v. 8), d'y pouvoir prier et d'y formuler ses

der Bibel, Dusseldorf, 1966, p. 38, à *Job*, XXX, 5; XXXVII, 19, et même penser qu'il s'agit d'une plaidoirie, mais rien n'oblige à se la représenter comme la défense contre un ennemi déterminé et comme la réfutation d'un délit précis. Ce que le psalmiste entend plaider dans sa prière, c'est avant tout la cause même de Yahvé contre lequel ses ennemis se sont révoltés : cf. v. 11. Ce qu'il implore, c'est que cesse en général le désordre religieux, moral et social, dont souffrent les fidèles de Yahvé.

2. L'apostrophe : «mon Roi et mon Dieu», note E. BEAUCAMP dans *Le Psautier*, ap. *Sources bibliques*, Paris, 1976, p. 54, suggère, du moins primitivement, des relations privilégiées qui ne conviennent qu'au roi. Beaucamp renvoie au *Ps.* LXXXIV, 4, mais l'«oint» y visé au v. 10 pourrait être le grand prêtre.

Accordons que l'apostrophe implique le sentiment d'une relation privilégiée, mais observons que celle-ci paraît être devenue au cours des temps l'idéal et la situation de tous ceux qui aspirèrent, dans l'obéissance à Yahvé, au statut des «*ḥasidîm*», des «*ṣaddiqîm*», des «*tāmîm*».

3. Qu'il s'agisse de la prière d'un prêtre fut l'hypothèse défendue ces derniers temps par A. MAILLOT - A. LELIÈVRE, *Les Psaumes. Commentaire*. Première partie : *Psaumes 1 à 50*, Genève, 1961, p. 44. On l'a généralement contesté : cf. B. D. EERDMANS, *The Hebrew Book of Psalms*, ap. *OTS*, IV, Leyde, 1947, p. 105. — Pour une prière d'allure plus sacerdotale voir le *Ps.* XXVI.

4. B. D. EERDMANS, *loc. cit.*, note qu'au v. 4 le psalmiste n'est pas déjà au temple. Au v. 8, il exprime sa décision d'y aller. A remarquer l'expression : «temple de sa sainteté».

vœux et requêtes, peut-être même d'y être admis à assister à l'offrande, est ressenti comme un privilège, comme une grâce éminente. La formule employée en l'occurrence : *bᵉḥasdᵉkā* est propre au psautier : cf. XXV, 7; LI, 3; CIX, 26; CXIX, 149[5]. Si l'on garde le verset 13 comme partie intégrante du poème[6], le pèlerin se présente en tant que juste, *ṣaddîq*, qualité correspondant par ailleurs à son état de « craignant Dieu » (v. 8) et d'« amant du nom de Yahvé » (v. 12). Cette dernière formule n'est pas des plus fréquentes. On la retrouve aux *Ps.* LXIX, 37; CXIX, 132 et en *Is.*, LVI, 6[7].

C'est en qualité de « craignant Dieu », d'« amant du nom de Yahvé » et de « juste » que le psalmiste adresse sa prière à Yahvé, faisant appel à la bonté divine (v. 8), ainsi qu'à la sainteté (v. 8) et la justice (v. 9) de son Dieu. Cet appel, l'orant l'exprime au v. 3 par le verbe *qāšab*, employé à l'impératif hiphil. Pour le sens et l'emploi du verbe, les commentaires renvoient à *Jer.*, XVIII, 19, et ils notent que le même appel se retrouve, certes avec des variantes, dans plusieurs psaumes qui tous seraient postexiliques, sauf peut-être le *Ps.* LXI qui paraît faire allusion à la présence du roi[8].

En excluant de tout séjour auprès de Yahvé les ennemis contre lesquels il s'insurge et formule sa prière, le psalmiste se présente comme ayant lui droit à ce privilège. On se scandalise parfois de cette prétention, la jugeant indigne d'une âme foncièrement religieuse et notablement inférieure aux sentiments de componction d'autres psalmistes. Que toutefois on ne perde pas de vue que l'orant garde la crainte de Yahvé (v. 8), qu'au même verset il attribue à la bonté divine le privilège dont il jouit, et qu'il implore le secours divin pour persévérer dans le droit chemin, celui de la justice divine (v. 9).

On n'a pas manqué de se demander ce que signifiait exactement le privilège d'être l'hôte de Yahvé (v. 5). Jadis B. D. Eerdmans lui a consacré une étude soucieuse de prendre le terme au pied de la lettre, moyennant la pratique d'un ou plusieurs rites qu'on pourrait appeler de substitution[9], ouvrant ainsi l'accès du privilège à un nombre

5. Mais notre psaume est seul à souligner l'« abondance » de la bonté de Yahvé.

6. Cf. Louis Jacquet, *Les Psaumes et le Cœur de l'homme. Étude textuelle, littéraire et doctrinale. Introduction et Premier Livre du Psautier*, Gembloux, 1975, p. 263, malgré le caractère isolé du distique et son rythme différent : *ibid.*, p. 266.

7. Ces trois attestations tardives pourraient constituer un indice pour la date du *Ps.* V. Après la ruine du temple et de la cité sainte, le Nom de Yahvé subsiste, et c'est sur lui que l'amour des yahvéistes fidèles se reporte.

8. Voir P. E. Bonnard, *Le Psautier selon Jérémie*, ap. *Lectio divina*, t. XXVI, Paris, 1959, pp. 50-51.

9. *Sojourn in the Tent of Jahu*, ap. *OTS*, t. I, 1941, pp. 1-16.

illimité d'aspirants. L'hypothèse de l'exégète néerlandais, quelle que soit son ingéniosité, n'a pas recueilli beaucoup d'adhésions. A mon avis, il y aurait lieu de songer plutôt pour expliquer le désir de séjourner dans la maison du Seigneur aux aspirations des prêtres de campagne désireux d'accéder au service du sanctuaire central et d'y prendre place parmi les desservants réguliers[10].

Un poème tel le *Ps.* XXVII est peut-être de nature à nous éclairer[11]. Dans sa deuxième partie, au v. 11, cette pièce littéraire comprend un passage qui rejoint de près le verset 9 du *Ps.* V. N'en concluons pourtant pas que les deux psaumes nous font assister à la même situation. Le *Ps.* XXVII nous confronte sûrement avec un prêtre aspirant à s'établir près du sanctuaire de Yahvé. En revanche, le *Ps.* V pourrait à la rigueur se comprendre d'un simple fidèle désireux de monter au temple et d'y confier à Yahvé ses soucis religieux.

Alors que de l'avis de H. J. Kraus, le *Ps.* XXVII peut remonter avant l'exil babylonien, le *Ps.* V, qui pourrait s'en inspirer pour le cadre littéraire et en partie pour le vocabulaire, ne serait qu'une composition postexilique, reflet d'une piété toute individuelle.

Pour appuyer l'origine postexilique du *Ps.* V, l'emploi du terme *qāšab*, ainsi que nous l'avons noté, peut constituer, un premier indice. Y seraient également favorables l'expression «amants du nom de Yahvé»[12] et le fait que notre poème se révèle à certains égards comme évoquant le *Ps.* XXVII. En revanche, il n'y a pour la date de la composition littéraire rien à déduire de la mention des *po'alê 'awèn*[13], dont l'usage ne se confine pas à la littérature préexilique[14]. Rien non plus de bien sûr à inférer du terme *ṣaddîq*[15]. D'abord l'appartenance du v. 13 au contenu primitif est contesté. Puis l'usage du terme *ṣaddîq* est si fréquent dans le psautier et les

10. Nous ne faisons que poser la question, car elle soulève tout le problème de la centralisation du culte, telle que par exemple Josias chercha à la réaliser.

11. Cf. B. D. EERDMANS, *art. cit.*, p. 14.

12. Cf. J. COPPENS, *La Doctrine biblique de l'amour de Dieu et du Prochain*, ap. *Eph. Theol. Lov.*, 1964, t. XL (pp. 252-299), p. 282.

13. Le Psautier mentionne les *po'alê 'awèn* aux *Ps.* V, 6; VI, 9; XIV, 4 (= LIII, 5); XXVIII, 3; XXXVI, 4, 13; LIII, 5 (= XIV, 4); LIX, 3, 6; LXIV, 3; XCII, 8, 10; XCIV, 4, 16, 23; CI, 8; CXXV, 5; CXLI, 4, 9. — On ne saurait considérer tous ces psaumes comme préexiliques.

14. Une origine postexilique est à tout le moins postulée pour le *Ps.* CXXV. — Sur les études récentes consacrées au Psautier voir J. COPPENS, *Le Psautier et ses Problèmes*, ap. *ALBO*, sér. III, fasc. 19, Bruges, 1960.

15. Le psautier renvoie maintes fois aux *ṣaddiqîm* : I, 6; V, 13; VII, 10; XI, 3, 5; XIV, 5; XXXI, 19; XXXII, 11; XXXIII, 1; XXXIV, 16, 20, 22; XXXVII, 12, 16,

nuances en sont si diverses, parfois délicates à circonscrire, qu'il est malaisé de s'en servir pour esquisser la succession chronologique des psaumes où il se rencontre.

La formule concise clôturant le poème, — cf. *Prov.*, III, 33, — se situe aussi bien au début qu'au terme de l'évolution du concept de *ṣaddîq*, mais, à tout compter, nous sommes encore loin, semble-t-il, de l'étape où se place par exemple le *Ps.* XXXVII, où les *ṣaddiqîm* sont assimilés sans plus aux *tāmîm*, aux *yʿšarîm* et même aux *ḥasidîm*[16].

Pour confirmer l'origine postexilique du psaume V, A. Deissler renvoie pour le v.4 à *Job*, XXXIII, 5; XXXVII, 19 (*ʿārak*) et à *Lam.*, IV, 17; *Mich.*, VII, 7 (*ṣāpah*), — pour le v.9 : «aplanir la voie» à *Is.*, XLV, 2, — pour le v.10 : «sépulcre béant» à *Jer.*, V, 16, — et pour le v.12 à *Hab.*, III, 18; *Is.*, LXI, 10 et *Joel*, II, 23. La plupart de ces parallèles sont trop tenus pour être probants; les plus significatifs concernent les verbes *ʿārak* et *ṣāpah*, d'autant qu'en *Job*, XXXIII, 5, la présence de *hityaṣṣābāh* appuie le parallélisme.

A tenir compte de toutes les observations, concluons que le *Ps.* V est probablement postexilique, puis constatons que Yahvé y est salué comme roi en tant que justicier suprême, enfin relevons que ce rôle est envisagé sur le plan non politique mais moral et religieux. Ce qui angoisse le psalmiste, c'est avant tout la rebellion des impies contre Yahvé (v.11), ainsi que leur conduite scandaleuse envers leurs concitoyens, conduite qui les amène à opprimer ceux aspirant à pratiquer la justice chère à Dieu. La finale du poème nous invite à le comprendre comme la prière de confiance d'un *ṣaddîq*[17].

17, 21, 25, 29, 30, 32, 39; LII, 8; LV, 23; LVIII, 11, 12; LXIV, 11; LXVIII, 4; LXIX, 29; LXXII, 7; LXXV, 11; XCII, 13; XCIV, 21; XCVII, 11, 12; CXII, 4, 6; CXVIII, 15, 20; CXXV, 3; CXL, 14; CXLI, 5; CXLII, 8; CXLVI, 8. On se reportera surtout au *Ps.* XXXVII, psaume qui développe une doctrine sapientielle classique et assimile les *ṣaddiqîm* aux *yešārîm* et *tāmîm*, ainsi qu'au *Ps.* XXXIII qui situe le sort du *ṣaddîq* sur un horizon plus large, celui d'une providence universelle.

Yahvé lui-même est qualifié de juste : XI, 7; CXIX, 137; CXXIX, 4; — de juge juste : VII, 10. Le psalmiste loue à la fois la justice et la bonté divines : CXVI, 5; CXLV, 17.

16. Les *ḥasidîm* apparaissent dans les *Ps.* IV, 4; XII, 2; XVI, 10; XVIII, 26; XXX, 5; XXXI, 24; XXXII, 6; XXXVII, 28; XLIII, 1; L, 5; LII, 11; LXXIX, 2; LXXXV, 9; LXXXVI, 2; LXXXIX, 20; XCVII, 10; CXVI, 15; CXXXII, 9, 16; CXLV, 10, 17; CXLVIII, 14; CXLIX, 1, 5, 9. Ils sont associés aux *ṣaddiqîm* en XXXII, 6; XXXVII, 28; LII, 11; XCVII, 10; CXVI, 15; CXLV, 10, 17. — Sur les *ḥasidîm* lire J. Coppens, *Les Psaumes des Ḥasidîm*, dans *Mélanges Robert*, pp. 214-224, Paris, 1957.

17. Alors qu'au *Ps.* V, 13, c'est Yahvé qui bénit le juste, au *Ps.* XXXVII, 22, le juste devient lui-même une source de bénédiction. On mesure la distance.

2. *Les Psaumes IX et X.*

Le Psaume IX, A.

2. Je te célébrerai Yahvé de tout mon cœur,
je raconterai toutes tes merveilles.
3. Je me réjouirai et en toi j'exulterai,
je chanterai ton nom, Elyôn.

4. Mes ennemis, battant en retraite,
trébuchent et périssent devant ta face[a].
5. Car tu as accompli mon droit et ma cause,
tu t'es assis sur le trône pour rendre justice.
6. Tu as maté les «arrogants»[b], tu a fait périr le méchant,
leur nom, tu l'as effacé pour toujours et à perpétuité[1].
7. L'ennemi est achevé, en ruines à jamais,
et tu as renversé les villes[c]; leur souvenir a cessé.

Voici que[d] 8. Yahvé siège à tout jamais,
etablissant son trône pour le jugement,
9. et lui jugera le monde avec justice
et arbitrera les peuples avec droiture[e].

10. Et Yahvé sera un lieu haut pour l'opprimé,
un lieu haut aux temps d'angoisse,
11. et qu'espèrent en toi ceux qui connaissent ton nom,
car, Yahvé, tu n'abandonnes point ceux qui te cherchent[f].

Le Psaume IX, B.

12. Chantez à Yahvé, siégeant à Sion[g],
annoncez parmi les nations ses hauts faits!
13. Car, lui qui s'enquiert du sang[h], s'est souvenu,
il n'a pas oublié la clameur des malheureux.
14. Aie pitié de moi, Yahvé, vois ma misère, —
à cause de ceux qui me haïssent[i], —
me faisant remonter des portes de la mort,
15. pour que je puisse raconter toute ta louange,
jubiler dans ton salut aux portes de la fille de Sion.
16. Qu'ils croulent[j] les «arrogants»[k] dans la fosse qu'ils ont faite,
qu'au filet qu'ils ont caché, leur pied soit pris.

17. Connu est Yahvé en ce qu'il fait la justice,
le méchant est attrapé dans l'œuvre de ses mains.
18. Qu'ils retournent au she'ôl les méchants,
tous les «arrogants»[l] oubliant Dieu.
19. Car le pauvre ne sera pas oublié à jamais,
l'espoir des humbles ne périra pas à perpétuité.
20. Lève-toi, Yahvé, que l'homme ne se fortifie pas[m],
qu'ils soient jugés, les arrogants[n], devant ta face.
21. Met sur eux, Yahvé, l'épouvante :
ils sauront les arrogants[o], qu'ils sont hommes!

a. M. Dahood, p. 55, donne en l'occurrence à *pānîm* le sens de «fury»: «by my fury». — b. Un certain nombre d'auteurs auxquels je me rallie provisoirement, substituent à *gô'îm*, nations, *gē'îm*, orgueilleux, arrogants. Ils le justifient en notant que ce terme convient mieux à une lamentation et à une action de grâces individuelle qui ne concernent pas les nations. Au reste, ceux qui maintiennent *gô'îm*, sont tentés de lui donner un sens évolué, celui de «païens», précisément pour sauver le cadre individuel. — c. M. Dahood suppose ici la présence d'un vocable *'ārîm*, à rattacher à la racine ougaritique *ġyr* et signifiant «protectors», «dieux protecteurs»: hypothèse reprise par J. Kenneth Kuntz, *art. cit.*, p. 112. Dahood attribue, ici comme maintes fois ailleurs, au parfait une valeur déprécative. — d. Le *hmmh* du texte masorétique est expliqué en fonction de *hm* ougaritique au sens de «look, behold»: M. Dahood, p. 56. — e. Les versets 7-9, qui ont une portée collective, nationale, peuvent avoir été ajoutés au psaume lors d'une relecture et d'une adaptation du poème à un besoin national. Qu'on veuille d'ailleurs remarquer que le v. 7 est en quelque sorte un doublet du v. 5. — f. Pour M. Dahood, p. 57, *yāda'* pourrait avoir la nuance de «cherish» et *dāraš* celui de «care». — g. Pour M. Dahood, p. 57, le sens est prégnant; il faut comprendre: «il est roi». — h. Lisant *dammîm* et rattachant le vocable au sens d'une racine *dāmam*, traduite «pleurer», M. Dahood, p. 57, traduit «those who mourn». — i. M. Dahood, p. 57, suggère un pluriel de majesté. Le psalmiste viserait un ennemi particulier. — j. M. Dahood (p. 58) attribue à la plupart des parfaits une portée déprécative. Nous estimons pouvoir le suivre. — k. Voir *supra* b. — l. Voir *supra* b. — m. M. Dahood suggère pour *yā'ōz* le sens «ne se glorifie pas». — n. Voir *supra* b. — o. Voir *supra* b. — La substitution de *ge'îm* à *gô'îm* que nous avons adoptée vient d'être défendue à l'aide d'arguments nouveaux par St. N. Rosenbaum, *New Evidence for Reading ge'im in Place of goyim in Pss 9 and 10*, ap. *HUCA*, 1974, t. XLV, pp. 65-70. L'auteur reprend à son compte l'hypothèse de H. L. Ginsberg, ap. *HUCA*, 1950, t. XXII, p. 98-99, et il l'applique à *Ps.* IX, 6, 16, 18, 20, 21 et *Ps.* X, 16. — Sur la formule *'wlm* + *'d* du v. IX, 6 cf. J. Krašovec, *Der Merismus im biblisch-hebräischen und nordsemitischen*, ap. *Bibl. Orient.*, t. XXXIII, Rome, 1977, p. 127.

Le Psaume X.

1. Pourquoi, ô Yahvé, te tiens-tu au loin,
te caches-tu aux temps d'angoisse?[a]

2. Avec arrogance le méchant pourchasse le malheureux :
ils sont pris aux ruses qu'eux ont combinées[b].
3. Car le méchant se vante des désirs de son âme.
Profiteur, il blasphème, il méprise Yahvé.

4. Le nez levé, l'impie ne cherche point[c].
«Pas de Dieu», c'est toutes ses pensées.
5. Ses voies sont tortueuses[d] en tout temps.
Là-haut[e] tes jugements et non devant lui.
Tous ses adversaires[f], il leur souffle dessus.
6. Il dit en son cœur : «Je ne serai pas ébranlé,
De génération en génération dans le mal je ne serai.»
7. De malédiction sa bouche est pleine,
de mensonges et de violence;
sous sa langue méfait et iniquité.
8. Il siège en embuscade dans les villages,
dans des cachettes il tue l'innocent,
ses yeux guettent l'infortuné[g].
9. Il s'embusque en cachette, tel un lion dans son fourré,
il s'embusque pour enlever le malheureux,
il enlève le malheureux, le tirant en son filet.
10. Il s'accroupit[h], se tapit,
et les infortunés[i] tombent en son pouvoir[j].
11. Il dit en son cœur : «Dieu oublie,
il cache sa face et ne voit rien à jamais.»

12. Lève-toi, Yahvé, lève ta main, ô Dieu,
N'oublie pas les malheureux!
13. Pourquoi le méchant méprise-t-il Dieu,
dit-il en son cœur : «Tu ne chercheras point»[k].
14. Tu (le) vois, car à la douleur[l] et à la peine
tu regardes, pour les prendre en ta main.
A toi s'en remet l'infortuné[m],
pour l'orphelin tu seras le secoureur.
15. Brise le bras du méchant et du mauvais,
recherche sa méchanceté, qu'on ne la trouve plus.
16. Yahvé est roi à jamais et pour toujours,
les «arrogants»[n] ont péri de sa terre.
17. Le désir des humbles, tu l'écoutes Yahvé,
tu affermis leur cœur, tu leur prêtes ton oreille,
18. pour rendre justice à l'orphelin et à l'opprimé,
pour que sur terre plus d'homme ne tyrannise[o].

a. Contrairement au *Ps.* IX, le *Ps.* X présente une plus grande unité. A l'exception du v. 16, les nations n'interviennent pas, et cette unique mention reste douteuse. Autre caractéristique du poème : le psalmiste n'expose pas sa propre situation. Il prend la parole et fait sa prière pour autrui, à savoir la classe toute entière des malheureux. Observons que M. Dahood propose de nombreuses lectures divergentes.

Nous visons au contraire une version littérale, fidèle au texte reçu. — b. Qu'on passe du singulier au pluriel, n'est pas extraordinaire. Le contexte ne parle que des succès des impies. Il n'est donc pas indiqué de croire qu'eux sont dits, au v. 2b, être pris dans les embûches. — c. Le texte ne précise pas ce qu'il cherche. Dhorme paraphrase: «est sans souci»; Osty: «ne s'inquiète de rien». — d. Sens retenu par le *NEB*. — e. M. DAHOOD, p. 63 interprète *mārôm* comme une épithète divine «O Exalted one»: cf. *Ps*. LVI, 3, où le *NEB* traduit plutôt «en haut»: «Appear on high». Pour le sens de là-haut désignant la demeure de Dieu, cf. *Ps*. LXXI, 19; LXXIII, 8; XCII, 9; XCIII, 4; CII, 20; CXLVIII, 1. — f. M. DAHOOD, p. 63, suggère pour *ṣrr* un sens nouveau, pour lequel il renvoie aux *Ps*. VI, 8 et LXIX, 20: «with all his being». — g. Le sens de *ḥlkh* reste incertain; dans le *NEB*, «some poor wretch». — h. A lire avec le *qerê yidkèh*. — i. Cf. *supra*, g. — j. Le pluriel de *'āṣûm*, «puissant» semble employé au sens abstrait de «puissance, pouvoir» (É. Dhorme). — k. La *Tob* précise: «Tu n'iras pas me chercher». On notera l'emploi réitéré et toujours elliptique, quant au sens, du verbe *drš*. — l. Le substantif *'āmāl* fut déjà employé au v. 7, mais, estime-t-on le plus souvent, en un autre sens. A conserver le même sens, on comprendra «méfait et trouble». J. KENNETH KUNZ, *art. cit*., p. 115, traduit ««You see trouble and behold provocation». — m. Cf. *supra* g. — n. Cf. *supra Ps*. IX, 6, 16, 18, 20, 21. Si l'on retient *gô'îm*, on peut être porté à voir dans le verset une addition due à la relecture nationale du psaume. — o. Le verset 18b est difficile à traduire. Le *NEB* paraphrase «that fear may never drive men from their homes again». M. DAHOOD, p. 67, suggère de rattacher *'ôd* à la racine ougaritique *ǵdd* et de comprendre «l'arrogant»: «no more shall the arrogant frighten men from the earth». E. REUSS, p. 81: «Et que l'homme de la terre cesse de te (Yahvé) braver». J. VAN DER PLOEG, p. 82, reste près du texte: «Laat nooit een mens dezer aarde nog schrik aanjagen». Constatons un certain rappel de la finale du *Ps*. IX. L. DESNOYERS lit: «sans qu'un homme de terre fasse encore trembler». J. KENNETH KUNTZ, *art. cit*., p. 112: «that man, who is of earth, may no longer strike terror».

Pour la Vulgate, les psaumes IX et X ne font qu'un seul poème et, vu la suite alphabétique des versets, beaucoup d'auteurs sont disposés à revendiquer leur unité foncière[1]. Outre la structure alphabétique, diverses données tendent à confirmer ce point de vue. Une série de thèmes sont communs aux deux psaumes. De part et d'autre Yahvé est salué de roi juste: IX, 8-9//X, 18, un roi qui n'oublie ou ne peut oublier les cris des affligés: IX, 13b//X, 12, et qui leur assure la perte des méchants et des nations: IX, 16b//X, 16b. Puis, — et c'est sans doute plus important, — des deux côtés surgissent des vocables plutôt rares dans la Bible masorétique ou même en-dehors de nos psaumes totalement absents: «en temps d'angoisse» (IX, 10//X, 1), *dāk*, «l'opprimé» (IX, 10//X, 18), *dāraš* pour signifier le souci de vengeance de la part de Yahvé (IX, 13//X, 13). Significatifs aussi les deux recours, à l'impératif, *qûmāh*, adressés à Yahvé (IX, 20//X, 12), les deux emplois emphatiques de *'ènôš* (IX, 20, 21//X, 18) et la présence de deux finales presque identiques (IX, 21//X, 18).

1. Sur les psaumes IX-X voir J. KENNETH KUNZ, *Supplication and Reflection in «Times of Trouble». A Form-critical Investigation of Psalm 9-10*, ap. *Society of Biblical Literature. 1975 Seminar Papers*, Missoula, 1975, t. I, pp. 107-140.

A ces données s'en opposent d'autres en faveur de la distinction en deux ou même en trois poèmes, ainsi que par exemple G. Castellino le suggère[2]. Les termes pour désigner les bénéficiaires de l'action divine, ne sont pas identiques. Le premier morceau : IX, 2-11, mentionne le *dāk* (v. 10), puis ceux qui « connaissent le nom de Yahvé » (v. 11) et qui « le recherchent » (v. 11); le deuxième : IX, 12-21 préfère parler du *'èbyôn* (v. 19) et du *'ānî* (vv. 13, 19); le *dāk* de la première pièce revient dans le troisième morceau (v. 18) et le *'ānî* de la deuxième y surgit également, même fréquemment, aux vv. 2, 9, 12, 17, mais le *Ps.* X, 1-18 se sert par ailleurs de trois termes nouveaux : *nāqî* (v. 8), *ḥēlèk* (v. 14) et *yātôm* (vv. 14, 18). A leur tour, les vocables employés pour désigner les adversaires de l'orant varient. Laissons de côté le substantif *gô'îm* que nous aurons à examiner de plus près. Relevons dans le premier morceau *'ôyēb* (vv. 4, 7) et *rāšā'* (v. 6), dans le deuxième les *š'kêḥê 'èlōhîm* (v. 18), dans le troisième l'attestation multiple de *rāšā'* avec une connotation nouvelle, celle de personnages athées (vv. 2, 3, 4, 13, 15)[3].

Ces dernières données neutralisent en partie celles versées au dossier pour établir l'unité des trois morceaux : IX, 2-11; IX, 12-21; X, 1-18. Et qu'on ne perde pas de vue leur genre littéraire nettement distinct, encore que l'on puisse renvoyer à des poèmes où divers genres se succèdent sans qu'on puisse en inférer la présence de poèmes distincts.

A tout prendre, il subsiste à l'appui de l'unité un argument puissant, celui de la succession alphabétique des versets. Il est vrai qu'elle n'est pas parfaite et que les essais entrepris pour la reconstituer n'ont guère été retenus : cf. J. LEVEEN, *Psalm X : A Reconstruction*, *JTS*, 1944, t. XIV, pp. 16-21; G.R. DRIVER, *Semitic Writing. From Pictograph to Alphabet*, Londres, 1948, pp. 200-206. D'autre part on n'a pas mieux réussi à rendre compte de l'introduction de la structure alphabétique dans l'hypothèse de la combinaison de deux ou plusieurs morceaux primitivement indépendants. A. VAN SELMS supposa l'existence de deux poèmes, l'un et l'autre alphabétiques, dont le premier aurait fourni au rédacteur du texte actuel sa première moitié et le second aurait cédé sa deuxième moitié : hypothèse aussi ingénieuse que peu vraisemblable : cf. A. VAN SELMS, dans *The Alphabetic Hymn in*

2. Voir G. CASTELLINO, *op. cit.*, p. 773. — Pour la distinction en deux psaumes lire par exemple W. STAERK, *Lyrik. Psalmen, Hoheslied und Verwandtes übersetzt, erklärt und mit Einleitungen versehen*, ap. *Die Schriften des Alten Testaments. 3. Abteilung : Lyrik und Weisheit*, t. I, Goettingue, 1911, p. 84.

3. Remarquons aussi l'usage différent du verbe *šākaḥ*.

Nahum I, ap. *Die Ou-Testanentiese Werkgemeenskap in Suid-Afrika*, 1969, t. XII, p. 35. On comprend dès lors que l'hypothèse de l'unité conserve ses partisans, cf. R. Gordis, *Psalm 9-10. A Textual and Exegetical Study*, ap. *JQR*, 1957, t. XLVIII, pp. 106-108.

Quelle que soit la solution que l'on préfère retenir quant à l'indépendance primitive des trois morceaux, les *Ps.* IX-XI présentent une aporie qui n'a pas échappé aux commentateurs. Alors que les indices abondent pour nous amener à conclure que nous sommes en présence de supplications individuelles, ou du moins concernant le tort d'individus, l'attention du psalmiste se tourne de temps à autre brusquement vers les nations : les *'ammîm* (IX, 12 = deuxième morceau), les *l^e'ummîm* (IX, 9 = premier morceau), les *gô'îm* (IX, 6 = premier morceau; IX, 16, 18, 20, 21 = deuxième morceau; X, 16 = troisième morceau) : Pour résoudre la difficulté, quelques auteurs ont suggéré de lire *gē'îm*, les orgueilleux, les arrogants, à la place des *gô'îm*. La suggestion n'a pas obtenu jusqu'à présent beaucoup d'adhésions[4]. Pourtant dans tous les endroits la substitution peut parfaitement convenir. Puis, dans deux psaumes qui à certains égards sont comme des parallèles des *Ps.* IX-X, à savoir les *Ps.* XCIV et CXL, les *gē'îm* interviennent de fait, et cela en parallélisme avec les *r^ešā'îm*, tout comme dans nos deux poèmes probablement plus tardifs. Il reste certes que les nations sont évoquées en IX, 9 par *l^e'ummîm* et en IX, 12 par *'ammîm*, deux termes dont le sens ne souffre pas d'ambiguïté et pour lesquels on n'a pas proposé de substitut. Mais dans IX, 12 les *'ammîm* ne sont nullement l'objet de la destruction, tenue ailleurs en réserve pour les *gē'îm*, et par conséquent leur mention n'y pose pas de problème. Quant à IX, 9, ce verset fait partie d'une péricope, vv. 6-9, qui se présente toute entière comme un corps étranger. Pourraient également relever d'ajouts d'abord la finale du second morceau : IX, 20-21 ainsi que le stique : X, 18b y correspondant dans le troisième, puis et surtout l'allusion à Yahvé-roi dans cette même troisième pièce, où l'expression *'ôlām wā'ed* rejoint le verset IX, 6 d'une péricope déjà jugée comme une intrusion.

A accepter ces conclusions, le texte primitif des *Ps.* IX et X n'entre plus en ligne de compte pour faire partie du dossier sur la royauté de Yahvé. Celle-ci n'est plus affirmée que dans des additions. Elles la décrivent comme celle d'un souverain (X, 16), dont le pouvoir est affermi à jamais (X, 16; IX, 6b), celle d'un souverain qui interviendra dans le cours de l'histoire en tant que juge suprême des nations,

4. Elle vient d'être reprise par St. N. Rosenbaum, *art. cit.*, ap. *HUCA*, 1974. Cf. *supra*, p. 101.

les extirpant de sa terre (X, 16), les soumettant, même hors de celle-ci, aux sentences de sa justice et de sa droiture (IX, 9). En d'autres mots, dans les versets que nous soupçonnons être des ajouts, Yahvé n'est pas appelé à trancher un différend privé, comme ce fut le cas au *Ps.* V, ni à intervenir dans un conflit social généralisé entre les méchants, les impies, les oppresseurs, les exploiteurs, et d'autre part, les pauvres, malheureuses victimes auxquelles les sections anciennes des *Ps.* IX-X se réfèrent, mais comme le souverain et le juge suprême du *tēbēl* (v. 9), possédant au ciel son trône (v. 8), entrevu dans une perspective qui tend à devenir eschatologique en vertu de sa perennité. Il n'en reste pas moins qu'en insérant, probablement à l'époque postexilique[5], dans les trois poèmes l'allusion à la royauté de Yahvé, leur rédacteur définitif a attribué à l'exercice de cette prérogative divine, la protection des faibles, des opprimés, des orphelins, et la suppression des méchants, des impies, des incroyants, des athées, en d'autres mots aussi bien l'épuration religieuse de son peuple, — surtout au *Ps.* X, 1-18 — que sa promotion sociale, telle que plus tard par exemple le *Ps.* CXLVI la saluera.

Quant à date des psaumes IX-X, la période postexilique entre certainement en ligne de compte pour la relecture responsable de la composition des versets considérés comme des additions. Pour la date du texte primitif les avis restent partagés, mais ceux qui optent pour une origine exilique ou postexilique ne font pas défaut[6].

3. *Le Psaume XXIV.*

1. A Yahvé la terre et ce qui la remplit,
   le monde et ceux qui l'habitent.
2. Car lui, sur les eaux il l'a fondée,
   et sur les fleuves il l'a affermie.

5. Cf. A. DEISSLER, *op. cit.*, t. I, p. 51, qui rapproche IX, 9 de XCVI, 10 et 13 : *yišpoṭ tēbēl bᵉṣèdèq* (IX, 9) = *yišpoṭ bᵉṣèdèq tēbēl* (XCVI, 13); *yādîn lᵉummîn bᵉmēyšārîm* (IX, 9) = *yādîn ʿammîm bᵉmēyšarîm* (XCVI, 10).

6. Un *Sitz im Leben* postexilique est postulé pour l'ensemble du *Ps.* IX par J. VAN DER PLOEG, *Psalmen uit de grondtekst vertaald en uitgelegd*, ap. *De Boeken van het Oude Testament*, t. VIIb, Ruremonde, 1971, pp. 74-75. En faveur d'un cadre postexilique, A. DEISSLER, *op. cit.*, p. 50, fait valoir le caractère anthologique du psaume, le mélange des genres littéraires, un arrière-fond historique impliquant la présence des nations païennes en terre sainte et l'apostasie d'un certain nombre de juifs. Le psalmiste évoquerait aussi, notamment au v. 6, la disparition déjà survenue de quelques grands empires païens grâce à Yahvé, grâce aux défaites infligées à l'Égypte en 761, 667, 484, à l'Assyrie en 612, à la Babylonie en 539 et peut-être également celle infligée en 333 aux Perses.

3. Qui montera sur la montagne de Yahvé
et qui se tiendra dans le lieu de sa sainteté?
4. L'innocent quant aux mains et le pur quant au cœur,
qui n'élève pas son âme vers la vanité[a]
et qui ne jure pas pour tromperie[b].
5. Il obtiendra bénédiction de la part de Yahvé
et justice de la part du Dieu de son salut.
6. Telle est la génération[c] de ceux qui le cherchent;
de ceux qui recherchent Celui qui fut présent[d] à toi, Jacob.

7. Portes, levez vos têtes,
relevez-vous, portails de l'Éternel[e],
et le Roi de gloire fera son entrée.
8. Qui est ce Roi de gloire?
C'est Yahvé, le puissant et le héros,
Yahvé, le héros de guerre.
9. Levez, portes, vos têtes,
et relevez-vous, portails de l'Éternel[f],
et le Roi de gloire fera son entrée.
10. Qui est-il ce Roi de gloire?
Yahvé Ṣᵉbā'ôt, c'est lui le roi de gloire.

a. Le terme «vanité» signifierait selon M. Dahood l'idole. — b. Ici également l'exégète américain découvre une allusion aux idoles. — c. M. Dahood, pp. 151-152, suggère la présence d'un nom divin. — d. Nous basant partiellement sur des remarques de M. Dahood, nous comprenons *pānîm* au sens de «Présence», en l'occurrence «présence divine». Il y aurait là une allusion aux récits de la Genèse: XXVIII, 10-21; XXXIII, 23-33. — e et f. M. Dahood, p. 153, y découvre une epithète divine. — Pour les essais de préciser les «portes» et le *Sitz im Leben* éthique ou cultuel, voir O. García de la Fuente, *¿Liturgía de entrada, normas de asilo o exhortaciones proféticas? A propósito de los salmos 15 y 24*, ap. *August.*, 1969, t. IX, pp. 266-298. — P. R. Berger, *Zu Ps 24, 7 und 9*, ap. *Ugar. Forsch.*, 1970, II, pp. 335-336 (renvoi à Mari, *ARM*, X, 9, lignes 12 ss.). — J. T. Willis, *Ethics in a Cultic Setting*, ap. *Essays in Old Testament Ethics* (Festschrift J. Ph. Hyatt), 1974, pp. 145-169.

Généralement on interprète le psaume XXIV comme une composition mixte comprenant trois parties: une doxologie, fragment d'un hymne (vv. 1-2), — une première liturgie pour l'entrée des fidèles au sanctuaire (vv. 3-6), — et une deuxième pour l'entrée de Yahvé (vv. 7-10), c'est-à-dire probablement pour la venue de l'arche réputée être le siège ou le trône de Yahvé[1]. Alors que les deux premiers éléments pourraient être de date relativement récente, le dernier serait manifestement ancien. Il porterait la marque d'un style

1. A. Causse, *Les plus vieux chants de la Bible*, ap. *Études d'histoire et de philosophie religieuses*, t. XIV, Paris, 1926, pp. 88-94.

archaïque et exprimerait les sentiments d'un jahvéisme populaire et primitif[2].

On avoue qu'à défaut de renseignements précis sur le milieu dont le psaume est originaire, il est difficile de déterminer s'il est l'œuvre d'un seul auteur, puisant dans un répertoire de textes préexistants, ou s'il résulte de la combinaison plus ou moins réussie d'emprunts divers, sans offrir toutefois une suite très logique et sans refléter un usage liturgique bien circonscrit. Si l'on opte finalement pour l'hypothèse d'un psaume processionnel, il est indiqué de le limiter aux versets 7-10 et d'attribuer les versets 1-6 à une pièce différente, à rapprocher, pour le genre littéraire et pour la destination, du psaume XV.

Dès lors, pour comprendre l'épithète royale des versets 7, 8, 9, 10, seule la section 7-10 entre en ligne de compte. Beaucoup d'auteurs, sans doute même la plupart, y voient une pièce ancienne[3]. Mais il en est aussi qui opinent pour une date récente, non seulement R. Tournay[4] et A. Deissler[5], dont la position ne surprend pas en la matière, mais également J. van der Ploeg[6]. Pour justifier cette position, les auteurs cités insistent sur le fait que le psaume vise l'entrée dans la ville, ou plus précisément dans le sanctuaire, de Yahvé lui-même et de sa gloire. Or les textes bibliques qui envisagent le plus explici-

2. *Ibid.*, pp. 88-89.

3. *Ibid.*, p. 89 : «Le caractère guerrier de Yahvé, le fait qu'il est appelé le fort, le héros de la guerre *'izzoûz vegibbôr milkhâmâ*, convient à la religion des Benê-Israël à l'époque du sanctuaire de Silo». W. STAERK (*op. cit.*, p. 14) opte lui aussi pour une date préexilienne mais pas aussi ancienne : il suggère l'entrée de l'arche à Jérusalem sous David ou son entrée dans le temple salomonien à l'occasion de la fête qui commémorait annuellement la dédicace du sanctuaire. En revanche, É. LIPIŃSKI : *La Royauté de Yahwé dans la poésie et le culte de l'Ancien Israël*, ap. *Verhandelingen Kon. Vl. Academie. Letteren*, année XXVII, t. 55, Bruxelles, 1965 (cité désormais *LRY*), pp. 405-406 invite à songer «au rituel du retour de l'arche au sanctuaire de Silo».

On a observé que l'appellation «portes éternelles» ne convient pas à celles de Silo ou à celles de Jérusalem. Cette difficulté n'existe plus si l'on comprend avec M. DAHOOD, *Psalms I, 1-50*, ap. *The Anchor Bible*, New-York, 1965, pp. 150, 153, *'ōlām* comme un appellatif divin : «And be lifted up, O Gates of the Eternal». Une autre façon de supprimer l'aporie consiste à noter que l'usage vétérotestamentaire de *'ôlām* comporte des passages où le terme situe la perennité dans l'avenir. Le sens serait dès lors : «portes appelées à devenir éternelles».

4. Cf. *Rev. Bibl.*, 1968, t. LXXV, p. 436.

5. A. DEISSLER, *op. cit.*, pp. 96-97.

6. J. VAN DER PLOEG, *op. cit.*, p. 166. — Voir aussi M. TREVES, *The Date of Psalm XXIV*, ap. *VT*, 1960, t. X, pp. 428-434.

tement une telle entrée, datent tous d'après l'exil. Il y a d'abord *Ezech.*, XLIII, 4, où la gloire est dite entrer au temple par le porche faisant face à l'Orient[7], puis *Mal.*, III, 1 qui annonce l'entrée du Seigneur dans son sanctuaire[8]. Notre poème pourrait donc être composé, certes moyennant le remploi de pièces anciennes, en fonction des espérances qui ont surgi dans la communauté religieuse d'Israël après l'exil, à l'annonce de la reconstruction du nouveau sanctuaire et dans la perspective de sa dédicace. Si certains éléments du vocabulaire et de la thématique paraissent archaïques[9], c'est que le poète s'est servi de matériaux anciens[10].

Ajoutons que l'addition d'une liturgie d'entrée convient parfaitement au contexte d'une date postexilique. Aussi bien *Is.*, XXVI, 2 que le *Ps.* CXVIII, 19 font allusion à l'entrée par des portes, celles de la ville ou celles du sanctuaire, et les deux fois elle est réservée, tout comme dans le *Ps.* XXIV, 3-6, aux justes[11]. Remarquons enfin que le titre «roi de gloire» n'est guère attesté dans les écrits vétérotestamentaires mais fut à l'honneur dans le judaïsme intertestamentaire[12].

Du contexte littéraire et historique que nous estimons pouvoir retenir pour la rédaction définitive du *Ps.* XXIV, que pouvons-nous inférer pour le sens du terme *mèlèk* y conféré avec tant d'insistance à Yahvé?

7. *Ezech.*, XLIII, 1-6; XLIV, 1-2. — Aggée (II, 9) parle lui aussi d'une gloire, voire d'une plus grande gloire, qui viendra au nouveau sanctuaire, celui d'après l'exil, mais elle n'est pas envisagée comme celle de Dieu.

8. Malachie paraît s'attendre à la venue de plusieurs personnages: Élie (IV, 4-6), le Messager (III, 1a), l'Ange de l'alliance (III, 1c), le Seigneur (III, 1b).

9. Selon A. Deissler, *op. cit.*, p. 91, il ne convient pas d'exagérer le caractère archaïque des titres donnés à Yahvé. Pour l'emploi du terme «fort», il renvoie à *Is.*, XLIII, 17, seul autre passage où il est usité; pour le titre «héros» conféré à Yahvé, il cite *Is.*, X, 21 et *Deut.*, X, 17, et, pour l'expression «héros dans la guerre», il allègue *II Chron.*, XIII, 3, où elle est dite des guerriers de Jéroboam. Il est vrai qu'une expression apparentée: *'îš milḥāmāh* est appliquée à Yahvé en *Exod.*, XV, 3.

10. Ces matériaux anciens apparaissent surtout aux versets 7-10; c'est principalement sur eux qu'on s'appuie pour assigner au poème une date ancienne.

11. Notons cependant, surtout en *Is.*, XXVI, que le point de vue est collectif, puis que d'autres vocables sont employés, notamment le terme *ṣaddîq*, pour exprimer les qualités morales de ceux admis à passer par les portes.

12. Cf. *1 Q M*, XII, 8 et *Hénoch éthiopien*, LXXX 1, 3; XCI, 13, deux textes empruntés aux *Paraboles d'Hénoch* dont l'origine précise, ne le perdons pas de vue, est aujourd'hui fortement contestée: cf. J. Coppens, *Le Fils d'homme dans le Judaïsme de l'époque néotestamentaire*, ap. *Orient. Lovan. Periodica*, 1975-1976, t. VI-VII, pp. 59-73.

Tout d'abord, de l'insistance sur la *kabōd*, la gloire, propriété caractéristique de la dignité royale, il ressort que le psalmiste entend souligner fortement le caractère royal de Yahvé[13]. Puis de la présence du titre Yahvé Ṣebā'ôt, bien mise en lumière dans la conclusion du poème[14], et des qualités décernées à Yahvé au verset 8, il importe de conclure qu'en réemployant des matériaux pour une part archaïques, l'hagiographe voit dans la dignité royale la fonction d'un chef de guerre, appelé à assurer l'intégrité et la prospérité, bref le salut et la «paix», de son peuple[15]. Toutefois la liaison de l'acclamation au roi-guerrier Yahvé à une liturgie d'entrée réclamant de ses suppôts les qualités peu communes d'une vie morale exemplaire, prouve que l'hagiographe a vu également dans Yahvé le monarque appelé à établir et à maintenir dans son domaine, en particulier sur sa montagne, un ordre moral réalisant parmi ses fidèles l'idéal de la prédication prophétique. De ce point de vue, le psaume XXIV rejoint les préoccupations, déjà formulées en relation avec la royauté de Yahvé par les *Ps.* V, 5-7 et X, 17-18.

Enfin l'incipit du psaume fait remonter la royauté de Yahvé à sa puissance cosmique, à savoir à sa puissance créatrice et à sa domination qui en découle sur l'univers, la terre et le *tēbēl*[16]. Ne songeons toutefois pas à une épiphanie divine qui nous inviterait à interpréter la venue de Yahvé dans une perspective eschatologique[17].

4. *Le Psaume XXIX.*

1. Accordez à Yahvé, fils de Dieu,
accordez à Yahvé gloire et puissance,

13. Cf. R. Stein, *Der Begriff Kebod Jahweh und seine Bedeutung für die alttestamentliche Gotteserkenntnis*, Emsdetten, 1939. — Th. A. Meger, *The Notion of the Divine Glory in the Hebrew Bible. An Essay in Biblical Theology*, 2 vol., Louvain, 1965. — Sur la *kabôd* et les rapports éventuels avec le *melammu* mésopotamien voir Elena Cassin, *La splendeur divine. Introduction à l'étude de la mentalité mésopotamienne*, Paris, 1968.

14. Voir la dissertation de B. N. Wambacq, *L'épithète divine Jahvé Ṣebaot*, Bruges, 1947.

15. Le rôle guerrier de Yahvé n'a pas été perdu de vue après l'exil: *Is.*, LIX, 15-20; LXIII, 1-6; XXIV, 1-23.

16. On souligne le caractère récent du terme *tēbēl* et on y découvre un indice complémentaire à l'appui de l'origine postexilique du psaume. Notons toutefois que cet indice ne porterait que sur les deux premiers versets, qui sont peut-être l'apport le plus récent au poème.

17. Pour une interprétation eschatologique de notre psaume voir J. D. Smart, *The Eschatological Interpretation of Psalm 24*, ap. *JBL*, 1944, t. LII, pp. 175-180.

2. accordez à Yahvé la gloire de son Nom,
prosternez-vous devant Yahvé dans l'éclat de sainteté[a].

3. La voix de Yahvé sur les eaux;
le Dieu de gloire tonne,
Yahvé au-dessus des eaux nombreuses[b].
4. La voix de Yahvé est force,
la voix de Yahvé est éclat[c].
5. La voix de Yahvé fracasse les cèdres,
et Yahvé fracasse les cèdres du Liban.
6. Il fait bondir le Liban comme un veau,
et le Siryôn comme un bouvillon.
7. La voix de Yahvé se taille[d] des flammes de feu,
8. La voix de Yahvé secoue le désert,
Yahvé secoue le désert de Qadesh.
9. La voix de Yahvé tord les térebinthes[e],
et elle dénude les forêts,
et dans son palais tout dit : Gloire[f].
10. Yahvé siège sur les trombes d'eau[g],
il siège[h], Yahvé, roi depuis l'éternité[i].

11. Yahvé donne à son peuple la puissance,
Yahvé bénit son peuple par la paix[j].

a. Deux termes dont le sens est controversé. M. Dahood, p. 176, se référant à l'ougaritique *hdrt*, «théophanie», traduit «when the Holy One appears». En donnant à *hdrt* le sens d'«éclat», on obtient, semble-t-il, une signification acceptable. L'éclat visé est celui exprimé au v. 4 par *hdr* et concerne l'orage décrit par le psaume. — b. *Rabbîm* est à traduire «nombreux» avec la nuance de «puissants». — c. Remarquons le terme *hdr*, à rapprocher de *hdrt* du v. 2. — d. Dieu se taille en quelque sorte des flèches, c'est-à-dire les éclairs, pour percer ses ennemis. La Bible de Jérusalem renvoie à *Deut.*, XXXII, 23, 42; *Ps.* XVIII, 15; *Hab.*, III, 11 et *Zach.*, IX, 14. — e. Version adoptée par la Bible de Jérusalem et par celle d'Osty, supposant la lecture *'ēlôt*. La leçon traditionnelle comporte le terme *'ayyālôt* et se traduit «fait enfanter les biches». — f. M. Dahood, p. 179, lisant *'ōmer* à la place de *'ōmēr* et se référant à l'ougaritique et à l'accadien, traduit : «While in his temple — all of it, a vision of the glorious one». — g. M. Dahood, p. 180, trouve dans *lammabbûl* une allusion non au déluge mais à la lutte entre les divinités ougaritiques Baal et Yamm. La préposition *l* serait à traduire en un sens temporel : «from», «à partir de». A notre avis, le *mabbûl* vise la pluie violente, les trombes d'eau, provoquées par l'orage. La préposition *l* signifie que Yahvé règne à partir de ou par la tempête déchaînée. — h. L'acte de «siéger» implique celui de «régner». — i. On peut donner en l'occurrence à la particule *l* le sens temporel avec la nuance de «à partir de». Le *'ôlām* concerne selon M. Dahood, p. 180, le «primeval time», l'*Urzeit* : cf. la référence à *Biblica*, 1963, t. XLIII, pp. 435-436. — j. Dieu donne la paix après avoir donné la puissance au sens de «victoire» ou au sens de «force» suffisante pour prévenir toute attaque de la part d'éventuels ennemis futurs conduisant à la guerre. Le dernier verset pourrait provenir d'une relecture nationale du psaume.

La quatrième mention de Yahvé-roi se rencontre au *Ps.* XXIX. Tout comme le *Ps.* XXIV, ce poème est communément attribué à une époque fort ancienne[1]. H.L. Ginsberg, Th. Gaster, F.M. Cross, F.W. Albright, M. Dahood, H. Strauss, B. Margulis, pour citer quelques auteurs représentatifs, y découvrent un exemplaire typique d'une poésie archaïque influencée par les modèles cananéens, ougaritiques[2]. En revanche, une fois de plus R. Tournay ne se laisse pas convaincre par les arguments de ces commentateurs[3]. Impressionné par le raisonnement de son confrère français, J. van der Ploeg s'est à son tour montré sceptique touchant les prétendues connexions cananéennes[4].

Vu les affinités irrécusables du vocabulaire et de la thématique du *Ps.* XXIX avec les traditions cananéennes, ougaritiques, toute opinion plaidant pour une origine relativement récente, exilique ou postexilique, pose nécessairement en thèse le phénomène d'une

1. Cf. A. CAUSSE, *op. cit.*, p. 94 : « C'est un hymne au vieux Yahvé naturiste, le Dieu qui se manifeste au milieu de la tempête et des flammes de feu » ; p. 97 : « Tout cela dans notre psaume est exprimé d'une manière encore primitive et selon un procédé littéraire d'une élémentaire simplicité. La langue est vigoureuse mais peu nuancée, et le rythme monotone, avec la répétition de ces deux mots qui reviennent solennellement au début du stiche, *qôl-Yahvé.* » Voir aussi L. JACQUET, *op. cit.*, pp. 633-640.

2. H.L. GINSBERG, *The Ugaritic Texts*, 1936. — Th. GASTER, *Psalm 29*, ap. *JQR*, 1946-1947, t. XXXVII, pp. 55-65. — F.M. CROSS, *Notes on a Canaanite Psalm in the Old Testament*, ap. *BASOR*, 1950, n° 117, pp. 19-21. — W.F. ALBRIGHT, ap. *Studies in Old Testament Prophecy*. Éd. H.H. ROWLEY, 1950, p. 6. — M. DAHOOD, *op. cit.*, t. I, p. 175. — Th. GASTER, *A Canaanite Psalm*, ap. *Myth, Legend and Custom in the Old Testament*, 1969, pp. 747-751. — H. STRAUSS, *Zur Auslegung von Ps 29 auf dem Hintergrund seiner kanaanäischen Bezüge*, ap. *ZAW*, 1970, t. LXXXII, pp. 91-102. — B. MARGULIS, *The Canaanite Origin of Psalm 29 Reconsidered*, ap. *Bibl.*, 1970, t. LI, pp. 332-348. — Dans l'article : *Psalm XXIX in the Hebrew Poetic Tradition*, ap. *VT*, 1972, t. XXII, pp. 143-151, P.C. CRAIGIE admet l'influence des traditions poétiques cananéennes sur le *Ps.* XXIX, mais il se garde d'y voir le decalque de quelque hymne cananéen. Il s'agit selon lui d'une œuvre originale de la poésie hébraïque, une œuvre qui se situe à mi-chemin entre le chant d'*Exod.*, XV, 1-3 et les psaumes de l'intronisation de Yahvé : *Ps.* XLVII, XCIII, XCVI-XCIX. De l'analogie avec les traditions cananéennes, en particulier de l'analogie du caractère de Yahvé avec celui du dieu cananéen Baal-Hadad, Craigie, conclut que Yahvé apparaît dans le *Ps.* XXIX à la fois comme un dieu de l'orage et un dieu de la guerre. La voix de Yahvé est d'une part une manifestation de la gloire céleste de Yahvé mais, de l'autre, elle doit s'entendre comme un appel à la guerre.

3. Cf. R. TOURNAY, *En marge d'une traduction des Psaumes*, ap. *RB*, 1956, t. LXIII, pp. 173-181.

4. J. VAN DER PLOEG, *op. cit.*, p. 192.

renaissance littéraire postexilique qui se serait appliquée à archaïser les textes religieux d'Israël en s'inspirant des traditions du Proche Orient. Jusqu'à présent cette hypothèse ne paraît pas avoir été suffisamment établie. Au reste, elle risque de faire apparaître bien à tort notre poème comme l'œuvre d'un écolâtre[5].

On a proposé d'appeler le *Ps.* XXIX le chant de l'intronisation de la *kabôd* de Yahvé. De fait, la «gloire» y occupe une place en vue, à savoir aux versets 1, 2, 3b, 9, au point que Yahvé y est proclamé «le Dieu de gloire» (v. 3b). Autre détail important : au v. 2, la gloire est spécialement rattachée au nom de Yahvé. On en infère que nous avons affaire à une théologie du «nom» et de la «gloire», deux concepts mis en œuvre par les scribes d'Israël pour exprimer la présence de Yahvé au milieu de son peuple[6]. On pourrait être tenté de se référer à ces deux thèmes pour essayer de dater le psaume. Malheureusement les deux notions sont présentes en trop de textes et de contextes divers pour nous aider à trouver une date précise.

La royauté de Yahvé ne s'exprime qu'à la fin du poème, au verset 10. Elle y surgit pour le conclure. Il importe dès lors de se référer au corps du psaume pour trouver ce que le psalmiste considère comme le fondement de la souveraineté divine.

A prendre le texte au sens obvie, il apparaît que l'hagiographe entend développer «le thème de l'orage pour lui-même, tout comme *Jb* 36, 27-37, 5, dans le seul but de présenter poétiquement le témoignage que donne de la toute-puissance divine un phénomène aussi redoutable»[7]. Il n'est donc pas question d'un tableau de la victoire primordiale de Yahvé sur le chaos tel que par exemple le *Ps.* XCIII nous l'offre[8], ni d'un tableau de la victoire remportée par Yahvé sur les eaux du déluge ainsi que le terme *mabbûl*[9] à en croire divers auteurs, l'insinuerait. Cependant l'orage est plus spectaculaire qu'en temps normal. Il comporte une violence et une extension qu'il

5. L. Jacquet, *op. cit.*, p. 640.

6. Cf. R. Tournay, *Le Psaume VIII et la doctrine biblique du nom*, ap. *RB*, 1971, t. LXXVIII, pp. 18-30.

7. L. Jacquet, *op. cit.*, p. 636.

8. Cf. *LRY*, pp. 91-172.

9. Aussi bien le terme *mabbûl* que l'expression *māîm rabbîm* peuvent se comprendre des eaux célestes déversées par l'orage : cf. *LRY*, p. 460, note 1. — J. Begrich, *Mabbūl. Eine exegetisch-lexikalische Studie*, ap. *Zeitschrift für Semististik*, 1928, t. VI, pp. 135-153. — H.G. May, *Some Cosmic Connotations of mayim rabbim «many waters»*, ap. *JBL*, 1955, t. LXXIV, pp. 9-21.

n'obtient pas dans la réalité. Il atteint la terre de Palestine dans ses dimensions les plus grandes, voire dans ses dimensions idéales, celles entrevues parfois comme voulues par Yahvé pour son peuple élu, à savoir depuis l'oasis de Qadesh jusqu'aux confins du Liban [10].

Si telle est la portée des versets 3-10, il s'ensuit que le psalmiste vise pour Yahvé une royauté cosmique. Elle se manifeste aux fidèles dans l'éclat de l'orage. Elle implique pour Yahvé la présence d'une cour céleste (v. 1), la possession d'un palais (v. 9c) et d'un parvis de sainteté (v. 2b) [11], également localisés au ciel. Elle comporte aussi pour le Dieu d'Israël le droit à un nom glorieux et, pour ses fidèles, l'obligation de contribuer à la gloire de ce nom (vv. 2, 9c). Bref, au *Ps.* XXIX Yahvé nous est présenté comme un souverain à la fois céleste et cosmique [12].

Le verset final, que l'on peut être tenté d'interpréter comme une addition dictée par la relecture nationale du poème, rappelle une donnée attestée ailleurs par les traditions du peuple élu, à savoir que Yahvé, roi céleste et cosmique, est non moins le roi historique d'Israël, un roi assurant à son peuple ses bénédictions, voire la bénédiction par excellence, le *šālôm*, la paix [13].

Observons au terme de ces remarques que nous pouvons, semble-t-il, faire confiance aux auteurs qui situent le poème avant l'exil, mais qu'il faut renoncer à proposer une date approximative. S'appuyer sur une prétendue mention du golfe d'Aqaba pour faire remonter au-delà de 800 la composition du psaume, est une entreprise plus ingénieuse que solide. Elle n'a guère été retenue [14].

10. L. JACQUET, *op. cit.*, p. 639.

11. Les versions grecque et syriaque ont lu *ḥdrt* (ou *ḥṣrt*) *qdš*, « son parvis sacré », leçon adoptée par de nombreux auteurs dont R. TOURNAY et E. VOGT, *Der Aufbau von Psalm 29*, ap. *Bibl.*, 1960, t. XLI, pp. 17-24.

12. Sur Yahvé, roi céleste ou roi du ciel, lire C. HOUTMAN, *De Hemel in het Oude Testament. Een onderzoek naar de voorstellingen van het Oude Israël omtrent de kosmos*, Franeker, 1974, pp. 68-76.

13. La notion de *šālôm* est relativement fréquente dans le psautier : IV, 9; XXVIII, 3; XXIX, 11; XXXIV, 15; XXXV, 20, 27; XXXVII, 11, 37; XXXVIII, 4; XLI, 10; LV, 19, 21; LXIX, 23; LXXII, 3, 7; LXXIII, 3; LXXXV, 9, 11; CXIX, 165; CXX, 6; CXXII, 6, 7, 8; CXXV, 6; CXLVII, 14, mais le contexte est le plus souvent celui d'une sécurité et d'un bien-être individuels. Une portée collective, concernant le peuple ou sa capitale, Jérusalem, apparaît en XXIX, 11; LXXII, 3, 7; LXXXV, 9, 11; CXXII, 6, 7, 8; CXXV, 6; CXLVII, 14. — En saluant le *šālôm* comme une « bénédiction », le *Ps.* XXIX rejoint le *Ps.* V, v. 13 qui relève également l'action divine de bénir, au plan, il est vrai, individuel.

14. Cf. B. MARGULIS, *art. cit.*, ap. *Bibl.*, 1970, t. LI, pp. 332-348.

II. La Royauté de Yahvé dans les Psaumes du deuxième Recueil

Le deuxième recueil du psautier biblique comprend à son tour une série de psaumes dit davidiques, exactement dix-huit : LI-LXV + LXVIII-LXX, mais il introduit aussi, — et c'est sa grande nouveauté, — la série des psaumes dits lévitiques à savoir huit psaumes dits de Coré : XLII-XLIX et un d'Asaph : L. Trois psaumes anonymes : LXVI, LXVII, LXXI et un psaume de Salomon : LXXII achèvent le recueil.

Les poèmes lévitiques se prolongent au troisième recueil, cette fois par onze psaumes d'Asaph : LXXIII-LXXXIII. Selon divers auteurs, il conviendrait de les unir étroitement aux poèmes du deuxième recueil, et tous ensemble ils auraient formé au cours du temps une deuxième collection relativement ancienne de prières religieuses : XLII-LXXXIII, qu'il conviendrait de juxtaposer à celle, plus primitive sans doute : III-XLI, constituée par les psaumes du premier recueil.

Les six derniers poèmes du troisième recueil, psaumes miscellanés, auraient été ajoutés aux deux collections déjà réunies à une date plus récente. Ils comprennent un psaume davidique : LXXXVI et cinq psaumes lévitiques dont trois de Coré : LXXXIV, LXXXV, LXXXVII, un de Héman l'Ezrahite : LXXXVIII et un d'Éthan l'Ezrahite : LXXXIX.

Le deuxième recueil comprend quatre psaumes où la royauté de Yahvé est évoquée. Le *Ps.* XLVII, A : 2-6 et B : 7-10, attribué aux fils de Coré, chante les triomphes de Yahvé, soumettant les nations (vv. 2-6) ou les agrégeant à sa communauté religieuse. Le *Ps.* LXVIII, dit davidique, célèbre l'entrée solennelle de Yahvé en son sanctuaire et décrit l'assemblée de ses fidèles réunis pour lui rendre grâces et implorer de nouvelles victoires. Au *Ps.* XLVIII, autre psaume de Coré, nous avons affaire à un hymne en l'honneur de Jérusalem, cité de Yahvé grand roi, cité dont les palais et les murailles, bâties sur la montagne sacrée, le vrai Saphôn, constituent la garantie de l'aide divine. Enfin le *Ps.* XLIV, également coraïte, assurément chronologiquement le dernier, implore l'intervention de Yahvé pour la restauration d'Israël.

1. *Le Psaume XLIV.*

2\. O Dieu, nous l'avons entendu de nos oreilles,
nos pères nous ont raconté

ce que tu as accompli en leurs jours,
aux jours d'autrefois[a].
3. Toi de ta main tu dépossédas des nations,
et eux, tu les implantas;
tu malmenas des peuples,
et à eux tu donnas des rejetons[b].
4. Car ce n'est point par leur glaive qu'ils ont conquis le pays,
ni leur bras les a sauvés,
mais (grâce) à ta droite, et à ton bras et à la lumière de ta face,
parce que tu leur accordas ta faveur.

5. Toi-même es mon roi, ô Dieu,
commande les victoires de Jacob!
6. Par toi nous enfonçons nos oppresseurs,
par ton nom nous piétinons nos adversaires.
7. Car ni dans mon arc je me confie,
ni mon glaive ne me sauve,
8. mais tu nous sauves de nos oppresseurs,
et tu confonds ceux qui nous haïssent.
9. En Dieu, nous nous glorifions tout le jour,
et ton nom, nous le célébrons pour toujours.

10. Et pourtant tu nous as rejetés et couverts de confusion,
et tu ne sors plus avec nos armées.
11. Tu nous fais reculer devant l'oppresseur,
et ceux qui nous haïssent, nous pillent.
12. Tu nous donnes comme brebis de boucherie
et parmi les nations tu nous disperses.
13. Tu vends ton peuple sans bénéfice,
et tu ne profites pas à leur vente[c];
14. tu nous places en opprobre à nos voisins,
raillerie et moquerie à ceux qui nous entourent;
15. tu nous places en fable parmi les nations,
en hochement de tête parmi les peuples.
16. Toute la journée mon déshonneur est devant moi,
et la honte me couvre, ma face,
17. à la voix de celui qui outrage et qui blasphème,
face à un ennemi et un revanchard.

18. Tout cela nous advint et nous ne t'avons pas oublié
et nous n'avons pas trahi ton alliance,

19. et nous n'avons pas reculé en notre cœur,
pour détourner nos pas de ton sentier,
20. mais tu nous a écrasés comme[d] le serpent marin[e],
et tu nous a couverts de ténèbres épaisses[f].
21. Nous n'avons pas oublié le nom de notre Dieu
et n'avons pas tendu nos paumes vers un dieu étranger[g].
22. Dieu ne s'en serait-il pas enquéri,
car lui connaît les secrets du cœur?
23. Oui, c'est pour toi que nous sommes mis à mort tous les jours,
que nous sommes considérés comme des brebis d'abattoir.

24. Éveille-toi, pourquoi dors-tu, Seigneur?
réveille-toi, ne rejette pas sans fin!
25. Pourquoi caches-tu ta face,
oublies-tu notre malheur et notre angoisse?
26. Car notre âme s'effondre dans la poussière,
et notre ventre colle à la terre.
27. Lève-toi au secours pour nous,
et libère-nous à cause de ta grâce[h].

a. Supprimant *bîmē*, lisant *'āśetāh* loco *'attāh*, L. JACQUET reconstitue un quatrième stique : « accompli de ta main autrefois ». — b. M. DAHOOD, p. 265, suggère la présence d'un verbe dénominatif, en rapport avec *šelaḥ*, « rejeton, pousse ». Le *NEB* traduit : « thou didst make them strike root ». — c. *NEB* : « and had no profit from the sale »; É. DHORME : « et tu n'a pas tiré grand-chose de leur prix ». — d. *Bimeqôm* est traduit « à la façon de », ainsi que le proposent H. Schmidt et L. Jacquet. Les versions « à la place de » ou « au séjour de » ne paraissent pas convenir. Le « tannîn » est rapproché de *Job*, VII, 12 par E. Beaucamp. — e. Cf. le *NEB*. M. DAHOOD, p. 267, modifie notablement le texte. — f. On a reconnu depuis longtemps que *ṣlmût* est à comprendre comme un seul vocable. — g. D'accord avec L. JACQUET, *op. cit.*, t. II, p. 27, nous comprenons *'im* au début de la phrase comme la conjonction négative du serment. L'auteur renvoie à *Is.*, XX, 14; *Ps.* LXXXIX, 36; CXXXII, 3, 4 et à P. JOÜON, *Grammaire*, n° 165 j. — h. Nous gardons le terme « grâce » qui possède une résonance biblique. Mais *ḥèsèd* signifie à proprement parler fidélité, bienveillances, bonté.

Le psautier nous livre une cinquième mention de Yahvé-roi au verset 5 du *Ps.* XLIV, un poème, qui, à se baser sur le cadre chronologique lui communément attribué, paraît appelé à pouvoir servir de repère chronologique pour les autres psaumes de la royauté de Yahvé. En réalité, le choix d'une date certaine pour le poème et l'option pour son unité offrent pas mal de difficultés.

On est d'accord pour appeler le psaume une élégie nationale et pour y distinguer trois parties : un rappel des victoires réalisées dans le passé par Yahvé au profit d'Israël dont les traditions des pères ont transmis le souvenir (vv. 2-9)[1], puis une relation des humiliations présentes du peuple de Dieu (vv. 10-17) et, après une protestation d'innocence (vv. 18-23), une supplique adressée à Yahvé pour qu'il daigne intervenir en faveur de sa nation humiliée (vv. 24-27). Notre poème est rapproché des *Ps.* LXXIV et LXXXIV par S. Mowinckel. D'autres psaumes, tels LXXIX et LXXX, entrent également en ligne de compte pour une comparaison, ainsi que par exemple *Is.*, LXIII, 7, à savoir pour l'évocation des bienfaits divins passés et pour l'invitation à les renouveler adressée à Yahvé[2].

L'unité du psaume n'est généralement pas contestée. R. Tournay découvre toutefois dans les versets 18-23 deux triades se rapportant aux persécutions religieuses de l'époque maccabéenne[3]. Selon lui, cette suggestion rend compte de la tonalité différente de ce passage et de la protestation d'innocence y contenue, protestation qui sied dans la bouche des *ḥ^{a}sîdîm* maccabéens, fidèles à la Loi de Yahvé jusqu'à accepter pour elle la persécution la plus cruelle, mais fidélité qui ne se comprend pas de la part d'un peuple maintes fois rebelle à Yahvé durant la période royale.

Observons que la protestation d'innocence ne répugne pas si l'on consent à voir dans notre psaume moins une élégie nationale qu'une lamentation d'un groupe réduit de jahvéistes fidèles intercédant auprès de Yahvé pour le salut du peuple tout entier.

Aux versets 5 et 16-17, l'hagiographe passe brusquement de la première personne du pluriel à celle du singulier. Le phénomène n'a pas échappé à S. Mowinckel[4], à L. Sabourin[5] et à J. van der Ploeg[6]. Ce dernier l'explique en renvoyant au *Ps.* CXXI, 1-2 et en notant qu'en ces versets prend la parole un Israël personnifié ou peut-être le psalmiste, s'unissant à titre individuel à la voix de son peuple[7]. L. Sabourin note qu'un chef y surgit au nom de la nation[8], et S. Mowinckel, situant le poème à l'époque de la royauté judéenne,

1. Cf. pour l'expression *Jud.*, VI, 13; *Ps.* LXXVIII, 3. Cf. aussi *Is.*, LII, 18; *Ps.* LXXVIII, 4; LXXIX, 13; *Joel*, I, 3.

2. Cf. L. SABOURIN, *The Psalms. Their Origin and Meaning*, New-York, 1969, t. II, p. 147 avec renvoi à *Psalmenstudien*, t. I, p. 219.

3. R. TOURNAY - R. SCHWAB, *Les Psaumes*, dans *La Sainte Bible*, 2e éd. avec la collaboration de J. GELINEAU et Th.-G. CHIFFLOT, Paris, 1955, p. 196.

4. S. MOWINCKEL, *Det Gamle Testamente*. I. Del : *Salmeboken*, Oslo, 1955, p. 102.

5. L. SABOURIN, *op. cit.*, p. 147.

6. J. VAN DER PLOEG, *op. cit.*, p. 272.

7. *Ibid.*, p. 272.

8. *Op. cit.*, p. 147.

précise qu'il s'agit du roi[9]. Tout s'explique aussi dans l'hypothèse où le psaume est en réalité une prière individuelle où l'orant, associé lui-même aux épreuves de la nation, sollicite, au nom de ceux restés fidèles à l'alliance (vv. 18-23), le retour des faveurs divines. Et devons-nous exclure que les versets en discussion sont une addition à l'élégie collective pour en faire une prière individuelle? Tout comme pas mal de prières individuelles ont été au cours des temps augmentées et adaptées à une supplication collective, de même, en sens inverse, des lamentations nationales ont pu subir une relecture individualisante, propre à la piété privée.

Quant à la date du psaume, la plupart des exégètes optent pour les temps postexiliques, mais ils ne s'accordent pas sur une période précise. Il y a ceux pour lesquels le psaume se rapporte à la ruine de Jérusalem en 586[10]. D'autres suggèrent une période s'étendant d'Esdras à la fin de l'empire perse (400-430), tout en n'excluant pas absolument la période maccabéenne[11]. Il en est qui mettent en avant la répression qui s'abattit sur les Juifs sous le règne d'Artaxerxès III Ochus (359-338) pour les punir de s'être associés à la révolte phénicienne de 351[12]. Enfin il reste toujours des partisans de l'époque maccabéenne, sinon pour le psaume tout entier[13], du moins pour l'addition des deux triades, c'est-à-dire des versets 18-23[14].

9. *Op. cit.*, p. 102.

10. R. TOURNAY, *op. cit.*, p. 196.

11. É. OSTY - J. TRINQUET, *La Bible. Le Livre des Psaumes*, Genève, 1971, p. 149.

12. A. DEISSLER, *op. cit.*, fasc. 2, Dusseldorf, 1964, p. 14, ajoutant que les vv. 18ss. viseraient les réformes introduites à partir de 398 par Esdras. La répression subie sous Artaxercès Ochus est également l'hypothèse vers laquelle incline W. R. TAYLOR, *The Book of Psalms*, ap. *The Interpreter's Bible*, New-York, 1955, p. 228.

A. Deissler renvoie pour la description des malheurs entre autres passages à *Jer.*, XII, 3; XV, 13; XVII, 3 (corr.); XVIII, 16; *Deut.*, XXVIII, 37; XXXII, 30; *Ezech.*, XXXVI, 4; pour les titres d'Israël à espérer l'aide de Yahvé à *Is.*, LXIII, 8, 18; pour le souvenir des interventions salvatrices passées de Yahvé à *Deut.*, IV, 9; VI, 21; VIII, 17; XI, 23-24; *Jer.*, XI, 17; pour l'obligation d'Israël à louer le Seigneur sans répit à *I Chron.*, XXIII, 9, 30; *op. cit.*, pp. 14-15.

Pour les événements survenus sous Artaxercès III Ochus voir par exemple W. O. E. OESTERLEY, *A History of Israel*, t. II: *From the Fall of Jerusalem, 586 B.C. to the Bar-Kokhba Revolt, A.D. 135*, Oxford, 1932, pp. 139-140.

13. Éd. REUSS, *Le Psautier ou le Livre des Cantiques de la Synagogue*, ap. *La Bible. Traduction nouvelle*, Paris, 1875, pp. 182-183. — L'auteur allègue surtout deux raisons: 1. jamais, avant la période maccabéenne, Israël n'a pu parler de son innocence et de la fidélité à l'alliance comme il le fait aux vv. 18-23; 2. jamais avant l'époque d'Antiochus IV, il n'y a eu en Israël des persécutions pour cause de religion, en d'autres mots des guerres de religion. Ni l'une ni l'autre considé-

Pour appuyer une origine du psaume proche de 586, on peut faire valoir que notre psaume appartient à ce qu'on a appelé le « psautier de Jérémie »[15]. On prétend en effet y découvrir quelques expressions si proches du livre du prophète d'Anatôt qu'elles impliquent une grande proximité de son œuvre littéraire[16]. Trois correspondances sont particulièrement frappantes : la comparaison des fidèles yahvéistes persécutés à « du bétail d'abattoir »[17] ; la mention du hochement de tête, geste posé par les peuples voisins d'Israël pour se moquer de lui[18] ; l'accumulation des termes : « opprobre, amusement, risée, fable » et surtout l'association « opprobre-fable »[19], deux données qui se retrouvent à la fois dans Jérémie et au *Ps.* XLIV.

Bien qu'il faille pour certains des textes allégués réduire quelque peu la portée du prétendu rapprochement, il convient d'en reconnaître l'importance. Il ne s'ensuit pas que la dépendance éventuelle à l'endroit de Jérémie permet de circonscrire étroitement la date du psaume. Elle peut s'être exercée bien après la composition et la diffusion du livre prophétique.

Pour S. Mowinckel, les arguments présentés pour une origine exilique ou postexilique ne sauraient emporter la conviction[20]. A ses yeux, le verset 10 implique qu'Israël possédait encore une armée et continuait à mener une politique étrangère. Une telle situation, note-t-il, nous renvoie à la période royale préexilique ou à celle des

ration ne sont pertinentes. Il y a eu toujours en Israël un reste fidèle qui a pu énoncer les versets 18-23, et, dans l'Orient ancien, presque toutes les guerres ont comporté un aspect religieux. En combattant un pays, on combattait aussi la divinité censée en assurer la protection.

14. R. TOURNAY, *op. cit.*, p. 196. — J. VAN DER PLOEG, *op. cit.*, p. 269, se contente d'une formule vague : « L'auteur du psaume vivait quelques siècles après la ruine de Jérusalem en 587. »

15. P.E. BONNARD, *Le Psautier selon Jérémie. Influence littéraire et spirituelle de Jérémie sur trente-trois psaumes*, ap. *Lectio divina*, t. XXVI, Paris, 1960.

16. *Ibid.*, pp. 102-109.

17. *Ps.* XLIV, versets 12 et 23 comparés à *Jer.*, XI, 19; XII, 3; XXV, 34; XLVIII, 15; LI, 40. — *Ibid.*, p. 103 : « Quoi qu'il en soit, Jérémie et l'auteur du psaume 44 sont les seuls à assimiler les Israélites à du bétail pour l'abattoir. »

18. *Ps.* XLIV, 15 comparé à *Jer.*, XVIII, 16; XLVIII, 27. — *Ibid.*, p. 105. L'auteur note toutefois que les textes comparés sont seulement voisins l'un de l'autre et qu'*Is.*, XXXVII, 22 contient une phrase analogue avec un verbe légèrement différent. Cf. aussi *Ps.* XXII, 8 et *Ps.* CIX, 25.

19. *Ps.* XLIV, 14-15 comparés à *Jer.*, XXIV, 9; XXIX, 18; XLII, 18; XLIV, 12, 18. — L'association « opprobre-fable » se rencontre au *Ps.* XLIV et en Jérémie, XXIV, 9 : cf. *op. cit.*, pp. 104 et 105.

20. *Op. cit.*, pp. 101-103.

Maccabées. La dernière étant à exclure, il ne reste qu'à situer le poème vers la fin de la royauté judéenne. Les lamentations du psalmiste s'expliquent par exemple au lendemain de la bataille de Mégiddo, celle où périt le roi Josias[21].

Avouons que le verset 10 est un bien faible indice pour justifier la datation préexilique[22]. Que Yahvé ne sorte plus avec les armées d'Israël, s'entend non seulement dans l'hypothèse de la présence de troupes israéliennes, mais tout aussi bien dans celle de leur absence. Yahvé ne peut plus apporter son aide aux expéditions militaires puisqu'à l'époque où le poème fut composé, Israël ne disposait plus de combattants. Au reste, la finale du psaume ne fait pas appel à une aide pour une campagne militaire d'Israël, mais elle attend plutôt d'une intervention directe de Yahvé le salut de la nation.

Concluons : de l'analyse du psaume nous pouvons, ce nous semble, inférer : d'abord, vu les accointances avec Jérémie, que nous sommes en présence d'une pièce postexilique; ensuite que le verset où Yahvé est apostrophé comme roi, du fait qu'il se rencontre dans un passage à la première personne, pourrait provenir d'une relecture du poème. Y prend la parole ou bien un dévot particulier préoccupé de la situation pénible de son peuple et s'adressant dans la prière à Yahvé pour y remédier, où quelqu'un possédant un certain titre pour se considérer comme le chef de la nation et s'adresser en son nom à Dieu. Dans la dernière hypothèse, on peut songer à l'«oint» postexilique, le grand prêtre, que le *Ps*. LXXXIV, 10, également postexilique, nous semble viser. En tout cas, ici comme dans les autres passages où la même apostrophe survient : *Ps*. V, 3; LXXXIV, 4, il paraît s'agir d'une personne qui a conscience d'être dans une relation privilégiée avec Yahvé. Quant au sens de l'appellatif, il envisage

21. *Ibid.* : «Nederlaget ved Megiddo 2 Kg. 28, 29 kunde høve bra som bakgrunn for salmen.» — Dans *Die Psalmen eingeleitet, übersetzt und erklärt*, Gütersloh, 1927, p. 61, E. König se basant sur les temps des verbes conteste que la nation subsiste encore indépendante et qu'elle dispose d'une armée. Pour lui, le psaume envisage les israélites fidèles ralliés à Yahvé depuis Josias. Conduits en exil ils s'adressent à leur Dieu pour obtenir le salut de leur peuple.

22. Notons qu'É. Beaucamp, *op. cit.*, p. 192, est tenté de reprendre la date à son compte sans toutefois préciser que le poème entend se référer à la défaite de Mégiddo. L'auteur en question trouve peu d'indices évoquant la catastrophe de 587. Il compare le v.12 à *Ez.*, V, 10, 12; XII, 14, etc. et rapproche le vocable «oppression» (v.25) du *Ps*. XLII, 10; mais, par ailleurs, il insiste sur le silence du poème touchant divers aspects importants du désastre de 587. Il estime même que l'existence du royaume de Juda et celle de son armée ne sont pas exclues, voire que l'interprète de la nation, visé aux vv.5, 7, 16, 17, pourrait quand bien même être le roi (v.7).

le Dieu d'Israël comme le protecteur historique de son peuple, bien qu'en l'occurrence le titre classique Yahvé Ṣ^{e}ba'ôt fasse défaut. Cette absence confirme peut-être qu'au moment de la composition du psaume Israël ne disposait plus d'armée.

2. *Le Psaume XLVII.*

2. Toutes les nations[a] battez des mains,
acclamez[b] Dieu d'une voix de joie!
3. Car il est redoutable Yahvé-Elyôn[c],
grand roi sur toute la terre[d].
4. Il nous soumet des nations,
des peuples sous nos pieds.
5. Il nous choisit notre héritage,
la fierté de Jacob[e], qu'il aime.
6. Dieu monte parmi l'acclamation[f],
Yahvé au son du cor[g].

7. Chantez à Dieu, chantez,
chantez à notre roi, chantez!
8. Car Dieu est roi de toute la terre,
chantez un *maśkîl*![h]
9. Dieu régne sur les nations[i],
Dieu s'assied sur le trône de sa sainteté[j].
10. Les notables des nations[k] se réunissent
au[l] Dieu d'Abraham[m].
Car Dieu est le suzerain de la terre[n],
il est souverainement élevé[o].

a. Sens de «clans» est adopté par *LRY*, p. 412, note 3, pour le v. 2, mais il est refusé par le même auteur au v. 4. Ce sens est contesté par A. CAQUOT (*RHPR*, 1959, t. XXXIX, pp. 311-337), qui considère le terme *'ammîm* comme caractéristique des psaumes du règne de Jahvé: XCIX, 2; XCVII, 6; XCVI, 3. Toutefois les dates de ces psaumes sont différentes et, au *Ps.* XLVII, 2 et 4, il pourrait s'agir d'un archaïsme, tels ceux par ailleurs signalés par A. Caquot lui-même, par ex. le nom divin Yahvé 'Elyôn. — b. Il s'agit du rite de la *t*^{e}*rû'āh*: cf. *LRY*, pp. 352-355. — c. Nom divin composé selon A. Caquot. — d. Le titre *mèlèk gādôl* désigne dans la Bible également le roi assyrien; il est donné à Yahvé en notre psaume et en *Ps.* XCV, 3 et *Mal.*, I, 14: cf. *LRY*, p. 414, note 1. — Pour certains auteurs, le pays visé semble être en l'occurrence non la terre entière mais la Palestine. — e. On discute la question de savoir ce qui est indiqué par la fierté, le *gā'ôn*, de Jacob: A. Caquot songe à la ville de Jérusalem, *LRY* songe à la terre; ailleurs *gā'ôn* designerait plutôt le sanctuaire. Remarquons la mention de Jacob, mention qui mériterait une enquête spéciale. Le *Ps.* LXXVII, 16 distingue les enfants de Jacob et ceux de Joseph. — f. Cf. *supra* b. Cette nouvelle mention de la *t*^{e}*rû'āh* introduit en quelque sorte une inclusion avec le v. 2. — g. Le *šôpār* est caractéristique de la *t*^{e}*rû'āh*. — h. L'acclamation, la *t*^{e}*rû'āh* et le chant (*mizmôr*) ne s'excluent pas: cf. *Ps.* LXVI, 1 et XCVIII, 4, mais la *t^erû'āh* et le *mizmôr* désignent deux chants distincts. D'où peut-être un indice pour voir au v. 7 le début d'un deuxième morceau littéraire. L'incise « chantez un *maśkîl* » est souvent considérée comme une glose. La signification précise du terme est incertaine : cf. *LRY*, p. 398, note 3. Dans *Die Psalmen* (Stockholm, 1954, pp. 78 et 251), A. BRUNO suggéra de lire *mošlô kŷ*. — i. Au v. 9, il ne s'agit sûrement pas des tribus ni des seuls peuples de Palestine, mais des nations : le règne de Yahvé y est donc conçu plus universel, à moins qu'il ne faille pas accorder d'importance spéciale au terme *gô'îm*, celui-ci étant régulièrement appelé par la notion de *mèlèk* dans le vocabulaire et la thématique sémitiques. — j. « Trône de sa sainteté », ou « trône de son sanctuaire ». — k. Sur les *n^edîbê 'ammîm* voir *LRY*, pp. 399-400 et J. VAN DER PLOEG, *Les chefs du peuple d'Israël et leurs titres*, ap. *RB*, 1950, t. LVII, pp. (40-61) 53-57. — l. D'autres commentateurs préfèrent traduire « se joignent au peuple d'Abraham ». — m. Abraham intervient seulement dans deux psaumes, en XLVII et en CV, 6, 10, 42. Dans ce dernier poème, il figure, tout comme en XLVII, en étroite connexion avec Jacob (v. 6). Aux vv. 9-10 du *Ps*. CV, les noms des divers patriarches se succèdent : Abraham, Isaac, Jacob-Israël. Il semble que l'attention se porta spécialement sur Abraham aux origines des traditions israélites et à leur résurgence après l'exil. — n. Sur le sens de *māgān* voir M. DAHOOD, commentaire du *Ps*. III, 4, pp. 16-17, avec renvoi à *Ugaritic Lexicography*, ap. *Mélanges Eugène Tisserant*, t. I, pp. 81-104, Rome, 1964. — Supposant un *lamed* emphatique, M. DAHOOD, pp. 283 et 287, traduit : « Truly God is suzerain of the earth ». Ce sens convient bien à la notion attestée au v. 5, où Jahvé est censé distribuer aux peuples la part qui leur revient dans l'univers. — o. Quelques auteurs discernent dans la finale du v. 10 un écho du v. 6, c'est-à-dire de la finale du premier morceau.

Le psaume XLVII est généralement classé parmi les psaumes dits du règne de Yahvé. Il est en effet à rapprocher étroitement des deux triades de poèmes : *Ps*. XCIII, XCIX, XCVII, et *Ps*. XCV, XCVIII, XCVI, qu'on considère à juste titre comme constituant un groupe distinct dans le psautier.

L'interprétation pose de nombreux problèmes relatifs au sens exact de divers termes ainsi qu'à l'unité de la pièce et sa date précise. En revanche, le texte est exempt de grosses difficultés. Pour des raisons d'ordre rythmique, *LRY* supprime au verset 5 les conjonctions *'èt* et *'ašèr*[1]. Au v. 6, le nom divin Yahvé aurait été ajouté sans raison suffisante[2]. Au v. 2, il y aurait lieu de substituer Yahvé à Élohim, ce dernier vocable ayant été introduit quand le psaume fut assumé dans le recueil élohiste[3]. Au v. 5a, il conviendrait de lire avec la Septante, suivie par plusieurs versions, comme texte de base *naḥ^alātô*[4], et de séparer en *lnw*, *ln*, forme emphatique de la particule *l*, et *w*, suffixe de la troisième personne du singulier[5]. Au v. 7, *LRY* substitue un Yahvé censé primitif à Élohim[6]. La même sub-

1. *LRY*, p. 398 et p. 413, note 6.
2. *Ibid.*, pp. 176-177, 412, note 1.
3. *Ibid.*, p. 441.
4. *Ibid.*, p. 412, note 4.
5. *Ibid.*, p. 413, note 4.
6. *Ibid.*, p. 413.

stitution s'imposerait aux vv. 6 et 9[7]. Enfin la finale du v. 8 : *zammᵉrû maśkîl* serait à biffer[8].

L'unité du poème est fortement mise en question. La présence d'un *sèlâ* à la fin du v. 5 indiquerait une coupure réelle. *LRY* en déduit que le v. 6 n'appartient pas au premier morceau du psaume, morceau auquel se rattachent les versets 2-5. Cette unité littéraire se prolongerait aux vv. 7-8a, où la phrase *kî mèlèk kol-hā'ārèṣ* reprend à peu près l'énoncé du v. 3 et joue le rôle d'inclusion. De cette première pièce : 2-5 + 7-8a se distingueraient les vv. 6 + 9-10. Alors que dans le premier morceau, les vocable *'ammîm* serait à traduire « clans, tribus », il signifierait dans le second, au v. 10, « peuples ». Il y figure d'ailleurs en connexion étroite avec *gô'îm*. Puis, tandis que les vv. 2-5 + 7-8a évoquent la *tᵉrû'āh* (v. 2), la deuxième partie du poème, les vv. 6 + 9-10, n'y invite pas.

Pour *LRY*, les deux pièces littéraires ainsi distinguées remontent à une haute antiquité, au XIIᵉ-XIᵉ siècle, à l'époque du sanctuaire de Silo[9]. La première est censée célébrer la répartition du territoire de Canaan entre les tribus israélites au lendemain de la conquête du pays. La deuxième concernerait le retour de l'arche au sanctuaire et, dès lors, celui de Yahvé lui-même qui rentre dans sa demeure en guerrier victorieux[10]. Elle souligne fortement le caractère royal du dieu d'Israël et y combine deux aspects : celui de chef de guerre et celui de suzerain[11]. Le choix du titre *mèlèk gādôl* en résulterait[12].

A notre avis, les arguments développés pour distinguer dans le *Ps.* XLVII les deux pièces y discernées par *LRY* : 2-5 + 7-8b et 6 + 9-10, n'emportent pas la conviction. La présence d'un *sèlâ* indique tout au plus qu'un lecteur a cru discerner une coupure dans la suite des idées à la fin du v. 5. Puis la prétendue opposition entre l'allure hymnique de 2-5 + 7-8b et le style narratif de 6 + 9-10 est nettement exagérée. Et qu'on ne fasse pas non plus appel à des données d'ordre métrique, car ces indices sont des plus douteux. Que le terme

7. *Ibid.*, p. 402.

8. *Ibid.*, pp. 398, 413. — La finale : *zammᵉrû maśkîl* pose un problème pour les commentateurs : cf. A. SCHULZ, *Psalmen-fragen. Mit einem Anhang zur Stellung der Beifügung im Hebräischen*, ap. *Altt. Abh.*, t. XIV, fasc. 1, Munster-en-W., 1940, p. 25 et A. BRUNO, *op. cit.*, pp. 78 et 251. Elle est plus d'une fois retranchée du texte en tant qu'addition.

9. *LRY*, pp. 414, 426, 427, 458.

10. *Ibid.*, pp. 402, 405.

11. *Ibid.*, p. 458.

12. *Ibid.*, pp. 414, 424-425.

*na*ʿ*ᵃlāh* (v. 10) fasse inclusion avec *ʿālāh* du v. 6 paraît problématique. Notons plutôt qu'au v. 6 *ʿālāh* évoque le titre *ʿèlyôn* du v. 3, et qu'en fait d'inclusion, la *tᵉrûʿāh* du v. 6 rejoint le *hārîʿû* du v. 2. En d'autres mots si quelque division s'impose, il y a lieu de distinguer plutôt les sections 2-6 et 7-10.

A l'appui de ce dernier démembrement il n'y a pas seulement l'inclusion déjà signalée, mais également d'abord le fait que les versets 2-6 se présentent comme un chant d'acclamation, une *tᵉrûʿāh*, tandis que les versets 7-10, introduits par le vocable *zammᵉrû*, représentent un *mizmôr*, c'est-à-dire un «chant» d'un genre littéraire distinct. De plus, aux versets 2-6 le psalmiste s'adresse aux *ʿammîm*, les nations, tandis qu'en 7-10 il apostrophe, semble-t-il, la congrégation des dévots de Yahvé.

Au reste, quelle que soit l'hypothèse à préférer touchant d'éventuels morceaux littéraires préexistants dont l'actuel poème dépend, il n'est pas douteux que le rédacteur final entendait donner aux mots-clefs partout le même sens. Dès lors, il est arbitraire de donner dans la teneur actuelle du poème à *ʿammîm* deux sens différents, comme si le terme désignait au v. 2 les tribus et, aux vv. 4, 10, les nations. C'est en fonction d'un sens unique, celui de «nations», qu'il importe de préciser la portée du v. 4, celui où le poète énonce non seulement l'attribution à Jacob de son héritage, mais également la sujétion des «nations» au peuple de Dieu, sujétion qui fonde la royauté divine.

Pour préciser la sujétion à laquelle le psalmiste songe, trois explications sont avancées. La première, celle de *LRY*[13], allègue la conquête de la terre de Canaan par les Hébreux et la soumission des peuples y établis aux tribus hébraïques: d'où la version de *ʿammîm* par «tribus» au v. 2, où le poète inviterait les clans hébreux victorieux à acclamer Yahvé. La deuxième explication dite cultuelle estime que le psaume n'envisage que la soumission future des nations, quand Yahvé aura réalisé pleinement sa royauté, mais cette soumission, la célébration liturgique annuelle de la souveraineté de Yahvé était censée l'anticiper[14]. La troisième explication que nous pouvons qualifier de prophétique, envisage, tout comme la deuxième, l'avenir. Elle énonce l'espérance en la venue d'un règne universel de Yahvé au profit d'Israël, espérance qu'un certain nombre de prophètes, tels le Deutéro- et Trito-Isaïe ont proclamée[15].

13. Voir le commentaire du psaume aux pp. 410-413, 425-427.

14. C'est l'hypothèse, fait-il le rappeler, chère à S. Mowinckel.

15. Hypothèse émise par pas mal d'auteurs qui, tels A. Robert et A. Deissler, situent tous les psaumes du règne de Yahvé après l'exil babylonien.

Le choix entre ces trois hypothèses dépend avant tout de la manière de comprendre ultérieurement le mode d'assujettissement des peuples envisagé au verset 4. A cet effet, on ne peut pas s'arrêter à ce seul verset, du moins quand il s'agit de fixer le sens du poème dans sa composition et sa relecture définitives. Au reste, la version du verset 4 pose un problème difficile, à savoir celui de fixer le sens exact de *yadbēr*. L. Jacquet propose de lire l'hiphil *yadbîr* au lieu du jussif, et *LRY* fait appel au vocable *dbr* = « dos » pour en déduire le sens d'un verbe signifiant « plier »[16]. En toute hypothèse, il s'agit d'une soumission militaire et politique. En revanche, au v. 10, à accepter la version de *LRY*[17], il s'agit plutôt d'un rassemblement religieux des nations païennes autour du dieu d'Abraham.

Concluons que nous sommes dans la rédaction finale du poème en présence de deux attitudes différentes à l'égard des nations. L'une, celle du premier morceau : vv. 2-6, exprime les sentiments d'un conquérant, humiliant le peuple vaincu ; l'autre, ceux d'une population désireuse d'accueillir pacifiquement, dans l'adhésion commune à un seul dieu, le dieu d'Abraham, les nations étrangères sur lesquelles ce dieu a étendu sa domination : deux attitudes bien différentes qui se retrouvent l'une et l'autre attestées dans des textes postexiliques, la première par exemple au *Ps.* CXLIX, 8 et en *Is.*, XLV, 14, la deuxième en *Is.*, II, 3 ; XLV, 22-24 ; LVI, 6-7.

Pour expliquer les deux tendances, on peut être tenté de recourir à l'hypothèse déjà signalée de deux pièces littéraires primitivement distinctes d'où le *Ps.* XLVII dériverait, à savoir d'abord un péan ancien comprenant les versets 2-6 ou, selon *LRY*, les versets 2-5 + 7-8a, célébrant la victoire de Yahvé et invitant les nations vaincues à acclamer le dieu guerrier des vainqueurs[18], et puis un morceau d'une inspiration et d'une allure toute différente, comprenant les versets 7-10, où s'expriment des sentiments qu'aujourd'hui on appellerait volontiers œcuméniques. Mais cette hypothèse ne s'impose pas. On peut en effet tout aussi bien supposer que les deux morceaux ont été composés l'un et l'autre après l'exil, reflétant deux attitudes distinctes qui de fait à cette époque ont eu cours en Israël.

16. Cf. *LRY*, p. 412, note 2 renvoyant à *Ps.* XVIII, 48 et XLVIII, 4.

17. *Ibid.*, pp. 400 et 402.

18. Parmi les indices plaidant pour l'origine ancienne du *Ps.* XLVII, *LRY* allègue : la notion de *naḥ^{a}lah*, celle de *gā'ôn* en tant qu'appliquée à la terre (*LRY*, pp. 411 et 413, note 5), l'expression *n^{e}dîbê 'ammîm* (*ibid.*, p. 405 avec renvoi à *Num.*, XXI, 18), le sens de « tribus » conféré au v. 2 à *'ammîm*, la priorité du rôle de guerrier dans la fonction royale de Yahvé, le parallélisme des événements évoqués par le psalmiste avec ceux racontés en *Jos.*, XVIII-XIX.

Quelle que soit la préhistoire du psaume, au moment où les deux morceaux furent unis, le rédacteur responsable de la combinaison a sans doute conféré à la soumission militaire des nations énoncée au v. 2 une signification nouvelle, la comprenant désormais en fonction de la vision prophétique et « œcuménique » du v. 10.

Dans sa forme actuelle, le *Ps.* XLVII est à classer parmi les poèmes qui soulignent avec insistance la souveraineté royale de Yahvé. Il la conçoit sur le modèle d'une monarchie terrestre lui attribuant un trône et sans doute aussi une intronisation [19]; il confère au monarque l'autorité et le rôle de guerrier et de suzerain [20]; il relève l'exaltation [21] et la sainteté de son pouvoir [22]; il introduit dans le protocole royal le titre de *mèlèk gādôl*, titre dont les monarchies les plus prestigieuses de l'Ancien Orient aimaient décorer leur souverain [23].

En présence d'indices réputés divergents, les commentateurs ont hésité sur la date du psaume. Ils penchent tantôt pour une date ancienne [24], tantôt pour une origine postexilique [25]. A tout compter, reconnaissons dans le premier morceau une composition antérieure à la captivité babylonienne; il paraît évoquer sinon le souvenir de la conquête de Canaan par les tribus hébraïques, du moins celui de quelque succès militaire remporté sur les peuples limitrophes par un monarque de Juda ou d'Israël. Pour le deuxième morceau, c'est-à-dire les vv. 7-10, puis pour la jonction des deux pièces : 1-6 et 7-10 et leur relecture définitive, nous optons pour la période postexilique et pour un milieu où dominait une large ouverture aux nations, inspirée d'un prosélytisme religieux, désireux de faire partager aux peuples païens la foi, la morale et le culte monothéistes [26].

19. *LRY*, pp. 394-397.

20. *Ibid.*, p. 458.

21. Sur *Yhwh ʿElyôn*, *ibid.*, pp. 176-178.

22. Sur les rapports entre *mārôm*, *nôrā'*, *qādôš*, *ibid.*, p. 316.

23. *Ibid.*, pp. 414, 424-425.

24. *Ibid.*, pp. 414, 426, 427, 458.

25. Cf. par exemple A. Deissler, *Die Psalmen* II : *Ps. 42-89*, Dusseldorf, 1964; 2e éd. 1967, pp. 26-27.

26. Dans un article récent intitulé : *The Root bḥr and Preexilic Concepts of Chosenness in the Hebrew Bible* (ap. *ZAW*, 1977, t. LXXXIX, pp. 20-42), B. E. Shafer soutient l'origine préexilique du *Ps.* XLVII qu'il voudrait dater à une époque ancienne de la période monarchique et rattacher au culte célébré sous la royauté. Il allègue les raisons suivantes : 1. la forme *yadbēr* n'a de parallèle qu'au *Ps.* XVIII, 48, poème remontant, selon F. M. Cross et D. N. Freedman, au IXe-VIIIe siècle; 2. dans *lnw* il faut distinguer la préposition *ln* (loco *l*) et le pronom suffixe de la troisième personne du singulier : d'autres exemples de prépositions augmentées d'un *nun* nous

3. *Le Psaume XLVIII.*

2. Grand est Yahvé et louable hautement
dans la cité de notre Dieu, sur la colline de sa sainteté[a].
3. Belle et altière, elle est la joie de toute la terre[b],
la colline de Sion, hauteur du Saphôn[c],
la cité du grand roi.
4. Dans ses donjons[d]
Dieu est connu[e] comme citadelle.
5. Or voici: des rois s'unissent[f],
de concert ils s'avancent;
6. ils voient, et du coup ils sont stupéfaits,
ils sont épouvantés, ils décampent.
7. Sur place un tremblement les saisit,
des douleurs comme d'une femme en travail,
8. comme d'un vent d'Est
qui brise les navires de Tarsis.
9. Comme nous l'avons entendu,
ainsi nous l'avons vu
dans la ville de Yahvé Ṣ'ba'ôt,
dans la ville de notre Dieu :
Dieu l'établit à jamais.

10. Dieu, nous évoquons ta grâce
au milieu de ton temple.
11. Comme ton nom, ô Dieu, est ta louange
jusqu'aux confins de la terre :
de justice ta droite est pleine.
12. La colline de Sion se réjouit
et les filles de Juda jubilent
à cause de tes jugements.

renvoient à une époque ancienne; 3. l'expression «Dieu d'Abraham» est surtout attestée en J et en E : *Gen.*, XXIV, 12, 27, 42, 48; XXVI, 24; XXVIII, 13; XXXI, 42, 53; XXXII, 10; *Exod.*, III, 6, 15, 16; IV, 5; 4. les notions de *naḥ*^{a}*lāh* au sens de «patrimoine» et de *gā'ôn* évoquent des traditions patriarcales; 5. le nom de Yahvé : «Terrible Yhwh 'Elyôn» renvoie au dieu El, qui apparaît associé à 'Elyôn en *Gen.*, XIV, 18-22 et à *nôrā'* en *Deut.*, X, 17.

Presque tous les arguments alignés par B. E. Shafer concernent les versets 2-6, précisément ceux que nous avons considérés comme la section la plus ancienne. Seule la mention du «dieu d'Abraham» appartient à la deuxième section, mais, en la matière, l'auteur paraît perdre de vue que ce titre apparaît aussi après l'exil, à savoir en *I Chron.*, XXIX, 18; *II Chron.*, XXX, 6-7.

13. Faites le tour de Sion et contournez-la,
dénombrez-en les tours.
14. Fixez votre cœur sur ses remparts,
explorez ses donjons,
que vous racontiez à la génération suivante,
15. que ce[g] Dieu est notre Dieu pour toujours et à perpétuité.
A tout jamais[h] c'est lui qui nous conduira.

a. Ou «sur sa colline sainte», voire «sur la colline de son temple». — b. La vision du psalmiste dépasse *Lam.*, II, 15, c'est-à-dire l'horizon palestinien. — c. Aux yeux du psalmiste, la colline de Sion équivaut le Saphôn. Pour éviter cette équivalence, on propose parfois de comprendre l'expression comme désignant le «flanc nord» de la colline de Sion : A. SCHULZ, *Psalmen-fragen. Mit einem Anhang zur Stellung der Beifügung im Hebräischen*, ap. *Altt. Abh.*, t. XIV, fasc. 1, Munster-en-W., 1940, p. 28. Voir aussi J. KRAŠOVEC, *op. cit.*, pp. 137-138. — d. Le terme hébreu peut signifier, semble-t-il, aussi bien «donjons», «forteresses», que «palais». — e. Le verbe *yāda'* implique une expérience. — f. Il n'est pas certain que le psalmiste vise une victoire historique concrète. Souvent on met en avant la délivrance de Jérusalem en présence des armées de Sennachérib, mais *II Reg.*, XVIII, 13-16, n'y est pas favorable. Toutefois *II Reg.*, XIX, 35-37 donne un autre son de cloche. Vu l'incertitude touchant une allusion éventuelle à un fait historique, nous préférons prêter au psalmiste la vision confiante de la protection que Yahvé assurera à la cité. L'expérience que le terme *yāda'* suppose, serait dès lors d'ordre plutôt général. — g. La traduction n'est pas certaine : cf. «This is God's» (M. Dahood), «que ce dieu est notre Dieu» (É. Reuss), «Ja, dieses ist Gott, unser Gott ists» (M. Buber), «at Herren det er Han» (S. Mowinckel), «Such is God, our God for ever and ever» (*NEB*). — h. Le terme *'ôlām* n'a pas de pluriel, mais M. DAHOOD, p. 293, renvoie à l'ougaritique *'lmt*, et il suggère, à la suite de KRINETZKI, ap. *BZ*, 1960, t. IV, p. 73, de lire quand même *'ôlāmôt*.

L'interprétation du psaume XLVIII présente l'éventail d'opinions divergentes rencontrées à propos du Ps. XLVII. Les uns songent à l'évocation d'un événement historique qu'ils situent avant (L. Jacquet) ou après l'exil (R. Tournay, G. Wanke). D'autres avancent le cadre d'une fête liturgique annuelle (A. R. Johnson, S. Mowinckel, H. Schmidt, H. J. Kraus). D'autres enfin dégagent le poème de toute influence circonstantielle et reconnaissent en lui un chant de «poésie pure» exaltant la protection dont la cité sainte de Jérusalem peut en toutes circonstances se prévaloir de la part de Yahvé.

Trois données émergent suffisamment certaines : d'abord l'horizon du psalmiste se limite à Jérusalem et aux bourgades de Juda; puis la ville sainte apparaît fortifiée : ce qui invite à postuler la période de la monarchie ou l'œuvre de restauration réalisée par Néhémie; enfin la sécurité de la cité réside, au-delà de ses murailles et de ses donjons, dans la présence de Yahvé au milieu d'elle, au milieu de ses bastions (v. 4). C'est Lui, Yahvé, qui, en dernière instance, est la vraie citadelle (v. 4). C'est de sa grâce, de sa bienveillance, implorée dans son temple par ses fidèles (v. 10), que le salut peut venir. C'est à elle aussi, semble-t-il, que, selon la pensée du psalmiste, il faut attribuer la reconstruction de la ville, en particulier celle de ses remparts (vv. 13-14). Dans une telle optique, il n'y a pas de contradiction entre l'exaltation de Yahvé par le psalmiste comme la citadelle de son peuple et sa fierté, et la confiance placée dans les donjons et les murs de la cité [1].

C'est dans le cadre de cette magnifique confiance en Yahvé et en sa présence efficace dans sa ville sainte, que le psalmiste appelle son dieu «le Grand Roi» (v. 3), et qu'à la fin de son poème il proclame que ce dieu-citadelle, ce dieu-salut-sauveur, est le dieu de son peuple à tout jamais (v. 15) [2].

Une telle confiance peut s'être exprimée au lendemain de la délivrance «miraculeuse» de la Ville sainte lors de la campagne palestinienne de Sennachérib en 701, ou au cours de celle d'Alexandre le Grand au IVe siècle. Mais il n'est pas exclu que se reférant à ces libérations providentielles, et à d'autres dont l'histoire n'a pas conservé un souvenir, un psalmiste anonyme ait voulu chanter après l'exil, à une époque où il n'y eut plus à Jérusalem d'autre monarque que le Grand Roi [3], le droit des fidèles à confier le salut de leur ville et de la campagne judéenne à Celui que les traditions antiques de leur peuple s'étaient plues d'appeler «le Dieu des armées», le *Yahvé Ṣᵉba'ôt* (v. 9).

Notre poème n'atteint pas la vision universaliste du poème précédent. Toute visée «œcuménique» n'en est pourtant pas absente. Le verset 11 proclame que le Nom de Yahvé et sa louange retentissent jusqu'aux confins de la terre, sans qu'il s'en explique concrètement. Le psalmiste songe-t-il à des œuvres de justice accomplies par la droite de Yahvé (v. 11c) pour ses fidèles ou pour les nations en-dehors de Jérusalem et de sa banlieue? Ou se contente-t-il de faire allusion à la renommée que la Ville sainte, son temple et son Dieu se sont acquise au-delà des frontières de la cité et de son territoire réduit?

La date postexilique à laquelle nous nous arrêtons, n'est pas celle retenue par S. Mowinckel qui opte pour la période monarchique [4].

1. Le psaume XLVI dont la comparaison s'impose avec le psaume XLVIII et qui proclame également Yahvé comme la citadelle de son peuple, insiste en ordre secondaire non sur les murailles de la ville mais sur le fleuve qui rend inviolables les demeures du Très-Haut.

2. Sur le titre «grand roi» cf. *LRY*, pp. 414, 424-425 : en l'occurrence le titre est *mèlèk rāb* et non *mèlèk gādôl* (*Ps.* XVIII).

3. Il faut en effet souligner l'absence de toute allusion à l'existence d'une monarchie davidique.

4. S. MOWINCKEL, *Salmeboken*, ap. *Det Gamle Testamente. Skriftene. 1. Del*, Oslo, 1955, pp. 109-110.

En revanche, elle est adoptée par G. Fohrer qui l'ailleurs la propose pour tous les poèmes qu'on se plaît à grouper sous le titre de « Psaumes de Sion »[5].

4. *Le Psaume LXVIII.*

2. Dieu se lève, ses ennemis se dispersent,
et de devant sa face fuient ceux qui le haïssent.
3. Comme se disperse la fumée, tu les disperses,
comme fond la cire en face du feu,
les méchants périssent de devant la face de Dieu[a],
4. mais les justes[b] se réjouissent,
ils exultent en face de Dieu,
et de joie ils sont transportés.

5. Chantez à Dieu, psalmodiez son nom[c],
exaltez[d] le chevaucheur des nuées[e],
Yah est son nom,
exultez en sa présence!
6. Père des orphelins, justicier des veuves,
tel est Dieu dans la demeure de sa sainteté.
7. Les solitaires, Dieu les fait habiter dans un foyer,
et les captifs, il les fait sortir (accueillis) de musiciennes[f],
mais[g] les rebelles, ils furent ensevelis[h] en un désert brûlant[i] [1].

8. Ô Dieu, quand tu sortis[j] devant la face de ton peuple,
quand tu marchas à travers le (désert) Yeshimôn[k],
9. la terre trembla, les cieux[l] ruisselèrent[m],
devant la face[n] de Dieu, le Sinaïtique[o],
devant la face de Dieu, le dieu d'Israël.
10. Une pluie généreuse tu répandis, ô Dieu,
ton héritage et ton domaine[p], tu l'établis[q],
11. ta famille[r] y demeura,
tu l'affermis, ô Dieu,
par ta bonté pour le malheureux[s-t].

12. Le Seigneur donne la parole des (*aux*) messagères[u] :
« Une armée nombreuse s'enfuit,

5. *Ps.* XLVI, XLVIII, LXXVI, LXXXIV, LXXXVII, CXXII : E. Sellin - G. Fohrer, *Einleitung in das Alte Testament*, 10e éd., Heidelberg, 1965, pp. 286, 312, 313, 314, 317.

13. s'enfuient les conducteurs des armées[v],
et tu partageras comme butin les belles[w] du palais.
14. Resterez-vous couchés entre (les murets)[x] des bercails,
alors que les ailes des colombes (= les messagères) sont (lamées) d'argent
et leurs plumes, d'un jaune d'or?[y]»
15. Quand Shaddai dispersa les rois[z],
alors[aa] il neigea sur le Salmon[bb].

16. Montagne divine[cc] que le mont Basan,
montagne à piques que le mont Basan,
17. pourquoi, montagne à piques, louchez-vous
vers la colline sur laquelle Dieu désire habiter[dd],
sur laquelle sûrement Yahvé résidera à tout jamais?
18. Les chars de Dieu sont deux myriades[ee]
et mille les archers[ff] du Seigneur,
(du Seigneur) venant[gg] du Sinai à son sanctuaire[hh].
19. Tu gravis la hauteur[ii], tu fis des prisonniers[jj],
de leurs mains tu pris des dons[kk],
(y compris) même des rebelles pour familiers[ll] de Yahvé Élohim.

20. Béni soit le Seigneur de jour en jour!
Il nous libéra du fardeau[mm], Dieu notre salut[nn].
21. Ce dieu fut pour nous le dieu des victoires,
et Yahvé le Seigneur, libération[oo] de la mort[pp].
22. Dieu vraiment écrasa[qq] la tête de ses ennemis,
fendit[rr] leur crâne quand il descendit des cieux[ss].
23. Parole[tt] du Seigneur : « Du serpent[uu] je ramène,
je ramène des gouffres de la mer
24. afin que ton pied piétine[vv] dans le sang
et que la langue de tes chiens ait sa ration d'ennemis. »

25. Ils ont vu tes marches, ô Dieu,
les marches de mon Dieu, de mon roi, vers le sanctuaire[ww].
26. Les chantres précèdent, derrière les musiciens[xx],
au milieu[yy] tambourinent de jeunes filles.
27. Dans les assemblées[zz], ils louent Dieu,
le Seigneur, dans la convocation[aaa] d'Israël :
28. là Benjamin, le moins fort[bbb], les conduisant,
(là) les chantres[ccc] de Juda et leur troupe[ddd],
les chantres[eee] de Zabulon, les chantres de Nephtali[fff].

29\. Envoie[ggg], mon Dieu[hhh], ta force,
renforce, Dieu, ce que tu as accompli pour nous.
30\. De ton temple[iii] au-dessus de Jérusalem,
où des rois t'apportent des présents,
31\. menace la bête des roseaux,
la horde de taureaux avec leurs veaux.
Piétine les peuples à la soif d'argent[jjj],
disperse les peuples qui se plaisent à la guerre.
32\. Que d'Égypte viennent les opulents,
et que Koush accoure les mains pleines[kkk] vers Dieu!

33\. Royaumes[note 9] de la terre chantez à Dieu,
psalmodiez pour le Seigneur,
34\. pour le chevaucheur des cieux, des cieux antiques.
Voici qu'il donne sa voix[lll], sa voix puissante,
35\. et que vous donnez la louange[mmm] à Dieu[nnn].
Sur Israël est sa majesté
mais sa force est dans les nuées[ooo].
36\. Tu es terrifiant, ô Dieu, depuis ton sanctuaire[ppp].
Le Dieu d'Israël, c'est lui qui donne
force et valeur à son peuple.
Béni soit Dieu!

a. Le poème appartient au psautier élohiste. D'où la volonté de divers auteurs d'y substituer le plus souvent Yahvé à Élohim comme lecture primitive. — Le premier verset évoque le chant de l'arche en *Num.*, X, 35: cf. *LRY*, p. 441. Sur l'usage cultuel du texte voir *LRY*, pp. 441, 443. Divers auteurs comprennent le premier verset comme un souhait (cf. É. Dhorme).

Le psaume nous met en présence d'une épiphanie querrière de Yahvé: *LRY*, p. 253, dont les traits ne paraissent pas dériver d'une tradition ancienne touchant le Sinaï (*LRY*, pp. 247-248), bien que Yahvé soit qualifié de «Sinaïtique». Certains traits évoquent l'épiphanie de Šamaš telle que ses hymnes la décrivent: *LRY*, p. 199. Sur la connexion entre l'épiphanie guerrière de Yahvé et les victoires lui attribuées cf. *LRY*, p. 210.

Le terme *dōnag* au v. 3 est rare: cf. *Mich.*, I, 4 et le psaume anthologique XCVIII, 5: *LRY*, p. 228. — b. L'insistance sur les «justes» prouve que le psalmiste tend à introduire à l'intérieur même du peuple élu une catégorie spéciale de personnes auxquelles le salut reviendra. — c. L'union des verbes *šîr-zāmar* (chanter-psalmodier) est fréquente dans la Bible. Dans la séquence *šîr-zāmar*, les deux verbes se présentent toujours en parallélisme: *LRY*, p. 237, note 2. *Zāmar* peut introduire l'accusatif sans préposition. Dans la louange du Dieu d'Israël, la mention du «nom» remplace souvent celle de Jahvé: *LRY*, p. 311, note 10. Pour rendre la différence entre les deux verbes, nous adoptons *šîr* = chanter, *zāmar* = psalmodier. — d. Plusieurs auteurs traduisent autrement le verbe *sālal*: «constuisez une route» (L. Desnoyers), «frayez la voie» (É. Dhorme), «préparez un chemin», (É. Osty). La *TOB* et le *NEB* conservent la version «exaltez». — e. Le terme *'ᵃrābôt* a donné lieu à beaucoup de spéculations. Les versions hésitent entre «nuées» et «steppes». — Pour le sens «nuées» cf. R. De Langhe, *Les textes de Ras Shamra-Ugarit et leurs rapports avec le milieu biblique de l'Ancien Testament*, 2 vol., Gembloux-Paris, 1945. — L'ancienne traduction: «charrier des steppes» (L. Desnoyers), est maintenue par la *TOB*: «qui chevauche dans les steppes» et par le *NEB*: «who rides our desert plains». — f. Sens incertain. É. Dhorme et A. Bruno proposent de lire *qôšarôt* et traduisent «chaînes»: «les captifs enchaînés». M. DAHOOD, t. II, p. 137, spéculant sur le terme ougaritique *kṯrt*, «musiciennes», accorde au vocable le sens de «music»: cf. v. 26b. La *Bible de Jérusalem* traduit «la porte du bonheur»; É. Osty suggère «pour la prospérité». É. Reuss traduisait: «il rend les captifs libres et heureux». — Pour le recours à l'ougaritique cf. aussi W.F. ALBRIGHT, *Archaeology and the Religion of Israel*, 1942, p. 82 et G. CASTELLINO, *op. cit.*, p. 475. Pour le terme *y^eḥîdîm* les versions varient: «solitaires, isolés, friendless, desolate, Vereimsanten». Le psalmiste viserait les israélites captifs en Égypte, séparés de la population égyptienne et y vivant en ghetto. — g. «Cependant que» ou «mais» rend l'hébreu *'ăk*. — h. M. DAHOOD, t. II, p. 138, donne à *škn* le sens de «être enseveli». Il suggère, conformément à un point de vue largement attesté en son commentaire, de songer à l'outre-tombe. — i. M. DAHOOD, t. II, p. 138, renvoie à un au-delà qu'il appelle «Wasteland». Cf. L. Desnoyers: «pays torride», E. Dhorme «geôles», «lieux brûlants» (É. Osty), «scorching desert» (*NEB*). — Il semble qu'au v. 7 le psalmiste songe à la sortie d'Égypte, visée explicitement au v. 8, et puis à la traversée du désert. — j. Le terme *b^eṣēt^ekā*, «quand tu t'avances», est à rapprocher de *ina aṣîka* de l'accadien: *LRY*, p. 193. — Sur la succession de *yṣ'* et *ṣā'ad* lire *LRY*, p. 205, note 5 et sur *ṣā'ad* voir *ibid.*, pp. 435-436. — La sortie de Yahvé est également évoquée en *Jud.*, V, 4 et *Ps.* CXIV, 1. — k. Pour *LRY*, p. 201, note 3, le terme *Y^ešîmôn* (v. 8), est le nom propre géographique du désert de Juda: cf. *I Sam.*, XXIII, 19, 24; XXVI, 1, 3. — l. Au v. 9a, le vocable *'ap* aurait été ajouté: *LRY*, p. 201. — m. Voir M. DAHOOD, t. II, p. 138, écartant les vues de E. VOGT, ap. *Bibl.*, 1965, t. XLVI, pp. 207-209. — n. La répétition du nom divin précédé de *lipnê* trouve un parallèle en *Jud.*, V, 5 et dans le psaume anthologique XCVII, 5: *LRY*, p. 175. — o. L'appellation donnée à Yahvé: «le Sinaïtique» traduirait une tradition ancienne et trouverait des analogies dans le sud-arabe: *LRY*, pp. 178, 424, note 2. Ici et dans *Jud.*, V, 5, la relecture aurait inséré Yahvé devant l'appellation antique. — p. Le terme «domaine» correspond à *w^enil'āh*: cf. M. DAHOOD, t. II, p. 139. — q. Au v. 10, la construction: complément, verbe, sujet, n'est pas fréquente dans l'hébreu biblique, mais elle est suffisamment attestée: *LRY*, p. 287. — — r. Terme dépisté par M. DAHOOD, t. II, p. 139. — s. Nous traduisons d'après les versions généralement reçues. Même le *NEB* y reste largement fidèle: «which thou in thy goodness providest for the poor». — t. M. DAHOOD, t. II, pp. 131, 140 modifie considérablement le v. 11b: «with your rain sustain its inhabitants». La pluie dériverait d'un terme *ṭob*; «sustain» proviendrait d'un vocable (hiphil de *kwl*) reconstitué avec les deux dernières consonnes de *b^eṭōbāt^ekā* et la première de *l'ny*, et les «habitants» sont introduits à partir du pluriel du participe *qal*, muni du suffixe, d'un verbe *'wn*, qui signifierait «habiter». — u. Nous supposons que *m^ebaśśerôt* détermine la parole. On comprendra que Yahvé donne aux messagères la nouvelle à transmettre à ceux restés en arrière des combats. — Les versets 12-14 ont paru à beaucoup d'auteurs défier toute explication et version. Voici les conjectures de *LRY*, pp. 445-446:

> *'im^erâ m^ebaśśeret ṣābā'-rāb yiddōdûn* (pluriel avec sujet collectif).
> *yiddōdûn n^ewōt-bayit t^eḥallēq šālāl*
> (verset 14a omis)
> *kanpē yônā nèḥpā bak-kèsèf*
> *w^e'èbrôtèhā bîraqraq ḥārûṣ*:
> La messagère dit: «La grande armée fuit,
> elle fuit par les près du temple; tu pourras répartir le butin».
> Les ailes de la colombe sont revêtues d'argent,
> ses plumes d'un jaune d'or.

Cette version part de l'hypothèse que la ou les messagères sont des colombes envoyées pour annoncer à ceux restés chez eux la victoire. L'hypothèse des colombes-messagères est reprise ex professo par Othmar KEEL, *Vögel als Boten. Studien zu Ps 68, 12-14, Gen 8, 6-12, Koh 10, 20 und dem Aussenden von Botenvogeln in Aegypten. Mit einem Beitrag von U. Winter zu Ps 56, 1 und zur Ikonographie der Göttin mit der Taube*, ap. *Orbis Biblicus et Orientalis*, t. XIV, Fribourg-en-Suisse, 1977. Nous estimons pouvoir la garder. C'est à ces colombes (*yônâ* est un collectif) que se rapporte aussi le v. 14b et c.

Nous gardons, contrairement à l'invitation de *LRY*, le v. 14a, qu'on peut traduire avec la *TOB*: «Restez-vous couchés au bivouac?». Le reproche s'adresse à ceux restés couchés, alors que déjà les colombes, — leurs plumes dorées par les rayons du soleil, — arrivent pour transmettre la nouvelle de la victoire. On pourrait dès lors proposer la traduction suivante :

12-13. Le Seigneur communique une parole aux messagères :
« Une grande armée, des chefs d'armée, fuient, fuient
et les belles des palais, tu les partageras en butin »,
ou « Une armée nombreuse s'enfuit,
s'enfuient les conducteurs des armées,
et les belles du palais, tu les partageras en butin. »
14. Restez-vous donc couchés au bivouac,
alors que les ailes des colombes sont revêtues d'argent,
et leurs plumes d'un jaune d'or?

La version proposée pour *nwt* reste discutable, mais le sens, à condition de lire *n'wh*, convient parfaitement: les rois détalent, leurs épouses abandonnées dans les palais, deviennent le butin des vainqueurs. — v. Au v. 13, le terme *mèlèk* pourrait selon *LRY*, pp. 393, 410, avoir conservé le sens de «chef d'armée». — w. On suggère de songer non à *nwh* mais à la racine *n'wh*. — Aux «belles» se réfèrent également la Septante, L. Desnoyers (*i.h.l.*: «la belle du logis»), É. Osty («la belle du logis»). A. Schulz (*op. cit.*, p. 53) conclut: «Zu lesen *wᵉnāwat*: 'die Schöne des Hauses'». É. Dhorme suggère le féminin *newath* et traduit «celle qui gardait la maison»; il se réfère à *Hab.*, II, 5, où *nwh* aurait le sens de «demeurer sur place». — x. Voir la *Bible de Jérusalem*, *i.h.l.*, et la note: «Les petits murs convergents». — y. Les ailes des colombes sont argentées et dorées par les rayons de soleil. — z. Au verset 15, il y n'a pas lieu, semble-t-il, de commencer une nouvelle section du psaume. — aa. D'après L. Desnoyers (*in.h.l.*) le mot *bāh* pourrait s'entendre au neutre, «en cela». — bb. La Bible connaît un mont Salmon près de Sichem. Mais le poème paraît nous renvoyer à la région de Basan, dans le Hauran, à l'ouest du Jourdain : d'où l'hypothèse du mont (A) salmanos, attesté par le géographe Ptolémée, V, 15 (cf. É. Dhorme). — On s'est montré préoccupé de la mention de la neige. A. Schulz, *Psalmenfragen mit einem Anhang zur Stellung der Beifügung im Hebräischen*, ap. *Alt. Abh.*, t. XIV, fasc. 1, Munster, 1940, p. 54, estime, non sans raison, qu'il s'agit d'un phénomène naturel. Il renvoie à *II Sam.*, XXIII, 20, passage généralement oublié. — cc. «Montagne divine»: *elohim* indique, ici comme ailleurs, le superlatif: «très haute montagne». — dd. La montagne de Basan où Yahvé est censé avoir remporté des victoires, aurait pu faire valoir, — telle semble être la vue du psalmiste, — un titre à devenir l'endroit où Yahvé aurait établi son sanctuaire. Mais le choix divin se porta sur Sion, et les monts de Basan n'ont pas le droit de jalouser cette colline. — ee. Les chars visent les armées célestes de Yahvé. Dans le psaume, Dieu est censé intervenir dans et par la tempête. Les nuées sont les chars; les javelots de ses archers sont l'éclair: *Hab.*, III, 9. — Pour les chars, A. Schulz (*op. cit.*, p. 55) renvoie à *II Reg.*, II, 12; VI, 17. — ff. Au v. 18b, lire «archers» avec M. Dahood, t. II, p. 142, adoptant une conjecture de W. F. Albright, ap. *Norsk teol. tidsskr.*, 1955, t. LVI, pp. 2-4: *šn'n* est rapproché de l'ougaritique *ṯnn* et du terme *šanānu* (Alalakh). — gg. Au v. 18c, *bām* fait difficulté. Nous proposons une légère correction. — Pour donner à l'hémistiche un sens, on invite parfois à traduire: «le Seigneur est au milieu d'eux (*bām*), au Sinaï et en son temple». — hh. *Baqqōdèš* se retrouve au v. 25 avec la même signification. — ii. Au v. 19, *mārôm* vise, semble-t-il, la colline du temple: cf. *Jer.*, XXXI, 12: *mᵉrôm Ṣiyyôn*. A. Schulz (*op. cit.*, p. 56) préfère comprendre *mārôm* du ciel, l'habitat céleste de Yahvé. — jj. L'expression *šābîtā šèbî* du v. 19 se retrouve en *II Chron.*, XXVIII, 17. — kk. «De leurs mains» selon une conjecture de M. Dahood, t. II, p. 143, affirmant que désormais est établie pour l'hébreu l'existence de *'d* = main et de *ba* au sens de «from». — ll. Pour le sens attribué à *šᵉkānîm* voir *LRY*, p. 436. — L. Desnoyers (*i.h.l.*) songe à des ennemis condamnés à servir d'esclaves au sanctuaire à la manière des Gabaonites (*Jos.*, IX, 22-27), «les esclaves de Salomon et les *Nethînîm*». — mm. A la place de *yᶜᵃmos*, M. Dahood, t. II, p. 143, propose de lire *yᵉᶜammēs* (piël privatif) et traduit «unburdened». — nn. M. Dahood, t. II, p. 143, donne au vocable un sens concret «our saviour». — oo. Au verset 21, *tôṣā'ōt* est à comprendre littéralement «sortir de», «escape»: M. DAHOOD, t. II, p. 143. — pp. La correction de *lammāwet* en *mimmāwet* ne s'impose pas. — qq. Pour le sens de *mḥṣ* au v. 22, cf. *LRY*, pp. 128, note 8 et 129, note 3. — rr. Cf. M. DAHOOD, t. II, p. 144, avec renvoi à l'ougaritique et à l'arabe. — ss. Lecture conjecturale. M. DAHOOD, t. II, p. 145, comprend *ba* au sens de «from» et interprète *'ašāmayw* comme désignant les «cieux»; il s'agirait du terme ordinaire précédé d'un «aleph prosthétique». — tt. Nous lisons non le verbe mais le substantif *'ēmèr*. — uu. La traduction suppose l'ougaritique *btn*, accadien *bašmu*, et cette lecture est retenue par le *NEB*. — vv. Au v. 23, la version «piétine» est incertaine. — ww. Les versets 25-26, 28 attestent l'existence de processions célébrées au sanctuaire de Jérusalem: cf. *Num.*, X, 35-36; *II Chron.*, VI, 41-42; *Ps.* XXIV, 7-10; XLVII, 6; CXXXII, 8-11. — xx. *LRY*, pp. 435-437 entreprend la correction des vv. 25-29 et en propose une reconstitution originale mais problématique. Il constate d'abord que les hémistiches 19c et 25a sont «solitaires», c.-à-d. n'ont pas de parallèles: d'où son désir de les unir. Puis il cherche à donner aux termes *ṣā'îr* (v. 28), *rôdēm* (v. 28), *rigmātām* (v. 28b), des significations qui cadrent avec un contexte de procession. Il aboutit ainsi à la traduction suivante:

Même ceux qui regimbent contre les familiers du Dieu (v. 19c)
voient ta procession, Yahvé (v. 25a), *au sanctuaire* (finale v. 25b).
Les chantres précèdent, les musiciens sont derrière (v. 26a),
au milieu de la procession (26b), *mon Dieu, mon roi* (v. 25b).
Les adolescentes, tambourinant (26b) *dans l'assemblée* (27a),
bénissent Yahvé (27a) *en la réunion d'Israël* (27b).
Là, Benjamin s'avance en tournoiements (28a),
les chantres de Juda dans l'éclat de leurs voix (28b).

Pas mal de transpositions opérées en vue de cette version apparaissent arbitraires; plusieurs des significations suggérées sont douteuses.

Tout en reconnaissant l'incertitude affectant plusieurs vocables, il importe de se tenir provisoirement à une traduction essayant de comprendre le texte masorétique, et cela sans transpositions trop incertaines:

25. Ils ont vu tes marches ô Dieu,
les marches de mon Dieu, de mon Roi, vers le sanctuaire.
26. En tête les chantres, les musiciens derrière,
au milieu des filles jouant le tambourin.
27. Dans les assemblées, ils bénissent Dieu,
le Seigneur, dans la réunion d'Israël.
28. Là Benjamin, il marche les conduisant,
les chantres (ou princes) de Juda, (et) leurs chants (ou: leurs troupes),
les chantres de Zabulon, les chantres de Nephtali.

Benjamin serait censé conduire les groupes ou les chants. On pourrait à la rigueur reprendre à *LRY*, p. 436, la traduction de *rigmātām*, et, plus vraisemblablement, l'invitation à lire *šārê* à la place de *śārê*, et peut-être *ṣ'd* à la place de *ṣ'yr*.

Remarquons enfin que la plupart des auteurs, même ceux relativement tentés de proposer des corrections, n'offrent guère de solution satisfaisante pour ces versets difficiles: cf. par exemple S. MOWINCKEL, *Salmeboken*, p. 146. — G. CASTELLINO, *Libro dei Salmi*, Turin, 1955, p. 483. — A. BRUNO, *Die Psalmen. Eine rhythmische und textkritische Untersuchung*, Stockholm, 1954. — J. VAN DER PLOEG, *Psalmen*, fasc. 2, Ruremonde, 1972, p. 400.

M. LE HIR, *Les Psaumes traduits de l'hébreu en latin publiés par* M. GRANDVAUX, Paris, 1876, pp. 145, 148, offre une version qui n'eut pas d'écho:

Ibi Benjamin parvus, dominans eos (sc. Philistîm),
principes Juda, lapidatio (de *rgm*, lapider) *eorum.*

Il s'agirait les deux fois de victoires remportées sur les ennemis dont il fut question aux vv. 21-24. — yy. Selon le v. 26, les jeunes filles paraissent encadrer les chantres et les musiciens. — zz. Au v. 27, la version «dans l'assemblée» n'est pas sûre. Elle suppose que le peuple se réunit en assemblée au terme de la procession. Autre traduction (H. Gunkel): «en chœurs». — aaa. Correction déjà proposée par la *Biblia hebraica*: cf. A. SCHULZ, *op. cit.*, p. 58. — bbb. Le terme *ṣā'îr* peut être retenu et illustré par son application à Gédéon: *Jud.*, VI, 15. Dans la note xx, nous avons observé que *LRY* y substitue *ṣ'd* et que cette substitution peut à la rigueur être acceptée. — ccc. Lecture proposée par *LRY*, p. 435. — La version traditionnelle songe aux «princes». — ddd. La version «troupe» suppose une correction souvent reçue *rigšātām* (cf. Brown-Driver-Briggs). En revanche, *LRY*, p. 436, suggère un terme *rigmâ* et traduit «clameur, éclat de voix». — eee. Cf. *supra*, ccc. — fff. A en croire certains auteurs, la mention de Zabulon et de Nephtali serait secondaire. Un glossateur se serait offensé de l'omission de toute référence aux tribus du Nord. — ggg. On invite à substituer l'impératif piël *ṣawwēh* au prétérit piël du texte masorétique *ṣiwwāh*. — hhh. Il y a lieu, semble-t-il, de lire *'elōhay* à la place de *'elōhèkā*. M. DAHOOD, t. II, p. 149, voit dans *-ka* un faux (purported) suffixe. — iii. Il n'est pas requis, semble-t-il, de changer le texte. — jjj. Le sens n'est pas mis en question mais la forme *berasṣē* prête à discussion. S'il s'agit d'un terme *raṣ*, dérivant de *rṣṣ*, nous serions en présence d'un hapax legomenon. D'aucuns ont suggéré le terme bèṣèr au sens de «métal noble». — kkk. M. DAHOOD, t. II, p. 151 comprend *yadayw* non des mains mais des marchandises que les mains apporteront. — lll. On peut songer ici au tonnerre, la voix du Seigneur. Le psalmiste reviendrait ainsi à l'image de l'épiphanie divine dans l'orage. — mmm. Le terme *'ōz* serait employé dans le même contexte en deux sens différents. — nnn. M. DAHOOD, t. II, p. 151 lit un nom divin «le très haut (*'āl*) d'Israël». — ooo. Ceci confirme l'allusion du verset précédent à l'épiphanie dans l'orage. — ppp. Vu le contexte épiphanique, le sanctuaire visé au v. 36 pourrait être la résidence céleste de Jahvé.

1. Le verset 7 est difficile. L. JACQUET, *Les Psaumes et le cœur de l'homme*, t. II, Gembloux, 1976, pp. 337 et 345, introduit une série de lectures conjecturales: *mēšîb*, *bemôšārôt*, *mûsārîm*, *ṣeriḥîm*. D'où sa traduction:

> Dieu vient de ramener au logis les bannis,
> de remettre en liberté les captifs,
> les proscrits retenus dans des fosses.

La Nouvelle Vulgate traduit:

> Deus qui inhabitare facit desolatos in domo,
> qui educit vinctos in prosperitatem,
> verumtamen rebelles habitabunt in arida terra.

Le psaume LXVIII est «hérissé de difficultés de toute sorte, textuelles, littéraires, historiques»[1]. Une première lecture permet d'y distinguer une introduction: vv. 2-7 et une finale vv. 29-36. Dans le corps du poème où la Bible d'Osty reconnaît les «marches triomphales de Yahvé», nous rencontrons successivement l'évocation de la marche triomphale de Yahvé à la tête de son peuple à travers le désert du Sinaï: vv. 8-11; celle de sa marche victorieuse à travers le pays de Canaan jusqu'à la colline de Sion pour y établir son sanctuaire au mépris des hauteurs de Basan: vv. 12-24[2]; celle enfin

1. É. OSTY, *La Bible. Le Livre des Psaumes*, Lausanne, 1971, p. 196. — Voir aussi R. TOURNAY, *Le Psaume LXVIII*, ap. *Rev. Bibl.* (Vivre et Penser), 1942, pp. 227-245. — E. PODECHARD, *Psaume LXVIII*, ap. *RB*, 1947, t. LIV, pp. 502-520.

2. On a prétendu trouver aux vv. 12-15 des allusions à la victoire remportée par Baraq sur Sisera et à l'action de Jaël (*Jud.*, IV-V), ou à la bataille d'Ayyalon (*Jos.*, X, 7-14; É. OSTY, *op. cit.*, p. 197), — aux vv. 19-24 des références aux victoires remportées au temps des rois (R. TOURNAY et R. SCHWAB, *Les Psaumes*, Paris, 1955, p. 267), — au v. 15 une allusion à une victoire, par ailleurs impossible à préciser, près du mont Salmon dans les environs de Sichem (R. TOURNAY - R. SCHWAB, *op. cit.*, p. 266), en un jour où sévissait une tempête de neige: A. SCHULZ, *Psalmen-fragen. Mit einem Anhang: zur Stellung der Beifügung im Hebräischen*, ap. *Alt. Abh.*, t. XIV, fasc. 1, Munster-en-W., 1940, p. 54, avec renvoi à *II Sam.*, XXIII, 20.

de sa marche processionnelle au temple de Jérusalem, consécration de toutes les victoires remportées au cours d'une route qui l'a conduit de triomphe en triomphe, depuis le Sinaï jusqu'à Jérusalem.

Nous n'avons pas à résoudre les problèmes posés par le mauvais texte du psaume pour saisir la portée du seul verset qui nous occupe directement, à savoir le v. 25, dont la traduction n'est guère contestée[3]. Certes, à conserver la vocalisation du texte masoréthique : *rā'û*, on est en droit de se demander qui est le sujet du verbe. Il n'est pas exclu que le psalmiste se réfère aux ennemis amenés captifs[4]. Quoiqu'il en soit, ici comme aux versets 8, 10, 11, 19, 29-31, le psalmiste s'adresse directement au Seigneur en l'apostrophant « mon Dieu, mon roi » :

> Ils ont vu tes marches, ô Dieu,
> les marches de mon Dieu, de mon Roi, vers le sanctuaire[5].

Une fois de plus se pose la question de savoir comment expliquer la référence à Yahvé par les deux apostrophes : « mon Dieu, mon roi ». Supposent-elles une relation d'intimité spéciale avec Dieu telle qu'on peut se la représenter pour le roi, vassal de Yahvé, ou pour les prêtres, ministres de Yahvé, ou pour des fidèles ayant conscience de leur justice et de leur piété pour s'estimer ses familiers? Où les noms propres: *Malkiël*, *Malkiyā*, *Malkiyaû*[6], ont-ils été suffisamment répandus en Israël pour en déduire que les Israélites pouvaient tous sans distinction se référer à Yahvé à la fois comme à leur dieu et à leur roi? Dès lors, l'apostrophe du verset 25 ne nous autoriserait pas à conclure que le compositeur du psaume est un prêtre ou un lévite, ou qu'il parle en leur nom ou au nom du monarque[7].

3. Le verbe initial est toutefois diversément traduit : « Man schaut » (Torczyner), « Sie sehen » (Buber), « On a vu » (Tournay), « Ils (les rebelles) ont vu » (Dhorme), « On voit » (Osty), « Behold » (Dahood). M. DAHOOD, *op. cit.*, t. II, p. 147, propose de lire l'impératif qal.

4. *LRY*, pp. 436-437 estime qu'il s'agit des ennemis, mais il n'aboutit à ce sens que par le biais de transpositions.

5. Sur le sens de *h^alîkôt* voir *LRY*, pp. 433, 436-437. M. DAHOOD (*op. cit.*, t. II, p. 147) suggère un sens que le contexte exclut.

6. Pour *Malkiël* voir *Gen.*, XLVI, 17; *Num.*, XXVI, 45; *I Chron.*, VII, 31 et, en *Num.*, XXVI, 45, le clan des Malkiélites : « Malchiel, the Malchielite family ». — Pour *Malkiyā*, voir *I Chron.*, VI, 25 (40) (lévite) et *I Chron.*, IX, 12; XXIV, 9; *Neh.*, XI, 12; XII, 42 (prêtres). Ailleurs le nom n'est pas réservé à des lévites ou prêtres : *Jer.*, XXI, 1; XXXVIII, 1, 6; *Esdr.*, X, 25, 31; *Neh.*, III, 11, 14, 31; VIII, 4; X, 3 (4).

7. A propos de « mon Dieu », « mon Roi », S. MOWINCKEL, *op. cit.*, p. 144, énonce une opinion singulière : « Uttrykkene 'min Gud', 'min konge' v. 25b er likeså stående og ubetont som pronomenet i Adonai = '(min) Herre'. »

Les indices ne manquent pas qui tendent à mettre le psaume en relation avec une cérémonie religieuse célébrant l'entrée processionnelle de Yahvé dans son sanctuaire. On songe dès lors naturellement à une procession où figurait l'arche. S'y opposent toutefois d'abord que le titre divin Yahvé Ṣᵉba'ôt n'intervient pas dans le psaume, puis et surtout que le poème se figure Yahvé se déplaçant sur les nuées : vv. 5, 34. On peut toutefois maintenir une référence à l'arche si l'on rapporte la procession envisagée par le psalmiste non pas à une cérémonie dont lui-même fut témoin mais à celle qui, au lendemain de la marche à travers le désert et puis des conquêtes successives réalisées en Canaan, conduisit l'arche sur la colline de Sion. C'est à cette montée que les versets 18-19 feraient allusion, montée qui fut protégée et assurée, du haut des cieux, par les armées célestes que le verset 18a n'hésite pas de mentionner.

Les commentateurs du psaume LXVIII relèvent pas mal d'indices qui plaident pour une haute antiquité[8]. En tout cas, il n'en est pas qui s'y opposent. Pour un cadre plus précis, on est tenté de faire appel aux versets 31-32, mais les allusions y contenues sont trop vagues pour en déduire une datation quelque peu circonscrite[9].

8. L. SABOURIN, *The Psalms. Their Origin and Meaning*, t. II, Staten Island, 1969, renvoie à «chevaucheur des nuées» (vv. 5, 34), à *miqdāšîm* (v. 36), à *qōdèš* au sens de sanctuaire (vv. 18, 25), et au fait signalé par W. F. Albright que la moitié des termes utilisés peuvent s'illustrer par des parallèles ougaritiques.

9. S. MOWINCKEL, *op. cit.*, p. 145 suggère, tout en ajoutant un point d'interrogation, l'époque de Salomon. E. PODECHARD (*art. cit.*, p. 520) proposa une date qui nous paraît bien incertaine : «Bien qu'il soit difficile de préciser, on ne peut guère douter que ce soit un événement du genre de celui de l'an 320, avec la libération qui s'en suivit, qui ait donné naissance au Ps. 68.» Dans *Die Psalmen*, II : *Ps. 42-89*, Dusseldorf, 1964, 2ᵉ éd. 1967, p. 95, A. DEISSLER, se montre prudent : il attribue les vv. 29-36 à une addition postexilique mais concède la possibilité d'une présence de passages hymniques anciens dans le corps du poème. Les versets 5-7 refléteraient une libération historique particulière, tels la fin de l'exil ou le retour des quelque 120.000 juifs revenant d'Égypte sous Ptolémée Philadelphe : FLAVIUS JOSÈPHE, *Ant.*, XII, 1.

Pour la version du terme non en «royaumes» mais en «rois» au v. 33, cf. J. KRAŠOVEC, *op. cit.*, p. 51, avec renvoi à p. 120, note 61.

10. Mentionnons encore pour la traduction du v. 7bc celle d'É. DHORME, *Bible de la Pléiade*, p. 1037 :

qui fait sortir les prisonniers enchaînés

[enchaînés = *qôšarôt* de la racine *qšr*, lier,]

mais les rebelles séjourneront dans des geôles.

[geôles = *ṣeriḥîm*, cryptes au sens de geôles, à la place de *ṣeḥîḥāh*, sol desséché, variante s'appuyant sur la Septante.]

III. La Royauté de Yahvé dans les Psaumes du troisième Recueil

Les psaumes du troisième recueil se rattachent étroitement à ceux du deuxième. La collection d'Asaph, amorcée par le *Ps.* L, comprend une série d'onze poèmes, qui se suivent sans interruption de LXXIII à LXXXIII. La collection des fils de Coré est complétée par les *Ps.* LXXXIV-LXXXV et LXXXVII, auxquels les rattachent les compositions de deux ezrahites, Héman : LXXXVIII et Éthan : LXXXIX. Cette série, coraïte au sens large du mot, n'est interrompue que par le *Ps.* LXXXVI, davidique, célebrant la puissance, la miséricorde et la bonté de Yahvé.

Le troisième recueil comprend seulement trois psaumes où la royauté de Yahvé est évoquée. Le *Ps.* LXXIV, asaphite décrit la ruine du sanctuaire et implore la vengeance divine; un deuxième, *Ps.* LXXXIX, ezrahite, sollicite de Yahvé la restauration de la dynastie davidique; le troisième, *Ps.* LXXXIV, coraïte, exprime les sentiments d'un dévot jahvéiste pour qui le pèlerinage et la résidence au sanctuaire, sans doute restauré, répondent à ses désirs les plus vifs.

Rappelons que pas mal d'introductions aux livres de l'Ancien Testament proposent des collections déjà rencontrées la succession suivante : les plus anciennes seraient celles attribuées à David, c'est-à-dire III-XLI et LI-LXV + LXVIII-LXX; y succéderaient le psautier du fils de Coré : XLII-XLIX et, à une date plus tardive, celui d'Asaph : L + LXXIII-LXXXIII. Après que la deuxième collection davidique et les divers groupes lévitiques auraient été unis, d'une manière il est vrai plutôt déconcertante, et auraient constitué l'ensemble XLII-LXXXIII, quelques psaumes disparates d'un groupe également lévitique, à savoir LXXXIV-LXXXV, LXXXVII-LXXXIX, y auraient été ajoutés. On y trouve deux supplications poignantes : LXXXVI et LXXXVIII, des prières pour la restauration du pays : LXXXV et de la dynastie : LXXXIX, une vision d'avenir œcuménique : LXXXVII et un chant d'allégresse d'un dévot dont le séjour au sanctuaire de Yahvé, sans doute restauré, comble tous les vœux : LXXXIV.

1. *Le Psaume LXXIV.*

1. Pourquoi, ô Dieu, rejettes-tu à tout jamais,
pourquoi fume ta colère contre le troupeau de ton pâturage?

2. Souviens-toi de ta communauté que tu as acquise jadis,
de la tribu[a] que tu rachetas pour ton domaine,
de la montagne de Sion, celle où tu habitas.
3. Presse[b] tes pas vers des ruines totales.
Au sanctuaire l'ennemi a tout saccagé;
4. tes agresseurs ont hurlé[c] au lieu de ton assemblée,
ils y mirent pour emblèmes leurs enseignes[d],
5. ils ont abattu[e] ceux lui amenant le sacrifice[f],
comme (on abat) par la cognée[g] les arbres d'un fourré[h];
6. et puis[i] les portes[j], toutes ensemble[k],
par la hache et la masse, ils les ont enfoncées[1];
7. ils ont mis le feu à ton sanctuaire,
jusqu'à ras du sol ils ont profané la demeure de ton nom.
8. En leur cœur ils ont dit : « Détruisons[l]-les d'un coup,
brûlons dans le pays tout lieu d'assemblée pour Dieu »[m].
9. Nos signes[n], nous ne les voyons plus,
il n'est plus de prophète,
ni personne qui sache jusques à quand.
10. Jusques à quand, ô Dieu, l'oppresseur blasphèmera-t-il?
L'ennemi outragera-t-il ton nom à jamais?
11. Pourquoi ramènes-tu ta main[2],
ta droite[o], toute entière[p], en ton sein?

12. Et pourtant Dieu est mon roi depuis les temps anciens[q],
remportant les victoires au milieu de la terre[r].
13. Toi tu maîtrisas la mer par ta force,
tu brisas les têtes de Tannîn[s] (le monstre de la mer)
de-dessus[t] les eaux.
14. Toi tu fracassas les têtes du Léviathan,
tu l'as donné à manger aux monstres marins[u].
15. Toi tu as ouvert source et torrent,
toi tu desséchas des fleuves intarissables[3].
16. A toi le jour, à toi aussi la nuit,
toi tu affermis le luminaire[v] et le soleil[4].
17. Toi tu fixas toutes les bornes de la terre,
l'été et l'hiver tu les a faits.

18. Souviens-toi, Yahvé, l'ennemi blasphéma,
et un peuple insensé outragea ton nom[w].
19. Ne livre pas à la destruction[x] l'âme de celui qui te loue[y],
n'oublie pas à jamais la vie de tes malheureux[z].

20. Tourne tes regards vers ton[aa] alliance,
car pleines de ténèbres est la terre[bb],
et de violence, les campagnes[cc].
21. Que l'opprimé ne rentre pas[dd] confus
mais que le malheureux et le pauvre louent ton nom!
22. Lève-toi, ô Dieu, plaide ta cause,
souviens-toi de l'insulte que l'insensé t'adresse à longueur de jour.
23. N'oublie pas la clameur de tes adversaires,
le vacarme de tes agresseurs qui va toujours montant.

a. M. DAHOOD, t. II, p. 200 comprend *šēbeṭ* comme un accusatif et traduit: «Redeem with your club your patrimony». — b. Littéralement «lève tes pas». D'après A. COHEN, *The Psalms. Hebrew Text, English Translation and Commentary*, ap. *Soncino Bible*, Hindhead, 1945, il faut interpréter «hasten to intervene». — c. Pour M. DAHOOD, t. II, p. 201, l'expression «hurler, rugir» pourrait se comprendre à la lumière de la mention des «bêtes» au v. 19. — d. Dans *Salmeboken*, ap. *Det Gamle Testamente*, t. IV: *Skriftene*, 1re partie, Oslo, 1955, S. MOWINCKEL propose de lire: *šammôt umešammôt*, en renvoyant à *Ps.* XLVI, 9; *Ez.*, XXIII, 33; XXXIII, 28-29: «ils ont fait œuvre de ruine et de destruction» Le terme *'ôt*, note-t-il (*ibid.*, p. 456), ne peut signifier «des symboles religieux», et on ne comprend pas qu'on aurait songé à les installer dans un temple voué à la destruction. Au reste, au v. 9 le terme *'ôt* possède un sens différent, celui de «signe»: cf. LXXXVI, 17. A mon avis, ce sens pourrait convenir au verset 4b: aux prophètes et aux «signes» prophétiques se substituent désormais ceux des devins amenés par l'envahisseur. — e. Les versets 5-6 sont particulièrement difficiles à traduire et les corrections proposées pour aboutir à un sens acceptable ne manquent pas. Celle à laquelle nous nous arrêtons est elle aussi problématique. Au lieu de *yāda'*, «connaître», S. MOWINCKEL, *op. cit.*, p. 456, se référant à G. DRIVER, *JBL*, t. LXVIII, p. 58, propose de lire un verbe *yāda'* signifiant «abattre». Le *lamô* viserait l'assemblée dont le v. 4a fait mention. — f. S. MOWINCKEL, *ibid.*, p. 456, lit le v. 5a comme suit *yde'û kimebî'ē lāmô 'alē* (feuillage): «de hugg ned som folk som henter hjem risved». Nous nous permettons de demander si dans la description de la ruine du temple, le psalmiste n'a pas dû songer d'abord au massacre des desservants, et si ce massacre n'est pas énoncé dans le bout de phrase jugé inintelligible. Ne pourrait-on pas songer à lire *mebî'ē lāmô 'ôlāh*? Le hiphil de *bw'* est employé pour désigner la présentation des sacrifices. D'où notre version: «ceux lui amenant les sacrifices» — g. Le substantif correspond à un accusatif de moyen. — h. D'après A. SCHULZ, *Psalmenfragen*, ap. *Altt. Abh.*, t. XIV, fasc. 1, la liaison *bisabāk 'ēṣ* n'offre pas de sens, mais, selon ses conclusions touchant l'inversion d'une détermination, il est loisible de comprendre *'ēṣ sebāk*, «les arbres d'un fourré, d'un taillis». Comme préposition, lire *k* au lieu de *b*. — i. Traduction de *'āt*, lu *'attāh*. — j. Correction proposée par A. SCHULZ, *op. cit.*, p. 66. — k. Traduction, pour le sens, du terme *yāḥad*. — l. A. SCHULZ, *op. cit.*, p. 67, propose de lire *nînēm* d'un verbe *ynh*, «Gewalt üben». — m. D'accord avec pas mal d'auteurs, A. SCHULZ, *op. cit.*, p. 68, donne à *mô'ēd* le même sens qu'au v. 4. Il songe par conséquent à des lieux de réunion qu'il identifie avec les synagogues. — n. Les «signes» seraient à comprendre comme les oracles, ou, à tout le moins, comme prodiges manifestant les desseins divins. — o. La «droite» est en parallélisme avec la «main», et en est synonyme. — p. A. SCHULZ, *op. cit.*, p. 68, vocalise *kullaḥ*: «Gott hat seine Rechte völlig im Busen verborgen». — q. Au v. 12, M. DAHOOD, t. II, p. 198, s'écarte largement, sans raisons suffisantes, des versions les plus reçues: «Destroy, O God, the kings from the East, achieve victory in the middle of the earth». — r. «Le milieu de la terre» viserait selon M. DAHOOD, *loc. cit.*, p. 204, Jérusalem. — s. M. DAHOOD, *ibid.*, p. 206, lit *tannînī*, avec la désinence *î* marquant le génitif. — t. Nous rattachons, d'accord avec M. DAHOOD, *ibid.*, p. 206, le *mem* final de *tannînîm* à *'al*, mais ne le suivons pas dans sa suggestion de lire *mō'ēl*. — u. Il n'y a pas jusqu'à présent d'explication suffisante de *le'ām leṣiîm*. Nous adoptons à titre provisoire une suggestion d'I. LÖW, rapportée par G. CASTELLINO, *Libro dei Salmi*, Turin, 1955, p. 311. —

v. C'est-à-dire la lune. — w. Après la longue digression des vv. 12-17, le psalmiste revient à la demande formulée au v. 10. — x. Nous acceptons la lecture de *hawwōt* proposée par A. SCHULZ, *op. cit.*, pp. 68-69, qui renvoie à *Ps.* V, 10. — y. D'après la Septante et A. SCHULZ, *op. cit.*, p. 69, renvoyant à *Ps.* LXXVI, 11. — z. Cf. A. SCHULZ, *op. cit.*, p. 69. — aa. D'après la Septante. — bb. Cf. A. SCHULZ, *op. cit.*, p. 69. — cc. *Ibid.*, p. 69. — dd. M. DAHOOD, t. II, p. 208, invite à lire *yēšeb* loco *yāšōb* et de comprendre l'énoncé comme une allusion à un rite de pénitence.

1. Les versets 5-6 sont particulièrement difficiles. Dans *Hebrew Notes*, ap. *JBL*, 1949, t. LXVIII, p. 568, G. DRIVER traduisit le verset 5 comme suit :

They rase them like men laying axes
to the foliage in a thicket of trees.

J. VAN DER PLOEG, *op. cit.*, *in h.l.*, donne la version suivante :

5. Het leek wel alsof men bijlen
in een dicht bos omhoog zwaaide.
6. Zo sloegen zij met bijl en houweel
al het snijwerk stuk.

2. Pour le sens de yād = main gauche, cf. J. KRAŠOVEC, *op. cit.*, p. 104.

3. Cf. J. KRAŠOVEC, *op. cit.*, p. 136, qui traduit :

Gott hat aufgetan Quellen und Bäche
und ausgetrocknet mächtige Ströme.

4. Sur le sens de *m'wr* = lune, *ibid.*, p. 116.

Le *Ps.* LXXIV contient au verset 12 une nouvelle mention, — la neuvième dans le psautier, — de Yahvé-roi. Tout comme le *Ps.* XLIV, il refléterait les effets de la catastrophe nationale de 587, mais il s'arrêterait plus particulièrement à ce qui a dû constituer pour les croyants l'épreuve la plus pénible, le sac et la destruction totale du temple de Yahvé. Toutefois les différences entre les deux psaumes sont notables. Le cadre du *Ps.* XLIV est avant tout politique. Le psalmiste y souffre principalement des revers nationaux : de la perte de l'indépendance, des défaites encourues par les armées (v. 10), de la dispersion parmi les nations (v. 12). Par contre, les doléances du psalmiste se concentrent au *Ps.* LXXIV presque entièrement sur le désastre religieux : le sanctuaire a été violé et ruiné (vv. 3-7); à travers tout le pays, les lieux de réunion religieuse ont été brûlés (v. 8); et le peuple n'est plus gratifié de l'assistance prophétique (v. 9). Puis celui qui prend la parole apparaît comme le représentant non tant du peuple que de la *'ēdāh*, de l'assemblée cultuelle (v. 2), de ceux qui sont appelés à louer le Seigneur (v. 19) [1]. En outre, le vocabulaire est

1. Conformément à une correction souvent faite et reprise entre autres par S. MOWINCKEL, *op. cit.*, p. 162 : « Egtl. 'lovpriseres' ». — M. DAHOOD, t. II, New-York, 1970, supprime lui aussi la « colombe » mais propose de vocaliser *tūrekā* et de traduire « taught by you » avec renvoi à *Is.*, LIV, 13.

La *'ēdāh* se présente dans le psautier en I, 5 (assemblée des justes) et en CXI, 1 (assemblée des hommes droits), mais le terme est employé également au sens neutre ou même péjoratif.

largement différent, par exemple en ce qui concerne les termes désignant les ennemis et les fidèles de Yahvé[2]. Enfin les raisons invoquées pour garder la confiance en Yahvé: vv. 13-17 sont différentes de celles auxquelles le *Ps.* XLIV, aux vv. 2-9, fait appel. Alors que ce dernier poème évoque les souvenirs et les traditions des pères sur les hauts-faits accomplis par Yahvé en faveur de son peuple, le *Ps.* LXXIV développe surtout la puissance divine dans la création et le gouvernement du cosmos (vv. 13-17)[3]. Ces divergences paraissent établir que notre poème est originaire d'un milieu différent de celui où le *Ps.* XLIV fut composé, et probablement aussi que la date n'est pas la même. D'où la tendance à le situer plus éloigné de la catastrophe de 587, par exemple, du moins dans sa substance[4], vers 520-515, avant le ministère d'Aggée et de Zacharie[5], ou même encore plus tard après le prétendu saccage du temple d'Aggée-Zacharie par les Édomites en 485[6]. Cette datation plus distante de 587 expliquerait aussi que le vocabulaire de Jérémie a moins déteint sur notre poème que sur le *Ps.* XLIV. On ne signale en effet pour le *Ps.* LXXIV comme expressions nettement jérémiennes que «le troupeau de ton héritage»[7], la «tribu de ton héritage»[8], les «cognées» des «bûcherons»[9]. On rapproche aussi la phrase «Toi qui fendis la mer par ta puissance»[10] de *Jer.*, X, 12-16 et LI, 15-19. Toutefois, à côté de ces quelques affinités de vocabulaire, il y a aussi le fait qu'aussi bien Jérémie que le *Ps.* LXXIV décrivent le peuple écrasé par l'invasion et qui gémit vers son Sauveur comme une nation composée d'af-

2. Les fidèles de Yahvé sont qualifiés de *dāk* (v. 21), *'èbyôn* (v. 21), *'āny* (v. 19, 21), tous termes absents du *Ps.* XLIV.

3. Voir *Ps.* LXXXIX, 10-13; XCIII, 2-3; *Job*, XXXVIII, 8-11; *Jer.*, V, 22. Cf. *LRY*, pp. 127, 128, 166.

4. A. Deissler, *op. cit.*, fasc. 2, p. 119.

5. Le psalmiste déplore en effet au verset 9 l'absence de prophètes.

6. M. Dahood, *op. cit.*, t. II, pp. 199-200 signale cette datation comme digne d'être envisagée. — Le prétendu sac du temple par les Édomites en 485 est une hypothèse suggérée par J. Morgenstern, *Jerusalem - 485 B.C.*, ap. *HUCA*, 1956, t. XXVII, pp. 101-179.

7. P. E. Bonnard, *Le Psautier de Jérémie*, pp. 147-148: le verset 1b est comparé à *Jer.*, XXIII, 1. L'expression apparaît aussi en *Ezech.*, XXXIV, 31 et dans les *Ps.* LXXIX, 13; XCV, 7; C, 3.

8. *Ibid.*, p. 147: LXXIV, 2 comparé à *Jer.*, X, 16 et LI, 19.

9. *Ibid.*, p. 149: LXXIV, 5 (*kardummôt*) comparé à *Jer.*, XLVI, 22-23. — Le psaume est plus riche dans l'énumération des instruments de destruction: il mentionne aussi la hache (*kaššîl*) et la masse (*kēlappôt*).

10. *Ibid.*, p. 149: LXXIV, 13 comparé à *Jer.*, X, 12-16 et LI, 15-19.

fligés, d'opprimés, de pauvres, et qu'ils l'opposent comme tel au peuple insensé qui outrage le nom de Yahvé[11].

A la datation proposée, certains auteurs opposent les versets 8, 10, 18 et 20. Ils y voient des passages tendant à donner comme cadre au psaume l'époque maccabéenne. D'aucuns ont été jusqu'à voir dans la mention de l'insensé, du fou, du *nābāl*, une allusion à Antiochus Épiphane, traité d'*Épimanès* par ses contemporains[12].

Même à accorder une certaine portée aux versets cités, l'hypothèse d'une composition maccabéenne ne s'impose pas. D'autres solutions peuvent être envisagées. Qu'on se rappelle celle qui met l'origine du psaume en rapport avec des événement qui seraient survenus en 485[13], ou celle qui admet l'insertion des versets en question au cours de la transmission du poème, antérieurement bien entendu à l'insurrection maccabéenne[14].

Quelle que soit la date des quelques versets en discussion, celle-ci ne touche pas le verset 12 où s'exprime la titulature royale de Dieu. En revanche, cette titulature est mise en question par la lecture du verset proposée par M. Dahood[15]. A suivre cet auteur, la leçon *malkî* serait inexacte du fait qu'un suffixe de la première personne n'est nulle part ailleurs attesté dans le psaume. Mais n'est-ce pas perdre de vue qu'un phénomène analogue se présente au *Ps.* XLIV, à savoir aux versets 5, 7 et 16? Dans les deux cas, l'explication consiste à observer qu'en ces endroits, le président de la *'ēdāh*, de l'assemblée cultuelle, quel qu'il soit, prend la parole pour traduire, avec plus d'insistance et d'autorité, les sentiments de la communauté[16]. Nous n'avons donc pas de raison pour nous écarter du texte reçu et d'y introduire par exemple des «rois d'Orient» par ailleurs peu susceptibles d'être précisés.

Il convient plutôt de rapprocher l'énoncé du v. 12 de ceux des *Ps.* V, 3 et XLIV, 5. Certes les trois passages ne sont pas à tout point identiques. Au *Ps.* V, 3, il s'agit d'une apostrophe adressée à Yahvé; au *Ps.* XLIV, 5, nous avons affaire à une profession de foi; il en va de même au *Ps.* LXXIV, 12, quitte à préciser que le titre de roi y est conféré à Dieu en tant que sauveur historique de son

11. *Ibid.*, p. 150.

12. L. Sabourin, *op. cit.*, t. II, p. 153.

13. M. Dahood, *op. cit.*, t. II, pp. 199-200.

14. A. Deissler, *op. cit.*, fasc. 2, p. 120.

15. *Op. cit.*, t. II, pp. 198 et 204: «Destroy, O God, the kings from the East, achieve victory in the middle of the earth!»

16. Cf. S. Mowinckel, *op. cit.*, p. 161.

peuple. A la rigueur la précision *miqqèdèm* pourrait se référer aux hauts-faits préhistoriques d'Élohim énoncés aux vv. 14-15, mais vu le sens de l'expression en LXXIV, 2, elle vise plutôt les interventions de Yahvé dans l'histoire d'Israël, interventions pouvant remonter selon *Deut.*, XXXIII, 5 jusqu'aux origines de la nation[17]. Dans ces conditions, le psaume fonde la royauté divine en tout premier lieu sur la *Heilsgeschichte*, mais il laisse entrevoir que la puissance à l'œuvre dans le déroulement de l'histoire est identique à celle qui se déploya au niveau cosmique quand Dieu présida à l'organisation du monde.

2. *Le Psaume LXXXIV.*

2. Combien aimables sont tes demeures,
   Yahvé Ṣ[e]ba'ôt!
3. Mon âme soupire, voire elle languit
   après les parvis de Yahvé.
   Mon cœur et ma chair crient de joie
   vers le Dieu vivant.
4. Même le passereau trouve une maison
   et l'hirondelle un nid
   où elle dépose ses petits,
   (près) de tes autels, Yahvé Ṣ[e]ba'ôt,
   mon roi et mon Dieu.
5. Heureux ceux qui habitent ta maison,
   ils te louent sans cesse.
6. Heureux les hommes dont la force est en toi,
   qui ont à cœur les routes de pèlerinage[a].
7. Quand ils traversent la vallée de Baca,
   la pluie précoce[b] en fait une source[17b],
   l'enveloppe de bénédictions[c].
8. Ils marchent d'ardeur en ardeur[d]
   jusqu'à ce que le Dieu suprême[e] (leur) apparaisse à Sion[f].

17. *Ibid.*, p. 161. — Voir pour le sens de *qèdèm Ps.* XLIV, 2; LXXVII, 6, 12; LXXVIII, 2. En revanche, *qèdèm* concerne ce qu'on appelle l'*Urzeit*, les temps primordiaux, en *Ps.* LV, 20 et LXVIII, 34.

Voir sur le *Ps.* LXXIV : J. L. McKenzie, *A Note on Ps. 73 (74)*, ap. *TS*, 1950, t. II, pp. 275-282. — F. Willesen, *The Cultic Situation of Psalm LXXIV*, ap. *VT*, 1952, t. II, pp. 289-306. — M. Weiss; *Die Methode der Total-Interpretation*, ap. *SVT*, 1972, t. XXII, pp. 89-112.

17b. [3]. Dhorme lit *mêʿayin yištû*, ils boivent à la source, et *yaʿaṭâ* (ar. *ʿatâ*), «la pluie précoce donne bénédictions».

9. Jahvé, dieu des Ṣ^{e}ba'ôt,
écoute ma prière,
prête l'oreille, Dieu de Jacob.
10. Dieu, notre suzerain[g], vois
et regarde la face de ton oint[h].
11. Car un jour en tes cours en vaut mille[i].
Je préfère[j] me trouver au seuil de la maison de mon Dieu
que de loger dans les tentes du méchant.
12. Car un soleil et un suzerain[k]
est Yahvé Elohim.
Grâce et gloire[l] Yahvé (les) donne,
il ne refuse pas le bien[m]
à ceux qui marchent en parfaits.
13. Yahvé Ṣ^{e}ba'ôt, heureux l'homme
qui se confie en toi.

a. Le terme *m^{e}sillôt* est difficile à interpréter. Le *NEB* se résigne à traduire «pilgrim ways», mais M. DAHOOD, t. II, p. 281, retient le sens métaphorique de *sālal*, attesté selon lui en *Exod.*, IV, 17; *Prov.*, IV, 8, confirmé par l'hébreu tardif *silsēl*, et il traduit «your extolments». — b. Le verset 7 offre de nombreuses difficultés et est traduit fort diversément: «As they pass through the thirty valley they find water from a spring; and the Lord provides even men who lose their way with pools to quench their thirst» (*NEB*); «May he cause brooks to flow in the valley, turn it to a spring; with a crash may the Raingiver cover it with pools» (M. DAHOOD, t. II, p. 278). ARVID BRUNO: *Die Psalmen*, Stockholm, 1954, donne *môrēh* comme sujet aux deux verbes; cette suggestion, nous la retenons à défaut d'une meilleure. — c. Nous rejoignons en partie le thème découvert par M. Dahood dans le verset 7. — d. *Ḥāîl* est diversément traduit: «de force en force» (É. Reuss, A. Bruno), «de hauteur en hauteur» (Bible de Jérusalem), «de muraille en muraille» (Dhorme), «de l'enceinte extérieure à l'intérieure» (*NEB*), «de village en village» (M. Dahood), «von Heer zu Heer» (M. Buber), «von Schar zu Schar» (H. Torczyner). A défaut d'une meilleure explication rejoignons la traduction proposée par É. Osty: «avec une vigueur croissante» et par la *TOB* «toujours plus ardents». — e. M. DAHOOD, t. II, pp. 278 et 282, traduit «the God of Gods». — f. Voir Fr. NÖTSCHER, *Das Angesicht Gottes schauen*, Wurzbourg, 1924. — g. Cf. M. DAHOOD, t. II, p. 282. — h. Rien ne suggère de voir en l'«oint» le roi, d'autant moins que Yahvé vient d'être qualifié «le roi» du psalmiste. — i. On s'attend à un complément faisant contraste avec la maison de Yahvé. Celui proposé par M. DAHOOD, t. II, p. 282-283 et basé sur le terme ougaritique *ḫrt*, «cemetery», ne se recommande guère. Nous gardons dès lors *bāḥartî*, d'autant que la construction avec *min* (*middûr*) est usuelle avec ce verbe: cf. A. SCHULZ, *Psalmen-fragen*, ap. *Alt. Abh.*, t. XIV, fasc. 1, Munster-en-W., 1941, p. 79. — j. Voir note précédente. — k. Voir ap. M. DAHOOD, t. II, p. 283, le parallèle ougaritique: *špš mlk rb*. — l. Le roi-soleil donne la *kabôd*; le *ḥēn* dérive du suzerain. — m. Se référant au v. 7, où il était question des bienfaits de la pluie, M. DAHOOD, t. II, p. 283 traduit *ṭôb* par «pluie».

Ce poème se distingue du point de vue littéraire par son caractère de mixité[1]. Il évoque la classe des psaumes de pèlerinage, se présente

1. M. DAHOOD, *op. cit.*, t. II, New York, 1970, p. 279. — Voir sur le *Ps.* LXXXIV R. TOURNAY, *Les Psaumes complexes*. I. *Le Psaume LXXXIV et le rituel israélite des pèlerinages au temple*, ap. *RB*, 1947, t. LIV, pp. 521-53. Le psaume LXXXIV

par endroits comme un psaume de Sion, et pourrait passer, en raison des vv. 7 et 12, pour une supplication adressée à Yahvé en vue d'obtenir la pluie. Qu'il soit aussi une prière pour le roi est douteux, car l'« oint » du verset 10 pourrait viser non le monarque mais le grand prêtre[2]. A noter la fréquence du titre « Yahvé des armées », qui figure entre autres dans l'incipit et la finale du psaume.

Bien que le poème réemploie des traditions préexiliques[3], une origine postexilique paraît la plus probable. Il semble en effet étendre la sainteté de la colline de Sion à toute l'étendue de Jérusalem[4].

Le verset 4 où Yahvé est apostrophé par le psalmiste comme son roi, nous met une fois de plus en présence d'un problème déjà examiné dans la lecture des psaumes V et LXVIII. Des trois hypothèses envisagées, S. Mowinckel retenait celle d'un roi s'adressant à Yahvé et renvoyait à cet effet aux psaumes LXI et LXIII. Qu'il faille songer au grand prêtre semble également exclu, notamment du fait que celui pourrait être visé au verset 10b. On s'arrêtera donc plutôt à l'hypothèse d'un pèlerin en route vers Jérusalem, probablement un pieux laïque dont la ferveur quasi mystique d'une âme ardente a pu avoir dicté l'apostrophe où se reflète une si grande intimité avec Dieu[5].

Le domaine où le pieux dévot espère que la royauté de Yahvé se manifestera est quelque peu précisé au verset 12, c'est celui d'une protection divine continue se traduisant par la collation au psalmiste de trois bénéfices signifiés par les substantifs *ḥēn*, *kābôd* et *ṭôb*, dont les deux premiers sont étroitement unis. M. Dahood traduit *ḥēn wekābôd*[6] par « favor et honors », version qui ne soulève par de problème, mais il rend *ṭôb* par pluie sur la base d'un rapprochement avec le verset 7, traduit, ce nous semble, arbitrairement. Réduire au bénéfice de la pluie les bienfaits divins auxquels le psalmiste s'attend, ne correspond nullement à l'attente exprimée par l'ensemble du

appartient au psautier coraïte, qui, rappelons-le, comprend deux groupes : XLII-XLIX et LXXXIV, LXXXVII-LXXXVIII.

2. Le verset où le roi pourrait être envisagé, se lit dans le *NEB* : « O God, look upon our lord the king and accept they anointed prince with favour » et dans M, Dahood, *op. cit.*, t. II, p. 278 : « O God, our Suzerain, behold, look upon the face of your anointed ». Les deux sont d'accord pour la traduction de *māginnēnî*.

3. R. de Vaux, ap. *RB*, 1966, t. LXXIII, pp. 481-509. Signalons que l'incipit renvoie à *Num.*, XXIV, 5.

4. Cf. G. Wanke, *Die Zionstheologie der Korachiten*, Berlin, 1966 avec renvoi à *Ps.* XLVI, 5; XLVIII, 2-3; LXXXVII, 2.

5. C'est l'hypothèse qu'A. Deissler retient : *Die Psalmen*, t. II : *Ps. 42-89*, 2e éd., Dusseldorf, 1967.

6. Pour *kābôd* cf. *Ps.* III, 4; LXXIII, 241.

poème. Toutefois traduire «le Seigneur ne refuse aucun bien» exagère la portée du texte[7]. Le terme *ṭôb* exprime aussi bien la bonté de Dieu que les biens distribués par lui. Qu'on se réfère au *Ps.* LXXIII, 28 où l'approche de Dieu est le bien par excellence. N'est-ce pas en l'occurrence finalement le bien visé, ou du moins subsumé ici? Rien de plus naturel qu'un tel bien soit également qualifié de «gloire et grâce» et qu'il est éminemment digne de réaliser pour le psalmiste la preuve de l'exercice de la royauté divine.

3. *L'Hymne cosmique : vv.6-19 du Psaume LXXXIX.*

6. Les cieux célèbrent tes merveilles ô Yahvé[a],
ainsi que ta fidélité dans l'assemblée des saints[b].
7. Car en la nue qui est comparable à Yahvé,
qui ressemble à Yahvé parmi les fils des dieux?
8. Dieu redoutable au grand conseil des saints,
et terrible plus que tous ceux qui l'entourent.
9. Yahvé, dieu des Ṣ^{e}bā'ôt, qui est comme toi?
Tu es fort, Yah, et ta fidélité t'environne.
10. C'est toi qui domines la splendeur[c] de la mer.
Dans le soulèvement de ses flots, c'est toi qui les apaises.
11. C'est toi qui écrasas Rahab[d] comme un cadavre,
qui, du bras de ta puissance, dispersas tes ennemis.
12. A toi les cieux, à toi aussi la terre,
le monde et ce qui le remplit, c'est toi qui les a fondés.
13. Le Saphôn et l'Amanus[e], tu les a créés,
le Thabor et l'Hermon, en ton nom ils jubilent.
14. A toi le bras et la vaillance.
Ta main est forte, levée est ta droite.
15. Justice et jugement sont le support[f] de ton trône.
Grâce et loyauté précèdent ta face.
16. Heureux le peuple[g] qui connaît l'acclamation, la *t^{e}rû'āh*[h].
Yahvé, à la lumière de ta face ils marcheront,
17. en ton nom tout le jour ils exulteront,
et par ta justice ils s'élèveront,
18. car toi tu es la magnificence de leur puissance
et par ta faveur notre corne s'élèvera[i].
19. Car Yahvé est notre suzerain[j]
et le Saint d'Israël est notre roi.

7. *La Sainte Bible. Version établie par les moines de Maredsous. Nouvelle édition avec la collaboration des moines d'Hautecombe*, Paris-Turnhout, 1968, p. 723.

a. Le psaume se garde de préciser de quelles merveilles il s'agit. — b. Voir sur les «saints» dans le Psautier L. DEQUEKER, *Les Qedôsîm du Ps. LXXXIX à la lumière des croyances sémitiques* et J. COPPENS, *Les Saints dans le Psautier*, ap. *Eph. Theol. Lov.*, 1963, t. XXXIX, pp. 469-484 et 485-500. — c. Sur le terme *gē'ût* cf. *LRY*, pp. 108, 113-114. — d. Sur Rahab, cf. *LRY*, pp. 126-127, 129, 131, 133, 375, 385. — e. Beaucoup d'auteurs estiment qu'à la place des indications vagues «nord» et «sud», deux noms de montagne s'imposent: M. DAHOOD, t. II, p. 314. — f. *Mākôn* = support: *LRY*, p. 211. — g. Le terme *'ām* est employé avec prédilection, semble-t-il, pour Israël: cf. *Ps.* XLVII, 10 et A. LAUHA, «*Der Bund des Volkes*». *Ein Aspekt der deuterojesajanischen Missionstheologie*, ap. *Beiträge z. alttest. Theologie. Festschrift Zimmerli*, Goettingue, 1977, pp. 257-261. — h. Sur le rite de la *t^erû'āh*, voir P. HUMBERT, *La «terou'a». Analyse d'un rite biblique*, ap. *Rec. Trav. Fac. Lettres*, 22, Neuchâtel, 1946 et *LRY*, pp. 352-355, 454. — i. Le terme «corne» est employé ici dans son sens général de «puissance, force»: cf. *Ps.* LXXV, 5, 6, 11. — j. Sur le sens de *mgn* = suzerain cf. M. DAHOOD, t. II, pp. 316, 282 et t. I, p. 143.

Ce poème tel que la Bible masorétique nous l'a transmis[1], comprend un préambule: vv. 2-5, un hymne cosmique: vv. 6-19, un poème royal du type apparemment oraculaire: vv. 20-38, et une lamentation collective déplorant ce qui pourrait apparaître comme une infidélité de Yahvé aux promesses et à l'alliance faites à David[2]. Cette division est admise par la plupart des commentateurs et, selon divers auteurs, elle peut s'appuyer en partie sur la présence d'une *sèlâ* à la fin des versets 5 et 8[3].

Le poème royal constitue, semble-t-il, une unité homogène parfaite comprenant les vv. 2-5, 20-38[4]. La lamentation finale, c'est-à-dire les versets 39-52, y fut ajoutée après coup. Son caractère secondaire résulterait d'abord du fait qu'elle est absente de *4 Q Ps 89*[5], ensuite de l'absence de l'orthographe archaïque que *4 Q Ps 89* atteste pour les versets 20-38[6].

1. Le psaume LXXXIX a fait l'objet de nombreux travaux. En-dehors des commentaires classiques sur le psautier, cf. G. W. AHLSTRÖM, *Psalm 89. Eine Liturgie aus dem Ritual des leidenden Königs*, Lund, 1959. — J. HOFBAUER, *Psalm LXXXVIII (LXXXIX). Sein Aufbau, seine Herkunft und seine Stellung in der Theologie des Alten Testaments*, ap. *Sacra Pagina. Miscellanea Biblica Congressus Internationalis Catholici de Re biblica*, t. I, Gembloux, 1959, pp. 504-510. — J. M. WARD, *The Literary Form and Liturgical Background of Psalm LXXXIX*, ap. *VT*, 1961, t. XI, pp. 321-339. — A. CAQUOT, *La prophétie de Nathan et ses échos lyriques*, ap. *Congress Volume Bonn 1962* (*SVT*, IX), Leyde, 1963, pp. 213-224. — O. EISSFELDT, *The Promises of Grace to David in Isaiah 55: 1-5*, ap. *Israel's Prophetic Heritage. Essays in Honour of James Muilenburg*, pp. 196-207, New-York, 1962. — *Psalm 80 und Psalm 89*, ap. *Die Welt des Orients*, 1964, t. III, 1-2, pp. 29-46. — É. LIPIŃSKI, *Le Poème royal du Psaume LXXXIX, 1-5, 20-38*, ap. *Cahiers de la Revue Biblique*, fasc. 6, Paris, 1967. — J. B. DUMORTIER, *Un rituel d'intronisation: le Ps. LXXXIX 2-38*, ap. *VT*, 1972, t. XXII, pp. 176-196.

2. É. LIPIŃSKI, *op. cit.*, p. 21.

3. *Ibid.*, p. 21.

4. *Ibid.*, p. 21.

5. *Ibid.*, p. 21.

6. *Ibid.*, p. 21.

A son tour, l'hymne cosmique, où se rencontre précisément le verset qui nous intéresse, ne semble pas avoir fait partie du texte originel du psaume royal [7]. C'est l'opinion soutenue explicitement par E. Lipiński, mais déjà avant lui partagée par des auteurs tels B. Duhm [8], H. Gunkel [9], R. Kittel [10], E. Podechard [11], G. Castellino [12], H. J. Kraus [13]. Toutefois selon G. Castellino, les diverses sections du psaume peuvent provenir d'un même auteur qui les composa en des occasions et des temps différents [14].

A accepter l'origine distincte de l'hymne : vv. 6-19, la question se pose de sa datation : est-il antérieur au poème royal et dans l'affirmative à quelle date le situer? Il semble qu'en général on soit tenté de fixer à l'hymne une origine plus ancienne. Les traits d'une relative antiquité ne font pas défaut. Nous rencontrons la notion de l'assemblée divine présidée par Yahvé qui dépasse tous les « saints » qui en font partie [15], puis la nette mention du combat livré par Yahvé contre Rahab [16], peut-être aussi, à savoir au v. 13 [17], l'allusion aux monts Saphon et Amanus, voire, — à y ajouter la mention du Tabor et de l'Hermon, — une référence aux quatre montagnes sacrées de la religion phénicienne attestées par Philon Byblius [18].

Insistant sur l'absence de tout renvoi à Sion et sur la mention du Tabor et de l'Hermon, divers auteurs sont portés à placer la composition de l'hymne dans les cercles jahvéistes du Royaume du Nord. Ce cadre nordique expliquerait plus facilement que Yahvé soit apostrophé à la fin de l'hymne, au verset 19, comme le suzerain et le roi du psalmiste et de ceux censés se joindre à lui :

> Truly Yahweh is our Suzerain,
> the Holy One of Israel our King [19].

7. *Ibid.*, p. 21.
8. B. Duhm, *Die Psalmen*, 2e éd., Tubingue, 1922, pp. 334-336.
9. H. Gunkel, *Die Psalmen*, Goettingue, 1926, pp. 386-389.
10. R. Kittel, *Die Psalmen*, 5e-6e éd., Leipzig, 1929, p. 296.
11. E. Podechard, *Le Psautier*, II, Lyon, 1953, p. 115.
12. G. Castellino, *Libro dei Salmi*, Turin, 1955, pp. 602-603.
13. H. J. Kraus, *Psalmen*, Neukirchen, 1959, pp. 612-626.
14. *Op. cit.*, p. 603.
15. Vv. 7-8. Voir M. Dahood, *op. cit.*, t. II, p. 313, qui renvoie à *Ps.* XLVIII, 35-36 et XCIX, 2.
16. V. 11. Cf. *Ps.* LXXIV, 14.
17. M. Dahood, *op. cit.*, t. II, p. 314.
18. M. Dahood, *op. cit.*, t. II, p. 314. — La référence au Saphon et à l'Amanus est contestée par J. Krašovec, *op. cit.*, p. 46, qui garde la mention du nord et du sud.
19. M. Dahood, *op. cit.*, t. II, p. 309 et pp. 315-316 avec renvoi à Gaster, *Thespis*, 1950, p. 457 et O. Eissfeldt, *Die Welt des Orients*, 1964, t. III, 1-2, p. 29, n. 1. —

Toutefois il ne manque pas non plus d'arguments en faveur d'une date postexilique. On souligne que l'hagiographe se sert d'un terme tardif *bārā'* pour exprimer l'action de Yahvé aux origines du cosmos[20]. Puis on note la tendance du psalmiste à exalter, à côté de ce qu'on peut appeler les attributs physiques de Dieu : sa puissance : *ḥasîn* (v. 9), *'ōz* (vv. 11, 14) *g^ebûrāh* (v. 14), ses attributs moraux : sa bonté, sa justice, sa fidélité, sa loyauté : *ṣèdèq* (v. 15), *mišpāṭ* (v. 15), *ḥèsèd* (v. 15), *'èmèt* (v. 15), *ṣ^edāqāh* (v. 15)[21]. Certes l'hymne fait allusion au thème antique d'une assemblée divine constituant la cour céleste de Yahvé. Mais n'apparaît-elle pas en l'occurrence sous une forme qui tend à la démythiser? Les êtres la composant sont qualifiés non plus d'*'elohîm* mais de termes plus ambigus : *'ēlîm* et *q^edôšîm*. Puis il n'est plus fait d'allusion à une victoire que Yahvé aurait dû remporter sur eux avant d'en faire sa cour. Puis encore, si la mention de Rahab évoque la lutte de Yahvé aux temps primordiaux, l'auteur de l'hymne semble avoir en vue surtout la domination présente du Seigneur sur les eaux (v. 10). Notons aussi que tout le poème paraît s'orienter vers la proclamation de Yahvé comme l'unique suzerain et roi d'Israël. Enfin l'hagiographe ne semble plus envisager la pratique d'une *t^erû'āh* guerrière en vue de nouvelles victoires à assurer par Yahvé à son peuple. A l'avenir, il ne semble plus compter pour le bonheur de son peuple que sur le privilège d'une *t^erû'ah* toute pacifique, celle qui accompagnera les solennités religieuses. De la thématique ancienne célébrant Yahvé comme guerrier, ne subsistent

Kî la au début d'une phrase serait à traduire « truly, verily » et correspondrait à *kī lā* des lettres de El Amarna. Ce sens s'imposerait aussi au *Ps.* XXII, 29.

Toutes les versions éprouvent de la difficulté à rendre le verset :

> De Yahvé relève notre bouclier,
> Du Saint d'Israël, relève notre roi (L. Desnoyers);
>
> Notre bouclier est à Jahvé,
> et notre roi au Saint d'Israël (É. Dhorme);
>
> Notre bouclier dépend du Seigneur,
> et notre roi, du Saint d'Israël (TOB);
>
> The Lord, he is our shield,
> the Holy One of Israel, he is our king (New English Bible).

La dernière traduction rejoint le plus celle de M. Dahood.

20. Cf. W. H. Schmidt, *Bārā'*, ap. E. Jenni - Cl. Westermann, *Theologisches Wörterbuch zum Alten Testament*, 1971, t. I, pp. 336-339.

21. Cf. A. Descamps, *Justice, justification*, ap. *SDB*, 1949, fasc. 23, col. 1418-1460. — K. Koch, *Ṣdq*, ap. E. Jenni - Cl. Westermann, *op. cit.*, t. II, 1976, pp. 507-530.

que la mention du titre divin Yahvé Ṣ^eba'ôt au v. 9 et celle de la «force» et de la «corne» au v. 18, mais les versets précédents, vv. 16-17, paraissent indiquer que le psalmiste n'entrevoit plus un avenir de fastes militaires.

Quoiqu'il en soit de la date du psaume, le verset 19 tel que nous avons estimé pouvoir le traduire, nous met en présence d'une véritable confession de foi en la royauté de Yahvé, une confession de foi qui la proclame comme s'exerçant sur Israël à la manière de *Ps.* XLVII, 7; XLVIII, 15; CXLIX, 2, et qui l'affirme avec une netteté qui ne se retrouve pas ailleurs dans le Psautier[22].

4. *Conclusions.*

Avant de passer à l'analyse des psaumes classiques de la royauté de Yahvé, tous transmis au quatrième livre du psautier et y groupés en deux triades: XCV, XCVIII, XCVI et XCIII, XCIX, XCVII[23], ainsi qu'à l'examen du psaume CIII et de trois poèmes du cinquième livre, à savoir les psaumes CXLV, CXLVI, CXLIX, dressons un premier inventaire, certes provisoire, des conclusions se dégageant des textes jusqu'ici passés en revue quant à leur date de composition et leur conception de la souveraineté divine.

Une date préexilique nous a paru entrer en ligne de compte pour les *Ps.* XXIX, XLVII, 1-6 et LXVIII. Le premier célèbre la royauté céleste de Yahvé sous son aspect cosmique, plus précisément météréologique; les deux autres chantent les prouesses historiques de Yahvé, à savoir de Yahvé Ṣ^eba'ôt, dieu guerrier, assurant à son peuple les victoires dont il a besoin pour acquérir son territoire national et le maintenir en sa possession, et pour lui procurer le *šalôm*, la paix, le bien-être. Le *Ps.* LXVIII décrit ces victoires comme la marche triomphale de Yahvé vers une intronisation au sanctuaire sur la colline de Sion. Tout comme au *Ps.* XXIX, Yahvé s'y révèle puissant grâce aux forces naturelles d'ordre météréologique dont il dispose et qu'il déploie pour réaliser le triomphe de son peuple, mais il s'y manifeste aussi comme le garant des droits de tous les éléments faibles de la nation, ceux qui risquent de devenir les victimes d'une injuste oppression.

22. La version de la *TOB* qui entend le verset 19 non de la proclamation de la royauté de Yahvé mais de celle du monarque israélite, ne se justifie guère. Elle est pourtant retenue par G. CASTELLINO, *op. cit.*, pp. 606-607, qui la choisit pour servir de liaison avec le poème royal débutant au verset suivant.

23. Nous anticipons l'ordre de succession que nous estimons pouvoir établir.

Pour les *Ps.* XXIV, 1-2, 7-10, IX, 1-6, 10-13, 14-21, X, 1-15, (16?), 17-18, V, 2-13, une date est plus difficile à trouver. Nous avons conclu qu'ils se situent sans doute le mieux aux confins des périodes pré- et postexiliques. N'excluons pas qu'aux versets 7-10, le *Ps.* XXIV réutilise des éléments anciens, mais les versets 1-2, où figure pour la première fois une souveraineté cosmique de Yahvé basée sur sa puissance créatrice, se présentent plutôt comme une addition postexilique. Cette addition fut au point de départ d'une relecture des versets 7-10, leur conférant une portée nouvelle, où s'amorce une visée prophétique, sinon eschatologique. La même visée appartient aux versets 7-9 du *Ps.* IX et peut-être au verset 16 du *Ps.* X.

Les quatre poèmes: V, IXA, IXB, X, célèbrent Yahvé comme le grand justicier, développant ainsi un enseignement déjà présent au *Ps.* LXVIII. Ils nous enseignent que Yahvé se charge de promouvoir la cause des justes et des pauvres opprimés, et dès lors qu'il réserve un sévère châtiment aux fauteurs d'injustice et d'irréligion[24]. Tandis que les *Ps.* V, IXA et IXB envisagent l'intervention judiciaire de Yahvé avant tout pour un cas individuel, celui de l'orant, le *Ps.* X l'entrevoit pour la classe toute entière des justes et des pauvres maltraités.

Avec les *Ps.* XLIV et LXXIV nous avons affaire à des poèmes visant les deux malheurs par excellence qui ont accablé le peuple de Dieu, à savoir la ruine de sa ville sainte et la destruction de son sanctuaire national. L'un et l'autre psaume interpellent Yahvé comme roi de son peuple pour opérer la restauration, mais alors que le *Ps.* XLIV fait appel aux prouesses militaires réalisées dans le passé par Yahvé, le *Ps.* LXXIV se tourne aux versets 12-17 vers la puissance cosmique de Yahvé. L'évocation de cette même puissance fait l'objet de l'hymne inséré au *Ps.* LXXXIX, versets 6-19. Enfin dérivant sans doute d'une époque où les ruines de la cité et du sanctuaire avaient été largement réparées, le *Ps.* XLVIII chante avec une confiance renouvelée en Yahvé la solidité d'une Jérusalem reconstruite et refortifiée.

Deux psaumes ont une allure qui les distingue des précédents. L'auteur du *Ps.* LXXXIV ne semble pas avoir des préoccupations nationales ni même se soucier d'une défaite des méchants au sein de son peuple. Dans sa visée, le domaine de la royauté de Yahvé, celui même de Yahvé Ṣᵉba'ôt, apparaît concentré autour des autels du sanctuaire. C'est de la proximité de ces autels et d'une vie menée en

24. L'irréligion est surtout visée au *Ps.* X.

perfection, en intégrité, que découlent à ses yeux la grâce, la gloire, les biens auxquels il aspire. Quant à l'auteur du *Ps.* XLVII, 7-10, nous pouvons le saluer comme le premier à envisager une royauté de Yahvé débordant les confins de la nation israélite, ouvrant aux nations, dans une perspective «œcuménique», la possibilité de se joindre au peuple élu dans une même communauté religieuse.

Au total, la royauté de Yahvé nous apparaît déjà sous des aspects très diversifiés. Tout d'abord Yahvé est reconnu et proclamé comme un roi céleste et un roi cosmique : il est le maître de l'orage (*Ps.* XXIX), le chevaucheur des nuées (*Ps.* LXVIII), le créateur et le seigneur de l'univers (*Ps.* LXXIV, 13-17; LXXXIX, 10-15; XXIV, 1-2). Il possède et manifeste ensuite sa royauté ici-bas, sur la terre, et cela d'une triple façon. Sa souveraineté, il l'exerce en premier lieu dans l'ordre militaire par ses interventions guerrières au profit de la nation qu'il s'est élue pour vénérer et propager son Nom. Il l'exerce en deuxième lieu en relation plus directe avec ce qui constitue son être, à savoir sur le plan moral et social en tant que protecteur, vengeur, rédempteur, sauveur des justes et des pauvres malmenés (*Ps.* V, IXA et IXB). Il l'exerce non moins sur le plan religieux strictement dit, qu'il s'agisse de ses serviteurs fidèles (*Ps.* X), les habitués de son sanctuaire (*Ps.* LXXXIV) ou même des peuples païens appelés à se joindre aux fils d'Abraham (*Ps.* XLVII, 7-10). Enfin une perspective futuriste s'ouvre pour la royauté de Yahvé, — perspective présageant les visées eschatologiques du prophétisme, — dans la relecture des versets 7-10 du *Ps.* XXIV, dans les versets additionnels 7-9 du *Ps.* IX et 16 du *Ps.*, X, et dans les élans d'une confiance «à tout jamais» exprimés aux versets 9 et 15 du *Ps.* XLVIII.

IV. La Royauté de Yahvé
dans le quatrième recueil du Psautier

Le quatrième recueil du Psautier, comprenant les *Ps.* XC-CVI, contient la plupart des poèmes qui développent le plus directement le thème de la royauté de Yahvé. Tous sont anonymes et deux groupes s'y présentent distinctement. Le premier se compose des *Ps.* XCIII, XCVII, XCIX, tous introduits par la formule *Yhwh mālak*; au second se rapportent les *Ps.* XCV, XCVI, XCVIII dont seul le *Ps.* XCVI contient, non plus au premier verset mais au v. 10, la proclamation *Yhwh mālak* et dont deux, les *Ps.* XCVI et XCVIII, s'annoncent comme des «cantiques nouveaux».

Le quatrième recueil comprend un septième poème, à savoir le *Ps.* CIII, où la domination divine est envisagée. Mais l'aspect sous lequel elle y est célébrée est nettement nouveau. C'est pourquoi nous l'étudions dans la section suivante, en rapport étroit avec les *Ps.* CXLV et CXLVI, qui chantent également en tout premier lieu le caractère religieux, éthique et même, par certains côtés, intérieur du royaume de Dieu.

Rappelons que les psaumes dits de la Royauté de Yahvé ont émergé dans la classification des psaumes grâce surtout aux travaux de Hermann Gunkel. S'appuyant sur des vues développées en 1912 par Paul Volz[1], H. Gunkel suggéra de grouper les *Ps.* XLVII, XCIII, XCVI, XCVII, XCVIII, XCIX, et d'y reconnaître une catégorie spéciale de poèmes tous centrés sur l'annonce de la royauté de Yahvé[2]. L'hypothèse gunkélienne rencontra un vif succès. Elle fut assumée par Sigmund Mowinckel[3], qui s'est efforcé d'abord de rapporter les textes en question à la fête automnale des tabernacles, puis d'augmenter grandement le nombre de poèmes s'y référant plus ou moins ouvertement, enfin de souligner le caractère avant tout cultuel de l'intronisation royale de Yahvé y exaltée par les fidèles.

Les vues de Gunkel-Mowinckel n'ont pas cessé d'intéresser et d'enthousiasmer un nombre croissant d'exégètes, tels ceux par exemple de la tendance du *Myth and Ritual School*. Mais pas mal d'auteurs

1. P. Volz, *Das Neujahrsfest Jahwes* (*Laubhüttenfest*), Tubingue, 1912.

2. H. Gunkel - J. Begrich, *Einleitung in die Psalmen*. Goettingue, 1928-1933.

3. S. Mowinckel, *Psalmenstudien II. Das Thronbesteigungsfest Jahwäs und der Ursprung der Eschatologie*, Kristiana, 1922.

ont entrepris de modifier divers aspects de la théorie. Les uns contestent le rôle de la fête des tabernacles dans la naissance et la croissance des psaumes en question. D'autres s'attachent à mieux limiter les poèmes qui méritent d'entrer en ligne de compte pour la thématique de la souveraineté divine. Déjà H. Gunkel lui-même, notent-ils, s'est rendu compte de l'absence d'homogénéité parfaite des psaumes qu'il avait estimé pouvoir grouper. C'est ainsi qu'il n'a pas manqué de reconnaître le caractère distinct des *Ps.* XCVI et XCVIII. Le premier serait un hymne de type commun n'offrant qu'aux vv. 10-13 une perspective eschatologique, tandis que celle-ci marquerait d'un bout à l'autre le second. Mais le mérite d'avoir essayé de classer plus rigoureusement les psaumes classiques de la royauté: XLVII, XCIII, XCV, XCVI, XCVII, XCVIII et XCIX revient à une dissertation louvaniste[4].

Elle estime pouvoir distinguer à l'intérieur de la collection comme méritant un traitement spécial les trois poèmes à l'incipit *Yhwh mālak*, c'est-à-dire les *Ps.* XCIII, XCVII et XCIX. Nous aurons à tenir compte de cette hypothèse et à examiner notamment si les dates très divergentes proposées pour la composition de ces trois psaumes doivent être retenues. Puis nous aurons à comparer aux données dégagées de l'analyse de la première triade celles découlant d'une deuxième groupant les *Ps.* XCV, XCVI, XCVIII, psaumes dont la dissertation citée n'a pas abordé le commentaire[5].

A. *Les Psaumes XCIII, XCVII, XCIX à incipit Yhwh mālak.*

1. *État du problème.*

LRY a soumis les trois psaumes à une pénétrante analyse critique. Dans le *Ps.* XCIII, *LRY* distingue en 1ab l'introduction[6], aux vv. 1c-4 le corps du poème[7], au v. 5 la finale[8]: division qui se prête à dis-

4. É. Lipiński, *La Royauté de Yahvé dans la poésie et le culte de l'Ancien Israël*, ap. *Verh. Kon. Vl. Acad. Wet. Lett. Sch. Kunsten*, t. LV, Bruxelles, 1965 = *LRY*.

5. Sur l'évolution des idées cf. J. Coppens, *Les études récentes sur le Psautier*, ap. *Le Psautier. Ses origines. Ses problèmes. Son influence* (Éd. R. De Langhe), pp. 1-88, Louvain, 1962.

6. *LRY*, pp. 106-107.

7. *Ibid.*, pp. 117-142.

8. *Ibid.*, pp. 142-152.

cussion. On peut en effet se demander si les versets 1-2 ne sont pas à considérer comme le prologue. En voici la version proposée par *LRY*:

1. *Yahvé est devenu roi. Il s'est revêtu de splendeur!*
   Yahvé s'est revêtu; il s'est enveloppé de puissance!
   Le monde est affermi[9]*: il ne vacillera plus.*
2. *Ferme est ton trône depuis lors.*
   Dès l'origine, tu sièges, Toi![10].

Formulant les effets de l'intronisation royale, la place du v. 2 est dans l'introduction. Il énonce deux faits: l'affermissement du monde et la stabilisation du trône de Yahvé. Les deux données sont connexes sans qu'il faille en conclure, — ainsi que *LRY* l'observe à juste titre, — que le monde soit précisément envisagé comme le trône divin. Les deux indications temporelles du v. 1 soulignent un fait du passé, précisément le fait qui a donné lieu à l'intronisation royale du Seigneur. Dès lors, il est tout indiqué de traduire: *Yahvé est devenu roi.*

Le fait du passé dont il s'agit est décrit dans le corps du poème. Éd. Lipiński l'interprète comme une «théomachie», à savoir un combat divin contre les eaux tumultueuses et chaotiques, et la description de ce combat évoque selon lui de nombreux textes de l'Ancien Orient, notamment d'Ougarit. Toutefois nous n'aurions plus affaire qu'à des tournures métaphoriques désignant les ennemis dont Yahvé a triomphé ou continue à triompher au cours de l'histoire.

Nous estimons ne pas pouvoir souscrire à cette exégèse. L'hagiographe vise un fait précis du passé, exactement celui qui conduisit à l'affermissement de la terre, c'est-à-dire le grand événement initial qui a instauré et a manifesté la royauté de Yahvé. Partant les versets 3-4 doivent s'entendre d'une description imagée, à l'aide de thèmes empruntés aux traditions littéraires de l'Ancien Orient, de l'œuvre primordiale de Yahvé. En d'autres mots, nous sommes en présence de la lutte du Dieu créateur contre les eaux indomptées du chaos primitif. La royauté que célèbre le psaume est celle que Yahvé a commencé à exercer sur le monde à partir de sa victoire sur les eaux de l'abîme primordial[11].

9. *LRY* supprime *'ap*, qu'il interpréte comme un élément secondaire.

10. Se basant sur un texte analogue, le *Ps.* IX, 8, *LRY* lit *yōšēb*.

11. C'est aussi l'avis de H. CAZELLES, recension de l'ouvrage d'É. Lipiński dans *VT*, 1966, t. XVI, pp. 523-534.

Le corps du poème est suivi d'une conclusion qui ne se rattache pas très logiquement à ce qui précède. La version offre d'ailleurs quelques difficultés. *LRY* propose la traduction suivante:

5. *Ton alliance est fidèle*[12] *!*
C'est une force pour ta maison!
Beau est le sanctuaire de Yahvé[13] *!*
Pour de longs jours!

Certes *LRY* essaye de trouver un lien entre le v. 5 et les versets précédents. Le temple auquel la conclusion du psaume fait allusion, aurait déjà été évoqué par «le trône» (v. 2) et le «haut lieu» (*mārôm*) du v. 4[14]. En outre, une série de poèmes de l'Ancien Orient attesterait l'étroite relation existant, aux yeux des anciens, entre la royauté des dieux et la construction de leurs temples[15]. N'était vraiment roi et ne conservait efficacement son pouvoir souverain que le monarque divin qui avait pu s'assurer l'édification d'un sanctuaire.

A ce qu'il nous semble, l'auteur s'est laissé trop impressionner par les parallèles orientaux. D'abord, rien ne prouve que le trône (v. 2) et le haut lieu (v. 4) sont à identifier avec la colline de Sion. Yahvé est surtout un dieu du ciel, et c'est dans les hauts lieux célestes que son trône est établi en premier lieu. Puis l'Ancien Testament ne professe pas la croyance qui fait dépendre en quelque sorte la royauté de Yahvé de la possession d'une demeure sainte sur terre. Le récit de *II Sam.*, VII et pas mal de textes prophétiques vont dans un sens opposé. Nous en concluons que le lien entre les vv. 1-4 et le v. 5 est beaucoup moins étroit qu'on le suggère. Si le v. 5 n'est pas une addition due à une relecture, — hypothèse qui n'est pas à écarter, — il exprime sous la plume de l'hagiographe, auteur du psaume, le vœu de voir accordée à la maison de Yahvé d'abord une participation à la stabilité aussi bien du trône divin que de la terre, stabilité acquise grâce à la victoire primordiale de Yahvé dans sa lutte cosmique contre les eaux du chaos primitif, puis et surtout une participation à la sainteté de Yahvé.

* * *

12. Le choix du terme «alliance» implique une exégèse plutôt subtile. Généralement on traduit «tes témoignages». — Sur une influence éventuelle des traités et protocoles d'alliance sur l'intronisation royale en Israël et, par le biais de celle-ci, sur l'avènement royal de Yahvé lire J. Calderone, *Dynastic Oracles and Suzerainty Treaty*, dans *Logos*, I, Manila-University, 1966.

13. L'auteur découvre dans *me'ōd* un substantif et traduit *qōdēš* par sanctuaire.

14. *LRY*, *op. cit.*, p. 42.

15. *Ibid.*, p. 158.

Le second psaume, c'est-à-dire le *Ps.* XCVII se distingue du premier par plusieurs caractéristiques qui n'ont pas échappé à la sagacité d'É. Lipiński[16]. D'abord il possède un caractère anthologique difficilement contestable. Puis la vision du Psalmiste y devient notablement universaliste (vv. 1, 5, 6), bien qu'une allusion spéciale à Sion et aux filles de Juda (v. 8) y soit présente. En outre, les effets de la théophanie se traduisent sur le plan religieux, et cela de deux façons. D'une part, nous assistons à l'effondrement de l'idolâtrie; d'autre part, nous constatons que les effets de la royauté de Yahvé se font sentir non plus tant d'une manière générale à Sion et au milieu des «filles de Juda» que dans un groupe circonscrit, celui des *ḥ^asîdîm*, c'est-à-dire des justes, de ceux qui aiment Dieu et ont le cœur droit. Autre différence, plus capitale encore. A la place d'une théomachie, nous avons affaire à une épiphanie de type classique. Ensuite, en l'occurrence, des contacts paraissent s'établir avec le Deutéro-Isaïe[16a]. Et voici une dernière caractéristique: l'épiphanie décrite dans le psaume ne se rattache pas aux descriptions de la grande scène épiphanique du Sinaï. Elle évoque plutôt les épiphanies classiques du dieu de l'orage, telles que nous les trouvons attestées dans l'Ancien Orient et reprises, quant au complexe d'images, dans l'Ancien Testament et appliquées à Yahvé. Toutefois la description est tronquée dans la mesure où l'incipit, qui ailleurs introduit régulièrement l'épiphanie, fait ici défaut[17].

Désireux de tenir compte de toutes ces données, *LRY* nous invite à souscrire à une solution ingénieuse, mais hasardeuse et très hypothétique. Vu le caractère anthologique du poème, nous serions en présence d'une composition tardive[18]. Divers auteurs ont postulé il est vrai une dépendance étroite à l'endroit du Deutéro-Isaïe, mais, aux yeux de notre auteur, les connexions avec le prophète de l'exil ne sont pas pertinentes[19]. En revanche, le caractère théologique tardif des derniers versets (vv. 10-12) qui mentionnent «ceux qui aiment Yahvé», «qui sont justes et ont le cœur droit», et où apparaissent les *ḥ^asîdîm*, nous reporterait à l'époque de la guerre sainte contre les Syro-Macédoniens et nous mettrait et présence des milieux assidéens qui ont préparé et encouragé l'insurrection maccabéenne[20].

16. *Ibid.*, pp. 173-275.

16a. *Ibid.*, pp. 271-275.

17. *Ibid.*, pp. 232-233.

18. *Ibid.*, p. 270: «Le *Ps.* 97 est donc un chant liturgique composé, semble-t-il, à l'occasion d'un fait historique, savoir: la dédicace du temple en 164 av. J.-C..»

19. *Ibid.*, pp. 271-275.

20. *Ibid.*, pp. 268-270.

Si le corps du poème, la description de l'épiphanie jahvéiste, est une composition d'inspiration, d'allure et de teneur anciennes, cela s'expliquerait parfaitement dès que l'on suppose que l'auteur de la pièce, friand d'un genre littéraire anthologique, utilise un poème ancien.

Une fois de plus nous sommes reconnaissant à *LRY* de l'érudition avec laquelle il rassemble les textes anciens, parallèles à la description de la venue épiphanique de Yahvé, parallèles susceptibles d'éclairer le sens de notre poème. Par contre, nous ne comprenons pas son opposition à toute dépendance à l'endroit du Deutéro-Isaïe, et nous contestons que la mention des *ḥ^{a}sîdîm* puisse suffire à situer la composition anthologique du psaume à une date aussi tardive que l'insurrection maccabéenne[21]. Aucune donnée concrète en dehors du témoignage douteux emprunté à la présence du terme *ḥāsîd* n'évoque le climat des âpres luttes maccabéennes, la violation sacrilège du temple et sa restauration. Même à traduire «filles de Juda» par «bourgades de Judée»[22], on n'apporte pas de preuve complémentaire.

En revanche, l'époque du Deutéro-Isaïe fournit un excellent cadre historique. De part et d'autre, nous assistons à une victoire de Yahvé qui entraîne la débandade des dieux païens et la confusion des idolâtres. Que certains passages du psaume trouvent des analogies en d'autres textes que le Deutéro-Isaïe, où néanmoins elles se présentent aussi, n'exclut pas une dépendance à l'endroit du Livre de la Consolation.

Quant aux vv. 10-12, accordons sans peine qu'ils reflètent une théologie et une psychologie religieuse tardives. Tout s'explique si nous y voyons une relecture individualisant et actualisant la portée du psaume. Au v. 8, c'est Sion et les filles de Juda qui tressaillent de joie. Le contexte y reste collectif et national. Par contre, les vv. 10-12, dépassent ce point de vue pour situer les effets du règne de Yahvé dans le cœur de ses fidèles, dans les justes considérés individuellement[23].

Bref, la date proposée pour le *Ps.* XCVII par *LRY* ne nous paraît pas pouvoir être retenue. H. Cazelles est du même avis, tout en louant *LRY* pour sa position très ferme en ce qui concerne les origines littéraires de l'épiphanie divine décrite par le poème. «Les descriptions d'épiphanies divines ne viennent pas de la narration des événements

21. Notons que l'auteur néglige à propos des *ḥ^{a}sîdîm* les vues de B. D. Eerdmans. — Il passe de même sous silence J. Coppens, *Les Psaumes des Ḥasidîm*, dans *Mélanges Robert*, pp. 214-224. Paris, 1956.

22. *Ibid.*, pp. 266-268.

23. L'hypothèse de «relectures», chère à E. Podechard et A. Gelin, est aujourd'hui largement acceptée.

du Sinaï (ou de l'Horeb). L'enquête de l'auteur sur les phénomènes évoqués dans les hymnes antérieurs du Moyen Orient le prouve»[24].

Mais le professeur de Paris estime à son tour qu'on ne peut minimiser les contacts multiples du *Ps.* XCVII avec la seconde partie d'Isaïe[25], puis que les modifications que *LRY* suppose avoir été apportées à un texte épiphanique primitif, s'expliquent mieux dans un contexte plus proche du Deutéro-Isaïe[26], puis encore qu'il n'importe pas, pour expliquer l'épiphanie royale, de recourir à Daniel dont la phraséologie est fort différente[27], enfin que les versets qui terminent le psaume et qui me paraissent être une relecture (vv. 10-12), ne postulent nullement l'époque maccabéenne. «L'opposition des justes et des impies dans le Psaume n'est pas celle de nation contre nation, mais celle de fidèles et d'infidèles comme dans *Prov.* X ss.»[28]. D'ailleurs, rien n'indique que le terme *ḥasîd* ne soit pas pris dans le sens religieux du Psautier[29]. Enfin la jubilation des «îles nombreuses» ne paraît pas convenir au nationalisme de l'époque maccabéenne[30].

Après la description au *Ps.* XCIII de la royauté cosmique de Yahvé, créateur de la terre et triomphateur du chaos marin, — après l'évocation de la royauté historique de Yahvé, triomphateur des faux dieux et des idolâtres au *Ps.* XCVII, nous rencontrons au *Ps.* XCIX la royauté cultuelle de Yahvé, la présence royale de Yahvé sur la colline sacrée de Sion, dans le temple, au-dessus des chérubins[31].

Le texte du *Ps.* XCIX présente lui aussi quelques problèmes d'ordre textuel. Faut-il lire au v. 1 *yāšab* ou *yōšēb*? *LRY* préfère *yāšab*, d'accord par exemple avec É. Dhorme dans la *Bible de la Pléiade*. Mais cette vocalisation s'impose moins si l'on estime qu'en l'occurrence *mālak Yhwh* est à traduire non pas: *Yahvé est devenu roi*, mais: *Yahvé est roi*, vu que le *Ps.* XCIX ne rappelle aucun fait du passé fondant la royauté divine.

La Bible de la Pléiade traduit le v. 4a: *Il est puissant, le roi, il aime le jugement*, rattachant ainsi l'affirmation à Yahvé. *LRY* propose: *Il est la force du roi, il aime le droit*, rapportant le vocable *mèlèk* au souverain terrestre[32].

24. *Rec. citée*, p. 527.
25. *Ibid.*, p. 527.
26. *Ibid.*, p. 527.
27. *Ibid.*, p. 527.
28. *Ibid.*, p. 527.
29. *Ibid.*, p. 527.
30. *Ibid.*, p. 527.
31. *LRY*, pp. 276-335.
32. *Ibid.*, pp. 277-279.

Estimant que le rythme, l'association de Moïse et de Samuel en *Jer.*, XV, 1, et le fait que Moïse n'est pas prêtre nous invitent à supprimer *Aaron parmi ses prêtres*, *LRY* rend le v. 6 comme suit:

Moïse et Samuel sont de ceux qui crient son nom,
ils crient vers Yahvé, si bien que lui, il leur répond,
il leur parle de la colonne de nuée[33].

LRY se représente Moïse et Samuël présents dans le *she'ôl*, où Yahvé lui-même se manifesterait dans la nuée[34]. Bien peu d'exégètes, croyons-nous, seront disposés à le suivre. Si l'on peut à la rigueur concevoir les médiateurs d'Israël intercédant pour le peuple dans le *she'ôl*, aucune tradition vétérotestamentaire ne nous autorise à y situer une manifestation de Yahvé dans la nuée. Si le v. 6 a été augmenté, nous serions tentés, soit d'en retrancher «Aaron parmi ses prêtres», soit plutôt de supprimer le v. 7 tout entier.

Notons encore la version de 8c proposée par *LRY*:

Un Dieu bienveillant tu es pour eux,
sauvegardant toutes leurs entreprises[36].

Quelle que soit la solution adoptée pour les quelques passages discutables, il est clair que le *Ps.* XCIX célèbre la royauté de Yahvé en fonction des institutions qu'il daigna inaugurer à Jérusalem-Sion. C'est en ce lieu qu'il a établi la royauté (v. 4) et le sacerdoce (v. 6-8). C'est là encore que se trouvent l'arche (v. 1, 5), son saint nom (v. 3), sa sainte montage (v. 9).

Une date est surtout difficile à trouver pour le *Ps.* XCIX. *LRY* situe le poème à une époque antérieure au Deutero-Isaïe, voire à Jérémie. Pierre E. Bonnard n'est pas de cet avis[37]. Bien que cet auteur reconnaisse deux contacts frappants entre le *Ps.* XCIX et *Jérémie*, IX, 23 et XV, 1, à savoir: «*Je suis Yahvé, qui exerce bonté, droit et justice sur la terre*», et: «*Même si Moïse et Samuel se tenaient devant ma face, je n'aurais pas de cœur pour ce peuple-là!*», il rapporte le poème au temps du gouvernement théocratique instauré à Jérusalem après l'exil[38]. L'universalisme du règne de Yahvé, les exigences morales de ce règne, l'importance attribuée à Aaron et, par son intermédiaire, au sacerdoce lévitique suffiraient à justifier ce choix[39].

33. *Ibid.*, pp. 321-329.
34. *Ibid.*, p. 328.
35. *Ibid.*, p. 325.
36. *Ibid.*, p. 333. — On préférerait lire: «tu étais pour eux».
37. *Le Psautier selon Jérémie*, dans *Lectio divina*, t. XXVI, Paris, 1960, pp. 190-193.
38. *Ibid.*, p. 190.
39. *Ibid.*, p. 190.

Disons que beaucoup dépend de la façon de traduire le verset 4. La version de Bonnard rapporte le verset à Yahvé. Elle élimine dès lors une allusion au roi terrestre, allusion qui plaiderait pour l'époque préexilique. Voici du reste comment il lit le texte légèrement modifié:

Roi qui aimes le jugement,
toi, tu as fondé la droiture,
droit et justice en Jacob tu exerces[40].

Regrettons que H. Cazelles ne se soit pas étendu plus longuement sur le cadre historique du *Ps.* XCIX. Quelques indices lui paraissent en tout cas suffisants pour exclure une origine qui pourrait remonter jusqu'à l'époque de Salomon[41]. Le Psaume semble refléter la théologie deutéronomique du nom divin[42]; il parle des *'ēdôt* tout comme le Deutéronome[43]; tout comme les textes tardifs, il appelle le temple le marchepied divin[44]; enfin il attribue à Moïse et Samuel un rôle d'intercession sur lequel les débuts de la royauté gardent un silence parfait[45]. H. Cazelles omet toutefois de nous dire quelle époque il retient d'une façon précise pour la composition de notre psaume.

De ce qui précède, il résulte combien H.J. Kraus a eu raison de dire que les psaumes adressés à Yahvé-roi n'ont pas tous nécessairement le même *Sitz im Leben*[46]. Il convient au contraire de se demander en chaque cas particulier quel contexte vital leur convient. Ce contexte, on l'a noté depuis longtemps, peut varier considérablement. Il peut s'agir d'une royauté divine conçue sur ce qu'on peut appeler le plan métaphysique ou strictement théologique: Yahvé est roi de par sa nature et suite à ses interventions créatrices. Cette royauté peut également se manifester dans le cours de l'histoire. Yahvé devient roi en exerçant sa domination sur les nations. Puis il y a la royauté cultuelle de Yahvé, réalisée au sein de la communauté ecclésiale lorsque celle-ci le reconnaît comme son roi, se soumet à lui en cette qualité et fait que réellement, dans le cadre de l'assemblée cultuelle, Yahvé puisse faire valoir sa souveraineté. Enfin il y a l'attente d'une royauté eschatologique qui se réalisera à la fin des temps, quand les derniers ennemis de Yahvé auront été abattus pour toujours.

40. *Ibid.*, p. 190.
41. Date retenue par *LRY*, p. 335.
42. H. CAZELLES, *recens. cit.*, p. 528.
43. *Ibid.*, p. 528.
44. *Ibid.*, p. 528.
45. *Ibid.*, p. 528.
46. H.J. KRAUS, *Psalmen*, ap. *Biblischer Kommentar*, Neukirchen, 1960, p. 682.

Essayant de situer nos trois psaumes dans les catégories que nous venons d'énumérer, nous dirons que le *Ps.* XCIII célèbre la royauté métahistorique ou théologique de Yahvé, puis que le *Ps.* XCIX décrit la royauté permanente de Yahvé qu'Israël expérimenta dans ses institutions, enfin que le *Ps.* XCVII exalte plutôt les jugements, c'est-à-dire les interventions historiques de Yahvé, tout en combinant cette épiphanie à deux autres, celle classique de la théophanie météorologique et celle plus spirituelle de l'illumination des justes.

Nous sommes ainsi amené à placer, d'accord avec H.J. Kraus, le *Ps.* XCIII avant l'exil. Le *Ps.* XCIX est d'une date incertaine. Par contre, le *Ps.* XCVII, qui reflète la théologie deutéro-isaïenne et nous offre une synthèse des épiphanies divines, daterait des années qui ont suivi la chute de Babylone. Dans nos trois psaumes, la formule: *mālak Yhwh* n'est pas à proprement parler une formule d'intronisation. C'est plutôt une formule de proclamation, annonçant l'exercice de la royauté divine. Cet exercice, Yahvé l'accomplit tantôt en seigneur-suzerain qui, par son acte créateur, peut faire valoir des droits de propriété sur la terre, tantôt en chef de guerre qui, par ses victoires sur ses ennemis, impose ses lois aux peuples nouvellement soumis, tantôt enfin en chef d'une théocratie organisée autour de la montagne sainte, siège de la demeure terrestre qu'il s'est choisie.

* * *

Entreprenant par ailleurs de classer les trois psaumes d'un point de vue avant tout idéologique, H. Cazelles estime que dans sa rédaction définitive le *Ps.* XCIII rattache la royauté de Yahvé à la fondation ou, du moins, à l'existence du Temple, gage de l'exercice permanent du pouvoir efficace de Yahvé par l'entremise conjuguée de la royauté et du sacerdoce, tout en n'oubliant pas que les origines de ce pouvoir royal divin remontent à la lutte primordiale de Yahvé contre les forces chaotiques. Le *Ps.* XCIX situe lui aussi la royauté divine avant tout en Israël. Il proclame qu'il y a pour le peuple de Dieu un endroit où siège un juge souverain, disposé à exercer envers lui la justice, conformément aux dispositions qu'il manifesta envers Moïse et Aaron, voire envers Samuel, dispositions d'un juge à la fois sévère et miséricordieux. Enfin le *Ps.* XCVII étend la royauté divine à l'univers entier affirmant l'exercice du Juge souverain envers tous les justes (v. 11a), envers tous les hommes au cœur droit (v. 11b), sans distinction, semble-t-il[47], de race ou de nationalité.

47. Voir *supra*, p. 158, note 11.

2. *Le Psaume XCIII.*

1. Yahvé est devenu roi[a], de majesté il s'est vêtu,
Il s'est vêtu de force, Yahvé, il s'en est ceint[b].
Le monde vraiment en[c] est affermi,
il ne vacillera point.
2. Affermi depuis lors[d] est son trône,
toi tu es depuis toujours[e].
3. Les flots, ô Yahvé, élevèrent,
les flots élevèrent leur voix,
ils élèvent[f] leur fracas, les flots.
4. Plus que les voix des eaux nombreuses[g],
que les puissants brisements[h] de la mer,
puissant dans les hauteurs[i] est Yahvé.
5. Tes témoignages[j] valent pleine confiance[k]
et à ta maison sied la sainteté[l],
Yahvé, à longueur de jours.

a. Alors que la *TOB*, la Bible de Jérusalem, la Bible Osty comprennent le présent: «Yahvé règne, il est roi», L. Desnoyers, M. Buber, *LRY* traduisent: «est devenu roi». — b. Les versions hésitent entre «s'est ceint» ou «s'est enveloppé». La *TOB* parle d'un «baudrier». — c. *LRY* établit un rapport entre l'avènement royal de Yahvé et l'affermissement du monde. Nous l'approuvons. — d. Les versions hésitent entre «dès lors, désormais» ou «de tout temps». Cette dernière traduction est celle de M. Dahood et É. Osty; l'autre est préférée par L. Desnoyers, *LRY*, et elle se recommande dès que l'on estime que le Psalmiste fait allusion à une victoire de Yahvé. — e. *LRY* lit «toi qui sièges depuis toujours». Il suppose que le terme *yôšēb* s'est perdu, mais son hypothèse aboutit à juxtaposer deux affirmations à première vue contraires: Yahvé siégeant depuis toujours et Yahvé siégeant depuis sa victoire. A la rigueur, elles pourraient s'harmoniser: Yahvé siégea depuis toujours; une révolte menaça d'ébranler son règne; il en triompha, et, dès lors, son trône se trouva affermi. — f. Le verbe change de temps. La victoire de Yahvé fut suffisante pour assurer son règne, mais elle n'aboutit pas à faire disparaître totalement la puissance ennemie, les flots chaotiques. — g. Les versions varient: «nombreuses» ou «grandes». — h. Version de *LRY*. Cf. «vagues» (*TOB*), «ressac» (*Bible de Jérusalem*). — i. M. Dahood, t. II, p. 339, suggère de comprendre «mightier than high heaven». — j. Le terme est difficile à traduire avec précision. On propose «was du bezeugt» (H. Torczyner), «deine Vergegenwärtigungen» (M. Buber), «stipulations», «attestations» (L. Desnoyers), «témoignages» (É. Dhorme), «décrets» (*TOB*), «alliance» (*LRY*). — k. S'appuyant en partie sur des parallèles ougaritiques, M. Dahood, t. II, p. 339, aboutit à la version: «Your enthronement was confirmed of old». — *LRY*, p. 149, voit dans *me'ôd* un substantif et renvoie à *Deut.*, VI, 5 et à *II Reg.*, XXIII, 25. — l. De nouveau, une version originale mais problématique de M. Dahood, t. II, p. 339: «In your temple the holy ones will laud you».

En analysant plus haut les vues de *LRY*, nous nous sommes déjà prononcé sur la composition du psaume, et nous en avons souligné les thèmes principaux[48]. Voici pour une meilleure intelligence du poème une série d'observations complémentaires.

48. Cf. *supra*, pp. 157-159.

Le psaume XCIII dont le vocabulaire se retrouve largement dans l'ougaritique et dont le verset 5 est expliqué par M. Dahood à la lumière de cette langue, décrit l'avènement royal de Yahvé dans les cieux, le *mārôm* (v. 4), après la victoire remportée sur les eaux tumultueuses du chaos primordial. A. Deissler conteste il est vrai que le psalmiste continue à se reporter à ce combat et à cette victoire (*op. cit.*, t. III, p. 21). Il suggère, d'accord avec *LRY*, d'interpréter les eaux comme une désignation métaphorique des nations païennes qui au cours des temps se sont liguées contre Yahvé, et, pour le confirmer, il renvoie à *Is.*, V, 30; VIII, 7; XVII, 12; *Jer.*, VI, 23; XLVI, 7-8, etc. Aucun élément du texte ne favorise cette interprétation. En revanche, on explique bien le poème à la lumière de nombreux parallèles évoquant la lutte de Yahvé aux origines du cosmos[49].

C'est le poème ancien discerné par É. Lipiński dans le *Ps.* LXXXIX, à savoir aux versets 6-19[50], qui offre, à ce qu'il nous semble, le plus d'analogies. Tout comme ce poème, le *Ps.* XCIII est, d'après *LRY*, une pièce ancienne dont la composition pourrait remonter aux origines de la royauté[51]. Toutefois entre les deux psaumes des divergences notables surgissent. L'hymne cosmique de *Ps.* LXXXIX, 6-19 ne se contente pas d'évoquer l'éclat (*gē'ût*) et la force guerrière (*ʿōz*) de Yahvé, attributs que nous pourrions appeler purement physiques de l'être divin, attributs auxquels le *Ps.* XCIII attribue la victoire divine sur les eaux. Il mentionne également, en leur donnant le même poids, les attributs moraux du dieu d'Israël: *'ĕmûnāh* (v. 6, 9), *ṣèdēq* (v. 15), *mišpāṭ* (v. 15), *ḥèsèd* (v. 15), *'èmèt* (v. 15), *ṣᵉdaqāh* (v. 17). Au psaume XCIII, il n'y a qu'une faible allusion à ces attributs éthiques, à savoir au verset 5, verset final du psaume, au point qu'on a été tenté d'y voir une addition, destinée à conférer au psaume une portée plus directement d'ordre religieux.

N'oublions pas de rappeler qu'avec le *Ps.* XCIII nous rencontrons le premier des trois poèmes où la formule *Yhwh mālak* intervient. On s'est beaucoup interrogé sur sa portée précise: *formule d'acclamation* saluant l'avènement royal au moment même de l'intronisation, ou *formule de proclamation* dont le héraut se serait servi pour annoncer la bonne nouvelle à ceux qui ne furent pas les témoins de l'événement,

49. *LRY*, pp. 126-135.

50. É. Lipiński, *Le poème royal du psaume LXXXIX, 1-5. 20-38*, ap. *Cahiers de la Revue biblique*, fasc. 6, Paris 1967.

51. *LRY*, pp. 163-172; voir la conclusion, p. 172: «En conclusion, rien ne s'oppose à ce que notre poème date de l'époque de Salomon ou de l'un de ses successeurs immédiats.»

ou *formule de soumission* des sujets du nouveau roi à la suite de son investiture. Il n'est pas exclu que dans nos psaumes elle est avant tout l'expression de la foi du psalmiste en la royauté de Yahvé. Nous aurons plus loin l'occasion de revenir sur le sens exact de la formule et sur les recherches dont elle a été l'objet.

Pour donner au psaume un cadre vital quelque peu vraisemblable de nombreux auteurs ont suggéré d'y voir un poème destiné à accompagner les fidèles dans leur montée vers le temple à l'occasion d'une des grandes fêtes de l'année liturgique. On songe en particulier à la fête des tabernacles au cours de laquelle l'alliance avec Yahvé était renouvelée et où par conséquent les fidèles étaient invités à renouveler leur promesse de fidélité à la Loi exprimant les volontés de Yahvé. N.H. Snaith ne partage pas cette opinion. Selon lui, les hymnes à la royauté divine, tous postexiliques, auraient été destinés à la liturgie du sabbat[52]. É. Lipiński continue à soutenir ses vues touchant les rapports étroits des *Ps.* XCIII, XCVII et XCIX avec la tradition cultuelle de l'intronisation de Yahvé à Jérusalem, au temple, sur la colline de Sion: *DBS*, 1973, fasc. 48, col. 32-35. Il est pourtant difficile de prouver qu'il ne peut pas s'agir tout simplement d'un poème avant tout littéraire, composé tout d'abord pour célébrer d'un point de vue théologique la royauté de Yahvé.

3. *Le Psaume XCVII.*

1. Yahvé est roi[a]. Qu'exsulte la terre,
   que les îles nombreuses se réjouissent!
2. Autour de lui, une nuée et des ténèbres[b],
   justice et jugement sont le support[c] de son trône.
3. En avant de sa face marche du feu,
   et il enveloppe[d] à l'entour ses ennemis.
4. Ses éclairs illuminent le monde,
   la terre le voit et en frémit.
5. Les montagnes fondent comme la cire devant la face de Yahvé,
   devant la face du Seigneur de toute la terre[e].
6. Les cieux font connaître sa justice
   et sa gloire tous les peuples la voient[f].
7. Sont confondus tous les servants d'idoles,
   ceux qui se vantent des dieux de néant[g].

52. Cité ap. E. Beaucamp, *Le Psautier. Origine et formation*, ap. *SDB*, 1973, fasc. 48, col. 146.

8. Sion entend et se réjouit,
et les filles de Juda jubilent
à cause de tes jugements, ô Yahvé.
9. Car toi Yahvé, tu es le Très-Haut
sur toute la terre;
tu es élevé bien dessus tous les dieux.
10. Yahvé aime ceux qui haïssent le mal,
il garde les âmes de ses dévots[h],
il les délivre de la main des méchants.
11. Une lumière point pour le juste
et, pour les cœurs droits, de la joie.
12. Réjouissez-vous donc, ô justes, en Yahvé,
et louez le mémorial de sa sainteté[i].

a. Le contexte ne fait pas songer à la description d'un avènement royal. D'où notre version: «Yahvé est roi». — b. Il n'est pas nécessaire de songer à un souvenir de l'épiphanie de Yahvé sur le Sinaï. Yahvé apparaît facilement au milieu d'un orage: cf. *Ps*. XXIX. — c. Pour la version «support», cf. *LRY*, pp. 212-214. *LRY*, p. 271 traduit «base». — d. Cf. *LRY*, p. 271. — e. Pour le titre «seigneur de toute la terre» voir *Mich*., IV, 13; *Zach*., IV, 14; VI, 5. — f. Pour le verset 6b voir *Is*., XL, 5 et LII, 10. — g. Sur les *'^{e}lîlîm*, «êtres de néant», cf. *LRY*, p. 266. — h. Nous traduisons les *ḥ^{a}sîdîm* par «les dévots»: cf. J. Coppens, *Les Psaumes des Ḥasidîm*, ap. *Mélanges Robert*, Paris, 1956, pp. 214-244. — i. L. Desnoyers traduit «à sa sainte mémoire». Beaucoup de commentateurs paraphrasent «à son nom sacré»: cf. *LRY*, p. 271.

Nous avons plus haut brièvement évoqué les vues originales de *LRY* touchant la structure et la date de composition du psaume XCVII. En raison de l'importance du poème dans le groupe des psaumes dits de la royauté de Yahvé, il importe d'y revenir.

Au terme d'une analyse critico-littéraire et comparative, *LRY* y distingue d'une part les vestiges d'un ancien poème épiphanique, susceptible de remonter à l'époque de David ou même encore plus haut[53] et, de l'autre, l'œuvre d'un hagiographe qui y aurait intégré les éléments d'un chant nouveau appelé à célébrer une victoire militaire des Assidéens à l'époque maccabéenne. Une date précise est même avancée pour la composition, à savoir celle de la dédicace du temple hiérosolymitain en 164 av. J.-C.[54].

Au psaume épiphanique ancien il conviendrait d'attribuer les versets[55] 2a, 3, 4b, 5a, 5c, 7c et 9[56]. Bien que la pièce ainsi reconstituée

53. *LRY*, p. 463.

54. *Ibid*., p. 270.

55. *Ibid*., pp. 219-233; voir la conclusion p. 233 et, pour les versets à éliminer selon *LRY*, les pages 234-235.

56. *Ibid*., p. 233.

offre pas mal de contacts avec divers passages bibliques[57], il n'y aurait pas lieu, vu sa date ancienne, de postuler pour sa composition le procédé dit anthologique. Nous aurions affaire plutôt à une pièce littéraire originale dérivant d'un milieu biblique se situant dans le cadre et le sillage de l'ancienne poésie syropalestinienne[58]. Yahvé par exemple s'y présence entouré d'un certain nombre d'être célestes qualifiés d'Elohim[59]. Dans son état actuel, l'hymne épiphanique n'est plus complet[60]. L'incipit fait défaut. Le basant sur un ensemble de lieux parallèles, *LRY* se fait fort de reconstruire l'exorde manquant au point de nous offrir ce qu'il estime avoir été la forme originelle du poème[61].

De l'hymne épiphanique dont le cadre est cosmique, se distinguerait suffisamment l'œuvre du contemporain anonyme du mouvement assidéen. S'y rapporteraient les versets 1, 2b, 4a, 5b, 6-7ab, 8, 10-12[62]. De cosmico-mythologique, l'arrière-fond y devient historico-salvifique, au point que *LRY* parle de la surimpression d'une vision historico-œcuménique sur une toile de fond cosmique[63]. Si quelques traits cosmiques sont à mettre sur le compte du dernier rédacteur, ils sont d'un ordre différent, à savoir la «gloire des cieux» évoquée au v. 6 et la «lumière», brillant pour les justes, annoncée au v. 11. Puis et surtout le mode de composition serait radicalement différent. Cette fois nous rencontrons une pièce qui relève du style anthologique[64]. L'auteur aurait grapillé non pas dans le Deutéro-Isaïe[65] mais dans la littérature psalmique, toutefois en imprimant plus d'une fois aux passages empruntés des nuances ou même une portée nouvelles[66]. Enfin il est important de noter que selon les conclusions littéraires de *LRY*, les versets où la royauté de Yahvé est proclamée, c'est-à-dire les versets 1-2a, dérivent de l'addition à l'hymne primitif.

57. *Ibid.*, pp. 219-233.

58. *Ibid.*, p. 256.

59. *Ibid.*, p. 238-240.

60. *Ibid.*, p. 210.

61. *Ibid.*, pp. 240-241. — Ajoutons que pour les origines de la vision théophanique, *LRY* exclut les traditions sinaïtiques: pp. 241 ss. et pp. 247-249.

62. Ce poème surgit après avoir soustrait les versets attribués au prétendu psaume épiphanique ancien. *LRY* considère le v. 5b: *millipnê Yhwh* et, au v. 4a, la mention des éclairs comme des additions.

63. *LRY*, p. 257.

64. Cf. par exemple v. 2b // *Ps.* LXXXIX, 15; v. 4a // *Ps.* LXXVII, 19b; v. 6a // *Ps.* L, 6a; v. 8 // *Ps.* XLVIII, 12; v. 12a // *Ps.* XXXII, 11a; v. 12b // *Ps.* XXX, 5b.

65. *LRY*, pp. 271-275.

66. Ce serait pas exemple le cas du réemploi du *Ps.* XIX, 2a: *LRY*, p. 262.

Trois données montreraient que la pièce complémentaire et sa réunion au poème préexistant impliquent comme milieu de composition la période maccabéenne. Il y a d'abord la présence fortement soulignée des *ḥ^a^sîdîm, ṣaddîqim, yišrê lēb* (vv. 10-12)[67], puis les contacts suggérés par ces termes et par les groupements religieux qu'ils désignent avec le psaume assidéen retrouvé à Qumrân, à savoir 11 Q Ps^a^ col. XVIII[68], enfin le rapprochement du v. 3 avec *Dan.*, VII, 9-11[69] expliquant peut-être que l'auteur assidéen ait arrêté son choix sur l'hymne épiphanique ancien[70].

Il va de soi que l'analyse serrée du psaume XCVII menée par *LRY* avec beaucoup d'érudition et d'acribie représente un apport à une meilleure intelligence du poème. Mais, à notre avis, des réserves graves s'imposent quant à l'utilisation du procédé de composition anthologique, quant à la structure du poème et surtout quant à la date de composition.

LRY met bien en lumière le caractère anthologique de nombreux versets et il observe correctement d'abord que la littérature psalmique pourrait être la source principale des emprunts, puis que ces emprunts reçoivent à diverses reprises dans le réemploi une coloration et une portée nouvelles. Mais, à notre avis, il exagère en contestant radicalement les affinités avec le Deutéro-Isaïe[71] et en réservant le procédé anthologique à la composition des seuls versets attribuables selon lui à l'auteur de l'époque assidéenne. Cette dernière affirmation se heurte au fait que l'hymne épiphanique présente lui aussi des contacts avec d'autres passages bibliques[72]. Seul le postulat d'une prétendue origine fort ancienne, remontant à l'époque davidique ou prédavidique, met *LRY* à l'aise pour exclure tout indice d'éventuelles dépendances littéraires bibliques.

Quant à l'hypothèse principale de *LRY*, à savoir que le psaume actuel dérive de la jonction de deux pièces disparates, primitivement distinctes, rien ne l'exclut a priori. Le cas de psaumes composites, résultat de l'assemblage de morceaux originellement indépendants, a été maintes fois proposé. C'est par exemple, ainsi que nous l'avons

67. *LRY*, p. 270.

68. *Ibid.*, p. 270 avec renvoi à J. A. SANDERS, ap. *ZAW*, 1964, t. LXXVII, pp. 59, 67.

69. *Ibid.*, pp. 260, 270.

70. *Ibid.*, p. 260.

71. *Ibid.*, pp. 271-275.

72. Aux pp. 218, 233, *LRY* relève lui-même une imagerie dite traditionnelle et à la page 202, il renvoie pour le moins à trois descriptions épiphaniques dont l'affinité avec l'hymne épiphanique du *Ps.* XCVII n'est pas douteuse.

vu, une hypothèse valable pour les psaumes IX-X et LXVIII. Mais, à notre avis, la composition du psaume XCVII est probablement plus compliquée. A lire avec une attention soutenue le poème, on est amené, semble-t-il, à y distinguer trois épiphanies de Yahvé. La première se présente dans l'hymne dit épiphanique. Elle se réalise dans un cadre cosmique, celui d'un orage [73], qui évoque, à certains égards, celui du psaume XXIX et qui s'adresse, tout comme ce dernier, aux Elohim (v. 7c, 9), amenés par la révélation épiphanique à s'incliner devant Yahvé. La deuxième épiphanie figure aux versets 6-7ab et 8. Elle est, malgré l'allusion aux cieux du verset 6a, foncièrement historique et elle est destinée à la fois aux peuples païens (v. 7), serviteurs des idoles (v. 7a) ainsi qu'à Sion et aux filles de Juda (v. 8). Elle entraîne la confusion des idolâtres (v. 7) et provoque la joie de Sion et de sa banlieue (v. 8). Une troisième épiphanie se lit aux versets 10-12. Elle concerne un groupe restreint de personnes: les dévots, les justes, ceux qui ont le cœur droit, et elle nous est présentée sous le symbole d'une illumination qui présage presque une conception du royaume de Dieu où domineront les valeurs intérieures et spirituelles, le plan moral et religieux. Alors que les éléments de la première et de la deuxième épiphanie s'entremêlent et que *LRY* parle à leur propos d'une surimpression, les versets composant la troisième épiphanie se présentent comme une péricope parfaitement distincte. S'il convient de trouver dans le psaume XCVII un morceau relativement récent, c'est précisément aux versets 10-12, ceux de la troisième épiphanie que l'on est amené à songer en tout premier lieu.

Dans la rédaction présente du psaume, l'énoncé de la royauté divine coiffe le poème tout entier. Quels que soient l'auteur et la date de l'incipit, la souveraineté de Yahvé qu'il proclame, convient parfaitement à l'ensemble du poème, notamment aux trois épiphanies divines qui le composent. Ces trois épiphanies offrent par ailleurs en quelque sorte une synthèse des traditions bibliques sur la manifestation du roi Yahvé. La première trouve des parallèles, sinon des antécédents, au psaume XXIX; la deuxième évoque entre autres les psaumes XCVI et XCVIII; la troisième nous renvoie pour les justes aux psaumes V (v. 13); CXLV (v. 10) et, pour les dévots, au psaume CXLV, 10.

Vu le caractère synthétique du poème et ses nombreuses accointances avec d'autres textes bibliques, il n'est pas exclu qu'il faille admettre plusieurs étapes dans sa formation. On peut ainsi par exemple distinguer un premier rédacteur pour les versets 1-9 du

73. Cf. par exemple *LRY*, p. 256.

psaume et, en outre, admettre qu'il utilisa une pièce plus ancienne pour la composition de la théophanie aux versets 2-5. Un deuxième auteur, relecteur des versets 1-9, serait responsable de l'addition des versets 10-12. Pour aucune de ces parties une date maccabéenne ne se recommande. C'est assurément le cas pour la pièce la plus ancienne, les vv. 1-9. Même des yeux de lynx n'arrivent pas à détecter au verset 3a un renvoi à *Dan.*, VII, 9-11. Dans notre poème, il n'est pas question d'un fleuve de feu ni d'une destruction d'empires ennemis par le feu. L'orage qui se trouve à l'arrière-fond de l'épiphanie, n'a rien de commun avec la vision daniélique du trône divin igné entrevu par l'apocalypticien. Une date maccabéenne trouverait tout au plus quelque appui dans les versets 10-12 qui remontent à notre avis à la dernière relecture du psaume. Mais, à tout prendre, même pour ce texte, les arguments invoqués n'emportent pas la conviction. Qu'il y ait entre le psaume et 11 Q Ps^a col. XVIII des affinités s'explique tout aussi bien par la dépendance du poème qumrânien à l'endroit du psaume biblique. Quant aux *ḥ^{a}sîdîm* de *Ps.* XCVII, 10, à identifier aux justes (vv. 11, 12), aux droits de cœur (v. 11), aux haïsseurs du mal (v. 10), aux dévots de Yahvé (v. 10), bref à tous ceux opposés aux méchants et aux impies (v. 10), leur description ne renvoie nullement aux *ḥ^{a}sîdîm* armés du *Ps.* CXLIX, vv. 1, 5, 9, qui eux pourraient évoquer les cohortes d'assidéens engagés dans la révolte maccabéenne. Si l'orant du *Ps.* XCVII espère la délivrance, c'est de la sauvegarde et de l'intervention salvatrice de Yahvé qu'il l'attend.

Bien peu d'éléments permettent d'assigner une autre date précise au corps du poème, les versets 1-9, et à sa relecture, les vv. 10-12. Constatons toutefois d'abord que l'intérêt du psalmiste se porte à Sion et aux bourgades qui en dépendent[74], puis que la royauté divine énoncée au verset 2b reflète l'idéal de la royauté terrestre tel que la littérature prophétique avait fini par l'élaborer[75], enfin que le triomphe de Yahvé trouve selon le psalmiste son expression la plus éclatante dans la confusion des idolâtres entrevue également par le Deutéro-Isaïe ainsi que dans le salut des justes tel que le psaume CXII, poème sapiential tardif l'a décrit. Ces indices plaident sans doute pour une composition postexilique.

Vu la synthèse des trois épiphanies réalisée par l'hagiographe, le psaume XCVII pourrait bien se classer au terme des poèmes dits de la royauté de Yahvé.

74. *LRY*, pp. 266-268.
75. *Ibid.*, p. 211-212.

4. *Le Psaume XCIX.*

1. Yahvé est roi: que les peuples tremblent[a]!
Il siège sur les chérubins: que la terre frémisse[b]!
2. Yahvé est grand en Sion[c],
et lui[d] élevé au-dessus de tous les peuples.
3. Qu'ils louent ton nom grand et terrifiant,
lui, il est saint[e]!
4. La force d'un roi qui aime le jugement,
c'est toi qui l'affermis[f],
la rectitude, le droit et la justice en Jacob,
c'est toi qui l'exerces[g].
5. Exaltez Yahvé, notre Dieu,
et prosternez-vous devant l'escabeau de ses pieds,
lui, il est saint[h].
6. Moïse, et Aaron parmi ses prêtres[i],
et Samuel parmi les invocateurs de son nom,
appelaient Yahvé, et lui leur répondait.
7. [Dans la colonne de nuée Dieu parlait;
ils gardèrent ses stipulations
et le statut[j] qu'il leur donna][k].
8. Yahvé, notre Dieu, tu leur répondis[l].
Un dieu pardonneur tu fus pour eux
mais vengeur de leurs méfaits.
9. Exaltez Yahvé, notre Dieu,
et prosternez-vous vers la montagne de sa sainteté,
car il est saint[m],
Yahvé notre Dieu.

a. Aussi bien la *TOB* que Dahood inclinent à lire une invitation. — b. L'adoption de la version «qu'elle frémisse» évite une opposition trop nette au *Ps.* XCIII, 1. Au *Ps.* XCIII, 1, le Psalmiste se préoccupe de mettre en lumière la stabilité de la terre après la victoire remportée par Yahvé sur les eaux. Au *Ps.* XCIX, 1, le Psalmiste envisage l'attitude de la terre en présence d'une épiphanie de Yahvé. On peut se demander à quels chérubins le poète songe. S'il avait en vue les chérubins célestes sur lesquels Yahvé chevauche, cette vision cadrerait bien avec l'évocation d'une théophanie. Mais la suite du poème nous renvoie plutôt aux chérubins trônant sur l'arche. Pour indiquer le comportement de la terre en présence de Yahvé le psalmiste se sert du verbe *nûṭ*, distinct de *mûṭ* qu'il emploie en XCIII, 1. D'où notre version «frémir» et non «vaciller». — c. M. Dahood, t. II, p. 367 traduit: «Yahweh is too great for Sion». — d. «Est élevé», c'est-à-dire domine. — e. Le psaume connaît un refrain, à savoir: «Il est saint»; cf. vv. 3, 5, 9; d'où notre option pour rattacher les adjectifs «grand» et «terrifiant» à Yahvé. M. Dahood, *loc. cit.*, discerne bien la présence du refrain. — f. Le verset 4 est très diversément traduit: «La force d'un roi, c'est d'aimer le droit» (*TOB*), «Le roi qui aime le jugement, c'est toi» (*Bible de Jérusalem*), «Il est puissant, le Roi, il aime la justice» (É. Osty), «La force du roi, lequel aime la justice» (L. Desnoyers). On semble perdre de vue que la reprise: *'ᵃttāh kônantā*, *'ᵃttāh 'āśîtā* invite à reconnaître deux affirmations et constructions parallèles. — g. Cf. le parallélisme «c'est toi qui l'exerces» avec «c'est toi qui l'affermis». — h. Le refrain du v. 3 revient ici; il réapparaîtra une dernière fois, augmenté, à la fin du psaume. — i. Depuis longtemps on a observé une certaine antinomie entre le v. 6 où Samuel est nommé et le v. 7a où il ne peut être compris parmi ceux auxquels Dieu parla dans la nuée (voir toutefois un essai d'harmonisation dans S. MOWINCKEL, *Salmeboken*, p. 208). Dans *ETL*, 1978, t. LIV, p. 19, nous avons proposé de supprimer «et Aaron parmi ses prêtres». Il est difficile d'arriver à une conclusion certaine. Après avoir une nouvelle fois soupesé les arguments, nous préférons retenir l'incise et considérons le seul v. 7, — le seul d'ailleurs à utiliser Elohim à la place de Yahvé, — comme une addition. Elle semble avoir été introduite par un relecteur scandalisé de voir attribués au v. 8c des méfaits à Moïse et Aaron. L'addition se présente entre deux versets en partie parallèles, appelés à se suivre sans interruption. — j. E. Osty traduit «statut» pour respecter l'original hébreu. — k. Cf. la note i. — l. Cf. la note i. — m. Le poème se termine par une troisième reprise du refrain.

Le *Ps.* XCIX, le dernier des trois où *Yahweh mālak* sert d'incipit, n'est pas à notre avis le plus récent des trois; le *Ps.* XCVII, ainsi que nous avons essayé de le montrer, paraît pouvoir revendiquer davantage cette qualification[76]. Le poème envisage le règne de Yahvé à partir de Sion (v. 2), à partir de la sainte montagne de Sion (v. 9). Il entrevoit les effets de ce règne sur tous les peuples, sur la terre entière, mais il ne s'explique pas sur la façon dont l'emprise de Yahvé se réalisera, à moins qu'on ne veuille en trouver le fondement dans le fait que Yahvé siège sur les «chérubins». Il conviendrait alors de songer non à l'arche mais aux chérubins célestes (*Ps.* XVIII, 11), sur lesquels Yahvé monte quand, chevaucheur des nuages (*Ps.* LXVIII, 5) il se manifeste à travers l'orage.

La version des versets 1-4 n'est pas facile. Celle à laquelle s'arrête M. Dahood s'éloigne en beaucoup d'endroits des traductions reçues:

1. Yahweh reigns, let the peoples tremble[77],
O Enthroned upon the Cherubins[78], let the earth quake[79]!
2. Yahweh is too great[80] for Zion,
exalted is he beyond all the Strong Ones[81].

76. Cf. J. COPPENS, *Les Psaumes de l'intronisation de Yahvé*, ap. *Eph. Theol. Lov.*, 1966, t. XLII, pp. 225-231. — *La date des Psaumes de l'intronisation de Yahvé*, *ibid.*, 1967, t. XLIII, pp. 192-197.

77. S'inspirant du parallèle en *Ps.* XCVII, 1, et se ralliant au psautier *Iuxta hebraeos*, M. DAHOOD, *op. cit.*, t. II, p. 368, préfère le jussif à l'indicatif.

78. Cf. *Ps.* LXXX, 2 et XVIII, 11.

79. M. DAHOOD, *loc. cit.*, p. 368 signale diverses tentatives d'éclairer le verbe *tānût* par le recours à l'ougaritique.

80. S'appuyant sur le parallélisme avec *'al* (v. 2b), M. DAHOOD, *loc. cit.*, donne à la préposition *b* affectant le terme Sion la portée d'un comparatif; il renvoie pour établir ce sens, à une note sur le *Ps.* LXXXVIII, 9.

81. Sens proposé en référence aux *Ps.* XVIII, 28 et XLVII, 2, où la racine *'mm* est censé avoir la signification d'«être fort, sage». De cette façon, ajoute M. DAHOOD,

3. Let them praise your name[82],
O Great and Awesome One![83].
Holy is He![84].
4. The strongest king[85], the lover of justice[86],
You yourself established equity;
Right and justice in Jacob
You yourself wrought.

À cette traduction très hypothétique nous en avons préféré une autre plus fidèle au texte reçu:

1. Yahvé est roi! Que les peuples tremblent![87].
Il siège sur les chérubins: que la terre frémisse!
2. Yahvé est grand en Sion
et lui élevé au-dessus de tous les peuples[88].
3. Qu'ils louent ton nom grand et terrifiant,
lui il est saint.
4. La force d'un roi qui aime le jugement,
c'est Toi qui l'établis[89];

la lecture *elohîm*, proposée en référence aux *Ps.* XCV, 3 et XCVI, 4, devient inutile. Mais le sens ainsi suggéré oblige Dahood à donner au terme une signification différente dans le *Ps.* XLVII (vv. 2 et 4).

82. Selon M. DAHOOD (*loc. cit.*), le passage de la troisième à la seconde personne ne pose pas de problème dans la poésie de cour.

83. Comme parallèle à *gādôl w^e^nôrā'* M. DAHOOD renvoie à *rabbāh w^e^nôrā'* du *Ps.* LXXXIX, 8. Au lieu d'y voir des adjectifs, il les interprète au vocatif comme des «appellatives» de Yahvé.

84. Il s'agit selon M. DAHOOD d'un refrain clôturant la première strophe et repris aux versets 5 et 9.

85. Pour justifier sa version, M. DAHOOD, *op. cit.*, t. II, p. 369, renvoie au *Ps.* XLVIII, 3, *op. cit.*, t. I, p. 289. Il admet comme alternative la leçon *'ôz m^e^lākîm mišpāṭ*. En toute hypothèse, la version est difficile. La *Bible de Jérusalem* découvre en *'ôz* un adjectif et le rattache à l'énoncé du verset précédent: «Il est saint, lui, (4) et puissant». Mais c'est là perdre de vue que la phrase: «Il est saint» paraît être un refrain.

86. La *Bible de Jérusalem* propose de traduire le v. 4: «Le roi qui aime la justice, c'est toi». La *TOB* suggère une version plus fidèle: «La force d'un roi c'est d'aimer le droit». Le *New English Bible* perd lui aussi de vue le refrain: «Il est saint» et traduit:

«he is holy, he is mighty,
a king who loves justice».

87. La *TOB* rejoint pour l'usage de l'optatif la suggestion de M. Dahood.

88. La grandeur visée se réalise à partir de Sion. Une référence à une domination sur des «entités» surnaturelles s'impose moins.

89. On pourrait être tenté de traduire en retenant la leçon *'āhab*: «la force d'un roi, la justice, il (Yahvé) l'aime».

la rectitude, le droit et la justice en Jacob,
c'est toi qui l'exerces[90].
5. Exaltez Yahvé, notre Dieu,
et prosternez-vous devant l'escabeau de ses pieds,
lui il est saint.

Si l'on excepte la version d'É. Dhorme, les traductions modernes réfèrent toutes, au moins indirectement, l'exercice idéal de la souveraineté à Yahvé, et cela du fait que Yahvé est présenté comme la source de la rectitude, du droit et de la justice. C'est donc en

90. Les variations dans les versions récentes établissent la difficulté à rendre exactement les versets 3-4:

3. Deinen Namen sollen sie bekennen:
«Gross und furchtbar, heilig ist er!»,
4. und die Macht des Königs,
der das Recht liebt.
Du bists,
der Geradheit hat gefertigt;
Recht und Wahrhaftigkeit
in Jaakob, du bists der gemacht hat.

(M. Buber, *Das Buch der Preisungen*, ap. *Die Schrift*, Berlin, s.d., p. 191).

3. Sie huldigen deinen Namen,
So gross und furchtbar,
Geheiligt ist er,
4. Des Königs Macht,
Der liebt das Recht.
Du hast Geradheit festgesetzt,
Recht und Gerechtigkeit in Jaakob
Hast du geschaffen.

H. Torczyner, *Die Heilige Schrift neu ins Deutsche übersetzt*, Francfort-s.-M., 1937, p. 1408.

3. On loue ton nom grand et terrible:
il est saint!
4. Il est puissant, le roi, il aime le jugement.
C'est toi qui établis le droit;
le jugement et la justice
en Jacob tu l'exerces!

É. Dhorme, *La Bible. L'Ancien Testament*, t. II, Paris, 1959, p. 1115.

3. They extol his (prob. read.) name as great and terrible;
he is holy, 4. he is mighty,
a King who loves justice.
Thou hast established justice and equity,
thou hast dealt righteously in Jacob.

The New English Bible, Oxford, 1970, p. 698.

Le refrain: «Il est saint», qui se rapporte à Yahvé et non pas précisément au nom, nous paraît offrir un élément sûr pour distinguer les strophes.

qualité de législateur et de juge suprême que le psaume nous paraît revendiquer pour Yahvé le rôle, sinon le titre, de monarque (v. 1). C'est avant tout de ce point de vue que le psalmiste invite les peuples à le célébrer. Deux autres qualités de Yahvé s'y ajoutent pour établir sa souveraineté, à savoir sa grandeur, son élévation et sa sainteté. Cette dernière intervient surtout pour justifier l'appel à se rendre à Sion pour l'exalter. Car c'est à Sion, sur la colline de Sion, que Yahvé a choisi de faire demeurer sa sainteté. C'est là qu'il possède son marchepied, sans doute l'arche ou le temple. Ajoutons qu'au cas où le psalmiste vise l'arche, le rôle de marchepied ne convient guère aux chérubins. Des lors, nous aurions là une raison de plus à l'appui de l'interprétation céleste suggérée plus haut.

Les versets 6-9 paraissent vouloir illustrer la manière dont Yahvé exerce de fait le droit et la justice en Israël, à savoir par l'intermédiaire d'une classe éminente d'intermédiaires, celle des prophètes, représentés en l'occurrence typiquement par Moïse et Samuel, et celle des prêtres figurée par Aaron[91]. Quant au roi, comme il avait déjà fait l'objet d'une mention explicite au verset 4a, il n'avait plus besoin d'une nouvelle référence.

Divers indices paraissent plaider pour une origine postexilique du psaume. Il reflète la théologie deutéronomique du nom divin[92], il mentionne à la manière deutéronomique les *ʿēdôt*[93], tout comme les textes bibliques tardifs il appelle le temple le marchepied divin[94]; il attribue à Moïse et Samuel un rôle d'intercession médiatrice que les textes remontant au début de la monarchie paraissent ignorer[95]. À ces données P. Bonnard ajoute deux rapprochements avec le livre de Jérémie. L'expression «faire droit et justice» appliquée à Yahvé

91. Nous avons opté en fin de compte pour le maintien d'Aaron et pour la seule addition du v. 7. Voir *supra*, p. 175.

92. Cf. A. S. VAN DER WOUDE, *Šēm*, ap. E. JENNI - Cl. WESTERMANN, *Theolog. Wörterbuch z. A.T.*, Munich, 1976, t. II, col. 935-963. — Voir aussi O. GRETHER, *Name und Wort Gottes im Alten Testament*, ap. *BZAW*, LXIV, Giessen, 1934.

93. Cf. C. VAN LEEUWEN, *ʿēd*, *ibid.*, t. II, col. 210, 217-220 et B. VOLKSWEIN, ap. *BZ*, 1969, n.s., t. XIII, pp. 18-40.

94. Cf. *I Chron.*, XXVIII, 2; *Ps.* CXXXII, 7. Le sens de *Lam.*, II, 1 est ambigu et *Is.*, LXVI, 1 interprète la terre comme l'escabeau de Yahvé.

95. Voir Moïse comme intercesseur pour Israël en *Ex.*, XVII, 11-13; XXXII, 11-14, 30-34; *Num.*, XII, 13; XIV, 13 ss.; XXI, 7; *Ps.* CVI, 23 et Samuel dans ce rôle en *I Sam.*, VII, 8-12; XII, 16-25. D'après H. J. KRAUS, *op. cit.*, pp. 684-685, le psalmiste envisage la médiation sur le plan de l'alliance.

ne se rencontre en dehors de notre psaume qu'en *Jer.*, IX, 23. De même, le livre de Jérémie est le seul écrit biblique à associer Moïse et Samuel: *Jer.*, XV, 1, d'une manière qui se rapproche de notre psaume. Ajoutons que «droit et justice», mais sans le verbe faire, apparaissent également en trois autres psaumes postexiliques: XXXIII, 5; LXXXIX, 15 et XCVII, 2[96].

Enfin n'oublions pas de noter que le *Ps.* XCIX est par excellence celui où l'adjectif *qādôš* figure le plus. Certes il se retrouve encore ailleurs dans le Psautier associé à Yahvé, par exemple aux *Ps.* XXII, 4; LXXI, 22; LXXVIII, 41; LXXXIX, 19; CXI, 9. Le dernier texte attribue tout comme *Is.*, LVII, 15 la sainteté au nom de Yahvé et rejoint parfaitement le verset 3 de notre psaume, du moins si *qādôš* s'y rapporte au nom.

* * *

Au terme de notre analyse des trois psaumes du règne dont *Yhwh mālak* est l'incipit, il ne manque pas d'intérêt de nous arrêter aux discussions soulevées touchant la valeur temporelle à attribuer aux formules *Yhwh mālak* et *mālak Yhwh*[97].

Dans l'article le plus récent consacré au problème, celui de J.H. Ulrichsen[98], l'auteur arrive aux conclusions suivantes: 1. dans les deux formules *Yhwh mālak* et *mālak Yhwh*, le verbe *mālak* peut signifier «être roi, exercer la royauté, régner» ou «devenir roi»[99]; 2. l'ordre respectif des deux termes ne suffit pas pour déterminer la version à adopter[100]; 3. n'y suffit pas davantage le genre de phrase

96. Cf. P.E. Bonnard, *Le Psautier selon Jérémie*, ap. *Lectio divina*, XXVI, Paris, 1960, pp. 192-193.

97. Cf. O. Eissfeldt, *Jahwe als König*, ap. *ZAW*, 1928, t. XLVI, pp. 81-105 et *Kleine Schriften*, Tubingue, 1962, t. I, pp. 172-193. — S. Mowinckel, *Offersang og Sangoffer*, Oslo, 1951. — L. Köhler, *Yahwäh mālāk*, ap. *VT*, 1953, t. III, pp. 188-189. — J. Ridderbos, *Jahwäh malak*, ap. *VT*, 1954, t. IV, pp. 87-89. — D. Michel, *Studien zu den sogenannten Thronbesteigungspsalmen*, ap. *VT*, 1956, t. VI, pp. 40-68. — D. Michel, *Tempora und Satzstellungen in den Psalmen*, Bonn, 1960. — H.J. Kraus, *Psalmen*, 2e éd., Neukirchen, 1961. — A.S. Kapelrud, *Nochmals Yahwä mālāk*, ap. *VT*, 1963, t. XIII, pp. 229-231. — K. Aartun, *Zur Frage altarabischer Tempora*, Oslo, 1963. — *LRY*, Bruxelles, 1965. — T. Boman, *Das hebräische Denken in Vergleich mit dem griechischen*, 5e éd., Goettingue, 1968. — J.H. Ulrichsen, *Jhwh mālak: einige sprachliche Beobachtungen*, ap. *VT*, 1977, t. XVII, pp. 361-374.

98. Cf. la note précédente.

99. *Ibid.*, p. 372.

100. *Ibid.*, p. 372.

où elles se rencontrent[101] ni l'appel à l'autorité de la version des Septante[102]. La Septante traduit, il est vrai, par l'aoriste, mais en grec classique la valeur de l'aoriste est ambiguë et par ailleurs le grec de la Septante n'est pas à assimiler sans plus à celui des auteurs classiques; la Septante paraît traduire «mécaniquement» sans réfléchir au sens précis qu'il convenait d'adopter[103]; 4. seul le contexte peut suffire à nous éclairer sur la version qui s'impose[104]; 5. dans le cas précis des Psaumes du règne de Yahvé le contexte serait malheureusement insuffisant pour nous permettre de faire un choix[105].

Pour éclairer les deux sens que *mālak* peut recevoir: *le sens duratif* = être roi, régner, et le *sens dit ingressif* = devenir roi, aussi bien dans la succession sujet-prédicat que dans l'ordre inverse, l'auteur dresse le tableau suivant:

I. *Sens duratif.*

A. Sujet,prédicat: *I Reg.*, I, 18; *I Chron.*, XXIX, 26-27;
B. Prédicat-sujet: *I Reg.*, II, 11; *I Reg.*, XI, 42; II *Reg.*, X, 36.

II. *Sens ingressif.*

A. Sujet-prédicat: *I Reg.*, XVI, 29; *II Reg.*, XV, 13; *II Chron.*, XXIX, 1;
B. Prédicat-sujet: *II Sam.*, XV, 10; *I Reg.*, XV, 1; XV, 9[106].

Après l'examen des passages allégués nous sommes d'accord avec l'interprétation de J. Ulrichsen quitte à faire deux réserves, à savoir quant à *I Reg.*, I, 18 et *II Sam.*, XV, 10. Au reste, l'auteur en question nous accorde que dans les deux cas la portée du verbe est discutable[107], bien qu'il puisse faire valoir pour son option quelques arguments: en *I Reg*, I, 18 pour la valeur durative *wʿattā hinnê*[108] et, en *II Sam.*, XV, 10 pour la valeur ingressive, l'allusion à la *terûʿāh*, l'acclamation royale[109].

Pour confirmer ses vues sur la double valeur que les expressions *Yhwh mālak* et *mālak Yhwh* peuvent comporter, Ulrichsen les a préfacées par quelques réflexions générales sur le verbe hébreu, qui

101. *Ibid.*, p. 372.
102. *Ibid.*, p. 373.
103. *Ibid.*, p. 373.
104. *Ibid.*, p. 372.
105. *Ibid.*, pp. 372, 373.
106. A ces textes, l'Auteur propose d'ajouter en ordre secondaire pour le sens ingressif et la suite prédicat - sujet *I Reg.*, XV, 33 et *II Reg.*, VIII, 25: *ibid.*, p. 368-369.
107. *Ibid.*, pp. 366, 371.
108. *Ibid.*, p. 366.
109. *Ibid.*, p. 366.

ne sont pas dénuées d'intérêt. Selon lui, il convient de distinguer entre verbes dits statiques et verbes dits événementiels[110].

Les premiers sont le plus souvent du type *kābēd*, *qâtōn*, mais le type *qāṭal* n'est pas exclu, comme le prouvent par exemple *yāšab* et *šākab*. Ils expriment tantôt des états ou des qualités, tantôt le passage à un état nouveau ou l'acquisition d'une qualité. Ils peuvent avoir la portée durative ou ingressive. On peut être tenté de les classer en trois classes[111].

En revanche, les verbes événementiels, normalement du type *qāṭal*, expriment des actions ou des événements. Eux aussi sont susceptibles de posséder les deux sens, duratif et ingressif[112]. En ce qui concerne *mālak*, l'auteur estime qu'il faut le classer parmi les verbes statiques en compagnie de *bāʿal* et *ʿābad*[113].

Nous avons signalé plus haut que selon Ulrichsen le fait que le sujet précéde le prédicat ne peut être invoqué pour opter entre le sens duratif ou ingressif. Cette éventuelle préséance n'a-t-elle donc aucune portée? Ne pourrait-elle pas signifier, ainsi que L. Köhler le pense, que le règne revient au sujet en cause de préférence à d'autres candidats. D'après Ulrichsen, cette explication ne peut valoir pour les textes vétérotestamentaires vu que Yahvé n'y a pas de concurrent[114]. À mon avis, cette prise de position me paraît quelque peu exagérée. Ulrichsen lui-même reconnaît que certains psaumes évoquent la lutte contre les forces chaotiques[115], tandis que d'autres confrontent Yahvé avec les Élohîm des peuples païens. Si déjà la motivation invoquée par L. Köhler n'est pas à écarter de façon absolue, celle de J. Ridderbos suivi par J. Kraus, qui insistent l'un et l'autre sur la nouveauté de l'événement, présupposée par la tournure *Yhwh mālak*, n'est pas non plus à écarter radicalement. Mais Ulrichsen a raison de noter qu'en dernière instance c'est le contexte et non l'ordre de succession des deux termes qui décide de la signification précise du verbe *mālak*.

Si pour la plupart des vues d'Ulrichsen nous pouvons marquer notre accord, il reste que nous ne pouvons guère partager son pessi-

110. L'auteur parle de «stativistische» et «fientische» «Verben». Nous traduisons de notre mieux ces appellations.

111. *Ibid.*, p. 363.

112. *Ibid.*, p. 361-363.

113. *Ibid.*, p. 364.

114. *Ibid.*, p. 370.

115. *Ibid.*, p. 370.

misme touchant l'insuffisance du contexte dans les psaumes du règne de Yahvé pour nous permettre de choisir entre le sens duratif ou ingressif. Certes le choix n'est pas facile. *LRY* par exemple traduit partout: «Yahvé est devenu roi»[116]. S. Mowinckel partage cette version, en raison d'ailleurs de son hypothèse du renouvellement cultuel de la souveraineté de Yahvé. Mais É. Dhorme, É. Osty, la *Bible de Jérusalem* et la *Tob* préfèrent traduire «Yahvé règne» ou «Yahvé est roi». Peut-être précisément en raison du contexte et de la date de composition qui ne nous a pas paru la même pour les trois psaumes, nous risquons de ne pas nous tromper en traduisant au *Ps.* XCIII et en *Is.*, LII, 7 «Yahvé est devenu roi» et plutôt «Yahvé est roi, il règne», aux *Ps.* XCIX et XCVII.

B. *Les Psaumes XCV, XCVI et XCVIII.*

La deuxième triade de poèmes consacrés à la royauté de Yahvé comprend les *Ps.* XCV, XCVI, XCVIII. Le premier est une invitation à célébrer Yahvé et à s'engager solennellement à lui être fidèle. Depuis longtemps il introduit dans l'office canonial les psaumes des matines. Les deux autres s'intitulent «psaumes nouveaux». Ils partagent cette qualification avec les *Ps.* XXXIII (v. 3), XL (v. 4), CXLIV (v. 9) et CXLIX (v. 1), et il est n'est pas facile de déterminer en chaque cas sur quoi porte exactement la nouveauté. L'auteur du *Ps.* XL paraît avoir en vue la délivrance dont il bénéficia et qui lui valut une situation nouvelle. Pour le chantre du *Ps.* CXLIX les temps ont également changé, cette fois au profit d'un groupe, celui des *ḥasîdîm*. Au *Ps.* CXLIV, la nouveauté n'est pas accentuée. En revanche, au *Ps.* XXXIII le psalmiste invite les justes à entonner un chant nouveau en les appelant à prendre mieux conscience de la conduite providentielle de Yahvé. Enfin il n'est pas douteux que les psaumes XCVIII et XCVI aient en vue des faits nouveaux. Le *Ps.* XCVIII évoque *Is.* XLII, 10 et envisage le grand tournant marqué dans l'histoire d'Israël par le retour des exilés babyloniens. Quant au *Ps.* XCVI il célèbre un événement non moins nouveau: l'avènement d'une ère où les peuples rejetteront les idoles et se rendront au temple de Yahvé pour y témoigner de leur foi et y apporter leurs dons.

116. *LRY*, pp. 153, 271, 332.

1. *Le Psaume XCV.*

1. Venez, crions de joie pour Yahvé,
acclamons[a] le rocher de notre salut,
2. présentons-nous devant lui en le louant,
par des hymnes acclamons-le[b],
3. car Yahvé est le grand Dieu,
le grand Roi au-dessus de tous les dieux[c].
4. Dans sa main les tréfonds de la terre,
les cîmes des montagnes sont à lui.
5. À lui la mer, c'est lui qui l'a faite,
la terre ferme[d] que ses mains ont façonnée.
6. Entrez, prosternons-nous, et, nous courbant,
agenouillons-nous en présence de Yahvé qui nous a faits,
7. car lui est notre Dieu,
et nous le peuple de son pâturage,
le troupeau de son pacage[e].
Aujourd'hui puissiez-vous[f] écouter sa voix!
8. «Ne durcissez pas votre cœur comme à Méribah,
comme au jour de Massah au désert,
9. quand[g] vos pères m'ont tenté,
m'éprouvant, alors qu'ils avaient vu mon action[h].
10. Durant quarante ans, j'eu en dégoût la génération,
et j'ai dit: 'C'est un peuple, eux, au cœur égaré,
et eux ne connaissent pas ma voie'.
11. Alors dans ma colère je l'ai juré:
'Ils n'entreront pas dans mon repos'».

a. Le psaume fait appel à la *t^e^rûʿā*: cf. *LRY*, pp. 352-355, 454. — b. Nouvelle invitation à la *t^e^rûʿāh*. — c. Les versions varient légèrement: «c'est un grand dieu» (É. Dhorme), — «car c'est un grand dieu» (É. Osty), — «c'est un dieu grand» (*Bible de Jérusalem*), — «car Yahvé est le grand dieu» (*TOB*), — «for the Lord is a great God» (*NEB*). — d. Littéralement «la terre sèche», «le continent sec» (L. Desnoyers). — e. Variante conjecturale qui s'appuie sur M. Dahood, t. II, p. 354, faisant valoir le parallélisme *yādô-marʿîtô* en *Jer.*, VI, 3. — f. Cf. É. Osty, *Le Livre des Psaumes*, p. 261. — g. Remarquons, ici et au v. 11, l'emploi de *'ašèr* au début de la phrase. — h. Le terme hébreu est *pōʿal*. Employé de l'action divine, il se rencontre en *Ps*. IX, 17; XLIV, 2; LXIV, 10; LXXVII, 13; XC, 16; XCII, 5; CXI, 3; CXLIII, 5.

Le *Ps*. XCV présente peu de difficultés. Généralement on y reconnaît une composition destinée à instruire les fidèles se dirigeant vers le parvis du temple pour s'approcher de Yahvé et participer à une des solennités majeures de l'année liturgique juive. Les exégètes sont presque unanimes à identifier la fête avec celle des tabernacles. Les chants y proclamaient la royauté de Yahvé et ils invitaient les fidèles à renouveler l'alliance avec Yahvé, leur souverain. La mention de la *t^erû'āh* aux vv. 1 et 2 confirme la référence à la fête religieuse qui célébrait l'avènement royal du Seigneur.

Le verset 7c fait allusion à la voix de Yahvé censée se faire entendre au cours des cérémonies. Cette voix, dont les vv. 8-11 nous donnent, semble-t-il, le contenu, exhortait les croyants à ne pas imiter l'incroyance et la désobéissance de leurs pères durant leur pérégrination à travers le désert du Sinaï. Elle n'ajoutait pas de nouveaux motifs pour fonder et justifier les obligations du peuple à ceux développés aux versets 1 et 3-7, où Yahvé est exalté comme le «rocher du salut» (v. 1), comme le «grand Dieu» et le «grand Roi» (v. 3), comme le Dieu-souverain d'Israël (v. 7).

Dans cette exaltation de Yahvé, nous sommes en présence d'une notion de la souveraineté divine qu'on retrouve en partie, pour la supériorité sur les peuples: «grand roi», en *Deut.*, X, 17 et au *Ps.* XCIX, 2, et, pour celle sur les divers Élohim, «grand Dieu», au *Ps.* XCVII, 9. Les versets 4-5 expliquent cette double supériorité en rapportant à Yahvé la fabrication de l'univers: mer et terre ferme (v. 5), et la souveraineté actuelle sur ce cosmos s'étendant jusqu'aux tréfonds de la terre et les cîmes des montagnes (v. 4). Il s'y ajoute, aux vv. 1 et 7, les rapports spéciaux qui se sont établis entre Yahvé et Israël, rapports qui ont fait de ce peuple le pâturage et le pacage de Yahvé et qui lui ont jusqu'à présent assuré le salut.

Divers indices plaident pour l'origine postexilique du poème: la liaison thématique étroite entre la fabrication de l'univers (vv. 4-5) et l'élection du peuple (v. 7), l'évocation de l'intervention historique de Yahvé en faveur d'Israël et celle des réactions de son peuple aux bienfaits divins (vv. 7c-11), la présence de certains termes du vocabulaire postexilique tel le verbe *kwṭ* attesté au même sens en *Ex.*, VI, 9, ou de certaines expressions, telle «troupeau de sa main». En sens contraire, on peut être tenté de faire valoir que l'expression «grand dieu» (v. 3) renvoie à un théisme qui n'est pas arrivé à sa pleine maturité, un théisme qui n'a pas dépassé le seuil de la foi deutéronomique en Yahvé telle que par exemple N. Lohfink nous invite à la comprendre[117].

Du point de vue de la foi israélite en la royauté de Yahvé, le *Ps.* XCV est d'accord avec les textes qui l'envisagent à la fois sur le plan cosmique et historique. En outre, il tend à universaliser son domaine, du moins sur le plan cosmique.

117. N. LOHFINK, *Gott im Buch Deuteronomium*, ap. *La Notion biblique de Dieu* (*BETL*, XLI), Gembloux, 1976, pp. 101-126.

2. *Le Psaume XCVIII.*

1. Chantez à Yahvé un chant nouveau[a],
car il a fait des merveilles.
Sa droite, son bras de sainteté lui ont assuré le salut.
2. Yahvé a fait connaître son salut,
aux yeux des nations il a révélé sa justice[b].
3. Il s'est souvenu de sa bonté et de sa fidélité envers la maison d'Israël.
Tous les confins de la terre ont vu
le salut de notre Dieu[c].
4. Acclamez[d] Yahvé toute la terre,
Éclatez en cris, jubilez et chantez.
5. Chantez à Yahvé sur la harpe,
Sur la harpe et au son d'une mélodie.
6. Avec les trompettes et au son du cor
acclamez devant la face du roi Yahvé.
7. Grondent la mer et sa pléritude[e],
le monde et ceux qui l'habitent,
8. battent des mains les fleuves,
qu'avec eux les montagnes crient de joie
9. devant la face de Yahvé, car il vient juger la terre.
Il jugera le monde en justice
et les peuples avec droiture.

a. Pour le chant nouveau cf. *Ps.* XXXIII, 3; XL, 3 (4); CXLIV, 9; CXLIX, 1. L'allusion à *Is.*, XLII, 10 est évidente selon A. DEISSLER. *Die Psalmen. Ps. 90-150 erläutert*, Dusseldorf, 1965, p. 38. — b. «Salut» et «justice» est une paire de mots chère ou Deutéro-Isaïe. — c. Le «salut» ou la «victoire» de notre Dieu. — d. Le verset fait allusion à la *t^{e}rû'āh*: d'où le cadre d'un vrai avènement royal ou, à tout le moins, d'une nouvelle acclamation royale à la suite de la victoire nouvelle remportée par Yahvé: cf. *Num.*, XXIII, 21; *I Sam.*, X, 24; *II Sam.*, XV, 10; *II Reg.*, XI, 11-12. — e. L'invitation au monde à se joindre aux acclamations du psalmiste se retrouve au *Ps.* XCVI et en *Is.*, XLII, 10; LV, 12.

Les *Ps.* XCVI et XCVIII sont étoitement apparentés: l'un et l'autre se terminent par une même personnification du monde minéral ou végétal invités à célébrer Yahvé: XCVI, 11-12 et XCVIII, 7-10; l'un et l'autre paraissent également se référer à un événement récent accompli par Yahvé à la vue de tous les peuples en faveur d'Israël: XCVI, 3 et XCVIII, 3. Comme la référence à ce haut fait d'un passé sans doute relativement récent est plus vive et directe au *Ps.* XCVIII, c'est par la lecture de ce poème qu'il convient de commencer.

Le texte et la version du *Ps.* XCVIII ne posent pas de problèmes majeurs. Pour des raison d'ordre métrique ou strophique d'aucuns proposent de supprimer Yahvé au v. 6b, de ne pas retenir au v. 9c le dernier stique: «et les nations avec droiture», et d'ajouter au v. 2e, par analogie avec le *Ps.* XCVI, 3, un stique, à savoir «à la face des peuples de la terre»[118]. Mais la Septante, qui ajoute au verset 3a «Jacob», ne serait pas à suivre[119].

En revanche, quelques problèmes littéraires surgissent. D'abord convient-il de voir dans les versets 4-6 le texte d'un péan ancien inséré dans ce qu'on estime être l'hymne original, à savoir 1-3 + 7-9[120]? Aucune donnée ne rend, ce nous semble, cette hypothèse «vraisemblable»[121]. Il est vrai toutefois que le *Ps.* XCVIII évoque le *Ps.* XLVII et en épouse le genre littéraire[122]. Il est vrai aussi que le *hārîʿû lipnê hammèlèk* du v. 6 reprend le *hārîʿû lʿyahwēh* du v. 4, par manière d'inclusion, non pas précisément pour délimiter le péan prétendûment repris par le psalmiste mais plutôt pour circonscrire l'acclamation de la *tᵉrûʿāh*, voire, à notre avis, pour marquer la fin primitive du poème[123]. Si le psaume originel se terminait ainsi, l'hypothèse de l'insertion d'un péan perd tout fondement, car il n'y aurait plus pour constituer ce que *LRY* estime avoir été au départ du *Ps.* XCVIII, que les versets 1-3.

Un deuxième problème concerne les rapports du *Ps.* XCVIII avec le Deutéro-Isaïe. Bien qu'on les ait parfois contestés, ceux-ci sont patents et impliquent la dépendance du *Ps.* XCVIII à l'endroit d'*Is.* XL-LV: relevons en particulier le «cantique nouveau»: *Ps.* XCVIII, 1; *Is.* XLII, 10, le «bras de sainteté» de Yahvé: *Ps.* XCVIII, 1; *Is.*, LII, 10, et son «salut»: *Ps.* XCVIII, 1; *Is.*, LII, 10; l'éclatement en cris de joie: *Ps.* XCVIII, 4; *Is.*, LII, 9 et le *qôl zimrâ*: *Ps.* XCVIII, 5; *Is.*, LI, 3b, sans oublier le thème général de la merveille accomplie par Yahvé en libérant Israël: *Is.*, LII, 7 et en manifestant ainsi sa royauté: *Is.*, LII, 7. Il en ressort que le Psaume XCVIII posséde un *Sitz im Leben* suffisamment établi. Il fait écho à la jubilation qui éclate dans le Deutéro-Isaïe à la perspective du salut d'Israël: la fin de la captivité babylonienne et le retour des exilés dans leur patrie. Si le psalmiste n'a pas composé son poème au lendemain de

118. Cf. L. JACQUET, *op. cit.*, t. II, p. 827.

119. *Ibid.*, p. 827.

120. *LRY*, p. 410.

121. *LRY*, p. 410, n'accorde en effet qu'une «vraisemblance» à son hypothèse.

122. *LRY*, p. 410. — La ressemblance ne va pas jusqu'à l'identité: à *qôl rinnâ* de *Ps.* XLVII, 2 correspond au *Ps.* XCVIII, 5-6 *qôl zimrâ* et *qôl šôpār*.

123. Le parallélisme entre *hārîʿû lᵉyahwēh* et *hārîʿû lipnê hammèlèk* invite d'aucuns à supprimer Yahvé à la fin du v. 6. Cette suppression renforcerait l'attribution de la royauté à Yahvé.

ces deux faits, il s'est pour le moins replacé en esprit au cœur de ces événements. D'où son recours à la *t^erû^c āh*, acclamation qui marque l'avènement royal de Yahvé, son intronisation aux yeux des nations à la suite du salut accompli merveilleusement (v. 1) au profit d'Israël.

Un troisième problème littéraire se pose à propos des versets 7-9. Déjà au premier abord leur présence détonne. Le psalmiste s'est en effet adressé à deux groupes de personnes: les Israélites (v. 1) et les habitants de toute la terre (v. 4) pour louer Yahvé. Surtout après le verset 6b, qui constitue, semble-t-il, une inclusion, on ne s'attend plus à ce que l'auteur du poème s'adresse encore à d'autres groupes pour se joindre aux cris de jubilation. Puis et surtout le texte des versets 7-9 n'appartient guère en propre au *Ps.* XCVIII. Il se retrouve, sinon en termes identiques, du moins sous une forme rapprochée, pour le moins en trois endroits: au *Ps.*, XCVI, 11-13, en *I Chron.*, XVI, 31-33 et en *Is.*, XLIV, 23. N'est-il pas obvie, vu la diffusion de la péricope [124], que nous sommes en présence d'un texte qui était en usage dans les célébrations religieuses d'Israël où on acclamait la royauté de Yahvé?

Il est bien malaisé de déterminer lequel de ces quatre passages parallèles paraît le plus primitif. Le texte d'*Is.*, XLIV, 23 se présente comme celui d'une *t^erû^c āh* mais sa formulation est la plus particulière de toutes. L'hagiographe s'adresse aux tréfonds de la terre et à ses hauteurs, les montagnes, à la futaie et tous ses arbres, et il les invite aux cris de joie (*rānan*) et aux éclats de jubilation (*pāṣaḥ*). En revanche, le *Ps.* XCVI, 11-13a et *I Chron.*, XVI, 31-33 sont étroitement ressemblants. L'un et l'autre passage commence par l'invitation à une triade: les cieux, la terre et la mer [125] et se continue par une apostrophe aux champs et aux arbres de la forêt. Puis les verbes exprimant les manifestations de joie auxquelles les éléments cosmiques sont conviés, sont des deux côtés les mêmes: *sāmaḥ*, *rā^c am*, *^c ālaz*, *gîl* et *rānan*. Le texte des Chroniques a toutefois en propre la référence à la royauté de Yahvé, particularité toute justifiée dans la mesure où elle restitue la péricope à son cadre naturel, à savoir l'acclamation de Yahvé-roi par voie de *t^erû^c āh*.

124. En dehors des trois endroits cités où la péricope se présente presque intégralement, il y a pas mal d'autres passages où quelques-uns de ses éléments paraissent attestés.

125. En *I Chron.*, XVI, 31-32, la triade est interrompue par l'incise: «et ils diront parmi les peuples: Yahvé règne», phrase qui détonne dans l'énumération du monde cosmique et végétal auquel l'hagiographe s'adresse. — La triade se retrouve aux *Ps.* LXIX, 35 et CXLVI, 6. — Cf. C. HOUTMAN, *De jubelzang van de struiken der wildernis in Psalm 96:12b*, ap. *Loven en Geloven. Feestbundel N.H. Ridderbos*, Amsterdam, 1975, pp. 151-174.

Au psaume XCVIII l'horizon cosmique se restreint. L'auteur limite sa vue au cosmos terrestre, c'est-à-dire à la mer et au continent ferme, le *tēbēl*, ainsi qu'à deux éléments du *tēbēl* qui s'opposent nettement, les fleuves coulant dans les vallées et les montagnes. Pour une victoire de Yahvé remportée sur la terre, on conçoit que seuls des éléments terrestres soient apostrophés, tout comme en *Is.*, LV, 12, où d'ailleurs le *māḥā' kāf* se retrouve. Nous serions tentés d'en conclure que l'auteur du *Ps.* XCVIII a quelque peu adapté au contexte l'hymne traditionnel y repris pour la *t^erû^cāh*.

Il nous reste à noter qu'en ajoutant au *Ps.* XCVIII, 1-6 les versets 7-9 le psalmiste y a introduit ce que Jacquet appelle une prospective: celle d'une nouvelle venue de Yahvé, comportant le jugement de la terre et des nations. Ce jugement, nous l'avons déjà rencontré au *Ps.* IX, 9, dans un énoncé plus proche de la finale du *Ps.* XCVIII que de celle du *Ps.* XCVI. Notons que le *Ps.* IX, 9 distingue les verbes *šāfaṭ* et *dîn*, ce qui amène Jacquet à distinguer «régir» et «juger» et à opter pour «régir» dans les finales des *Ps.* XCVI et XCVIII[126]. Qu'en l'occurrence ce jugement et cette souveraineté soient déjà envisagés comme strictement eschatologiques, il paraît exagéré de l'affirmer. Mais nous sommes en présence d'un de ces passages vétérotestamentaires qui ont jalonné la route vers l'eschatologie.

3. *Le Psaume XCVI.*

1. Chantez[a] à Yahvé un chant nouveau[b],
   chantez à Yahvé, toute la terre[c],
2. chantez à Yahvé, bénissez son nom,
   de jour en jour annoncez[d] son salut,
3. racontez parmi les peuples sa gloire[e],
   parmi toutes les nations[f] ses merveilles[g].
4. Car Yahvé est grand et louable hautement,
   lui terrible au-dessus de tous les dieux[h].
5. Car tous les dieux des nations sont des néants,
   mais Yahvé a fait les cieux.
6. Splendeur et éclat devant sa face,
   puissance et majesté dans son sanctuaire[i].
7. Apportez à Yahvé familles des nations,
   apportez à Yahvé gloire et puissance,

126. *Op. cit.*, t. II, pp. 809-827.

8. apportez à Yahvé la gloire de son nom[j],
levez l'offrande[k] et entrez dans ses parvis[l],
9. prosternez-vous devant Yahvé devant l'éclat de sa sainteté[m],
tremblez devant sa face toute la terre,
10. racontez parmi les peuples: «Yahvé règne».
Le monde aussi[n] est établi; il ne vacillera point.
Il juge[o] les nations avec droiture.
11. Que les cieux se réjouissent et que la terre exulte[p],
que la mer mugisse et ce qui la remplit,
12. que la campagne jubile et tout ce qui s'y trouve,
que crient de joie tous les arbres de la forêt
13. devant la face de Yahvé alors qu'il vient,
car il vient pour juger la terre,
il jugera le monde en justice
et les nations selon sa fidélité[q].

a. Sur le verbe *šîr* et son rapport avec *zmr* voir *LRY*, p. 237, note 2. — b. Le «cantique nouveau» se présente encore dans les *Ps.* XXXIII, 3; XL, 3 (4); XCVIII, 1; CXLIV, 9; CXLIX, 1, dans des textes généralement considérés comme récents. Le thème de la nouveauté caractérise le Deutéro- et Trito-Isaïe. — c. Le poème prend ici une allure universaliste, presque missionnaire. — d. Le verbe *bśr* ne se présente dans le psautier qu'ici et en *Ps.* XL, 9 (10); LXVIII, 11 (12). Cf. *Is.*, XL, 9; XLI, 27; LII, 7. — e. La gloire caractérise la royauté: cf. Th. A. Meger, *The Notion of the Divine Glory in the Hebrew Bible. An Essay in Biblical Theology* (Diss. Louvain), Louvain, 1966. — f. Notre psaume paraît affecter le terme *ʿammîm*: voir sur ce terme *LRY*, pp. 400, 411. — g. Les merveilles envisagées par le psalmiste se réfèrent sans doute, ici comme souvent ailleurs, aux interventions historiques de Yahvé. — h. La phrase s'inspire d'une formule traditionnelle, mais sa portée est tout de suite précisée et corrigée. — i. Splendeur, éclat, puissance et majesté sont en quelque sorte hypostasiées. Ils entourent Yahvé comme ses ministres. — j. La phrase rappelle LXVI, 2; tout le psaume présente d'ailleurs un caractère fortement anthologique. — k. La *minḥāh* est encore mentionnée en *Ps.* XX, 4; XL, 7; CXLI, 2, associée à d'autres formes sacrificielles. Elle possède un sens profane et signifie des présents ou tributs présentés aux souverains en XLV, 13 et LXXII, 10. Ce dernier sens est peut-être celui qui s'impose dans un poème célébrant Yahvé en tant que roi. — l. Cf. *Ps.* LXV, 5; LXXXIV, 3, 11; XCII, 14; C, 4; CXVI, 19; CXXXV, 2. Le *Ps.* C, 4 offre le parallèle le plus proche. — m. La traduction est incertaine. M. Dahood, t. II, pp. 356, 358 traduit «when the Holy One appears». Il renvoie à P. R. Ackroyd, ap. *JTS*, 1966, t. XVII, pp. 393-396, qui traduit aussi *hadrat* vision par référence à l'ougaritique *hdrt*, songe. — n. Le psalmiste passe de la mention des cieux au v. 5 à celle de la terre. — o Le jugement en question paraît être le gouvernement divin présent et permanent. — p. Le psalmiste n'apostrophe plus les nations mais les éléments du monde. — q. Les derniers versets forment une relecture qui prépare les visées de l'eschatologie postérieure.

Des sept psaumes majeurs de la royauté de Yahvé: XLVII, XCIII, XCV, XCVI, XCVII, XCVIII, XCIV, le *Ps.* XCVI partage avec deux autres psaumes: XCIII et XCVII la particularité de ne pas faire allusion à la *t*[e]*rûʿāh*. On est tenté d'en conclure que tout comme ces deux autres poèmes il ne vise pas précisément l'avènement de la souveraineté de Yahvé mais qu'il la présuppose déjà acquise et bien établie [127].

Bien que le *Ps.* XCVI se présente tout comme le *Ps.* XCVIII en tant que «chant nouveau» et que les deux poèmes se recoupent à divers points de vue, les différences ne manquent pas. D'abord le *Ps.* XCVI possède un caractère anthologique plus marqué et les accointances atteignent le Trito-Isaïe [128]. Puis le poème n'envisage pas une acclamation liturgique en une solennité déterminée mais la louange quotidienne de Yahvé (v. 2) et le message de sa gloire à répandre sans arrêt à travers les nations (vv. 3 et 10) [129]. Quant à la royauté de Yahvé, à la différence avec le *Ps.* XCVIII, le *Ps.* XCVI ne la rattache pas à un événement historique bien précis, la fin de l'exil babylonien et le retour des exilés, mais à la création (v. 5b), à la stabilité du monde assurée par Dieu (v. 10b) et au gouvernement providentiel des nations par la justice divine (v. 10c). Donnée neuve et capitale: l'hagiographe ne situe pas la réalisation de la royauté de Yahvé dans l'avènement d'une éclatante épiphanie divine mais dans l'œuvre missionnaire de ses croyants (vv. 3 et 10) et surtout dans la manifestation du triomphe de la foi monothéiste (v. 5a) grâce à la venue des païens au sanctuaire de Yahvé (vv. 7-9) [130].

Aussi bien l'œuvre missionnaire des fidèles de Yahvé que la venue des païens au sanctuaire du dieu d'Israël, puis l'affirmation, au verset 10c, de la judicature de Yahvé se réalisant déjà parmi les nations nous invitent à considérer les versets 10c-13, tout comme les versets 7-9 du *Ps.* XCVIII, comme une addition. Le fait qu'au v. 13b le rédacteur ultime substitua *b^{e}èmûnātô* au mieux attesté *b^{e}mêšārîm* (cf. *Ps.* IX, 9; XCVIII, 9) se comprend s'il a voulu éviter de doubler le verset 10c.

Nous n'avons pas hésité à maintenir l'unité du *Ps.* XCVI hormis les vv. 10c-13, bien que R. Tournay [131] et, à sa suite, L. Jacquet [132] la contestent. D'après ces auteurs, il y aurait lieu de décomposer le *Ps.* XCVI en deux poèmes. Le plus ancien, dit *Ps.* XCVIB

127. Nous ne prétendons pas attribuer la même portée à la présence ou l'absence de la *t^{e}rû'āh* partout ailleurs, par exemple aux *Ps.* LXV, 14; LXVI, 1; LXXXI, 1; C, 1.

128. *Ps.* XCVI, 3 // *Is.*, LIX, 19; *Ps.* XCVI, 6-7 // *Is.*, LX, 3, 6-7.

129. L'hagiographe paraît passer au v. 10 d'une apostrophe aux nations à un appel aux fidèles de Yahvé.

130. Les vêtements sacrés, censément attribués aux païens, sont à éliminer: cf. L. Jacquet, *op. cit.*, t. II, pp. 808-809.

131. *Rev. Bibl.*, 1947, t. LIV, pp. 533-542.

132. L. Jacquet, *op. cit.*, t. II, pp. 800-802.

comprendrait les versets 2b, 3, 5b, 6, 9b, (10bc), 11. Il envisagerait le retour des captifs comme assuré et prochain, mais n'en serait pas témoin. En revanche, le *Ps.* XCVI A attesterait le retour accompli et inviterait aussi bien les Israélites que les païens à célébrer Yahvé: il comprendrait les versets 1, 2a, 4, 5a, 7, 8a, 8b, 9a, 10a.

A l'appui de cette division, les auteurs cités allèguent les raisons suivantes: 1. à garder unies les deux sections, on torture deux genres littéraires distincts, on brouille malencontreusement les perspectives au point de les rendre insaisissables, on empêche d'acquérir une intelligence exhaustive de tous les versets [133]; 2. à introduire la division, on obtient deux poèmes parfaitement structurés et à ce titre tout à fait valables [134]; 3. plusieurs différences distinguent les deux poèmes: alors que les stiques du *Ps.* XCVI B comprennent trois accents, ceux du *Ps.* XCVI A en comptent quatre [135]; tandis que B est un poème d'inspiration historique, A possède un caractère nettement rituel [136]; à la place d'une situation qui en A implique le retour de l'exil accompli, ne surgit en B que l'assurance d'un retour qui va s'accomplir [137]; enfin là où A multiplie les impératifs à la deuxième personne du pluriel [138], B ne se sert que deux fois du style direct à l'impératif du pluriel [139].

Notons tout de suite qu'il y a lieu de s'étonner de la suppression du verset 10bc. Bien loin d'être superflu, il dégage toute la portée du *Yhwh mālak* (v. 10a), bien mal traduit par L. Jacquet: *Yahvé est roi* [140]. Il convient en effet de comprendre «*Yahvé règne*», exerce sa souveraineté, et de découvrir en 10bc la preuve de l'exercice de la royauté: aussi (*'af*) le continent est affermi, il ne chancelle pas et Lui juge en droiture les nations. Remarquons ensuite qu'à accepter les versets 11-13 comme une addition pour les raisons déjà exposées [141], il ne reste pas de texte suffisant à constituer deux poèmes distincts.

Puis de toutes les différences notées, aucune ne semble résister à une analyse critique serrée, sauf peut-être celle concernant la métrique. Mais, nous l'avons noté ailleurs, rien n'est moins sûr

133. L. JACQUET, *op. cit.*, t. II, p. 801.
134. *Ibid.*, pp. 800-801.
135. *Ibid.*, pp. 800-801.
136. *Ibid.*, p. 800.
137. *Ibid.*, p. 801.
138. *Ibid.*, p. 800.
139. *Ibid.*, p. 801.
140. *Ibid.*, p. 799.
141. Ajoutons que l'attitude prêtée à la terre au v. 11a diffère de celle énoncée au v. 9b pour les habitants de la terre.

que la façon de compter les accents et la rigueur que les poètes ont observée à ne pas s'en écarter au cours d'une même pièce littéraire. Quant au prétendu brouillage qui découlerait de l'imbrication des deux prétendus poèmes, nous n'arrivons pas à en prendre conscience. Et nous ne sommes pas seuls à reconnaître dans le *Ps.* XCVI un poème cohérent[142]. On peut même ajouter que notre psaume marque un climax dans les poèmes de la royauté: la terre a retrouvé sa fermeté, son équilitre (v. 10), les dieux qui dans des psaumes plus anciens étaient encore censés se rallier à Yahvé, sont désormais muets, réduits en néant; les peuples païens sont entrevus comme accomplissant enfin les vœux et les annonces des prophètes tels *Agg.*, II, 7 et *Zach.*, XIV, 16.

Conclusions

Loin d'avoir été composés tous à la fois, à la même époque et dans un même milieu, les Psaumes de la Royauté de Yahvé, — tel a été le résultat de nos analyses, — s'échelonnent sur une longue période remontant presque à l'époque davidique et descendant jusqu'après l'exil de Babylone: d'où l'invraisemblance des théories qui prétendent les ramener tous à une seule solennité: la fête automnale des tabernacles[143], ou à un seul thème théologique[144], celui du triomphe eschatologique de Yahvé dont la description se serait inspirée soit de la délivrance d'Israël arraché à la captivité babylonienne[145], soit de la chute de Rabbat-Moab, lors de la conquête de cette ville par les Nabatéens en 270 av. J.-C.[146]. Si l'on cherche à donner aux psaumes de la royauté une appellation commune, caractéristique de leur tendance prédominante, nous les qualifierions volontiers de «poèmes kérygmatiques». Le kérygme théologique qu'ils annoncent est celui du règne, de la royauté, du dieu d'Israël. De cette souveraineté, ils proclament d'abord l'avènement, l'intronisation, au point que dans ce cas *Yahweh mālak* est à traduire «Yahvé est devenu roi». Cet

142. Voir par exemple E. Beaucamp - J.-P. de Relles, *Israël attend son Dieu. Des Psaumes aux vœux du Pater*, Bruges, 1966, pp. 113-116.

143. Cf. L. Jacquet, t. II, pp. 804-805, qui signale les principaux partisans de l'hypothèse et qui la rejette.

144. Cf. *ibid.*, pp. 805-807.

145. Cf. A. Feuillet, cité *ibid.*, p. 805.

146. Cf. E. S. Mulder, R. Tournay, cités *ibid.*, pp. 806-807. L. Jacquet renvoie également à H. Rowley, *Bibl. Orientalis*, 1954, p. 213. Il écarte l'hypothèse eschatologique aussi bien que l'hypothèse liturgique.

avènement nous est présenté comme le résultat tantôt de l'achèvement d'une œuvre cosmique, la fabrication, la stabilisation, la conduite du cosmos (cf. *Ps.* XCIII)[147], — tantôt d'une intervention spectaculaire de Yahvé dans le cours de l'histoire en faveur d'Israël, accordant à son peuple un domaine (*Ps.* XLVII A) ou le ramenant de la captivité babylonienne (*Ps.* XCVIII). De cette même royauté, les Psaumes du règne proclament aussi l'exercice permanent, actuel, définitif, se manifestant d'abord au profit d'Israël à travers les institutions accordées divinement à ce peuple et moyennant son obéissance à l'alliance et à la loi (*Ps.* XCV; XCIX; XCVII), se manifestant ensuite à l'avantage de la catégorie des justes (*Ps.* XCVII, 10-12), se réalisant enfin au profit de tous les peuples aussi bien par l'instauration d'une judicature divine universelle (*Ps.* XCVIII, 9; XCVI, 13) que par l'anéantissement des idoles et la diffusion de la foi et du culte monothéistes (*Ps.* XLVII B; XCVI, 7-8; XCVII, 9).

Comme nous avons entrepris de le montrer, le *Ps.* XCVII est sans doute de tous les psaumes du règne celui qui développe la théologie la plus développée et la plus profondément religieuse. Pour lui le règne de Yahvé se manifeste avec le plus d'éclat dans l'anéantissement des idoles (vv. 7, 9) et dans la délivrance et le bonheur des justes (vv. 10-12). C'est aussi le psaume qu'en raison de l'épiphanie divine (vv. 2-6) qui en constitue la première partie, on serait tenté de comprendre comme la description et l'annonce d'une attente strictement eschatologique. A tout compter, nous ne l'avons pas admis. L'épiphanie en question nous a paru rester d'ordre météorologique et elle n'a d'autre fonction que celle de rappeler la transcendance divine par le renvoi à la puissance et à la gloire où cette transcendance céleste se manifeste partout, à tous les peuples.

147. Le thème est aussi évoqué, mais non en ordre principal, aux *Ps.* XCV, 4-5; XCVI, 10b.

V. La Royauté de Yahvé au Ps. CIII et dans les Psaumes du Cinquième Recueil

Le thème de la royauté de Yahvé n'est pas absent du cinquième recueil dont le contenu est d'ailleurs d'une grande variété. Il y acquiert même une importance et une tonalité nouvelles. Nous y rencontrons d'une part un poème, le *Ps.* CXLIX, où un nationalisme virulent remonte à la surface, mais, d'autre part, deux chants, les *Ps.* CXLV et CXLVI, — auxquels, nous avons joint le *Ps.* CIII du recueil précédent à cause de son affinité, — développant dans l'attente du règne de Dieu une doctrine morale et religieuse qui compte parmi les plus élevées de l'Ancien Testament.

Aux données du cinquième recueil nous ajoutons en notre exposé le commentaire de quelques textes du Psautier où s'exprime également, moyennant un vocabulaire quelque peu distinct, l'attente du règne de Dieu.

* * *

1. *Le Psaume CIII.*

1. Bénis Yahvé, mon âme,
   et tout le fond de mon être bénis le nom de sa sainteté.
2. Bénis Yahvé, mon âme,
   et n'oublie pas tous ses bienfaits,
3. Lui qui pardonne toutes tes iniquités,
   Lui qui guérit toutes tes maladies,
4. Lui qui rachète de la fosse ta vie,
   Lui qui te couronne de grâce et de miséricorde,
5. Lui qui rassassie de biens ton âge avancé[a],
   quand se renouvelle, comme de l'aigle, ta jeunesse.
6. Yahvé fait (aboutir) les causes justes[b]
   et les jugements en faveur des opprimés.
7. A Moïse, il fit connaître ses voies
   et ses hauts faits aux fils d'Israël.
8. Il est miséricordieux et clément Yahvé,
   lent à la colère et abondant en grâce.
9. Il n'incrimine pas sans fin,
   ni garde rancune à tout jamais,

10. ni n'agit envers nous selon nos péchés,
ni ne nous rend d'après nos iniquités.
11. Mais comme les cieux s'élèvent au-dessus de la terre,
sa grâce prévaut pour ceux qui le craignent,
12. et comme le levant est loin de l'occident,
il éloigne de nous nos forfaits.
13. Ainsi qu'un père est miséricordieux pour ses fils,
Yahvé fait miséricorde à ceux qui le craignent,
14. car il connaît Lui notre formation,
se souvenant que nous sommes poussière.
15. L'homme, ses jours sont comme l'herbe,
telle la fleur des champs, il fleurit.
16. Que le vent passe sur lui, il n'est plus,
et sa place ne le revoit plus.
17. Mais la grâce de Yahvé dure depuis toujours,
jusqu'à toujours pour ceux qui le craignent,
et sa justice pour les fils des fils,
18. pour ceux qui gardent son alliance
et qui se souviennent de ses préceptes pour les accomplir.
19. Dans les cieux, Yahvé a établi son trône,
et sa royauté domine par-dessus tout.
20. Bénissez Yahvé, (vous) ses anges,
héros puissants, exécuteurs de sa parole,
dès que vous entendez de sa parole le son.
21. Bénissez Yahvé, (vous) toutes ses armées,
ses serviteurs, exécuteurs de son bon plaisir.
22. Bénissez Yahvé, (vous) toutes ses œuvres,
en tous lieux de sa domination[c].
23. Bénis mon âme Yahvé!

a. Le texte masorétique lit *'èdyēk*. M. Dahood suggère *'odekî* et renvoie à *Ps*. CIV, 33; CXLVI, 2, mais le savant commentateur songe à tort à l'éternité — b. M. Dahood traduit «who secures vindication». — c. M. Dahood suggère la version: «in all places, you his subjects», version qui attribue un sens concret à *memšaltô*.

En vingt-deux distiques, le poème célèbre la bonté de Dieu, souverain de l'univers, envers ses fidèles[1]; de ce point de vue, il évoque le *Ps*. XXXIII[2]. Action de grâces individuelle, le psaume est truffé d'accents hymniques et débouche dans une prière de confiance. Si l'expression «garder l'alliance» est plus ancienne que celle de «garder

1. R. Tournay - R. Schwab, *op. cit.*, p. 375.
2. *Ibid.*, p. 375.

les *ʿēdôt*»[3], beaucoup d'autres tournures signifiant l'amour de Yahvé pour ses dévots, se rencontrent en des textes généralement réputés récents: *Mich.*, VII, 18; *Ps.* XXXIII, 18-19; XXXIV, 16, 20, 23; CXLVI, 1-16. Puis on souligne à juste titre que la notion du psalmiste touchant les anges (vv. 20-21), celle aussi de la rémission des péchés (v. 12), ainsi que celle de la paternité divine (v. 13) nous mettent en présence d'une théologie évoluée. On s'étonne dès lors que M. Dahood hésite à reconnaître l'origine vraisemblablement postexilique de la pièce[4].

Mais ce sont sans doute les versets 19 et 22, où la royauté de Yahvé est énoncée, qui plaident le plus pour une datation relativement récente. La traduction la plus courante nous invite à lire:

19. *Yahvé a fixé son trône dans les cieux,*
par-dessus tout sa royauté domine.
22. *Bénissez Yahvé toutes ses œuvres*
en tous lieux de son empire.

M. Dahood suggère d'apporter à la traduction courante quelques corrections. Il propose de comprendre *malkûtô* comme un accusatif de moyen précédant le verbe[5], conformément à un usage stylistique bien attesté dans le psautier[6]. Puis il interprète *māšālâ* comme la troisième personne non du féminin mais du masculin, y discernant une forme archaïque et lui donnant Yahvé comme sujet[7]. Enfin il accorde à *memšaltô* du verset 22 un sens concret: «ses sujets», en parallélisme avec «ses serviteurs»[8]. D'où la version:

19. *Bien qu'ayant fixé son trône au ciel,*
par sa puissance royale il gouverne tout.
22. *Bénissez Yahvé toutes ses œuvres,*
En tout lieu, vous ses sujets.

Ces suggestions ne nous paraissent pas s'imposer. D'où l'invitation à rester fidèle à une version que nous retrouvons chez H. Torczyner, M. Buber, R. Tournay, É. Dhorme, É. Osty, le *NEB* et la *TOB*:

19. *Jahvé a établi son trône dans les cieux,*
et sa royauté domine sur tout.

3. *LRY*, p. 148.
4. *Op. cit.*, t. III, p. 24.
5. *Op. cit.*, t. III, p. 29.
6. Avec renvoi aux *Ps.* V, 10 et LVI, 2: *op. cit.*, t. I, p. 35; t. II, p. 42.
7. *Op. cit.*, t. III, p. 29.
8. *Ibid.*, p. 30.

22. *Bénissez Yahvé, (vous) toutes ses œuvres,*
en tous les lieux de sa domination.

L'important en la matière, c'est que le psalmiste fixe clairement au ciel le siège de la royauté divine[9]. Notre verset n'est pas l'unique passage vétérotestamentaire qui nous renvoie aux cieux comme à l'endroit où Yahvé a placé son siège royal. On se reportera par exemple à *Ps.* II, 4; XI, 4; CXXIII, 1; *Sag.*, IX, 10; XVIII, 15; *II Macc.*, XV, 4. En notre poème la résidence céleste de Yahvé est surtout signalée pour justifier l'extension universelle de son règne. Établi aux cieux, Yahvé domine d'en-haut tout l'univers. Rien ne lui échappe. A toutes les créatures, il peut consacrer son attention et prêter son assistance, tant à chaque individu en particulier qu'à la nation toute entière.

Le psalmiste n'éprouve pas le besoin de nous informer sur les voies qui permettent à Yahvé, dieu transcendant, demeurant au ciel, d'intervenir sur terre au profit de ses créatures. Peut-être esquisse-t-il une réponse, encore toute élémentaire, aux versets 20-21, où il mentionne les anges, les armées célestes, «héros puissants», «ouvriers de la parole» de Yahvé et exécuteurs de ses désirs. S'il en est ainsi, le psaume CIII amorce en ces versets l'angélologie de l'époque intertestamentaire.

2. *Le Psaume CXLV.*

1. Je t'exalterai, mon Dieu, le Roi[a],
et bénirai ton nom à jamais et pour toujours.
2. Tous les jours je te bénirai,
et ton nom je le louerai à jamais et pour toujours.
3. Grand est Yahvé et loué beaucoup,
et à sa grandeur il n'y a pas de limite.
4. L'une génération à l'autre vantera tes œuvres
et fera connaître ta vaillance[b].
5. L'éclat, la gloire de ta majesté, ils diront[c],
et moi (aussi) tes merveilles j'exposerai[d],
6. et de la puissance de tes œuvres terrifiantes ils parleront,
et moi (aussi) tes grandeurs raconterai.
7. Ils évoqueront le souvenir de ta grande bonté,
et ta justice ils célébreront.

9. Cf. C. Houtman, *De Hemel in het Oude Testament. Een onderzoek naar de voorstelling van het oude Israël omtrent de Kosmos*, Franeker, 1974, pp. 220-253.

8. Yahvé est bienveillant et miséricordieux,
lent à la colère et d'une grande grâce.
9. Yahvé est bon pour tous,
et ses tendresses sont pour toutes ses œuvres.
10. Toutes tes œuvres, Yahvé, te loueront
et tes dévots[e] te béniront.
11. Ils diront la gloire de ton règne,
et de ta vaillance ils parleront,
12. pour faire connaître tes actes de vaillance aux fils d'homme,
et la gloire, l'éclat de ton règne.
13. Ton règne est un règne de tous les siècles
et ton empire s'étend de génération en génération.
13bis[f]. Yahvé est loyal,
fidèle dans tous ses actes.
14. Yahvé soutient tous ceux qui tombent,
il redresse tous ceux qui sont courbés[g].
15. Les yeux de tous (fixés) sur toi, ils espèrent,
et toi tu leur donnes en son temps leur nourriture,
16. ouvrant ta main
et rassasiant de faveur tout vivant[h].
17. Yahvé est juste dans toutes ses voies
et bienveillant en tous ses actes.
18. Proche est Yahvé de tous ceux qui l'invoquent,
de tous ceux qui l'invoquent en loyauté.
19. Il fait la volonté de ceux qui le craignent,
et leurs cris il les écoute, et il les sauve.
20. Yahvé garde tous ceux qui l'aiment,
mais tous les méchants il les supprime.
21. Ma bouche dira la louange de Yahvé,
et toute chair bénira le nom de sa sainteté,
à jamais et pour toujours.

a. Le poème commence par une référence à Yahvé, «le» roi. — b. Une version plus élégante parlera des «prouesses». Le terme hébreu vise Yahvé, héros et guerrier divins. — c. Nous lisons *ydbrw* avec 11 Q Ps[a], la Septante et la version syriaque. — d. Le passage de la troisième à la première personne ne doit pas nous étonner. — e. Le terme hébreu est *ḥ[a]sîdîm*: cf. J. COPPENS, *Les Psaumes des ḥasidîm*, ap. *Mélanges Robert*, Paris, 1956, pp. 214-224. — f. Le verset 13bis a été perdu dans la tradition masorétique: la Septante, la version syriaque et la Vulgate l'ont conservé. — g. Le verbe *kāfaf* n'est pas fréquent. Ici le sens n'est pas métaphorique. — h. En 16a, 11 Q Ps[a] lit: *pwṭh 'th 't ydkh*.

Le psaume CXLV est de tous les poèmes du Psautier celui qui célèbre le plus et le mieux la royauté éternelle et spirituelle de Yahvé.

S'il continue à se référer aux thèmes classiques des «merveilles», des «prouesses», des œuvres terrifiantes accomplies par Yahvé, ce ne sont plus là que de vagues réminescences des motifs invoqués ailleurs en tout premier lieu pour fonder la royauté de Yahvé. Toute l'attention du psalmiste se porte sur les attributs moraux de Yahvé: sa bonté, sa justice, sa tendresse, sa miséricorde, sa loyauté, tels qu'ils s'exercent dans le cours de sa providence normale, ordinaire, et tels que leur exercice est en quelque sorte à la portée et à la disposition de tous les fidèles par la prière. La seule action divine quelque peu en-dehors de ce qu'on pourrait appeler le cours normal, est énumérée au verset 14, et même cette intervention, à condition de ne pas la situer et de ne pas la comprendre dans le cadre de celles détaillées par le psaume CXLVI, peut être considérée comme relevant de l'ordinaire.

La voie qui donne accès aux bienfaits de la Providence, est, nous venons de le noter, la prière (v. 18), mais, comme l'observera plus tard l'Épître de Jacques, le suppliant doit satisfaire à certaines conditions. Il est requis qu'il craigne Dieu (v. 19), qu'il l'aime (v. 20), qu'il ait les yeux tournés vers lui et ait mis en lui son espérance (v. 15), en d'autres mots qu'il appartient à la catégorie des «dévots», des *ḥ^asîdîm* (v. 10)[10].

Il existe un large consensus pour dater le psaume après l'exil babylonien[11]. Pour appuyer cette date on allègue la composition alphabétique et anthologique du poème, le nombre élevé de vocables abstraits, la couleur aramaïsante du vocabulaire, l'allure sapientiale de la doctrine, les préoccupations d'une piété fortement personnaliste.

Le royaume de Dieu chanté par le psalmiste apparaît désormais soustrait aux vicissitudes du temps et de l'espace. Il se réalise avant tout dans la vie, dans le cœur des individus. La justice et la bonté divines, fondements du royaume, ne se limitent plus à Israël et au temps présent. Elles débordent sur toutes les créatures et elles dureront à tout jamais. Ainsi s'établit un règne spirituel, universel, éternel dont seuls les impies, les *r^ešā'îm*, seront exclus (v. 20).

La royauté divine nous est présentée le plus directement aux versets 11-13. Ils confèrent trois attributs au règne divin: la puissance,

10. Cf. J. Coppens, *Les Psaumes des Ḥasidîm*, ap. *Mélanges Robert*, Paris, 1956, pp. 214-224. — Le Même, *La doctrine biblique sur l'amour de Dieu et du prochain*, ap. *Eph. Theol. Lov.*, 1969, t. XL, pp. 252-299.

11. M. Dahood, *op. cit.*, t. III, New York, 1970, p. 336, conteste néanmoins l'origine tardive du psaume. Il note que des poèmes alphabétiques sont déjà attestés à Ougarit, puis il observe la présence de divers parallèles ougaritiques et celle de divers noms divins dont la tradition masorétique a perdu, selon lui, le souvenir.

la gloire et l'éternité, et ils introduisent le terme *malkût*, attesté surtout dans la période postexilique. Par deux fois, la puissance du règne s'exprime par le terme *g^e^bûrāh*, terme classique pour désigner l'intervention puissante, guerrière de Yahvé[12]. Des trois attributs de règne, l'éternité est la plus nouvelle. Le psalmiste rejoint ainsi le titre conféré par Jérémie, X, 10 à Yahvé: *mèlèk ʿôlām*, ainsi que l'affirmation du *Ps.* LXVI, 7 sur la vigilance exercée «éternellement» par la puissance de Yahvé sur les nations: *môšēl bigᵉbûrātô ʿôlām*. Il s'approche ainsi de *Dan.*, III, 33; IV, 31, au point qu'on a été tenté d'y voir un emprunt au vocabulaire daniélique[13].

3. *Le Psaume CXLVI.*

1. Alléluia!
2. Mon âme loue Yahvé!
   Je louerai Yahvé tant que je vis,
   Je psalmodierai à mon Dieu tant que je dure.
3. Ne comptez pas sur les notables[a],
   sur un fils d'homme[b] en qui n'est pas le salut.
4. Que son souffle sorte, il retourne à sa glaise,
   et, ce jour-là, ses plans périssent.
5. Heureux l'homme dont le dieu de Jacob est son secours,
   dont l'attente est en Yahvé, son Dieu,
6. fabricateur du ciel et de la terre,
   ainsi que de la mer et de tout ce qui est en eux.
   Lui garde pour toujours la fidélité,
7. fait droit aux opprimés,
   donne le pain aux affamés.
   Yahvé, il libère les enchaînés,
8. Yahvé, il ouvre (les yeux) aux aveugles,
   Yahvé, il redresse les courbés,
   Yahvé, il aime les justes,
9. Yahvé, il sauvegarde les étrangers,
   l'orphelin et la veuve, il les soutient,
   mais il déroute la voie des méchants.

12. Cf. *Ps.* XX, 7; XXI, 14; LIV, 3; LXV, 7; LXVI, 7; LXXI, 16, 17; LXXX, 3; LXXXIX, 14; CVI, 2, 8; CL, 2.

13. M.-J. Lagrange, *Notes sur le messianisme dans les Psaumes*, ap. *RB*, 1905, nouv. sér., t. II, p. 201.

10. Yahvé règnera pour toujours,
ton Dieu, ô Sion, d'âge en âge.
Alléluia!

a. Sur les *n^e^dibîm* voir *LRY*, pp. 399-400. — b. L'expression *ben ādām* suggère la glaise à laquelle le v.4 fera allusion.

Au cours de notre pérégrination à travers les psaumes du règne de Yahvé nous avons rencontré maints passages où le psalmiste notait ou exaltait la bonté et la justice divine prêtes à porter secours aux malheureux: *Ps.* IX, 19; X, 12, 14, 18; LXVIII, 6; LXXIV, 21; XCVII, 10bc. Mais nulle part nous n'avons trouvé groupés, comme au *Ps.* CXLVI, tous ceux qui ont besoin de l'aide divine. Le psalmiste dresse en quelque sorte ce que nous pourrions appeler par anachronisme un programme de société, basé sur un idéal de justice sociale. La liste de ceux appelés à bénéficier de l'intervention de Yahvé est impressionnante: les opprimés (v.7), les affamés (v.7), les prisonniers (v.7), les aveugles (v.8), les courbés (v.8), les étrangers ou immigrés, les orphelins (v.9), les veuves (v.9). Et voici une deuxième caractéristique de ce tableau où l'intervention bénéfique, salvatrice de Yahvé est esquissée et assurée; alors qu'ailleurs les psalmistes requièrent pour l'obtention du secours divin la qualité de juste: *Ps.* V, 13; XXIV, 5-6; LXXXIV, 12-13; XCVII, 10-12; CXLV, 19-20, la fidélité à l'alliance: *Ps.* XCV, 8-11, et éventuellement l'intercession de médiateurs aussi puissants que Moïse, Aaron et Samuel: *Ps.* XCIX, 6, en l'occurrence ces conditions ne sont certes pas exclues: cf. vv. 8c et 9c, mais elles ne sont pas soulignées, au plutôt elles sont censées revenir de fait à tous ces malheureux en raison même de l'état où ils se trouvent.

Dans ce manifique programme, à la fois de bienfaisance et de libération, se trouve anticipée l'œuvre de salut que Jésus eut conscience d'avoir mission de réaliser et qu'après lui et dans son sillage, l'Église n'a jamais perdu de vue aux périodes où elle fut animée du souffle du Christ et de son Esprit. Un seul trait manque au tableau si on le compare au programme de Jésus: à savoir la préoccupation de sauver les pécheurs. On se gardera toutefois de corser l'antithèse. Le psautier contient en effet un texte où se traduit déjà la préoccupation de ramener les pécheurs à Yahvé. à savoir *Ps.* LI, 15. Puis il convient de noter qu'au *Ps.* CXLVI, v.9c, il ne s'agit pas de la catégorie des *ḥaṭṭā'îm*, des pécheurs, mais de celle des *r^e^šā'îm*, des pervers, une catégorie qui aux yeux des psalmistes s'obstine dans le mal et ne se préoccupe pas de retourner à Yahvé.

4. *Le Psaume CXLIX.*

1. Alléluia!
Chantez à Yahvé un chant nouveau,
sa louange dans l'assemblée des dévots.
2. Qu'Israël se réjouisse en celui qui l'a fait
que les fils de Sion jubilent en leur roi,
3. qu'ils louent son nom par la danse,
qu'ils lui psalmodient avec le tambourin et la lyre.
4. Car Yahvé se complaît dans son peuple,
il pare de salut les humbles.
5. Que les dévots exultent de gloire,
qu'ils crient de joie (jusque) sur leurs couches.
6. (Que) l'exaltation de Dieu (soit) dans leur gorge,
et, dans leur main, le glaive à deux tranchants,
7. pour exécuter vengeance parmi les peuples
et le châtiment parmi les nations,
8. pour lier de chaînes leurs rois
et d'entraves de fer leurs notables,
9. pour exécuter sur eux l'arrêt écrit:
cet honneur reviendra à tous les dévots.

Le psaume se présente comme un cantique nouveau et de ce point de vue il rejoint les *Ps.* XXXIII, 3; XL, 4; XCVI, 1; XCVIII, 1; CXLIV, 9, qui tous sont jugés appartenir à une époque relativement récente, en tout cas postexilique, mais difficile à préciser[14]. Le souffle qui anime le psalmiste est très particulier. Il appartient à coup sûr au peuple de Dieu (v. 4), à Israël (v. 2), voire aux fils de Sion (v. 2), et à ceux qui n'hésitent pas à se compter parmi les *ʿanawîm*, les «humbles» (v. 4) et les *ḥªsîdîm*, les «dévots» (vv. 1, 9). A ce double titre, il est sûr de se voir assuré le salut (v. 4) et d'avoir reçu une mission glorieuse (vv. 5, 9): celle d'accomplir la sentence écrite[15], c'est-à-dire concrètement d'exercer la vengeance et la justice parmi les peuples et les nations (v. 7), en liant de chaînes leurs rois et d'entraves de fer leurs notables (v. 8)[16].

On est en droit de se demander si la mission punitive impartie aux *ḥªsîdîm* ne se limite pas aux seuls rois et notables. Dès lors elle

14. R. Tournay - R. Schwab, *op. cit.*, p. 509.

15. On a compris la sentence écrite d'annonces prophétiques consignées pour l'instruction d'Israël ou d'arrêts divins pris par Dieu et notés dans les livres célestes.

16. Pour les grands chargés de chaînes cf. *Nah.*, III, 10.

impliquerait pour leurs peuples la libération. Quant aux moyens mis en œuvre, il est clair que le psalmiste ne songe pas uniquement à la louange divine comme à la seule arme, arme à la fois redoutable et pacifique[17]. Les dévots iront au combat, certes les éloges de Dieu à pleine gorge mais aussi, à pleines mains, l'épée à deux tranchants (v. 6).

M. Dahood paraît tenté d'attribuer au psaume un *Sitz im Leben* préexilique[18], mais il ne s'y résigne pas impressionné qu'il est par deux rapprochements linguistiques avec le Deutéro-Isaïe, à savoir le pluriel d'excellence: *ʿôśayw* en *Is.*, LIV, 5 et l'usage fréquent de *y^{e}pāʾēr* dans le message de cet hagiographe.[19]. Ces indices, faut-il le noter, ne peuvent à eux seuls trancher la question. Mais il convient de signaler aussi, au v. 1, l'assemblée des dévots, des *ḥ^{a}sîdîm*[20] et surtout au v. 2, celui qui nous intéresse, la mention de Yahvé comme le roi d'Israël:

> *Que se réjouisse Israël en celui qui l'a fait,*
> *que les fils de Sion exultent en leur roi!*

Et, soulignons-le, la royauté de Yahvé sur Israël y repose sur le fait qu'il a fait ce peuple: affirmation qui rejoint ce que par ailleurs nous lisons dans des textes bien distants de notre poème: *Exod.*, XV, 17-18; *Num.*, XXIII, 21-22; *Deut.*, XXXIII, 5, 26. Au total, nous estimons avoir affaire à un poème postexilique qui, comme la plupart des pièces d'après l'exil, ne manque pas de réemployer des thèmes anciens.

A moins de restreindre la vengeance aux seuls monarques et aux seuls puissants du monde, tyrans de leurs peuples, le psaume CXLIX ne partage nullement les visions plus universalistes qui ont émergé en Israël après l'exil. Nous y assisterions à une remontée de tendances xénophobes, particularistes, restreignant l'action salvatrice de Yahvé à son peuple, voire la limitant à l'assemblée des *ḥ^{a}sîdîm*, portion élue de la nation. D'où l'opinion d'É. Dhorme[21], reprise par *LRY*[22] qui finit par voir dans le *Ps.* CXLIX un chant des Assidéens du temps des Maccabées.

17. Cf. R. TOURNAY - R. SCHWAB (*op. cit.*, p. 510) qui rapportent cette opinion avec renvoi à *II Chron.*, XX, 17-18. — Pour l'union de la prière et du combat cf. *Neh.*, IV, 10-12 et *II Macc.*, XV, 27.

18. *Op. cit.*, t. III, p. 357.

19. *Ibid.*, p. 357.

20. Le psautier connaît ailleurs la grande assemblée: XXII, 23, 26; XXXV, 18; XL, 10, 11 et l'assemblée du peuple: CVII, 32.

21. *La Bible* (de la Pléiade), t. II, Paris, 1959, p. 1219.

22. *LRY*, p. 269.

C'est donc dans une perspective nationaliste que le *Ps.* CXLIX salue Yahvé comme roi. Son domaine apparaît limité conformément aux vues des *ḥ^asîdîm* qui y prennent la parole. C'est à Sion que Yahvé exerce sa souveraineté et les fils de Sion sont par excellence ses suppôts (v. 2b). Peut-être le psalmiste les distingue-t-il d'Israël dans son ensemble, pour lequel Yahvé ne serait qualifié que de «fabricateur». A tout le moins, aux termes du *Ps.* CXLIX, le groupe des *ḥ^asîdîm* forme au sein de la nation comme une milice, la milice par excellence d'Israël, celle de Yahvé-roi.

5. Conclusion

Le titre *mèlèk* n'est pas le seul appliqué dans les psautier aux chefs des peuples. Le *Ps.* CXLVIII, 11 par exemple énumère à côté des *malkê-'èrèṣ* les *šārîm* et les *šōf^eṭê-'èrèṣ*. Aucune de ces deux appellations n'est appliquée à Yahvé dans les psaumes de la royauté[23]. En revanche, le verbe *šāfaṭ*, ainsi que son synonyme *dîn*, n'y manquent pas: *Ps.* IX, 5 (*šāfaṭ* et le substantif *dîn*), XCVI, 10 (*dîn*), XCVI, 13 (*šāfaṭ*), XCVIII, 9 (*šāfaṭ*). D'où pour l'analyse complète de la notion du règne de Yahvé la nécessité de tenir compte des psaumes où les deux verbes *šāfaṭ* et *dîn* se présentent dans un contexte sinon identique, au moins fort ressemblant[24]. C'est pour *dîn* le cas des *Ps.* VII, 9 (jugement des nations) et L, 4; CXXXV, 14, et, pour *šāfaṭ*, celui des *Ps.* L, 6 (jugement du peuple de Dieu); LXVII, 5; LXXXII, 8; XCIV, 2 (jugement des nations). Ce qui vaut pour *dîn* et *šāfaṭ*, concerne également l'emploi du terme *māšal* tel qu'il se présente aux *Ps.* LIX, 14; LXVI, 7; XXII, 29. Surtout le dernier passage, qu'on est tenté de comprendre comme un ajout[25], mérite notre attention.

En voici deux versions récentes, la première du *New English Bible*, la seconde de M. Dahood[26]:

23. Sur les motifs qui peuvent avoir influencé le choix ou l'abandon de *mèlèk* et *môšēl* cf. J. A. Soggin, ap. E. Jenni - Cl. Westermann, *Theologisches Handwörterbuch zum Alten Testament*, Munich, 1971, t. I, col. 933, lettre b).

24. Voir G. Liedke, *dîn-richten*, ap. E. Jenni - Cl. Westermann, *op. cit.*, t. I, col. 445-448. — G. Liedke, *špṭ-richten*, ap. *ibid.*, 1976, t. II, col. 999-1009.

25. Renvoyant à C. Briggs, E. Podechard, A. Gelin, L. Jacquet, *op. cit.*, t. I, p. 544, admet qu'il s'agit d'une addition due à une main étrangère.

26. M. Dahood, *op. cit.*, t. I, New-York, 1965, p. 138.

28. Let all the ends of the earth remember
and turn again to the Lord,
let all the families of the earth[27]
bow down before him,
29. for kingly power belongs to the Lord
and dominion over the nations is his.

28. All the ends of the earth
will remember and turn to Yahweh,
and all the clans of the nations
will bow down before him.
29. For truly is Yahweh[28] the king
and the ruler[29] of the nations.

Quelle que soit la traduction retenue, le sens des deux versets ne pose pas de problèmes: nous sommes en présence d'un texte tardif, étendant le domaine de Yahvé aux nations et impliquant leur adhésion à Yahvé. Cette vision universaliste rappelle celle déjà rencontrée notamment au *Ps.* XCVI, versets 8-9, mais elle ne la recoupe pas entièrement. En l'occurrence, deux motifs sont allégués pour la soumission des peuples, des *gô'îm*: d'abord la domination que Yahvé exerce sur eux, puis le fait qu'ils se souviendront. L'objet de ce souvenir international n'est pas précisé. Il s'agit, pense-t-on souvent, du retentissement sur la conscience religieuse internationale de l'œuvre de salut accomplie par Yahvé pour Israël[30]. En tout cas, le caractère spontané de l'adhésion n'est guère accentué. Toutefois le psalmiste se garde de se complaire dans une expérance nationaliste, telle que le *Ps.* CXLIX n'hésite pas à l'entrevoir et à l'énoncer.

27. Cf. *Ps.* XCVI, 7.

28. M. Dahood, *loc. cit.*, pp. 142-143, propose d'interpréter le *lamed* précédant Yahvé comme un *lamed emphatique*, particule d'assertion (cf. truly). Cf. J. Mejia, *El lamed enfático en nuevos textos del Antiguo Testamento*, ap. *Est. bibl.*, 1963, t. XXII, pp. 179-190.

29. M. Dahood, *loc. cit.*, pp. 142-143, suggère de traduire *m^e^lûkāh* au sens non abstrait (règne) mais concret (roi), et il rend *môšēl* comme un substantif.

30. L. Jacquet, *op. cit.*, t. I, p. 545.

VI. La Royauté de Yahvé dans le Psautier. Essai de synthèse.

L'analyse et le commentaire des psaumes qui font allusion au règne de Dieu ou qui le célèbrent explicitement, nous permettent d'en tracer dans les limites d'une probabilité, plus ou moins grande suivant les cas, une succession chronologique. A la période préexilique paraissent se rattacher les psaumes XXIX, XCIII, XLVII A, LXVIII, et peut-être LXXXIX, 6-19 [1]. Les trois premiers, ainsi que le *Ps.* LXXXIX, 6-19, concernent distinctement la royauté de Yahvé et ils se situent tous au plan national. Au même plan se rapporte le *Ps.* LXVIII, mais il ne contient qu'une allusion furtive au roi Yahvé et il se réfère explicitement au culte, au sanctuaire de la montagne sainte, celle de Sion, où le Seigneur a décidé de résider au terme d'une longue pérégrination qui l'amena du Sinaï à la terre de Canaan.

Parmi les prières individuelles jugées parfois susceptibles de remonter avant l'exil, il y a les *Ps.* V, IX A (IX, 1-11), IX B (IX, 12-21), et X, mais pour aucune d'elles une date préexilique ne s'impose. Les données concrètes font défaut pour assigner au *Ps.* V une date précise [2], et quelle que soit l'interprétation du *ṣaddîq* y envisagée [3] au verset 13, une date postexilique nous a paru la moins invraisemblable. Le cas des psaumes IX A (= IX, 1-11), IX B (= 12-21) et X est tout aussi difficile à trancher sauf pour les péricopes IX, 6-9, 20-21; X, 16, 18b, que nous avons interprétées comme des ajouts. A tout bien peser, nous avons une fois de plus estimé pouvoir opter pour une date postexilique [4] vu notamment les contacts que d'aucuns découvrent avec le chapitre III des *Lamentations* [5].

1. Dans notre commentaire du psaume nous avons exposé les raisons qui rendent une conclusion sur la date fort difficile. En fin de compte, nous avons cru pouvoir opter pour une date postexilique.

2. G. Fohrer, *Einleitung in das Alte Testament*, Heidelberg, 1965, p. 309, s'abstient de proposer une date. Il renvoie à L. Krinetzki, ap. *Th Q*, 1962, t. CXLII, pp. 23-46.

3. S. Mowinckel, *Salmeboken*, p. 33, estime que dans les psaumes le «juste» signifie l'Israël fidèle au pacte avec Yahvé.

4. G. Fohrer, *op. cit.*, p. 309, qualifie les *Ps.* IX-X d'exiliques ou de postexiliques. Il renvoie à M. Löhr, ap. *ZAW*, 1916, t. XXXVI, pp. 225-237 et H. Junker, ap. *RB*, 1953, t. LX, pp. 161-169: *Unité, composition et genre littéraire des Psaumes 9 et 10.*

5. G. Fohrer, *op. cit.*, p. 309.

Le choix le plus difficile à faire concerne probablement le *Ps.* XXIV[6]. Ceux qui l'expliquent comme un chant composé pour accompagner la procession conduisant l'arche d'alliance, le palladium d'Israël, dans la Ville sainte ou dans le sanctuaire central, sont naturellement portés à lui attribuer un *Sitz im Leben* préexilien. O. Eissfeldt avance comme cadre la démarche de David amenant l'arche dans la nouvelle capitale de son royaume[7]. D'autres se contentent de renvoyer sans trop de précision à la période monarchique[8]. Toutefois à tenir compte des additions dont le prétendu chant de l'arche, les versets 7-10, fut augmenté et à ne pas perdre de vue les accointances de cette section, centre originel, avec des textes postexiliques, la relecture du psaume et même sa composition primitive se situent aussi bien, voire mieux, après qu'avant l'exil.

À la période de la captivité se rattachent, de l'avis de nombreux auteurs, les *Ps.* XLIV[9] et LXXIV[10], évoquant respectivement la ruine de la Ville sainte et celle de son sanctuaire. Aux années de l'exil ou à celles le suivant de près, nous estimons pouvoir reporter d'abord la composition definitive des psaumes LXXXIX[11], XCV et XCIX.

6. Cf. V. Scheil, *Le psaume 24* (*Vulg 23*), ap. *RB*, 1892, t. I, pp. 602-604, et les renvois de G. Fohrer, *op. cit.*, p. 310 à I.N. Slotki, ap. *JBL*, 1932, t. LI, pp. 214-226. — J.D. Smart, ap. *JBL*, 1933, t. LII, pp. 175-180. — O. Eissfeldt, ap. *Welt d. Or.*, 1954-1959, t. II, pp. 480-483. — R. Rendtorff, ap. *Rendtorff-Festschrift*, 1958, pp. 121-129. — M. Treves, ap. *VT*, 1960, t. X, pp. 428-434. — V.V. Huesco, ap. *EstBibl*, 1963, t. XXII, pp. 243-253.

7. O. Eissfeldt, *Jahwes Königsprädizierung als Verklärung national-politischer Ansprüche Israels*, ap. *Wort, Lied, Gottesspruch. Festschrift Ziegler*, Wurzbourg, 1972, t. II, pp. 51-55, et *Kleine Schriften*, t. V, Goettingue, 1973, p. 221.

8. G. Fohrer (*op. cit.*, p. 310) propose cette date en accompagnant son opinion d'un point d'interrogation.

9. G. Fohrer, *op. cit.*, p. 311, se rallie néanmoins à une date préexilique. Il interprète le poème comme une prière pour les armées israéliennes en temps de guerre. La *RB* renvoie au poème en 1921, p. 386 (v.4), en 1922, p. 483 (v.8) et en 1960, p. 690 (v.20).

10. Voir dans *RB*: J. Parisot, *Psaumes de la captivité. Psaumes LXXIV* (*LXXIII*) *et LXXIX* (*LXXVIII*), 1895, t. IV, pp. 572-578 et des références aux vv. 3-4 (1926, p. 474), 15 (1967, 447). — G. Fohrer, *op. cit.*, p. 313 qualifie le psaume d'exilique ou postexilique, et il renvoie à N. Liebschütz, ap. *AJSL*, 1923-1924, t. XL, pp. 284-287; 1924-1925, t. XLI, p. 279. — F. Willesen, ap. *VT*, 1952, t. II, pp. 289-306.

11. G. Föhrer, *op. cit.*, p. 314, opte néanmoins pour une origine préexilique tant pour l'hymne (vv. 1-19) que pour la prière de supplication au lendemain d'une défaite militaire (vv. 20-53). — Il renvoie à G. Ahlström, 1959, W.B. Ward, ap. *VT*, 1961, t. XI, pp. 321-339, O. Eissfeldt, ap. *Essays Muilenburg*, 1962, pp. 196-207 et *WdO*, 1964, t. III, pp. 27-31, G. Cooke, ap. *ZAW*, 1964, t. LXXVI, pp. 26-29. — On trouvera dans *RB* l'article d'E. Podechard, *Notes sur les Psaumes. Psaume LXXXIX*, 1925, pp. 5-31, et diverses références au psaume: 1905, pp. 55-56 (M.J. Lagrange),

Tandis que G. Fohrer s'abstient d'avancer une date pour le *Ps*. XCV [12], S. Mowinckel y découvre des parallèles avec les situations décrites ou évoquées en *Is*., LVII, 11; LVIII, 2-3; LIX, 1-14; *Mal*., II, 17; III, 14-15. Il en conclut que l'arrière-fond du poème est celui de l'époque trito-isaïenne [13]. En revanche, G. Fohrer [14] et S. Mowinckel [15] s'accordent pour situer après l'exil, aux origines de ce qu'on a appelé le Judaïsme [16], le psaume XCIX, poème n'évoquant plus que la présence du prophétisme et du sacerdoce et passant dès lors sous silence la royauté [17]. A l'époque postexilique se rattachent également les *Ps*. LXXXIV et XLVIII. Nous y avons discerné respectivement l'amour du sanctuaire de Yahvé restauré à Jérusalem après l'exil et l'expression d'une confiance renouvelée en l'avenir de Sion dont les murailles ont été rebâties.

Quatre psaumes du règne de Yahvé: XCVIII, XCVI, XLVII B et XCVII, appartiennent, semble-t-il, à l'aube de la période judaïque. Nous distançant de S. Mowinckel [18], nous estimons que les quatre poèmes en question ne sont pas à rapprocher sans plus du *Ps*. XCIII [19]. Le premier des quatre, le *Ps*. XCVIII, reflète la théologie et les sentiments du Deutéro-Isaïe et il entame, tout comme lui, un cantique nouveau pour célébrer la fin de la captivité babylonienne et le retour des exilés en leur patrie [20]. Le *Ps*. XCVI n'exprime pas aussi nettement la même référence à la grande libération d'Israël inaugurée en 538 par l'édit de Cyrus. Il appartient plutôt, ainsi que le *Ps*. XLVII B, c'est-à-dire les versets 7-10 [21], à une période ultérieure. L'une et l'autre

1920, p. 500 (v.18), 1960, pp. 120-121 (G. Ahlström), 1961, p. 282 (J. Hofbauer), 1966, pp. 94-104 (J. Milik, Texte de Qumrân), 1964, p. 272 (L. Dequeker), 1968, pp. 456-459 (É. Lipiński).

12. *Op. cit*., p. 315. — L'auteur se contente de renvoyer à J. FINKEL, ap. *AJSL*, 1933-1934, t. L, pp. 32-40.

13. *Salmeboken*, p. 202.

14. *Op. cit*., p. 315.

15. *Salmeboken*, p. 207.

16. *Ibid*., p. 207: «eldre jødisk (eftereksilsk) tid».

17. *Ibid*., p. 207.

18. Dans *Salmeboken*, p. 206, il unit étroitement XCIII, XCVI et XCVII.

19. Nous n'excluons pas l'hypothèse de ceux qui voient dans le verset 5 une addition postexilique: cf. *supra*, p. 159.

20. Cf. P. AUVRAY, ap. *Introduction à la Bible*, II: *Introduction critique à l'Ancien Testament* (éd. H. CAZELLES), Tournay, 1973, p. 505.

21. Pour le *Ps*. XLVII, qualifié d'hymne de Sion postexilique, G. FOHRER, *op. cit*., p. 312 renvoie à K.-H. RATSCHOW, ap. *ZAW*, 1935, t. LIII, pp. 171-180. — J. MUILENBURG, ap. *JBL*, 1944, t. LXIII, pp. 235-256. — A. CAQUOT, ap. *RHR*, 1959, t. XXXIX, pp. 311-337.

pièce, mais surtout le *Ps.* XCVI[22], envisagent en ordre principal le triomphe du monothéisme et partant un certain rassemblement cultuel des nations païennes autour du dieu d'Abraham. Le plus récent des quatre poèmes est vraisemblablement le *Ps.* XCVII[23]. Il proclame la victoire de Yahvé sur les dieux païens et sur leurs serviteurs, les idolâtres (v. 7); aux justes il garantit la protection divine (vv. 10-12). Un triple cadre épiphanique accompagne le triomphe de Yahvé: d'abord celui d'un orage prestigieux (vv. 2-5), puis celui d'une révélation cosmique, toute pacifique, dans les cieux (v. 6)[24], enfin celui d'une illumination, également toute pacifique, symbole de la protection divine dont bénéficieront les justes au lendemain de la suppression (v. 3) ou, pour le moins, de la soumission (v. 7) des serviteurs des idoles.

Parmi les poèmes où Yahvé est proclamé roi, le *Ps.* CXLIX occupe une place spéciale[25]. Il joue un rôle important dans l'hypothèse de B. Eerdmans[26] sur la corporation des *Ḥ^asîdîm* et leur intervention militaire à l'époque maccabéenne, hypothèse qui n'a guère obtenu d'adhésion. En revanche, les commentateurs sont d'accord pour interpréter le *Ps.* CXLIX comme une pièce littéraire de la période dite judaïque, émanant d'un milieu fermé à toute tendance missionnaire auprès des peuples païens, pour lesquels le psalmiste ne paraît entrevoir d'autre avenir qu'une soumission totale et militaire à Israël.

Parmi les psaumes qu'à divers égards nous avons le droit de compter comme les plus tardifs des poèmes exaltant la royauté de Yahvé, il y a, à n'en pas douter, les *Ps.* CIII, CXLVI et CXLV. Le point

22. G. Fohrer, *op. cit.*, p. 315, renvoie à R.J. Tournay, ap. *RB*, 1947, t. LIV, pp. 533-542. — A. Caquot, ap. *Syria*, 1956, t. XXXIII, pp. 36-41.

23. G. Fohrer, *op. cit.*, p. 315, reconnaît que le psaume dépend de nombreux poèmes antérieurs, que le cadre cultuel est douteux et qu'une orientation eschatologique s'y dessine.

24. Aux pp. 120-123 de son ouvrage: *De Hemel in het Oude Testament. Een onderzoek naar de voorstellingen van het Oude Israël omtrent de kosmos*, Franeker, 1974, C. Houtman rapproche le verset 6 de trois psaumes, à savoir *Ps.* L, 6; LXXXV, 12; XIX, 2. La mention de la justice divine en XCVII, 6 évoque les *Ps.* L et LXXXV, celle de la gloire plutôt le *Ps.* XIX; cette dernière évocation paraît l'emporter. Dans ces conditions, le v. 6 n'appartient plus à la description de l'orage mais implique une nouvelle manifestation divine, celle de la gloire divine devenue visible dans la majesté et l'ordre prestigeux des cieux.

25. G. Fohrer, *op. cit.*, p. 318, se contente de renvoyer à H. Gunkel, ap. *Or. Stud. Haupt*, 1926, pp. 47-57.

26. Cf. B. Eerdmans, *Essays on Masoretic Psalms*, ap. *OTS*, t. I, Leyde, 1942, pp. 105-296, et son commentaire du psautier: *The Hebrew Book of Psalms*, ap. *OTS*, t. IV, Leyde, 1947.

de vue national y est pour ainsi dire absent. Le *Ps.* CIII chante les bienfaits découlant de la royauté de Yahvé pour ses dévots avec des accents qui font songer au piétisme juif évolué de l'époque perse ou même hellénistique[27]. En fonction de cette même royauté divine, le *Ps.* CXLVI développe ce qu'on est tenté d'appeler un programme de justice sociale. Son vocabulaire, comme celui des *Ps.* CIII et CXLV, trahit une influence notable de l'araméen[28]. Enfin le psaume CXLV, de facture alphabétique, dépasse aussi bien le point de vue individuel que social, pour louer les attributs de Dieu en quelque sorte en et pour eux-mêmes: sa grandeur (v. 3), sa gloire (v. 5), sa puissance (v. 6) sa bonté (v. 7), sa justice (v. 7), sa tendresse et pitié (v. 8), sa vérité (v. 13), son amour (v. 13), et leur rayonnement à travers toutes ses œuvres, au bénéfice de toutes les créatures (vv. 15-16), au point que l'auteur du poème paraît étendre à l'ensemble des êtres vivants les bienfaits de la Providence[29]. Il n'en reste pas moins que les *ḥ^asîdîm* (v. 10), ceux qui craignent et aiment Yahvé, en d'autres mots ceux qui forment son vrai peuple, sont entrevus par le psalmiste comme les premiers bénéficiaires de cette providence. D'ailleurs, au verset 18, l'invocation de Yahvé est énoncée comme la condition sine qua non de la proximité divine. En raison de la spiritualité peu commune du psaume CXLV dont les échos se sont prolongés dans la piété juive et chrétienne, le poème figure à juste titre parmi les compositions les plus récentes du Psautier[30].

Sur la foi des indices chronologiques recueillis, essayons de nous représenter comment la notion de la royauté de Yahvé a surgi dans le psautier et comment elle y a évolué.

A nous baser sur le témoignage des psaumes XXIX et XCIII, la conception la plus ancienne est celle d'une royauté céleste. Yahvé règne aux cieux (XCIII, 4; XXIX, 9)[31], où il a fondé son avènement royal sur une double victoire remportée l'une sur les élohim (XXIX, vv. 1, 9; cf. LXXXIX, 6-8), l'autre sur les eaux chaotiques (XCIII,

27. S. Mowinckel, *Salmeboken*, p. 214.

28. *Ibid.*, pp. 214, 287 et 285.

29. *Ps.* CXLV, 16: cf. CIV, 27-28.

30. A. Deissler, *Die Psalmen*, III: *Ps 90-150*, Dusseldorf, 1965, l'assigne au IIIe-IIe siècle av. J.-C. — G. Fohrer, *op. cit.*, p. 318, renvoie à L.J. Liebreich, ap. *HUCA*, 1956, t. XXVII, pp. 181-192. — S. Holm-Nielsen, ap. *StTh*, 1960, t. XIV, pp. 35-37.

31. Cf. *Ps.* LXVIII, vv. 5 et 34 où Yahvé est appelé le «chevaucheur des nuées», le «chevaucher des cieux».

vv. 3-4; cf. LXXXIX, 10). C'est surtout dans la majesté de l'orage que pour le psalmiste Yahvé continue à manifester sa royauté céleste: *Ps.* XXIX, 2-10, et puis c'est par des réflexions plus nettes sur l'intervention divine, créatrice, des origines que l'hagiographe finit par la mieux établir et justifier: *Ps.* LXXXIX, 12-13.

De la notion d'un dieu vainqueur des forces chaotiques, d'un dieu refoulant les eaux pour libérer la terre, d'un dieu bientôt conçu comme fondateur, en d'autres termes comme «créateur», de la terre, le passage s'est opéré sans doute sans trop de heurts à celle d'un dieu souverain de la terre. Suzerain suprême, il la répartit entre les nations qui l'habitent et même choisit l'une d'elles comme son patrimoine ou il réalisera un royaume terrestre, doublant celui des cieux. C'est au *Ps.* XLVII A, c'est-à-dire aux versets 4-5, que nous avons cru pouvoir détecter la première attestation claire de la royauté terreste de Yahvé, réalisée au profit d'un peuple élu.

En prenant conscience de son élection, de sa vocation à devenir le règne de Yahvé, le peuple israélite fut tout naturellement amené à célébrer la royauté divine dans le culte. Le *Ps.* XLVII A et le *Ps.* LXVIII nous sont apparus comme les plus anciennes attestations de la louange cultuelle de Yahvé-roi. D'aucuns y ajoutent volontiers le témoignage du *Ps.* XXIV, 7-10. Qu'il faille rattacher la célébration cultuelle du roi Yahvé au culte de l'arche, le psautier ne permet pas de l'établir. Le titre de Yahvé Ṣᵉba'ôt, qu'on se plaît à proclamer comme celui du dieu de l'arche, ne se rencontre pas souvent dans les psaumes du royaume[32].

Si le verset 15 de l'hymne à Yahvé-roi, repris et transmis par le rédacteur final du *Ps.* LXXXIX, appartient dès les origines à cette vieille pièce littéraire[33], les textes anciens du Psautier saluent le Seigneur non seulement comme le maître du cosmos ou comme le héros guerrier disposant des peuples et de leur sort, mais également comme le justicier suprême, comme l'arbitre et le garant de l'ordre éthique. Rien de plus naturel au reste qu'on ait attribué ce rôle au roi-Yahvé, vu que dans les milieux sémitiques la sauvegarde du droit et l'exercice de la justice revenaient au monarque[34]. D'où le recours des fidèles à Yahvé comme au magistrat suprême, chaque fois que les cours de justice leur faisaient défaut ou que les charges y étaient détenues par des rois ou des anciens foulant aux pieds le droit et l'équité.

32. Cf. *Ps.* XXIV, 10; XLVIII, 9; LXXXIV, 2, 4, 9; LXXXIX, 9.

33. L'énoncé du v. 16 revient en partie au *Ps.* XCVII, 2. Cf. aussi *Ps.* IX, 8-9.

34. Cf. *Ps.* II, 10; LXXII, 4; CXLVIII, 11.

L'Ancien Testament nous a conservé quelques portraits typiques de ces monarques[35] ou magistrats[36] dont la malice criait vengeance au ciel. Le psautier lui-même s'insurge contre les juges iniques[37], tandis qu'il exalte les jugements de Dieu[38]. Parmi les psaumes où l'orant en appelle à Yahvé, roi-juge, peut-être pour faire appel d'une sentence émanant d'un tribunal humain, nous avons compté les *Ps.* V, IX et X. Nous avons hésité à les faire remonter jusqu'avant l'exil babylonien.

Terminons cet aperçu sur la royauté de Yahvé dans les psaumes les plus anciens, sinon tous préexiliques, en notant qu'au moins deux fois, aux *Ps.* LXXXIX, 16 et XLVII, 2, 6, s'y présente l'«acclamation», la *t^erû'āh*, en usage en Israël pour saluer sinon l'avènement, au moins le règne du roi, l'exercice de son pouvoir.

Les trois aspects de la royauté de Yahvé: cosmique, historique et éthique, que nous avons rencontrés bien attestés avant l'exil, réapparaissent au lendemain de cette grande catastrophe nationale et obtiennent de nouveaux développements. A Yahvé, roi du cosmos se réfèrent les psaumes LXXIV, 12-17; XCV, 3-5; XCVI, 5b, 10b; CXLVI, 6. A l'exception du premier passage, les énoncés du règne cosmique de Yahvé perdent leurs développements mythiques. Ils se caractérisent désormais par la sobriété. Ils visent l'essentiel: la fondation des cieux et de la terre par Yahvé. A noter qu'au *Ps.* XCVII, 2-5, un des derniers de la série des psaumes du règne, le Seigneur intervient en Dieu de l'orage, tout comme au *Ps.* XXIX, un des plus anciens.

L'intervention de Yahvé dans le cours de l'histoire de son peuple n'est pas non plus oubliée après l'exil. Les psalmistes la rappellent en IX, 7; XLIV, 2-9; XCV, 6-7; XCVIII, 3bc, mais ils tendent à la concentrer sur la restauration de Sion au *Ps.* XCVII, 8 et surtout au *Ps.* XCVIII. Le *Ps.* XLVI est lui aussi tout entier consacré à Yahvé Ṣ^eba'ôt, refuge et force de Sion. Nous ne l'avons pas analysé,

35. Cf. *I Reg.*, XXI, 1-26.

36. *Dan.*, XIII, 1-64.

37. Cf. *Ps.* XXXVII, 33; LVIII, 2; LXXXII, 2-7; CIX, 31; CXLI, 6.

38. *Ps.* VII, 12; IX, 5, 9, 20; X, 18; XXVI, 1; XXXV, 24; XXXVII, 33; XLIII, 1; LI, 6; LVIII, 12; LXXV, 3, 8; LXXXII, 1, 8. Ces textes sont si nombreux que divers commentateurs ont cru pouvoir en inférer l'existence de l'ordalie en Israël. Yahvé ne juge pas seulement les individus, ses fidèles; ses jugements concernent aussi son peuple (*Ps.* L, 20, etc.) et les nations (*Ps.* IX, 9; LXVII, 5; XCIV, 2; XCVI, 13; XCVIII, 9). — Cf. V. HAMP, *dîn*, ap. *TWAT*, 1974, t. II, col. 200-207, en particulier col. 204: «Es ist beachtenswert, dass Gott dem einzelnen gegenüber nur als gnädiger Richter auftritt»; «Charakteristisch für Daniel (7, 10. 22. 26) ist die Phrase 'das (himmlische) Gericht nahm Platz' (*dînā' y^ešib*)».

comme du reste pas mal d'autres poèmes étroitement apparentés aux psaumes du règne, vu que la royauté de Yahvé n'y est pas explicitement mentionnée.

Le troisième aspect de la royauté de Yahvé, son rôle de garant de l'ordre religieux et surtout éthique prend après l'exil un développement notable. Le *Ps.* XCIX proclame la médiation du prophétisme, et, dans sa rédaction finale, il y joint celle du sacerdoce dans l'exercice de la royauté du Dieu d'Israël. Le *Ps.* XCV rappelle la nécessité d'une fidélité sans failles, sans réticence, au pacte de l'alliance pour que Yahvé accorde au peuple son soutien et lui assure l'obtention d'une tranquillité, d'une paix salutaire. Divers textes soulignent que Yahvé est le roi par excellence des justes, des parfaits: *Ps.* LXXXIV, 12; XCV, 8-11; XCVII, 10-12, ainsi que celui des humbles, des pauvres, des opprimés, des veuves et des orphelins: IX, 19; X, 12, 17-18; CXLVI, 7-9; CXLV, 14.

Enfin, — et c'est là un des aspects les plus nouveaux, — la royauté divine tend à déborder explicitement les confins d'Israël et à concerner les nations. Ce fut déjà le cas dans la relecture du *Ps.* IX, à savoir par l'insertion des versets 8-9, et ce devient une perspective largement ouverte aux *Ps.* XCVIII, 9cd et XCVI, 12. Et l'espérance pointe à l'horizon de voir les nations païennes rejoindre Israël dans le culte de Yahvé: *Ps.* XLVII, 10; XCVI, 7-9 et XXII, 28-32, espoir rejoignant quelques-unes des visions universalistes des prophètes, celles par exemple d'*Is.*, XIX, 21 ou XVII, 7-8.

L'évolution de la notion de la souveraineté de Yahvé a abouti à ses plus belles expressions dans les *Ps.* CXLVI, CXLV et CIII. C'est là que Yahvé est pour la première fois nettement qualifié de souverain «éternel»: *Ps.* CXLVI et CXLV, et de monarque transcendant: *Ps.* CIII, 19. C'est là qu'il apparaît entouré de ses cohortes célestes (v. 21), à savoir les anges (v. 20), réduits à un rang qu'ils n'abandonneront plus, celui de «serviteurs» chargés d'accomplir les desseins de Dieu dans tous les lieux de son domaine universel (v. 22). C'est là aussi que s'ébauchent, en fonction de la royauté éthique de Yahvé, un projet de société socialement évoluée: *Ps.* CXLVI, ensuite un idéal de piété individuelle inspirée de confiance en la divine providence: *Ps.* CXLV, et même une vision optimiste du cours de l'univers tout entier entre les mains bienfaisantes de Yahvé: *Ps.* CIII. Que les sentiments exprimés en ces trois poèmes aient animé de cercles restreints de pieux israélites, il n'y a pas lieu d'en douter. Qu'ils aient pénétré dans des couches de la population de plus en plus larges et profondes, osons l'espérer. Qu'ils ne soient pas parvenus à l'emporter totalement et définitivement sur un nationalisme étroit, confondant une prétendue supériorité racique avec l'élection divine, les accents du *Ps.* CXLIX suffisent à le montrer[39]. Pour en réduire la portée et pour prévenir qu'ils ne nuisent pas trop à l'image d'Israël au terme de sa pérégrination vétérotestamentaire, d'aucuns ont noté qu'à tout prendre, ce psaume, l'avant-dernier du recueil, pourrait remonter à la période préexilique[40]. La férocité des versets 7-8 s'expliquerait en fonction des lois relatives au *ḥèrèm*[41]. Et si l'on maintient avec la plupart des commentateurs la date tardive en renvoyant à *Neh.*, IV, 10 et *II Macc.*, XV, 27, on pourra observer, pour atténuer l'attitude préconisée par le psalmiste, que l'adduction des rois et des glorieux, liés de chaînes et d'entraves, représente un notable progrès par rapport aux vengeances meurtrières édictées par le *ḥèrèm* deutéronomique. Le châtiment épargne le peuple, il n'atteint plus que les chefs, et ceux-ci, tout en étant asservis, échappent, semble-t-il, à la mort. En toute hypothèse ce n'est pas au *Ps.* CXLIX que le lecteur chrétien des vieilles Écritures s'arrêtera mais aux *Ps.* CIII, CXLV et CXVLI, comme à ceux qui s'ouvrent le plus aux perspectives piétistes, sociales, universalistes de la Royauté divine, préludant au Royaume de Dieu annoncée par Jésus et prêché après lui par ses Apôtres.

39. Le psaume fut utilisé par Thomas Münzer pour justifier ses brigandages et par les princes catholiques pour mobiliser leurs armées dans la guerre de trente ans: A. WEISER, *Die Psalmen übersetzt und erklärt*, ap. *Das Alte Testament Deutsch*, t. 14-15, Goettingue, 1950, p. 561.

40. *Ibid.*, p. 561.

41. Cf. *Deut.*, VII, 1-6; XX, 13 et l'application des règles y contenues dans le livre de Josué. Voir W. BREKELMANS, *De Ḥerem in het Oude Testament*, Nimègue, 1959.

CHAPITRE V

LA ROYAUTÉ DE YAHVÉ DANS LES TEXTES VÉTÉRO- ET INTERTESTAMENTAIRES EN DEHORS DU PSAUTIER

I. *Les traditions réputées les plus anciennes.*

Parmi les textes de l'Ancien Testament proclamant la royauté de Yahvé et l'exercice de son règne, trois se donnent comme antérieurs à la littérature prophétique et comme nous informant sur les premières origines de la croyance, à savoir *Exod.*, XV, 17-18, *Num.*, XXIII, 21 et *Deut.*, XXXIII, 5. Ils font remonter la croyance en la royauté divine à une très haute antiquité, pour le moins à une période qui se situe avant l'instauration de la monarchie. Il importe toutefois de les examiner de près, car les trois passages ne visent pas la même situation historique.

Un premier texte: *Num.*, XXIII, 21, se réfère à la traversée du territoire de Moab par les tribus israélites:

Il (Balaam) *n'aperçoit pas de mal en Israël*
et il n'y voit pas de souffrance.
Yahvé, son Dieu, est avec lui,
et il y est acclamé comme roi[1].

1. Voir sur les oracles de Balaam-Biléam J. COPPENS, *Les Oracles de Biléam. Leur origine littéraire et leur portée prophétique*, ap. *Mélanges Eugène Tisserant* (*Studi e Testi*, 231), t. I, pp. 67-80, Cité du Vatican, 1964. — R. DE VAUX, *Histoire ancienne d'Israël. Des origines à l'installation en Canaan*, ap. *Études bibliques*, Paris, 1971, pp. 524-525, 544. — W. GROSS, *Bileam. Literatur- und formkritische Untersuchung der Prosa in Num 22-24*, ap. *SANT*, XXXVIII, Munich, 1974. — D. VETTER, *Seherspruch und Segensschilderung. Ausdrucksabsichten und sprachliche Verwirklichungen in den Bileam-Sprüchen von Numeri 23 und 24*, ap. *Calwer Theol. Monogr.*, A 4, Stuttgart, 1974.

La traduction du verset pose quelques problèmes, notamment touchant le sens de l'expression *t*[e]*rû'at mèlèk*.

Quelques auteurs proposent de reconnaître le monarque israélite dans le *mèlèk*. S'y opposent le parallélisme et l'allusion du verset suivant (v. 22) à la sortie d'Égypte. L'identification du *mèlèk* avec Yahvé a paru si évidente au Targum Onqelos et à la Peshiṭta qu'ils ont lu *malko*, «son roi» (*LRY*, p. 352).

Quant à *t*[e]*rû'at*, ce vocable est à retenir. Il n'y a pas lieu de lui substituer à la suite de W. F. Albright *tôra'at*, mais, selon *LRY*, p. 354, le *mèlèk* «doit s'interpréter comme un génitif subjectif». D'où la version :

Le passage fait partie du deuxième oracle de Balaam, transmis au chapitre XXIII, et, à ce titre, pas mal d'auteurs le considèrent comme plus ancien que les bénédictions attribuées par le chapitre XXIV au même devin.

Remarquons que le passage ne proclame pas directement Yahvé comme «roi d'Israël», mais cette dignité est manifestement impliquée. L'hagiographe atteste en effet l'usage de la *t^erû'at mèlèk* en Israël et il la rapporte à Yahvé. Dès lors celui-ci est bel et bien censé présent au milieu de son peuple et l'accompagner dans son histoire comme *mèlèk*, c'est-à-dire comme son conducteur, comme son roi.

Les deux autres textes affirment plus directement et plus formellement que Yahvé est devenu le roi d'Israël. Le premier : *Deut.*, XXXIII, 5 appartient à un poème que le rédacteur deutéronomique a décomposé en deux parties : 2-5 et 26-29 pour encadrer les bénédictions prononcées par Moïse avant de mourir sur les tribus d'Israël. Ce sont les versets 5 et 26 qui nous intéressent :

5. *Il y eut un roi en Yeshurun,*
quand se rassemblèrent les chefs du peuple,
quand se réunirent les tribus de Jacob.

26. *Nul n'est pareil au Dieu de Yeshurun :*
il chevauche les cieux pour les secourir
et les nuées dans sa majesté[2].

Ne perdons pas de vue que la traduction du verset 5a est controversée. Les uns, tel K. Budde, renvoyant pour la construction au *Ps.* LXXVI, 3, traduisent : «et un roi vint en Israël» et excluent

Yahvé, son Dieu, est avec lui,
le hourra royal est sur lui.

Mais, à notre avis, *LRY* n'apporte pas d'arguments valables pour une telle interprétation.

2. Pour S. Mowinckel, *Det Gamle Testamente. Loven eller de Fem Mosebøker*, Oslo, 1930, p. 421, les bénédictions des tribus par Moïse sont moins anciennes que celles de Jacob rapportées au chapitre XLIX de la Genèse. Elles proviendraient du royaume du Nord et présupposeraient la situation de cet état sous Jéroboam II (*I Reg.*, XIV, 23 ss.). Le poème encadrant les bénédictions aurait une origine plus tardive, la fin de la période royale. S. Mowinckel le compare à *Hab.*, III et à *Num.*, XXIII, 7-10.

Voir sur le Deutéronome, XXXIII, F. M. Cross - D. N. Freedman, *The Blessing of Mose*, ap. *JBL*, 1948, t. LXVII, pp. 191-210. — H. J. Kittel, *Die Stammessprüche Israels. Genesis 49 und Deuteronomium 33 traditionsgeschichtlich untersucht*, Berlin, 1959. — I. L. Seeligmann, *A Psalm from Pre-Royal Times*, ap. *VT*, 1964, t. XIV, pp. 75-92. — *LRY*, pp. 251-253.

toute allusion à une mention de la royauté divine. Les autres, et ils sont la majorité, proposent de comprendre : «et il (Jahvé) devint roi sur (ou en) Yeshurun». Cette version apparaît la plus obvie, la plus naturelle, surtout quand on laisse de côté, en tout ou en partie, le verset 4, qui de fait est souvent interprété comme une glose.

Mais à écarter le verset 4, toute allusion à Moïse et aux événements du Sinaï fait défaut. Dès lors il n'est pas certain que l'assemblée à laquelle le texte fait allusion, soit celle du désert autour de la montagne sainte. L'hagiographe peut d'autant plus facilement avoir en vue d'autres réunions du peuple que la référence à Yahvé, chevaucheur des nuées, ne concerne pas spécialement les événements du Sinaï[3]. É. Lipiński propose même de voir dans l'hymne de *Deut.*, XXXIII, 2-3-(4) 5. 26-29 un texte se référant primitivement à un rassemblement du peuple en vue de la guerre. C'était un hymne pour saluer en quelque sorte la mobilisation des milices de Yahvé.

Le troisième texte se lit en *Exod.*, XV, 17-18, c'est-à-dire dans le Cantique de Mirjam, chant de victoire célébrant l'anéantissement de l'armée égyptienne dans les flots de la mer Rouge[4]. Le verset 15, qui évoque la royauté de Yahvé, est souvent considéré comme une addition au cantique, et celui-ci est généralement interprété comme une composition poétique développant librement le chant attribué à Miryam au verset 20 :

17. *Tu les (ton peuple) amèneras*
et tu les planteras
sur la montagne de ton héritage,
lieu dont tu fis, Yahvé, ta résidence,
sanctuaire, Adônai, que tes mains ont etabli.
18. *Yahvé régnera pour toujours et à jamais.*

Contrairement à *Num.*, XXIII, 3, *Exod.*, XV, 18 ne situe pas les débuts de la royauté divine aux événements qui ont suivi la conclusion du pacte sinaïtique. En tenant compte des versets 1-16, il la déduit des exploits guerriers accomplis par Yahvé en faveur de son peuple, à

3. Voir É. LIPIŃSKI, *La Royauté de Yahvé dans la Poésie et le Culte de l'Ancien Israël*, Bruxelles, 1965, pp. 251-253. — L'ouvrage est cité dans la suite sous le sigle *LRY*. Sur Yahvé, chevaucheur des nuées cf. *Ps.* XVIII, 11 ; LXVIII, 5 et peut-être *Hab.*, III, 8.

4. R. DE VAUX (*op. cit.*, pp. 363-364) observe que le cantique de Miryam combine les traditions sur les traversées du Jourdain et de la mer Rouge. Son auteur ne se sert plus du terme *nēd* au sens qu'il possède en *Jos.*, III, où ce vocable signifie «masse, tas ou digue» et convient dans un récit où le miracle consiste dans l'arrêt, le barrage d'un cours d'eau.

savoir le passage de la mer Rouge, l'anéantissement de l'armée égyptienne, la conquête de Canaan, la marche d'Israël vers sa sainte demeure (v. 13b). Ce dernier fait est précisément repris au v. 17, et il y est mis en relation avec l'établissement du sanctuaire. C'est de l'ensemble de tous ces actes, et notamment de l'érection du temple, que le verset 18 déduit la royauté de Yahvé et qu'il tient à l'envisager pour l'avenir, un avenir qui ne prendra pas fin.

En résumé, *Deut.*, XXXIII, 5 n'entend pas situer historiquement les origines de la royauté de Yahvé; il se contente d'affirmer que le dieu d'Israël s'avère roi chaque fois que les tribus se réunissent, peut-être, selon l'hypothèse de *LRY*, pour partir en guerre. *Num.*, XXIII, 21 met les origines en relation avec la marche du peuple de Dieu à travers la terre de Moab vers celle de Canaan. *Exod.*, XV, 17-18 élargit davantage l'arrière-fond. Ce texte se réfère en effet à l'ensemble des actes guerriers accomplis par Yahvé pour son peuple, depuis l'exode jusqu'à la conquête de Canaan, voire jusqu'à la prise de Jérusalem, et la construction du sanctuaire sur la montagne sainte. Et l'hagiographe d'*Exod.*, XV, 17-18 d'affirmer la royauté divine surtout pour l'avenir, pour une durée illimitée.

Les trois passages sont d'accord pour situer l'exercice de la royauté sur terre, à savoir dans la souveraineté que Yahvé assume pour Israël. L'exercice de cette souveraineté divine se réalise avant tout dans des interventions guerrières. Seul *Deut.*, XXXIII, 26 introduit une formule thématique pour les désigner, à savoir en présentant Yahvé comme le chevaucheur des nuées, toujours prêt à ce titre à venir des cieux au secours de son peuple.

A prendre les trois textes aux pieds de la lettre, nous serions relativement bien informés au sujet des origines de la croyance israélite à la royauté divine. Malheureusement les avis touchant leur date de composition sont très divergents. Il ne manque pas d'auteurs disposés à y voir des pièces relatiment anciennes. *Num.*, XXIII, 21 appartient en effet au deuxième oracle de Biléam, qui, proche du premier, est considéré avec celui-ci comme antérieur aux deux autres. Il n'est pas exclu, estime-t-on, qu'il ait fait son entrée dans l'Hexateuque en compagnie des traditions élohistes[5]. *Deut.*, XXXIII, 5 serait, estime-

5. Cf. S. MOWINCKEL, *Loven*, p. 308. — La date des deux premiers oracles de Biléam est contestée. Les uns les considèrent comme plus récents que ceux du chapitre XXIV, à savoir dans la mesure où ils ne visent plus de monarque terrestre en Israël et attribuent au seul Yahvé la royauté et envisagent pour le peuple de Dieu une situation utopique où *'āwèn* et *'āmāl* feront défaut. D'autres en revanche s'appuient sur l'absence de toute allusion à la venue d'un monarque en Israël pour situer les oracles du chapitre XXIII à une époque où l'avènement d'une monarchie n'était pas encore en vue.

t-on, postérieur aux Bénédictions de Moïse. Le chant dont il fait partie, célèbre Yahvé en tant que protecteur guerrier d'Israël depuis l'exode jusqu'à l'époque du psaume, devenue période de paix et de sécurité[6]. Enfin, à tenir compte du verset 17, *Exod.*, XV, 17-18 nous renvoie, pour la rédaction finale du cantique, à une date postérieure à l'occupation de la terre de Canaan et au choix de Jérusalem comme capitale du royaume[7]. Sans souscrire aux vues de S. Mowinckel touchant les dates tardives, bien qu'encore préexiliques, de *Num.*, XXIII, 21 et *Deut.*, XXXIII, 5, nous croyons qu'il est prudent de ne pas considérer les trois textes en discussion comme beaucoup antérieurs aux débuts de la royauté. Si l'on estime pouvoir remonter plus haut, éventuellement jusqu'à l'époque mosaïque, pour dater les premières origines du thème de la royauté divine en Israël, il convient dès lors de faire appel à d'autres arguments que le seul témoignage des trois passages allégués. Il conviendra aussi de tenir compte des hypothèses aujourd'hui les plus accréditées touchant les anciennes traditions tribales d'Israël[8].

II. *Les textes prophétiques d'avant l'exil.*

C'est un passage de la littérature prophétique, à savoir *Is.*, VI, 4, qui nous offre concernant la croyance en la royauté de Yahvé le premier texte dont la date est suffisamment assurée[9]. C'est par son

6. *Ibid.*, p. 421. Nous avons signalé plus haut que S. Mowinckel renvoie le psaume d'encadrement à la fin de la période royale.

7. Pour le chant primitif de Miryam, censé conservé en *Exod.*, XV, 21 cf. A. CAUSSE, *Les plus vieux Chants de la Bible*, ap. *Études Hist. Philos. Rel.*, XIV, Paris, 1926, p. 15.

8. Cf. A. H. J. GUNNEWEG, *Ueber den Sitz im Leben der sog. Stammessprüche*, ap. *ZAW*, 1964, t. LXXVI, pp. 245-255. — H. J. ZOBEL, *Stammesspruch und Geschichte*, Berlin, 1965. — LE MÊME, *Die Stammessprüche des Mose-Segens (Dt 33, 6-25). Ihr Sitz im Leben*, ap. *Klio. Beiträge zur Alten Geschichte*, 1965, t. XLVI, pp. 83-92. — M. WEIPPERT, *Die Landnahme der israelitischen Stämme in der neuen wissenschaftlichen Diskussion*, ap. *FRLANT*, t. XCII, Goettingue, 1967. — R. DE VAUX, *La thèse de l'amphictyonie israélite*, ap. *HTR*, 1971, t. LXIV, pp. 415-436. — C. H. J. DE GEUS, *De stammen van Israël. Een onderzoek naar enige vooronderstellingen van Martin Noths amfiktyonie-hypothese*. I. *Tekst*. II. *Noten en bibliografie*, Groningue, 1972.

9. K. MARTI, *Der jesajanische Kern in Jes 6,1-9, 6*, ap. *Beiträge zur alttestamentlichen Wissenschaft Karl Budde zum 70. Geburtstag gewidmet* (*BZAW*, XXXIV), Giessen, 1920, pp. 113-121. — M. M. KAPLAN, *Isaiah 6, 1-11*, ap. *JBL*, 1926, t. XLV, pp. 251-259. — I. ENGNELL, *The Call of Isaiah. An Exegetical and Comparative Study*, ap. *Uppsala Universitets Årsskritt*, 1949, 4, Uppsala, 1949. — V. LARIDON, *Isaie ad munus propheticum vocatio*, ap. *Collationes Brugenses*, 1949, t. XLV, pp. 3-8, 29-33. — S. LIEBREICH, *The Position of Chapter 6 of the Book of Isaiah*, ap. *HUCA*, 1957, t. XXV, pp. 37-40. — E. JENNI, *Jesajas Berufung in der neueren Forschung*, ap. *Theol. Zeitschr.*, 1959, t. XV, pp. 334-335. — Ph. BÉGUERIE, *La vocation d'Isaïe*, ap.

examen que nous devons aborder les témoignages des écrits prophétiques :

1. *Dans l'année de la mort du roi Ozias*[10],
je vis Adônai
siégeant sur le trône,
élevé et exalté[11],

Ph. BÉGUERIE-J. LECLERCQ-J. STEINMANN, *Études sur les Prophètes d'Israël*, ap. *Lect. div.*, t. XIV, Paris, 1954, pp. 11-51. — C.F. WHITLEY, *The Call and Mission of Isaiah*, ap. *JNES*, 1959, t. XVIII, pp. 38-48. — H.P. MÜLLER, *Die himmlische Ratsversamlung*, ap. *ZNW*, 1963, t. LIV, pp. 254-267. — J. MILGROM, *Did Isaiah prophecy during the Reign of Uzziah?*, ap. *VT*, 1964, t. XIV, pp. 164-182. — F. MONTAGNINI, *La Vocazione di Isaia*, ap. *BibOr.*, 1964, t. VI, pp. 163-172. — K.R. JOINES, *Winged Serpents in Isaiah's Inaugural Vision*, ap. *JBL*, 1967, LXXXVI, pp. 410-415. — R. KNIERIM, *The Vocation of Isaiah*, ap. *VT*, 1968, t. XVIII, pp. 47-68. — B. RENAUD, *La vocation d'Isaïe expérience de la foi*, ap. *Vie spirituelle*, 1968, nº 553, pp. 129-145. — M. METZGER, *Himmlische und irdische Wohnstatt Jahwes*, ap. *Ugarit-Forschungen*, 1970, t. II, pp. 139-158. — O.H. STECK, *Bemerkungen zu Jesaja 6*, ap. *BZ*, 1972, nouv. sér., t. XVI, pp. 188-206. — H. GOUDERS, *Die Berufung des Propheten Jesaja*, ap. *Bibel und Leben*, 1972, t. XIII, pp. 89-107, 172-183. — H. CAZELLES, *Jesajas kallelse och kungaritualet*, ap. *Sv. Exeg. Årsbok*, 1974, t. XXXIX, pp. 38-58. — J. VERMEYLEN, *Du Prophète Isaïe à l'Apocalyptique. Isaïe, I-XXXV, miroir d'un demi-millénaire d'expérience religieuse en Israël*, ap. *Études bibliques*, Paris, 1977, t. I, pp. 187-192.

N. ZIMMERLI, *Grundriss der alttestamentlichen Theologie*, Stuttgart, 1972, p. 32, est d'accord pour voir en *Is.*, VI, 5 le premier texte sûrement datable attestant la croyance en la royauté de Yahvé. Mais comme la notion présente des affinités manifestes avec celle de la souveraineté du dieu cananéen El, il estime que ladite croyance est certainement antérieure à Isaïe.

Tout en ne contestant pas que l'intention première d'*Is.*, VI, 1-5, est de raconter la vocation prophétique du prophète Isaïe, un article récent : *Isaiah, the Minister of Royal Anointment*, ap. *Instruction and Interpretation*, Leyde, 1977, pp. 85-107, affirme y découvrir également le rite de purification habilitant le prophète à accomplir l'onction du roi dont l'avènement est proche. N'est-ce pas déployer beaucoup d'érudition pour n'aboutir à aucun résultat plausible?

10. La date du décès du roi ne peut être fixée avec précision. La *BJ* suggère «probablement» 740. C'est l'année également retenue pas E. Kissane, alors que S. Mowinckel propose 735-734, Ch. Boutflower 736 et Fr. Feldmann 737 : cf. I. ENGNELL, *op. cit.*, p. 25. — Voir sur la date également O.H. STECK, *art. cit.*, pp. 205-206, H. CAZELLES, *art. cit.*, pp. 55-56 et J. VERMEYLEN, *op. cit.*, pp. 189, n. 3 et 190, 3. Cet auteur tend à reculer la date de la mort d'Ozias. Il défend contre C.F. Whitley l'authenticité isaïenne de la péricope. En outre, il estime qu'il s'agit non de la vocation d'Isaïe mais d'une mission qu'Adônai-Yahvé lui confie.

Voir sur le livre d'Isaïe O. LORETZ, *Das Reich Gottes nach dem Buche Isaias*, Innsbruck, 1960.

11. Les deux adjectifs «élevé et exalté» sont souvent attribués au trône et non à Yahvé: cf. *BJ* «sur un trône grandiose et surélevé». — Pour les textes hébreu, grec et syriaque comparés, cf. I. ENGNELL, *op. cit.*, pp. 5-10. La Peshiṭta suit de plus près que la Septante, le texte masorétique.

et sa traîne[12] *emplissait le sanctuaire*[13].
2. *Des Séraphins*[14] *se trouvaient au-dessus*[15] *de lui.*
Six ailes étaient à chacun d'eux :
deux dont il couvrait sa face,
deux dont il couvrait les pieds,
et avec deux il volait.
3. *Et l'un clamait à l'autre et disait :*
« *Saint, saint, saint*[16] *est Yahvé Ṣ*ᵉ*ba'ôt !*
Plénitude de toute la terre, sa gloire ! »
4. *Les fondements*[17] *des seuils oscillèrent*
à la voix de celui qui clamait,
et la maison fut remplie de fumée.

L'endroit et la nature de la vision dont le prophète bénéficia, ont donné lieu à beaucoup d'hypothèses. La solution la plus obvie est d'admettre que l'hagiographe situe l'expérience d'Isaïe au temple de Jérusalem auquel d'ailleurs les versets 1, 4, 7, font allusion[18]. Au verset 1, du moins selon la version des Septante, la gloire du Seigneur est dite remplir le sanctuaire. Il est vrai qu'au v. 3, selon

12. La traduction est incertaine : « train » (I. Engnell), « skirt of his robe » (*NEB*), « ses pans » (É. Dhorme). I. ENGNELL (*op. cit.*, p. 13, note 1) observe néanmoins : « The meaning of *šûlām*, 'train' or 'skirts', is however quite clear. »

13. Le *hékal*, c'est-à-dire la salle qui précédait dans le sanctuaire le *debîr* ou « Saint des saints ».

14. Sur les « séraphins » cf. J. DE SAVIGNAC, *Les « Seraphim »*, ap. *VT*, 1972, t. XXII, pp. 320-325. — On entreprend parfois de les identifier avec les « kerubim » entourant le trône de Yahvé dans le *debîr* : E. LACHMAN, ap. *JOR*, 1968, pp. 71-72.

15. La Septante semble avoir éprouvé un certain scrupule en constatant que les Séraphins sont dits se trouver « au-dessus » d'Adônai. Elle évite la difficulté en traduisant κύκλῳ αὐτοῦ. Mais on a observé que la tournure *mm'l lw* n'implique pas nécessairement que les « séraphins » dominaient Adônai. — R. OTTLEY, *Isaiah according to the Septuagint*, II, 1906, p. 132, cité ap. I. ENGNELL, *art. cit.*, p. 16, note 1, observe que *'al* est la façon régulière de situer les assistants entourant quelqu'un assis sur le trône.

16. Au lieu de « saint, saint, saint » du texte masorétique et de la Septante, le manuscrit qumrânien DSIsa lit « saint, saint ». Cette leçon cadrerait mieux avec l'hypothèse n'admettant que la présence de deux séraphins.

17. Le sens de l'expression hébraïque est controversé : cf. I. ENGNELL, *op. cit.*, p. 16-17 : *'mwt hs-sppym* = « foundations of the thresholds » or « pivots of the door-posts » (I. Engnell), « the threshold shook to its foundations » (*New English Bible*), « les montants des portes » (*Bible de Jérusalem*), « les poteaux des pierres du seuil » (É. Dhorme); « les montants des seuils » (P. Auvray), « de grondvesten der drempels » (A. Van Hoonacker), « fremspringene på dørsvillene » « overs. og betydning uviss » (S. Mowinckel).

18. Remarquons l'absence de toute allusion aux « cieux ».

le texte masorétique, elle le déborde, remplissant la terre toute entière[19].

Quel que soit le cadre précis de la scène, toute la péricope proclame la royauté de Yahvé. Les termes *mèlèk* (v. 5)[20] et *Adônai* (v. 1) lui sont appliqués. La traîne (v. 1) caractérise le manteau royal[21]. Puis, élément indiscutable, il y a la mention du trône (v. 1) et celle de l'acte de «siéger» (v. 1). Enfin, indice complémentaire, l'hagiographe ne manque pas de signaler la gloire, la *kābôd* royale[22].

A ces données qui établissent sans ambages le caractère royal de Yahvé, I. Engnell ajoute deux indices moins sûrs: d'abord le fait qu'Adônai charge le prophète de la mission de *šālîaḥ*, d'«envoyé», d'«émissaire», d'«apôtre», d'«ambassadeur»[23]; ensuite l'analogie entre les «deux» séraphins présents au service d'Adônai[24] et les deux divinités tutélaires accompagnant le roi en Égypte et en Mésopotamie[25], ou, dans le cadre d'un processus de démythisation, les deux qualités-attributs qui caractérisent la venue du Sauveur Yahvé[26] et celle du roi idéal de l'avenir[27]. Ces données sont trop

19. Selon O. H. STECK, *art. cit.*, p. 194, note 21, le problème de déterminer s'il s'agit d'un sanctuaire terrestre ou céleste, ne se pose pas. A l'en croire, les deux temples se rejoignent. Le sanctuaire de Jérusalem, censé bâti sur le Saphôn, la montagne élevée par excellence, touche au ciel: M. METZGER, *Himmlische und irdische Wohnstatt Jahwes*, ap. *Ugarit-Forschungen*, 1970, t. II, pp. 139-158. — F. STOLZ, *Strukturen und Figuren im Kult von Jerusalem*, ap. *BZAW*, t. CXVIII, Berlin 1970, pp. 163-167.

20. Le titre *mèlèk* appliqué à Yahvé se rencontre ailleurs dans le livre d'Isaïe, en *Is.*, XXXIII, 22; XLI, 21; XLIII, 15. En revanche, *Is.*, VIII, 21 et XXXIII, 17 visent plutôt le roi terrestre.

21. Cf. *Ps.* XCIII, 1; CIV, 1-2.

22. Voir sur la *kabôd* royale B. STEIN, *Der Begriff kebod Jahweh und seine Bedeutung für die alttestamentliche Gotteserkenntnis*, Emsdetten, 1939. — Th. A. MEGER, *The Notion of the Divine Glory in the Hebrew Bible. An Essay in Biblical Theology* (Dissert. theol. Louvain), Louvain, 1966. — E. CASSIN, *La Splendeur divine. Introduction à l'étude de la mentalité mésopotamienne*, Paris, 1968.

23. I. ENGNELL, *op. cit.*, pp. 42-43.

24. Les livres hénochiques: *I* et *II Hénoch* connaissent également deux assistants de Yahvé: «l'Ange qui vint avec moi» et «l'Ange de la Paix avec moi». I. ENGNELL, *op. cit.*, p. 35, note 1, renvoie à *Hén. éth.*, XL, 2 et à E. SJÖBERG, *Der Menschensohn im äthiopischen Henochbuch*, Lund, 1946, pp. 27ss., 170.

25. I. Engnell renvoie pour l'Égypte à *Hu* et *Sia* ou *Hike* et *Sia* signalés par H. RINGGREN, *Word and Wisdom. Studies in the Hypostatization of Divine Qualities in the Ancient Near East*, Lund, 1947, — pour la Mésopotamie à *Shedu* et *Lamassu* mentionnés dans l'hymne d'intronisation d'Assurbanipal: *op. cit.*, p. 34.

26. Cf. *Ps.* LXXXV, 11 et 12: *ṣèdèq wešālôm, ṣèdèq we'èmèt.*

27. *Ps.* XLV, 4: *ṣèdèq we'èmèt*; *Ps.* LXXXIX, 15: *ṣèdèq ûmispaṭ.*

incertaines pour nous y appuyer. Au reste, elles sont superflues pour établir le caractère royal d'Adônai.

Il n'est pas exclu, semble-t-il, de dégager de la vision quelques traits apter à préciser la nature de la royauté divine envisagée par le prophète. Adônai-Yahvé apparaît comme un dieu céleste, non pas précisément solaire comme par exemple J. Morgenstern, suivi de H. G. May, l'a cru pouvoir affirmer[28], mais plutôt atmosphérique. La fumée qui remplit le sanctuaire, le tremblement de terre qui fait vibrer les montants du *debir*, et peut-être même la nature des Séraphins, évoquent le Dieu israélite aimant se manifester dans l'orage[29]. Mais Adônai-Yahvé est en même temps un dieu cosmique, ainsi que le verset 3c l'établit, vu que sa gloire remplit la terre toute entière.

En revanche, la péricope évite de le présenter comme roi d'Israël. Non pas que Yahvé soit indifférent à Israël ou qu'il n'ait pas qualité ou puissance pour intervenir dans l'histoire de son peuple. La péricope inculque exactement le contraire : elle annonce l'imminence d'une action divine qui s'exercera notamment par le ministère du prophète, mais elle se garde de la fonder sur le fait que Yahvé serait le *mèlèk* de son peuple. Le *mèlèk*, c'est au contraire le davidide qui occupe le trône royal à Jérusalem[30].

De la vision isaïenne se rapproche un passage du Premier Livre des Rois, *I Reg.*, XXII, 19-22 :

19. *Michée (fils de Yimla) reprit :*
Écoute plutôt la parole de Yahvé.
J'ai vu Yahvé assis sur son trône ;
et toute l'armée du ciel se trouvait en sa présence,
à sa droite et à sa gauche.
20. *Et Yahvé demanda :*
Qui trompera Achab pour qu'il marche contre Ramot de Galaad
et qu'il y succombe ?
Ils répondirent celui-ci d'une manière,
celui-là d'une autre.
21. *Alors l'Esprit s'avança et se tint devant Yahvé :*
C'est moi, dit-il, qui le tromperai. Et Yahvé lui demanda : Comment ?

28. Cité par I. ENGNELL, *op. cit.*, p. 31 avec renvoi à *HUCA*, 1928, t. V, pp. 43ss. ; *ZAW*, 1937, t. LV, pp. 275ss. ; *JBL*, 1937, t. LVI, p. 309ss.

29. Cf. I. ENGNELL, *op. cit.*, pp. 37-38.

30. La distinction entre Yahvé et le « roi » apparaît ailleurs en des textes isaïens, il est vrai plus tardifs : VIII, 21 ; XXXIII, 17. Cf. aussi *Os.*, III, 5.

22. *Il répondit: J'irai et je me ferai esprit de mensonge*
dans la bouche de tous ses prophères.»

Il y a entre la vision rapportée en *Is.*, VI, 1-4 et celle racontée en *I Reg.*, XXII, 19-22 des similitudes et des dissimilitudes manifestes. De part et d'autre il est question d'une vision prophétique exprimée par le même verbe *rā'āh.* Le contemplé est le même : Yahvé assis sur un trône, c'est-à-dire entrevu comme roi. Dans les deux cas, Yahvé intervient dans le déroulement de l'histoire, non pas directement mais par l'intermédiaire d'un ministère prophétique. Mais voici une série de différences plus ou moins notables. Michée, fils de Yimla, voit Yahvé, qui n'est pas qualifié d'Adônai, non pas au sanctuaire mais directement au ciel. Son Dieu y est entouré non de deux Séraphins mais de «l'armée des cieux», et dans cette armée surgit comme personnage de premier plan celui appelé l'Esprit. Le trône n'a pas besoin d'être qualifié d'«élevé et exalté»; il est désigné comme «son trône», c'est-à-dire le trône habituel de Yahvé. Puis, si Yahvé garde l'initiative, ce n'est pas lui qui fixe le mode d'intervention. Enfin, bien que dans les deux cas l'intervention divine s'opère par un ministère prophétique, en Isaïe l'instrument choisi est un vrai prophète, un *šālîaḥ* envoyé par Yahvé, tandis qu'en *I Reg.*, XXII, 19-22, la mission sera exécutée par des faux prophètes, manipulés et induits en erreur par l'Esprit.

A tenir compte de la chronologie, c'est-à-dire du règne d'Achab : 874-853, et de la date du décès d'Ozias : 740, la vision de Michée, fils de Yimla, est antérieure à celle d'Isaïe, mais, vu la rédaction deutéronomique des livres des Rois, la relation écrite, définitive, de *I Reg.*, XXII, 19-22, pourrait être postérieure à celle de la péricope isaïenne.

Bien qu'on s'accorde généralement à ne pas supposer un contact ou une dépendance littéraire, on peut se demander lequel des deux tableaux présente les traits les plus archaïques. En faveur du caractère moins archaïque et partant moins ancien de *I Reg.*, XXII, 19-22 plaideraient les données suivantes : *a.* la rédaction deutéronomique[31]; *b.* la présence de la cour céleste à droite et à gauche de Yahvé et non au-dessus de lui[32]; *c.* la notion même de l'armée des cieux formant la cour divine[33]; *d.* la présence de l'Esprit personnifié; *e.* la présentation nette et distincte de Yahvé comme roi céleste. En sens contraire,

31. H. CAZELLES, *art. cit.*, pp. 37-38.
32. *Ibid.*, p. 38.
33. *Ibid.*, p. 38.

c'est-à-dire pour le caractère plus archaïque de *I Reg.*, XXII, 19-22, et partant pour sa priorité par rapport à *Is.*, VI, 1-4, on fait valoir ce qui suit : *a.* la vision de *I Reg.*, XXII, 19-22 est d'une facture plus simple qui s'apparente à celle de *Jos.*, V, 14; *b.* l'armée des cieux, composant le conseil de Yahvé, est une conception plus traditionnelle que celle des séraphins isaïens; *c.* la présence de l'esprit personnifié dans le conseil de Yahvé est également un trait plutôt archaïque; *d.* alors qu'en *Is.*, VI, 1-4, Adônai décide à lui seul son intervention, dans *I Reg.*, XXII, 19-22, il procède à une consultation avant de passer définitivement à l'action; *e.* le concept de la royauté est simple et homogène en *I Reg.*, XXII, 19-22 : Yahvé y est uniquement présenté comme roi céleste, entouré d'une cour non moins céleste[34]; au contraire, dans la vision isaïenne nous avons affaire à un double domaine de la monarchie divine embrassant le ciel et la terre; *f.* qu'on n'objecte pas la date exilique de la rédaction deutéronomique : personne ne conteste en effet, que le rédacteur a pu rassembler des matériaux anciens dont il convient de juger l'origine en chaque cas particulier; *g.* on concédera tout au plus que la péricope isaïenne peut, elle aussi, avoir conservé des traits anciens.

Des deux passages étudiés résulte que dès le milieu de la période royale, tant au nord qu'au sud, la croyance en la royauté de Yahvé est nettement attestée. Dans les deux textes, cette royauté se réalise en tout premier lieu au ciel, mais, selon Isaïe, sa gloire se répand aussi sur toute la terre. Puis, d'après les deux textes, Yahvé, souverain céleste, dispose de moyens pour faire sentir sa puissance royale dans le cours de l'histoire. Dans les deux passages, Yahvé recourt à un ministère prophétique pour réaliser son intervention. Constat important : ni l'un ni l'autre texte ne conclut de cette intervention que Yahvé peut ou doit être qualifié « roi de son peuple ».

Pour les deux passages, la royauté de Yahvé va de soi. Elle n'est pas l'objet de contestation. Elle ne se présente pas non plus comme une donnée nouvelle. Les visions où elle se manifeste, n'ont pas comme mission de la révéler pour la première fois. Ni Michée, fils de Yimla, ni Isaïe ne s'étonnent de voir leur apparaître Yahvé comme souverain céleste. La seule surprise et la seule gêne éprouvées par Isaïe, c'est de

34. Sur la cour céleste de Yahvé cf. *'dt 'l* (*Ps.* LXXX, 2), *swd Yhwh* (*Jer.*, XXIII, 18), *khl qdwšym* (*Ps.* LXXXIX, 6), *swd qdwšym* (*Ps.* LXXXIX, 8), ainsi que les références aux *Bny 'lym* (*Ps.* XXIX, 1; LXXXVII, 7, ancien génitif avec mimation : cf. l'ougaritique *bn 'ilm*) et les *bny 'lhym* (*Job*, I, 6-7, etc.). Lire G. COOKE, *The Sons of (the) God(s)*, ap. *ZAW*, 1964, t. LXXVI, pp. 22ss. — J. VERMEYLEN, *op. cit.*, p. 188, se rallie à l'antériorité de *II Reg.*, XXII, 19-22.

se trouver, lui homme pécheur, en présence et en communication avec le Très Saint.

Isaïe lui-même ne paraît pas être revenu explicitement au thème de la souveraineté divine dans la suite de ses discours, mais un passage tel *Is.*, X, 10, mentionnant les «royaumes des idoles», implique que pour le prophète il allait de soi qu'une divinité devait disposer d'un domaine royal.

Parmi les textes prophétiques d'avant l'exil où la royauté divine est affirmée et dont la date préexilique n'est pas contestée, il n'y a plus que *Jer.*, VIII, 19. Encore convient-il de noter que ce passage rapporte non la pensée du prophète mais une supplication du peuple. Le livre de Jérémie contient certes cinq autres passages exprimant la royauté de Yahvé: *Jer.*, X, 7, 10; XLVIII, 15; XLIX, 37; LI, 57, mais leur authenticité est contestée. Le premier est qualifié d'addition [35]; le deuxième ne peut être situé chronologiquement [36]; les trois derniers appartiennent à un contexte généralement considéré comme additionnel [37].

Les quatre passages prophétiques allégués, c'est-à-dire *Is.*, VI, 1-5; X, 10; *Jer.*, VIII, 19; *I Reg.*, XXII, 19-22 suffisent pour établir que le thème de la royauté de Yahvé était connu par les prophètes préexiliques et qu'il était assumé dans leur prédication. Toutefois il ne deviendra vraiment courant qu'à partir de l'exil.

III. *Textes prophétiques remontant à l'exil.*

Un passage d'Ézéchiel, généralement reconnu authentique, est le premier à dater de cette période [38]. Il survient au verset 33 du

35. Cf. S. MOWINCKEL, *Det Gamle Testamente. De Senere Profeter*, Oslo, 1944, p. 333 : l'auteur se sert du sigle T^3 = addition^3.

36. *Ibid.*, p. 339: l'A. emploie le sigle X, indiquant qu'il s'agit d'une péricope indépendante dont l'origine n'est pas connue.

37. *Ibid.*, p. 431 : l'A. se sert du sigle HO, marquant ainsi que le texte fait partie de la collection d'Oracles contre les nations, oracles ajoutés au livre de Jérémie. — La fin du verset : «Oracle du Roi qui a pour nom Yahvé Ṣᵉbā'ôt» est souvent omise en tant qu'addition rédactionnelle. Le rédacteur s'est en tout cas inspiré d'une thématique ancienne.

38. W. ZIMMERLI, *Ezechiel*, ap. *Bibl. Kommentar. Altes Testament*, Neukirchen, 1959, pp. 453-455. — L'auteur souligne à juste titre qu'*Ez.*, XX, 33 est le seul endroit du livre d'Ézéchiel où la souveraineté royale est évoquée à propos de Yahvé. Il écarte aussi bien les vues de R. Kraetzmar et de J. Herrmann qui y voient impliquée une polémique contre le culte de la divinité païenne *Mlk* (cf. XX, 26, 31) que celle de A. VAN DEN BORN, *Ezechiël uit de grondtekst vertaald en uitgelegd*, ap. *BOT*, XI, 1, Ruremonde, 1954, p. 128, estimant que le prophète y songe à l'opposition prophétique

chapitre XX, passage faisant partie de la section où le prophète annonce l'avènement d'un nouvel exode qui ramènera les exilés dans leur patrie :

Par ma vie, oracle d'Adonai Yahvé :
« A main forte et à bras étendu,
et avec fureur déchaînée,
Je régnerai sur vous. »

A suivre la Vulgate, Yahvé répète au verset 34 l'annonce de son règne et, à traduire avec elle *šèbèṭ* par « sceptre », il y ferait encore allusion au v. 37.

Cette évocation d'un règne de Yahvé est unique dans le livre d'Ézéchiel. Le vocable *mèlèk* et partout ailleurs le verbe *mālak* y sont employés dans un contexte profane.

On se montre parfois quelque peu surpris de cette proclamation du règne de Yahvé, alors qu'ailleurs, notamment au chapitre XXXVII, vv. 22 et 24, le prophète attend plutôt la restauration de la monarchie et la venue d'un nouveau David. L'apparente antinomie se dissipe si l'on tient compte du fait que l'hagiographe paraît limiter l'intervention royale de Yahvé à la seule période du nouvel exode. De ce point de vue, sa perspective est toute différente de celles d'Osée et du Deutéro-Isaïe, qui eux aussi envisagent selon W. Zimmerli la venue d'un nouvel exode et méritent à ce titre d'être rapprochées de la péricope d'Ézéchiel. Alors qu'Osée, dont l'hostilité au régime monarchique est connue, ne fait aucune allusion à une royauté quelconque de Yahvé et que, tout au contraire, le Deutéro-Isaïe prédit pour l'avenir l'acclamation de Yahvé comme le seul souverain d'Israël, Ézéchiel ne renonce pas à la présence d'un pouvoir royal lors de la restauration de son peuple, tout en prophétisant une intervention royale temporaire de Yahvé pour la préparer et l'assurer. D'où sans doute le fait que le prophète se garde d'attribuer à Yahvé le titre de *mèlèk* de son peuple.

L'attribution du titre *mèlèk* à Yahvé se rencontre, de la manière la plus directe et formelle, dans les oracles du Deutéro-Isaïe. Pour l'auteur

à la royauté attestée à l'époque de Samuel. Puis Zimmerli insiste sur la différence entre le recours d'Ézéchiel à la souveraineté divine comme preuve de sa volonté et de sa décision de continuer son intervention dans l'histoire, et l'usage du titre dans le Deutéro-Isaïe où il sert à acclamer Yahvé, devenu roi après avoir accompli ses hauts-faits, ainsi qu'il était d'usage dans la « Mlk-Yhwh-Hymnik ». W. Zimmerli renvoie à S. MOWINCKEL, *Psalmenstudien*. II. *Das Thronbesteigungsfest Jahwäs und der Ursprung der Eschatologie*, Oslo, 1921. — H. J. KRAUS, *Die Königsherrschaft Gottes im Alten Testament*, Tubingue, 1951. — D. MICHEL, ap. *VT*, 1956, t. VI, p. 55.

d'*Is.*, XL-LV, il n'y a plus pour Israël qu'un seul roi, à savoir Yahvé: XLI, 21; XLIII, 15; XLIV, 6; LII, 7. Cette souveraineté, exclusive de tout partage, lui revient en tant que créateur (XLIII, 15), rédempteur (XLIV, 6) et sauveur (XLIII, 12-13) de son peuple. Mais Yahvé n'a vraiment assumé son pouvoir royal qu'à partir de la fin de l'exil, en mettant fin à la captivité d'Israël et en ramenant ses enfants de prédilection dans leur patrie : LII, 7.

C'est en *Is.*, LII, 7-12 que l'hagiographe rapporte la grande nouvelle de l'avènement de la royauté de Yahvé. Il en met l'annonce dans la bouche d'un messager venu de Babylone et s'adressant aux guetteurs qui scrutent l'horizon à partir des ruines de la Ville sainte :

7. *Qu'ils sont beaux sur les montagnes*
les pieds du messager annonçant la paix,
du messager de bonheur annonçant le salut,
disant à Sion : Ton Dieu règne!
8. *La voix, tes guetteurs ils l'élèvent tous ensemble,*
ils crient de joie,
car de leurs yeux ils ont vu
que Yahvé revient à Sion.
9. *Poussez des cris, criez de joie, toutes ensemble,*
Ruines de Jérusalem,
car Yahvé à consolé son peuple,
il a racheté Jérusalem.

Puis se tournant vers les exilés de Babylone, le prophète les adjure de quitter le lieu de leur captivité :

11. *Allez-vous-en! Allez-vous-en! Sortez d'ici!*
12cd. *Yahvé marche devant vous,*
et votre arrière-garde (c'est encore lui) le Dieu d'Israël.

Notons en l'occurrence l'absence de la *t^erû'āh*. Le Deutéro-Isaïe ne la mentionne qu'en XLII, 13. Serions-nous autorisé d'en conclure, précisément par opposition à XLII, 13, qu'en LII, 7-12 l'omission s'explique du fait que Yahvé y conduit son peuple non plus à la guerre mais à la paix.

A la période du Deutéro-Isaïe, c'est-à-dire aux années qui ont suivi la fin de la captivité babylonienne et le retour des exilés, se rapportent également, semble-t-il, les vv. 14-15 de *Soph.*, III, 14-18, versets qui annoncent la présence de Yahvé dans la Ville sainte en sa qualité de roi d'Israël :

14. *Crie de joie, Fille de Sion!*
Acclame[a] *Israël!*

Réjouis-toi et exulte de tout cœur,
Fille de Jérusalem!
15. *Yahvé a levé les arrêts contre toi,*
il a détourné ton ennemi.
Roi[b] *d'Israël, Yahvé, est au milieu de toi.*
Tu ne craindras plus le malheur.

16. *Ce jour-là il sera dit à Jérusalem:*
Ne crains pas Sion!
Que tes mains ne défaillent pas!
17. *Yahvé, ton dieu, est au milieu de toi*
en héros sauveur.
Il exultera de joie pour toi,
il tressaillera[c] *dans son amour,*
il jubilera pour toi en cris de joie.

a. Le premier morceau se présente comme une acclamation, une *t^eru'āh* royale. — b. G^ASW lit *mālak Yhwh.* — c. A la place de *yaḥ^arîš*, «il se taira», peut-être au sens de «il ne prononcera plus de nouveaux arrêts», on propose de lire *y^eḥadšēk*, il se renouvellera: cf. F. BUHL, ap. *ZAW*, 1885, t. V, p. 183. A. VAN HOONACKER, *op. cit.*, p. 535, suggère *yirḥaš* au sens de «il tressaille», mais cette signification n'est guère attestée pour *rḥš*. Van Hoonacker renvoie à *Ps.* XLV, 2, ainsi qu'à l'assyrien *r'š* ou *rḥš*, et il estime qu'entre *yāśîś* et *yāgîl* un verbe tel «tressaillir» est en place. La conjecture de Van Hoonacker fut acceptée par F. Nötscher et H. Junker. Dans notre version de la Bible du Cardinal Liénart, nous proposions de traduire: «celui qui jusqu'alors avait imposé le silence à son amour». Pour A. Deissler, III, 17c: «il est ému dans son amour» est une glose, s'inspirant d'*Is.*, LXV, 18-19, mais ce texte vaut plutôt pour III, 17b et d.

La péricope appartient au cycle de promesses qui clôturent le livre de Sophonie[39]. Elles comprennent un oracle sur la conversion des peuples: III, 9, le retour des Israélites dispersés au-delà des rivières de Coush: III, 10, la purification de Sion: III, 11, le salut de l'humble reste d'Israël: III, 12-13, qui désormais réalisera l'idéal esquissé par le prophète en III, 13, un psaume et un oracle d'allégresse concernant Sion: III, 14-15 et III, 16-17, et une nouvelle annonce du salut et du retour des israélites dispersés: III, 18-20.

39. Voir sur le livre de Sophonie, outre les traductions récentes de la Bible, qui, en ce qui concerne les deux psaumes en discussion, n'offrent pas de données nouvelles, l'ouvrage toujours classique d'Albin VAN HOONACKER, *Les Douze Petits Prophètes*, ap. *Études bibliques*, Paris, 1908, puis G. GERLEMAN, *Zephanja. Textkritisch und literarisch untersucht*, Lund, 1942. — Fr. HORST, *Nahum bis Maleachi*, ap. *Die Zwölf Kleinen Propheten*, 2e éd., ap. *HAT*, XIV, Tubingue, 1954. — A. GEORGE, *Michée, Sophonie, Nahum*, 2e éd., ap. *La Sainte Bible* (de Jérusalem), Paris, 1958. — A. DEISSLER, *Sophonie*, ap. PIROT-CLAMER, *La Sainte Bible*, t. VIII, Paris, 1964. — L. SABOTTKA, *Zephanja. Versuch einer Neuübersetzung mit philologischem Kommentar*, ap. *Biblica et Orientalia*, t. XXV, Rome, 1972. Cf. aussi la dissertation doctorale de G. LANGOHR, *Études sur le Livre de Sophonie*, 2 vol. in-4°, Louvain-la-Neuve, 1975.

On n'a pas manqué de dénier à Sophonie la paternité de III, 14-20, c'est-à-dire du morceau final de son livre et, par conséquent, des deux péricopes : III, 14-15 et III, 16-17, qui retiennent en l'occurrence notre attention. Cependant, peu enclin à souscrire aux doutes des hypercritiques, Albin Van Hoonacker estimait en son temps insuffisamment établi que la finale du livre n'a pu être composée avant l'exil et même qu'elle n'a pu être rédigée par Sophonie lui-même.

Observons qu'entre III, 14-15 et III, 16-17, les différences ne manquent pas. La première péricope est une *t^e rû'āh*, une acclamation royale apparentée aux psaumes de la royauté de Yahvé, tandis que la deuxième est un oracle prophétique de consolation. Puis en III, 14-15, tout danger semble écarté définitivement pour Jérusalem, tandis que III, 16-17 invite Sion au courage pour affronter d'éventuelles agressions nouvelles. En III, 16-17, Sion est apostrophée, alors qu'en III, 14-15, l'hagiographe s'adresse à la « Fille de Sion », ou à « la Fille de Jérusalem », ou à Israël. Puis les verbes exprimant l'allégresse sont différents : à la place de *hry'h*, *'lz* aux vv. 14-15, il y a *śîś*, *gîl* aux vv. 16-17. Des deux côtés, il y a certes *rnh* et *śmḥ*, mais pas dans les mêmes formes. Enfin tandis que les versets 16-17 saluent la présence de Yahvé - héros - sauveur à Jérusalem, les versets 14-15 mentionnent celle de Yahvé-roi dans la Ville sainte.

Les affinités linguistiques et thématiques avec le Deutéronome, avec les psaumes de la royauté et le Deutéro-Isaïe plaident pour l'origine postexilique des vv. 14-15, c'est-à-dire des versets qui nous intéressent directement. C'est l'opinion jadis soutenue par F. Schwally, K. Marti, puis plus tard reprise entre autres par F. Horst, A. Deissler, G. Langohr.

La deuxième péricope, c'est-à-dire les versets 16-17, ne reflètent pas la même confiance en la sécurité désormais assurée à Jérusalem. Le vocabulaire et le contenu font songer au genre littéraire des textes relatifs à la guerre sainte. Nous serions donc à une époque postérieure à celle impliquée par les vv. 14-15, une époque plus éloignée de la grande libération accomplie sous les auspices de Cyrus. Notons d'ailleurs la ressemblance frappante ente *Soph.*, III, 17 et *Is.*, LXV, 18-19.

La joie éprouvée par Yahvé pour Jérusalem soulève quelques problèmes. Pour la comprendre, les commentateurs renvoient à *Deut.*, XXX, 9 ; *Jer.*, XXXII, 41 ; *Is.*, LXII, 5, et surtout à *Is.*, LXV, 18-19. En ces divers endroits la raison de l'allégresse divine paraît être le fait qu'Israël s'engage à être désormais fidèle à son dieu. De ce point de vue, la péricope : III, 16-17 convient parfaitement comme finale de la vision d'un Israël idéal entrevu en III, 11-13.

IV. *Textes prophétiques d'après l'exil.*

C'est à un événement historique d'après l'exil que deux autres textes prophétiques rapportent sinon l'instauration, du moins l'exercice de la royauté de Yahvé, à savoir l'humiliation profonde d'Édom, le faux frère qui en 598 et 586 profita des malheurs d'Israël pour piller le territoire du peuple de Dieu. Y font allusion *Abdias*, 21 et *Mal.*, I, 5. En contemplant les malheurs d'Édom lui infligés par Yahvé pour l'attitude criminelle que cette nation adopta à l'endroit d'un peuple frère, Israël constatera que «Yahvé est grand par delà les limites d'Israël»[40].

C'est de nouveau dans le contexte d'une délivrance historique d'Israël qu'*Is.*, XXXIII, 22 proclame la royauté de Yahvé, mais le contenu de ce chapitre, qu'on aime interpréter comme un texte liturgique, puisant à diverses reprises dans de vieilles traditions, ne permet pas d'en fixer sûrement le cadre chronologique[41].

En effet, le verset 22 fait partie d'une péricope généralement considérée comme postexilique qui nous offre une vision glorieuse de l'avenir de Sion. La stabilité (v. 20) et la sécurité (v. 21) lui sont désormais assurées. Elles découlent de l'intervention de Yahvé en sa faveur et surtout du fait qu'à la suite de son action Yahvé a assumé pour la ville le rôle de roi et de législateur (v. 22). D'où l'avis

40. Sur *Mal.*, I, 5 cf. Th. CHARY, *Aggée – Zacharie – Malachie*, ap. *Sources chrétiennes*, Paris, 1969, p. 237. — L'auteur préfère traduire «par delà» plutôt que «au-dessus». Selon lui, l'allusion à la royauté de Yahvé comporte déjà une note eschatologique. La mention d'Édom, note-t-il, est déjà entrée dans la composante du schéma de l'eschatologie.

41. Cf. S. MOWINCKEL, *De Senere Profeter*, ap. *Det Gamle Testamente*, Oslo, 1944, pp. 170-171. L'auteur hésite beaucoup à proposer une date. Voir également H. GUNKEL, *Jesaja 33, eine prophetische Liturgie*, ap. *ZAW*, 1924, t. XLII, pp. 177-208. — P. AUVRAY, *Isaïe 1-39*, ap. *Sources chrétiennes*, Paris, 1972, pp. 285-294 : «Ce morceau constitue un morceau difficile ... On se trouve amené à parler d'une 'liturgie', c'est-à-dire d'une 'suite de morceaux de genres différents, organisés en vue d'un effet unique, dans un service divin à plusieurs voix'» (H. Gunkel)... Il est fort probable que le genre a existé et il est normal de verser au dossier notre ch. 33 d'Isaïe, ne serait-ce que comme hypothèse de travail.»

Qu'il faille découvrir également en *Is.*, XXXIII, 17 une allusion au roi Yahvé, c'est l'avis de S. MOWINCKEL, *op. cit.*, p. 173, n. 3, de J. VERMEYLEN, *op. cit.*, pp. 433-437, qui renvoie p. 434, n. 3, à J. Ziegler, J. Becker, S. Virgulin et O. Kaiser. Ce fut déjà l'avis du Targum: cf. J. F. STENNING, *The Targum of Isaiah. Edited with a Translation*, Oxford, 1949, pp. 108-109: «The glory of the Shekinah of the everlasting king (*yt yqr skynat mlk ʿlmyyʾ*) in his beauty shall thine eyes see.» En revanche, A. VAN HOONACKER, *Het Boek Isaias*, Bruges, 1932, songe au roi-messie et *La Bible de Jérusalem* met le v. 22 entre parenthèses.

de pas mal d'exégètes, tel S. Mowinckel, qui découvrent également Yahvé dans le monarque dont la beauté, présente à Sion, est exaltée au verset 17. Dans ces conditions, notre péricope occupe une place importante dans le développement des croyances qui ont amené les hagiographes à envisager pour l'avenir l'instauration de la royauté de Yahvé en sa ville sainte, sur la colline de Sion. A ce titre, *Is.*, XXXIII, 17-24 évoque tout naturellement l'espérance de l'auteur du *Ps.* XLVIII et prépare l'annonce d'*Is.*, XXIV, 23, c'est-à-dire de la grande apocalypse isaïenne.

Qu'*Is.*, IV, 3-5a vise également à insinuer le règne de Yahvé, ainsi qu'É. Lipiński l'affirme dans une communication à *Biblica*, 1970, t. LI, pp. 533-537: *De la réforme d'Esdras au règne eschatologique de Dieu* (*Is. 4, 3-5a*) et que cette péricope soit le reflet de la réforme d'Esdras: *Esdr.*, IX-X, n'est pas établi. Surtout l'hypothèse d'une relation avec l'œuvre d'Esdras nous paraît gratuite.

* * *

Les références à la royauté de Yahvé n'ont plus cessé en Israël, mais, sans doute à la suite d'espérances déçues, elles ont pris de plus en plus une allure futuriste, voire eschatologique ou même apocalyptique. C'est, nous l'avons constaté, le cas des divers psaumes de l'intronisation de Yahvé[42]. C'est également le cas des derniers textes prophétiques que nous avons à considérer : *Mich.*, II, 12-13; IV, 6-7; *Is.*, XXIV, 23; *Zach.*, XIV, 9, 16-17. Ces trois passages soulèvent tous de graves problèmes de chronologie.

Dans le cas de Zacharie, les exégètes n'arrivent pas à un accord touchant l'unité des chapitres IX-XIV et leur date de composition. Alors que beaucoup d'auteurs tendent à y distinguer deux sections IX-XI et XII-XIV, ou même proposent un morcellement plus radical, il en est qui continuent à opter pour l'hypothèse d'une œuvre d'un seul auteur-rédacteur, quitte à en excepter le chapitre XIV ou à supposer l'utilisation de matériaux de provenance diverse[43]. Quant à la date de composition, les hypothèses s'échelonnent de la période préexilique[44]

42. Cf. J. COPPENS, *La Royauté de Yahvé dans le Psautier*, ap. *Eph. Theol. Lov.*, 1977, t. LIII, pp. 297-362; 1978, t. LIV, pp. 1-59, et *supra*, pp. 93-214.

43. Cf. B. OTZEN, *Studien über Deutero-sacharja*, Oslo, 1946, cité par Th. CHARY, *Aggée – Zacharie – Malachie*, ap. *Sources Bibliques*, Paris, 1969, p. 138. — Défendent l'unité intégrale des chapitres IX-XIV P. LAMARCHE, *Zacharie IX-XIV. Structure littéraire et messianisme*, ap. *Études bibliques*, Paris, 1961 et M. DELCOR, *Les sources du Deutéro-Zacharie et ses procédés d'emprunt*, ap. *RB*, 1952, t. LIX, pp. 385-411.

44. B. OTZEN, *op. cit.*, cité par Th. CHARY, *op. cit.*, pp. 134-135.

à celle des Maccabées[45], en passant par la première époque postexilienne[46], ou, sinon par la première décade, du moins par le premier siècle après la conquête de la Palestine par Alexandre le Grand[47].

Arrêtons-nous provisoirement pour la date des chapitres IX-XIII à une période se situant entre les années 332 et 300[48]. Quant au chapitre XIV, sa composition littéraire et son horizon théologique sont tellement différents des chapitres IX-XIII qu'il postule un rédacteur distinct[49]. Il y a lieu, semble-t-il, d'y distinguer, à côté de quelques gloses: XIV, 4b-5a, 6b, 10-11, 14a, quatre tableaux: la lutte eschatologique couronnée par la parousie de Yahvé (XIV, 1-5), — l'avènement d'une transformation paradisiaque: XIV, 6-9, culminant dans la royauté universelle de Yahvé (v.9), résultat de la victoire définitive remportée sur les nations, — en troisième lieu, une série de données complémentaires: XIV, 12-15 pour achever la peinture du combat eschatologique annoncé en XIV, 1-5, — enfin, en XIV, 16-21, la description du pèlerinage annuel à Jérusalem qu'observeront les survivants des nations pour y célébrer la Fête des Tentes et reconnaître la souveraineté du «Roi Yahvé Ṣ[e]ba'ôt» (vv. 16 et 17)[50].

* * *

6. *Et il adviendra ce jour-là*
qu'il n'y aura plus ni froid ni gel[a]
7. *mais il y aura la lumière*[b] *d'un jour unique*[c],
— et à Yahvé il (ce jour) est connu[d], —
sans alternance de jour et de nuit,
et, au temps du soir, la lumière sera.
8. *Et, ce jour-là,*
des eaux vives sortiront de Jérusalem,

45. J. Wellhausen, *Die Kleinen Propheten übersetzt und erklärt*, Berlin, 1892; 3[e] éd., 1898 et 1963. — S. Lasalle, *Le Deutéro-Zacharie date du temps des Macchabées*, ap. *Bulletin Société Renan*, 1962, fasc. 87, pp. 1-4. — M. Treves, *Conjectures concerning the Date and Authorship of Zechariah IX-XIV*, ap. *VT*, 1963, t. XIII, pp. 196-207.

46. D. R. Jones, *A Fresh Interpretation of Zechariah IX-XI*, ap. *VT*, 1962, t. XII, pp. 241-254.

47. O. Plöger, *Theokratie und Eschatologie*, Neukirchen, 1959. — K. Elliger, *Ein Zeugnis aus der jüdischen Gemeinde im Alexanderjahr 332 v. Christus. Eine territorial-geschichtliche Studie zu Zach. 9, 1-8*, ap. *ZAW*, 1949, t. LXII, pp. 63-116. — M. Delcor, *Les allusions à Alexandre le Grand dans Zach. 9, 1-8*, ap. *VT*, 1951, I, pp. 110-124.

48. Th. Chary, *op. cit.*, p. 137.

49. *Ibid.*, pp. 209.

50. *Ibid.*, pp. 211, 214, 218, 219.

moitié vers la mer du Levant
et moitié vers la mer du Couchant,
et il en sera ainsi en été comme en hiver[e].
9. *Et Yahvé sera roi sur toute la terre*[f].
Ce jour-là, Yahvé sera unique,
et unique (sera) son nom.
10. *Et toute la terre sera transformée en plaine*[g]
depuis Guéba jusqu'à Rimmôn au Nègèb[h],
mais Jerusalem[i] *sera exhaussée*[j] *et habitée sur place,*
depuis la porte de Benjamin
jusqu'à l'endroit de la première porte,
et depuis la tour de Hananéel
jusqu'aux pressoirs du roi.
On y habitera et il n'y aura plus d'anathème[k],
mais on habitera en sécurité à Jérusalem.

a. Le texte masorétique est inintelligible. Comme A. Van Hoonacker l'a jadis noté, la suite du passage ne permet pas d'exclure la lumière, ainsi que pourtant *TOB* le propose. L'explication y suggérée n'a pas d'appui dans le texte. Faute de mieux, nous lisons avec Th. Chary : *w*[e]*kārôt w*[e]*qippā'ôn*, « froid et gel », et nous transposons *'ôr* à l'hémistiche suivant. — b. La « lumière » ne semble pas devoir être exclue en 6a. Dès lors le vocable *'ôr* n'y est pas en situation. Déplacé au verset suivant, il y convient parfaitement. — c. Les avis sur la portée de *'èḥād* diffèrent. Les uns insistent sur le caractère unique du jour entrevu (Th. Chary), d'autres soulignent le fait que désormais il n'y aura plus qu'un seul jour appelé à perdurer vu l'absence d'alternance de lumière et de ténèbres. Th. Chary combine les deux données : « Ce jour est donc unique, à la fois par sa beauté et par le fait qu'il ne sera suivi d'aucun autre. » Cf. *Is.*, LX, 19. — d. Il y aurait, estiment d'aucuns, une allusion au « Jour de Yahvé ». — e. Après avoir affirmé qu'il n'y aura plus l'alternance « jour-nuit », l'hagiographe entend-il exclure également l'alternance « été-hiver » ? Dans l'affirmative, l'hagiographe revient à l'énoncé du v. 6, et il y aurait inclusion. — f. Le vocable « terre » paraît avoir au v. 9 un sens universel tandis qu'au v. 10 il vise la Palestine. — g. On propose parfois de traduire : « sera transformée comme l'Arabah, c.-à-d. comme la plaine de l'Arabah. — h. Autre version : « au sud de Jérusalem » (*TOB*). La région visée est celle de l'ancien royaume de Juda. — i. Un *waf* est à ajouter, c.-à-d. celui qui se trouve maintenant placé devant *rā'*[a]*māh*. — j. Nous supprimons le *waf* devant *ra'*[a]*māh*. — k. Plus d'anathème, c.-à-d. plus de *ḥèrèm*.

16. *Et il adviendra que tous les survivants*
de toutes les nations qui ont marché contre Jérusalem,
monteront d'année en année
pour se prosterner devant le roi Yahvé Ṣ[e]*ba'ôt,*
et pour célébrer la Fête des tabernacles.
17. *Et il adviendra : celle des familles de la terre*
qui ne montera pas à Jérusalem
pour se prosterner devant le roi Yahvé Ṣ[e]*ba'ôt,*
pour eux il n'y aura pas de pluie.
18. *Et si la famille d'Égypte ne monte pas*
et ne vient pas, non plus sur eux[a] *(la pluie).*

Ce sera la plaie dont Yahvé frappera
les nations qui ne monteront pas
pour célébrer la Fête des tabernacles.
19. *Tel sera le châtiment de l'Égypte*
et tel le châtiment de toutes les nations
qui ne monteront pas
pour célébrer la Fête des tabernacles.
20. *Ce jour-là il y aura sur les poêles et les marmites*[b]
« Consacré à Yahvé »,
et les marmites de la maison de Yahvé
seront comme les coupes d'aspersion devant l'autel.
21. *Et il adviendra*
que toute marmite à Jérusalem et même en Juda
sera sainte à Yahvé Ṣ^eba'ôt,
et tous ceux qui viendront offrir des sacrifices
en prendront et ils y feront la cuisson[c],
et il n'y aura plus de marchand[d]
dans la maison de Yahvé Ṣ^eba'ôt
ce jour-là.

a. On estime communément que le texte n'est pas en ordre. A. Van Hoonacker supprime *lô'* devant *'^alēhèm*. Il est suivi par Th. Chary. L'un et l'autre s'accordent avec G, Syr, Arab. En suppléant mentalement « la pluie », le texte devient intelligible. — b. Le texte masorétique lit : « En ce jour-là il y aura sur les clochettes des chevaux », mais on ne voit vraiment pas ce que les chevaux viennent faire en l'occurrence : d'où la suggestion d'A. Van Hoonacker invitant à substituer à *'al-m^eṣillôt has-sûs* la leçon *'al-maṣlît w^esîr*, « sur poêle et marmite ». Le substantif *maṣlît* est reconstruit par le professeur de Louvain à partir d'un verbe *ṣlh* et de son correspondant arabe. C'est en effet aux « poêles et marmites » que les versets 20-21 prêtent attention. — c. Le nombre des pèlerins sera si élevé que les ustensiles du temple ne suffiront pas. D'où la solution envisagée par l'hagiographe : on pourra se servir de tous les ustensiles de cuisine disponibles à Jérusalem et même en Juda. — d. La mesure prise empêchera ce qu'on pourra appeler le « marché noir », vu que l'abondance des pèlerins risquait de provoquer la hausse du prix des casseroles. La version « marchand » semble s'imposer. Toutefois Th. CHARY, *op. cit.*, p. 221, n'exclut pas que soit connotée une allusion au « Cananéen » et qu'à travers cette référence au « Cananéen », soit visé le Samaritain. « Les Samaritains, coupés par le schisme du centre vital d'où jaillissent les eaux vives, sont exclus de la Terre Nouvelle… Le Cananéen est à la fois le Samaritain contemporain et déjà le type de l'opposition irréductible, de ceux que l'Apocalypse jettera sans rémission hors de la Jérusalem céleste (*Ap.* 21, 27; 22, 15). » Nous n'arrivons pas à percevoir cette allusion aux Samaritains et, à fortiori, aux damnés de l'Apocalypse.

Dans les quatre tableaux dont le chapitre XIV de Zacharie se compose, la royauté de Yahvé est évoquée deux fois, à savoir dans la deuxième scène au v. 9 et dans la quatrième aux versets 16 et 17. On peut se demander laquelle des deux évocations est la plus universelle et la plus spirituelle. Si l'on accepte pour le terme « cananéen » (XIV, 21) le sens lui conféré par Th. Chary[51], sens comportant l'exclusion des Samaritains de la communauté religieuse idéale entrevue par le texte, la royauté divine y affirmée n'a pas encore une ampleur universelle. En revanche, celle affirmée au v. 9 comporte une telle extension, et, de plus, elle paraît impliquer, comme *Mal.*, I, 11, l'universalité du culte monothéiste[52]. Elle ajoute même à l'attente de Malachie le caractère définitif de la foi et du culte monothéistes entrevus[53]. Mais contrairement à XIV, 16-21, la péricope XIV, 1-15 ne prévoit pas, du moins pour le « reste » des nations, la participation au règne eschatologique de Yahvé. Il importe donc de combiner les deux sections du chapitre XIV pour dégager de l'écrit de Zacharie une vision du règne de Dieu qui soit en vrai progrès sur les précédentes.

La période grecque à laquelle on renvoie pour le chapitre XIV de Zacharie est également celle qu'on propose pour un des derniers textes du dossier prophétique, à savoir *Is.*, XXIV, 23. Le passage en question fait partie d'une section du Proto-Isaïe intitulée communément l'*Apocalypse d'Isaïe*, section dont l'unité et la date de composition sont très controversés[54]. Les tensions qui s'observent à l'intérieur des chapitres XXIV-XXVII composant cette apocalypse et notamment la distinction frappante entre les péricopes d'allure lyrique et celles de caractère oraculaire, prophétique, font apparaître une diversité littéraire[55] qu'un appel au style dit anthologique[56] ou à la présence

51. *Ibid.*, pp. 220-221.

52. *Ibid.*, p. 216.

53. *Ibid.*, p. 216.

54. Voir J. VERMEYLEN, *La Composition littéraire de l'« Apocalypse d'Isaïe » (Is., XXIV-XXVII)*, ap. *ETL*, 1974, t. L, pp. 5-38.

55. Parmi les auteurs qui ont mis en lumière la distinction entre sections lyriques et prophétiques, J. VERMEYLEN, *art. cit.*, p. 6, note 5, cite : B. DUHM, *Das Buch Jesaja*, ap. *HK*, Goettingue, 1892. — K. MARTI, *Das Buch Jesaja*, ap. *KHC*, X, Tubingue, 1900. — D. BOEHMER, *Zu Jes. 24-27*, ap. *ZAW*, 1902, t. XXII, pp. 332-324. — E. SIEVERS, *Alttestamentliche Miscellen.* 1. *Jesaias 24-27*, ap. *Berichte Verhandl. Kön. Sächs. Gesellsch. Wiss. Leipzig, phil.-hist. Klasse*, t. LVI, Leipzig, 1904. — G. B. GRAY, *The Book of Isaiah I-XXVII*, ap. *ICC*, Édimbourg, 1912. — P. LOHMANN, *Die selbständigen lyrischen Abschnitte in Jes. 24-27*, ap. *ZAW*, 1917-1918, t. XXXVII, pp. 1-58. — O. PROCKSCH, *Jesaja I übersetzt und erklärt*, ap. *KAT*, IX, Leipzig, 1930. — C. KUHL, *Die Entstehung des Alten Testamentes*, Berne, 1953. — J. STEINMANN, *Le prophète Isaïe, sa vie, son œuvre et son temps*, 2e éd., ap. *Lectio divina*, V, Paris, 1955. — É. DHORME, *La Bible. L'Ancien Testament*, ap. *La Pléiade*, t. II, Paris, 1959. — O. EISSFELDT, *Einleitung in das Alte Testament*, 3e éd., Tubingue, 1964. — P. AUVRAY, *Isaïe 1-39*, ap. *Sources bibliques*, Paris, 1971.

Vont plus loin dans le discernement des sources en se ralliant à l'hypothèse d'un conglomérat de pièces de provenance fort diverse : G. HYLMÖ, *De s.k. profetiska*

d'une composition liturgique ne suffit pas à expliquer[57]. D'où l'hypothèse distinguant à l'intérieur des chapitres XXIII-XXVII plusieurs stratifications et postulant l'apport de diverses contributions à la genèse de l'actuel conglomérat littéraire.

Quant à la date de composition, seuls quelques rares exégètes continuent à soutenir une origine isaïenne[58] ou du moins préexilique[59]. S'il convient dès lors d'opter pour une période postisaïenne, les vues divergent beaucoup dans le choix de l'époque à retenir : le Ve siècle[60],

liturgiernas rytm, stil och komposition, ap. *Lunds Univ.Årsskr.*, n.s., t. I, Lund, 1929. — G. FOHRER, *Der Aufbau der Apokalypse des Jesajabuchs (Is. 24-27)*, ap. *CBQ*, 1963, t. XXV, pp. 34-45 et *Studien z. alt. Prophetie (1949-1965)*, ap. *BZAW*, t. XCIX, Berlin, 1967, pp. 170-181. — W. E. MARCH, *A Study of Two Prophetic Compositions in Isaiah 24, 1-27, 1*, ap. *Diss. Abstr.*, 1966-1967, pp. 1966 A-1967 A, New York, 1966. — W. KESSLER, *Gott geht es um das Ganze. Jesaja 55-66 und 24-27*, 2e éd., ap. *Bot.AT*, XIX, Stuttgart, 1967.

56. Pour le style anthologique J. VERMEYLEN, *art. cit.*, p. 6, note 3 renvoie à M. J. LAGRANGE, *L'apocalypse d'Isaïe (24-27). A propos des derniers commentaires*, ap. *RB*, 1894, t. III, pp. 200-231. — A. CONDAMIN, *Le Livre d'Isaïe*, ap. *Ét. Bibliques*, Paris, 1905. — W. RUDOLPH, *Jesaja 24-27*, ap. *BWANT*, sér. IV, t. X, Stuttgart, 1933. — J. LINDBLOM, *Die Jesaja-Apokalypse. Jes. 24-27*, ap. *Lunds Univ. Årsskr.*, nouv. sér., t. I, Lund, 1938. — G. W. ANDERSON, *Isaiah XXIV-XXVII Reconsidered*, ap. *Congress Volume Bonn 1962*, ap. *SVT*, IX, Leyde, 1963, pp. 118-126.

57. J. LINDBLOM, *op. cit.*, compare l'Apocalypse d'Isaïe à une cantate.

58. Pour l'origine isaïenne J. VERMEYLEN, *art. cit.*, p. 7, note 12. — M.-J. LAGRANGE, *L'apocalypse d'Isaïe*, pp. 227-281. — A. M. BEEK, *Ein Erdbeben wird zum prophetischen Erleben* (*Jesaja 24-27*), ap. *Archiv Orientálni*, 1949, t. XVII, pp. 31-40.

Dans *Het Boek Isaias vertaald uit het Hebreeuwsch en in doorloopende aanteekeningen verklaard*, Bruges, 1932, ouvrage publié à une époque où les réponses de la Commission biblique continuaient à être interprétées rigoureusement et à être considérées comme impératives pour l'exégèse catholique, notre prédécesseur Albin VAN HOONACKER (1857-1933) se contenta de noter que les chapitres XXIV-XXVII rejoignent par leur genre apocalyptique les chapitres XIII-XIV, puis qu'ils présupposent l'humiliation et la dispersion du peuple juif, la suprématie et la domination des nations païennes, l'opposition de Juda non seulement aux peuples étrangers mais au paganisme qui les caractérise : pp. 87, 129.

Qu'on nous permette de rappeler que notre *Histoire critique de l'Ancien Testament* (Tournai, 1938; 3e éd., Bruges, 1942) fut le premier ouvrage catholique à soutenir l'urgente nécessité de dépasser le point de vue des premières réponses de ladite Commission.

59. D'après J. VERMEYLEN, *art. cit.*, p. 7, note 12, une origine préexilique est soutenue par G. W. ANDERSON, *Isaiah XXIV-XXVII Reconsidered* (1963), pp. 118-126. — H. GINSBERG, *Isaiah (First Isaiah)*, ap. *Encycl. Judaica*, Jérusalem, 1971, t. IX, col. 58-59.

60. Pour le Ve siècle plaident B. GRAY, *The Book of Isaiah I-XXVII*, ap. *ICC*, Édimbourg, 1912, pp. 398-401. — J. LINDBLOM, *Die Jesaja-Apokalypse*, 1938, pp. 77-84. — W. KESSLER, *Gott geht es um das Ganze*, Stuttgart, 1967, p. 130. — S. VIRGULIN, *Isaia*, ap. *Nuovissima Versione della Bibbia*, XXIV, Rome, 1968, p. 128.

Dans *Introduction à la Bible*, t. I : *Introduction à l'Ancien Testament* (éd. H. CAZELLES),

le IVe[61], le IVe ou le IIIe[62], nettement le IIIe[63] ou même le IIe avant Jésus-Christ[64].

Visant à se frayer une route à travers tant d'opinions divergentes, J. Vermeylen invite à distinguer à l'intérieur des chapitres XXIII-XXVII différentes couches littéraires dont deux sont jugées capitales. La première comprendrait les passages suivants: XXIV, 1-13, 18b-20; XXVI, 8-9*, 11-13, 16-21; elle remonterait à l'époque de la prise de Babylone par Xercès Ier en 482[65]. La deuxième se composerait de XXIV, 14-15, 17-18a; XXV, 1-5, 9-12; XXVI, 1-6*, 7, 9a(?), 10, 15; XXVII, 2-6; elle pourrait se situer après la grande œuvre réformatrice de Néhémie datée de 445[66]. A ces deux strates principales se seraient ajoutées les gloses de cinq relectures successives. Toutes proviendraient de l'époque hellénistique et elles se termineraient par quelques traits polémiques à l'adresse des Samaritains. Les gloses ainsi distingués, J. Vermeylen les numérote de *a* à *e* et il leur donne le contenu suivant: *a*. XXVII, (7, 8b), 9-11; — *b*. XXIV, 16*, 21-23; XXVII, 1; — *c*. XXV, 6-8; — *d*. XXVII, 12-13; — *e*. XXV, 8a; XXVI, 14, 19; XXVII, 8a[67]. En voici d'ailleurs le tableau:

Paris, 1973, p. 450, Th. CHARY conclut: «Une série d'indications plaide pour une datation assez haute de l'ensemble, début du Ve siècle.» Mais il n'exclut pas des relectures actualisant l'œuvre originale (p. 451).

61. Le IVe siècle est proposé entre autres par R. SMEND, *Anmerkungen zu Jes. 24-27*, ap. *ZAW*, 1866, t. IX, p. 224. — A. KUENEN, *Historisch-critisch onderzoek naar het ontstaan en de verzameling van de Boeken des Ouden Verbonds*, Leyde, 1889, p. 99.

62. Hésitent entre le IVe et le IIIe siècle J.P. PETERS, *Notes on Isaiah*, ap. *JBL*, 1929, t. XXXVIII, pp. 85-87. — C.C. TORREY, *Some Important Editorial Operations in Isaiah*, ap. *JBL*, 1938, t. LVII, p. 126.

63. Le IIIe siècle est retenu par E.S. MULDER, *Die teologie van die Jesaja-apocalipse*, Groningue, 1954, p. 93. — O. PLOEGER, *Theokratie und Eschatologie*, ap. *WMANT*, II, Neukirchen, 1959, pp. 96-97. — E.A. LESLIE, *Isaiah*, New York-Nashville, 1963. — O. EISSFELDT, *Einleitung in das Alte Testament*, 3e éd., Tubingue, 1964, pp. 438-439.

64. Descendent jusqu'au deuxième siècle B. DUHM, *op. cit.* (1892), p. 172. — K. MARTI, *op. cit.* (1900), pp. 201-202. — R.H. KENNETH, *The Composition of the Book of Isaiah in the Light of History and Archeology*, ap. *The Schweich Lectures*, Londres, 1910, pp. 35-36. — O. PROCKSCH, *Jesaja I* (1930), pp. 345-346. — P. GRECH, *Interprophetic Re-interpretation and Old Testament Eschatology*, ap. *Augustinianum*, 1969, t. VIII, pp. 235-265 (242-244). — O. LUDWIG, *Die Stadt in der Jesaja-Apokalypse. Zur Datierung von Jesaja 24-27*, Bonn, 1961, fait descendre toute l'œuvre jusqu'à la période maccabéenne.

65. J. VERMEYLEN, *art. cit.*, p. 36.

66. *Ibid.*, pp. 36-37.

67. *Ibid.*, pp. 37-38.

Après 482 ruine de Babylon par Xerxès I	Après 445 restauration de Jérusalem par Néhémie	Époque hellénistique				
		a	b	c	d	e
24,1-13						
	24,14-15, 17-18a		24,16*			
24,18b-20						
			24,21-23			
	25,1-5					
				25,6-8		25,8a
	25,9-12					
	26,1-6*,7					
26,8-9*						
	26,9a?					
	26,10					
26,11-13						26,14
	26,15					
26,16-21						26,19
			27,1			
	27,2-6					
		27,(7,8b)				27,8a
		27,9-11				
					27,12-13	

Les versets 21-23 du chapitre XXIV, auxquels le texte sur la royauté divine appartient, forment une unité bien délimitée par l'incipit : «*Et il adviendra en ce jour*» (v.21a) et par le début de l'hymne en XXV, 1. S. Mowinckel nous invite lui aussi à y découvrir une péricope bien distincte du contexte, mais il en conteste l'homogénéité. Il nous en propose une reconstruction où les additions l'emportent :

XXIV, 21. *Il adviendra ce jour-là*
que Yahvé châtiera
l'armée d'en-haut là-haut
[*et les rois de la terre sur la terre*].
22. [[*Et ils seront réunis ensemble,*
captifs dans la fosse]],
et ils seront enfermés en prison,
[*et après nombre de jours ils seront châtiés.*]
23. [[*Et la lune blêmira et le soleil aura honte*]],
car Yahvé Sabaôt régnera
sur la montagne de Sion et à Jérusalem,
et la gloire (apparaîtra) devant ses anciens[68].

68. Cf. S. Mowinckel, *De senere Profeter*, p. 145. — L'auteur distingue entre

Des additions suggérées par S. Mowinckel plusieurs ne paraissent pas se justifier. Seul le contenu principal d'un verset dont l'allure apocalyptique renvoie à une époque récente, à savoir le v. 22bcd :

captifs dans la fosse,
et ils seront enfermés en prison
et, après nombre de jours, ils seront châtiés,

trahit, nous semble-t-il, une amplification du texte original. Ramenée à ses éléments primitifs, la péricope pourrait s'énoncer comme suit :

21. *En ce jour il adviendra que Yahvé châtiera*
l'armée d'en-haut là-haut,
et sur terre les rois de la terre,
22a. *et sûrement ils seront enlevés.*
23. *Et la lune blêmira et le soleil aura honte,*
car Yahvé Ṣ^{e}ba'ôt régnera
sur la montagne de Sion et à Jérusalem,
et la gloire (brillera) devant ses anciens.

Ainsi lue la péricope présente une image cohérente. Yahvé mettra fin à tous ses ennemis, célestes et terrestres. Cette victoire inaugurera son règne à Jérusalem sur la sainte montagne de Sion. Sa gloire s'y manifestera, et, devant son éclat, la lune et le soleil pâliront. Les témoins de cette théophanie royale seront les Anciens, tout comme au Sinaï en *Exod.*, XXIV, 9, 10. En d'autres mots, Israël revivra l'épopée de ses origines : l'*Endbild* de son histoire de salut rejoindra l'*Urbild*, l'image de la fin recoupera celle du début.

On aura remarqué que la péricope commence par la tournure bien connue : « En ce jour il adviendra », tournure où d'aucuns sont

les additions des vv. 21d, 22d et d'autres éléments de provenance bien distincte : vv. 22a, 23a.

Pour l'exégète norvégien le noyau originel se ramène aux données suivantes :

XXIV, 21. *Il adviendra ce jour-là*
que Yahvé châtiera
l'armée d'en-haut là-haut,
22. *et ils seront enfermés en prison.*
23. *Car Yahvé Sabaôt régnera*
sur la montagne de Sion et à Jérusalem,
et la gloire devant ses anciens.

Pour *LRY*, pp. 265, 352-353, la vision d'*Is.*, XXIV, 23, qui se réfère à l'épiphanie eschatologique, définitive de Yahvé, s'inspire à la fois de la théophanie du Sinaï et de l'épiphanie de Yahvé telle qu'elle était vécue dans le culte.

tentés de découvrir une allusion au Jour de Yahvé[69]. Bien n'est moins sûr. En toute hypothèse, il n'est pas douteux que par sa référence au double combat de Yahvé, la péricope s'impose comme une des dernières, voire la toute dernière des textes prophétiques sur la royauté de Yahvé. Y surgit, tout comme en *Zach.*, XIV, 1-21, un cadre apocalyptique.

* * *

Il nous reste à examiner trois textes du livre de Michée : II, 12-13; IV, 6-7; IV, 9, omis jusqu'ici vu l'incertitude qui affecte leur date de composition. Le dernier commentaire du livre de Michée leur consacre beaucoup d'attention et ses conclusions tendent à ouvrir de nouvelles perspectives[70].

Que la péricope II, 12-13 détonne dans son contexte, pas mal d'auteurs le reconnaissent, et B. Renaud les approuve[71]. Il y a une solution de continuité avec ce qui précède[72]. Puis nous avons affaire à un passage qui se révèle nettement postexilique. A la période de l'exil renvoient selon B. Renaud la notion du «reste», les images des brébis et du pasteur telles qu'elles furent utilisées par Jérémie et Ézéchiel, les thèmes de la «sortie» et de l'«exode», le sens précis du verbe *ʿālāh*, et le fait que les textes les plus proches sont *Jer.*, XXIII, 1-6; *Ezech.*, XXXIV, 11-16; *Is.*, LII, 12[73].

Si les versets II, 12-13 constituent un texte disparate et isolé dans les chapitres I-III, ils rejoignent en revanche de près *Mich.*, IV, 6-7. D'où la proposition de les rattacher à IV, 6-7 et d'aboutir ainsi à une unité littéraire nouvelle cohérente[74] dont voici selon B. Renaud, s'inspirant largement d'A. Condamin[75], la version[76] :

69. Cf. R. MARTIN-ACHARD, *Dag des Heren*, ap. *Bijbels-historisch Woordenboek*, éd. B. REICKE-L. ROST, Utrecht, 1969, t. I, pp. 342-343. — J. NELIS, *Dag van Jahwe*, ap. *Bijbels Woordenboek*, 3e éd., pp. 252-255. — E. JENNI, *Jôm*, *Tag*, ap. *Theol. Handwörterbuch A.T.* Éd. E. JENNI-Cl. WESTERMANN, Munich, 1971, t. I, col. 707-726.

70. B. RENAUD, *La Formation du Livre de Michée. Tradition et actualisation*, ap. *Études bibliques*, Paris, 1977.

71. *Ibid.*, pp. 111-112.

72. *Ibid.*, p. 111.

73. *Ibid.*, pp. 112-113.

74. *Ibid.*, pp. 404-406.

75. A. CONDAMIN, *Interpolations ou transpositions accidentelles*, ap. *RB*, 1902, t. XI, pp. 379-387.

76. Voir le texte reproduit en note à la page suivante.

IV, 6. *En ce jour-là, oracle de Yahvé,*
je rassemblerai la boiteuse,
je réunirai l'égarée,
celle que j'avais maltraitée.

76. Voici la traduction de l'ancien professeur des Facultés catholiques de Lyon :

IV, 6. *En ce jour-là, oracle de Yahvé,*
Je vais rassembler les éclopées ;
Je vais rallier les égarées,
et celles que j'ai maltraitées.
7. *Et je mettrai avec le reste celles qui se traînent*
et des fatiguées je ferai une nation puissante.
Et Yahvé régnera sur eux
sur la montagne de Sion
dès maintenant et à jamais.
II, 12. *Oui, je veux rassembler Jacob tout entier,*
Je veux rallier le reste d'Israël.
Je les mettrai comme une brebis dans l'enclos,
comme un troupeau au milieu d'un parc.
13. *Celui qui marche à leur tête s'élancera devant eux.*
Il marchera en tête, ils passeront la porte, ils sortiront.
Leur roi passera devant eux,
Yahvé à leur tête.

Dans l'ouvrage *Mit Micha reden. Prophetie einst und jetzt*, Munich, 1978, pp. 99-100, H. W. WOLFF propose des versets difficiles une version en partie nouvelle :

II, 12. Ich will dich, Jakob, sammeln ganz und gar,
und, was übrig ist von Israel, zusammenbringen.
Ich will sie wie Schafe miteinander in einen festen Stall tun,
und wie eine Herde in ihre Hürden
so dass es von Menschen dröhnen soll.

II, 13. *verset interprété comme un logion distinct* :
Er wird als Durchbrecher vor ihnen heraufziehen.
Sie werden durchbrechen
und durchs Tor hinausziehen,
und ihr König wird vor ihnen gehen
und der Herr an ihrer Spitze.

IV, 6. An jenem Tage, spricht Jahwe,
da sammle ich, was hinkt,
da vereinige ich, was versprengt ist,
und die ich ins Unheil brachte.
7a. Ich mache, was hinkte, zu einem Rest,
und, was « verwundet ist », zu einem mächtigen Volk.

En 7b, *passage du discours à la première personne*
à un logion du prophète sur l'action de Yahvé.

7b. König wird Jahwe über sie sein
auf Zions Berg von jetzt an für immer.

7. *Je ferai de la boiteuse un reste*
et de l'épuisée une nation puissante.
Yahvé régnera sur eux
à la montagne de Sion
dès maintenant et à jamais[77].

II, 12. *Je te rassemblerai, Jacob tout entier*[78],
je réunirai le reste d'Israël,
je les mettrai ensemble comme des brebis de Bosrah,
comme un troupeau au milieu du pâturage.
Elles montrent un grand trouble à cause des hommes[79].

13. *Il est monté celui qui ouvre la brèche,*
devant eux il a ouvert la brèche,
ils ont passé la porte, ils sont sortis par elle.
Il est passé leur roi devant eux,
Yahvé à leur tête[80].

Cette version est approximative, comme d'ailleurs toutes celles proposées jusqu'à ce jour. En voici une plus proche de celles communément reçues :

IV, 6. *En ce jour-là, — oracle de Yahvé, —*
Je vais rassembler les éclopés[81],
et Je vais réunir les pourchassés[82]
et ceux que J'ai maltraités,

7. *et Je mettrai comme un reste les éclopés*[83],
et les épuisés[84] *comme un peuple puissant ;*
et Yahvé régnera sur eux à la montagne de Sion
dès maintenant et à jamais.

II, 12. *Oui, Je rassemblerai Jacob tout entier,*
oui, Je réunirai le reste d'Israël.
Je les mettrai ensemble comme des brebis au bercail[85],

77. B. RENAUD, *op. cit.*, p. 181.

78. *Ibid.*, p. 104.

79. *Ibid.*, p. 104 : « ou bien 'faute d'hommes'. »

80. *Ibid.*, p. 106.

81. Le féminin s'expliquerait comme un collectif.

82. « La brebis pourchassée » (*BP* = Bible de la Pléiade); « Ce qui est dispersé » (*TOB*).

83. « Et J'établirai la boiteuse à demeure » (*BP*); « I will preserve the lost as a remnant » (*NEB*).

84. « Et de l'éloignée » (*BP*); « the derelict » (*NEB*); « de l'éloignée » (*TOB*).

85. « Comme le petit bétail du parc » (*BP*); « like sheep in a fold » (*NEB*); « comme des moutons dans l'enclos » (*Bible Jér.*); « comme les brebis de Bosra » (d'Édom) (*TOB*). A. Van Hoonacker suggérait « comme des brebis dans la détresse ».

comme un troupeau au milieu de son pacage[86],
eux qui gémissent à la suite du désastre[87],
ou, autre version :
eux qui montrent du trouble à la suite du désastre[88].
13. *Celui qui fait la brèche*[89] *montera devant eux.*
Ils feront la brèche, ils franchiront la porte[90],
ils sortiront par elle,
et leur roi (la) franchira devant eux,
Yahvé à leur tête[91].

Tout ne plaide pas pour l'unité de la pièce littéraire ainsi reconstituée, pièce où d'ailleurs les passages difficiles abondent. Certes en IV, 6-7 et II, 12 Yahvé parle à la première personne, mais il n'apostrophe directement Israël qu'en II, 12. Puis, — autre changement, — en II, 13 ce n'est plus Yahvé qui parle mais plutôt le prophète nous transmettant un oracle divin. Il exprime semble-t-il, sa confiance inébranlable en la parole du Seigneur et il contemple en quelque sorte, se réalisant déjà en esprit, la promesse divine.

Quoiqu'il en soit de la solution à donner au problème littéraire, il n'est pas douteux que l'hagiographe envisage en II, 13 Yahvé comme le roi de son peuple. Certains exégètes interprètent il est vrai la

86. « Au milieu du pacage (*BP*); « like a grazing flock which stampedes at a sight of a man » (*NEB*); « au milieu de son pâturage » (*Bible Jér.*); « au milieu de son pâturage » (*TOB*). — A. Van Hoonacker suggérait « comme un troupeau au milieu 'de la calamité' » (*had-dèbèr*).

87. B. Renaud, *op. cit.*, p. 106 : « On ne peut pas exclure du reste que la proximité des formes *hwm* et *hmh* n'ait pas, au cours de l'évolution sémantique, provoqué la contamination de la première par la seconde et le sens de 'gémir', n'est pas très loin de 'montrer du trouble'. »

88. « Et ils murmureront loin des hommes » (*BP*); « ils feront du bruit loin des hommes » (*Bible Jér.*); « et d'elles sortira une rumeur humaine » (*TOB*); « et leur murmure s'élève d'Édom » (*TOB*, en note). A. Van Hoonacker suggérait un profond remaniement: « Pleins d'effroi, ils fuiront loin de leur désastre » (*mē-'ēdām*, *'ēd* = *'yd*).

A retenir les lectures de Van Hoonacker: « détresse », « calamité », « désastre »: *baṣ-ṣārāh*, *had-dèbèr*, *mē'ēdām*, et à lire le verbe en fonction des collectifs féminins de IV, 6-7, on pourrait être tenté de traduire :

Je les mettrai ensemble (eux qui sont) *comme des brebis en détresse,*
comme un troupeau au milieu de la calamité,
(eux) qui gémissent du désastre.

Si l'on garde *mē'ādām*, on peut traduire avec B. Renaud : « faute d'hommes » et comprendre « faute de pasteurs ». Dans *Votre Bible*, Paris, 1972, R. Tamisier traduit sans justifier sa lecture : « ils ne craindront plus personne ».

89. « Le sapeur » (*BP*).

90. « Une porte ! C'est par elle qu'ils sont sortis » (*BP*).

91. Cf. A. Van Hoonacker, *op. cit.*, pp. 374-376.

finale : « Yahvé à leur tête » comme une addition. Dans ces conditions, le roi visé dans le texte originel pourrait être le monarque terrestre. Il reste qu'au moins le glossateur a compris l'oracle comme visant Yahvé.

En revanche, nul doute touchant l'affirmation explicite de la royauté de Yahvé en IV, 7. Elle y est entrevue dans une perspective nationaliste, dans la perspective d'une restauration d'Israël, voire d'une réunification de toutes les tribus autour de la montagne sacrée de Sion.

Il subsiste le problème de savoir à quel contexte plus large II, 12-13 et IV, 6-7, ou, si l'on suit A. Condamin et B. Renaud, la péricope IV, 6-7 + II, 12-13 se rattache. Selon B. Renaud, elle appartient à un travail de rédaction qui inséra dans des textes michéens préexistants, c'est-à-dire en gros I-III + VI, 1-VII, 7, les chapitres IV-V et VII, 8-20[92].

A accepter la vue de B. Renaud, une conclusion importante se dégage, à savoir que *Mich.*, IV, 6-7; II, 12-13 nous offre une composition prophétique où l'espérance en la venue d'un nouveau davidide[93] se joint à l'attente du royaume de Dieu. Soulignons que ce serait sans doute le seul passage prophétique à opérer cette union.

*
* *

A récapituler et à grouper les données des écrits prophétiques sur la royauté de Yahvé, il apparaît qu'elles inculquent en ordre principal la dignité royale de Yahvé ainsi que l'exercice de son pouvoir royal au profit d'Israël, le peuple élu. Yahvé est reconnu et proclamé roi d'Israël: *Is.*, XLIII, 15; *Soph.*, III, 15, roi de Jacob: *Is.* XLI, 21, roi des Israélites: *Ezech.*, XX, 33, et, dans une vision d'avenir, roi du «reste d'Israël»: *Mich.*, II, 12, «reste» groupant ceux qui auront été dispersés et maltraités, mais que Yahvé aura sauvés et réunis sous sa houlette de Pasteur suprîme: *Mich.*, IV, 6-7. C'est en raison de sa souveraineté sur Israël, que Yahvé est également qualifié de roi de Sion: *Jer.*, VIII, 19; *Is.*, LII, 7; *Soph.*, III, 14, roi de la montagne de Sion: *Mich.*, IV, 7; *Is.*, XXIV, 23, roi de Jérusalem: *Is.*, LII, 9; *Soph.*, III, 14; *Zach.*, XIV, 10; *Is.*, XXIV, 23. Si étroite est devenue dans la tradition prophétique l'association du monarque Yahvé avec la capitale de son peuple qu'il est censé lui avoir communiqué en quelque sorte la dignité royale: *Is.*, LXII, 3.

92. B. Renaud, *op. cit.*, p. 402.
93. *Ibid.*, pp. 242-244.

C'est en raison et en fonction de sa souveraineté sur Israël, que Yahvé fut amené à exercer son pouvoir royal également à l'égard des nations. Yahvé intervint en effet contre les peuples païens pour préserver le domaïne qu'il s'est constitué en Israël, châtiant ceux qui, non mandatés par lui, osent l'attaquer: d'où ses interventions contre Babylone: *Is.*, XLIII, 15; *Jer.*, LI, 57; Édom: *Abd.*, 21; *Mal.*, I, 5; Moab: *Jer.*, XLVIII, 15; Élam: *Jer.*, XLIX, 38. Et les prophètes de noter que Yahvé ne manqua pas de saisir l'occasion de ses interventions punitives pour exterminer les idoles: *Is.*, XLI, 21; XLIV, 6, puis d'ajouter que le rôle de sauveur de son peuple: *Soph.*, III, 15 et de juge des nations, Yahvé l'a exercé en tant que «Yahvé des armées»: *Jer.*, XLVI, 25, au point que le titre lui convenant le mieux du point de vue de ses actions vindicatives est celui de "Yahvé Ṣ^{e}ba'ôt»: *Jer.*, XLVIII, 15; LI, 57.

Parmi les textes les plus récents il en est qui ont envisagé sous un angle différent les rapports de Yahvé-roi avec les nations. *Mal.*, I, 14 signale que la réputation de «grand roi» que Yahvé s'est acquise, suffit à inspirer la crainte aux nations, et *Zach.*, XIV, 16 entrevoit les temps où les peuples païens viendront d'eux-mêmes apporter à Jérusalem leurs tributs lors de la fête annuelle de Yahvé-roi, c'est-à-dire la fête des tabernacles.

En-dehors de cette insistance sur la souveraineté de Yahvé se manifestant dans le cours de l'histoire au profit d'Israël, les écrits prophétiques signalent à peine les autres aspects de la souveraineté divine, que nous avons par exemple rencontrés dans le Psautier.

A la reconnaissance et la célébration cultuelles de la royauté divine il convient de rapporter *Is.*, VI, 1-5, péricope relatant l'épiphanie de Yahvé-roi au temple de Jérusalem, ainsi que *Zach.*, XIV, 16-21, passage prophétisant la venue des peuples païens à Jérusalem pour prendre part à la fête religieuse de l'intronisation annuelle de Yahvé.

Que Yahvé-roi posséde également un domaine céleste, *Is.*, VI, 1 y fait probablement allusion, mais le thème de la demeure céleste de Yahvé et celui de Yahvé, dieu céleste, deux thèmes bien attestés dans d'autres livres vétérotestamentaires n'apparaissent pas dans les textes prophétiques évoquant la royauté de Yahvé. Ils se présentent en d'autres contextes dont C. Houtman a dressé l'inventaire dans sa monographie: *De Hemel in het Oude Testament* (*Heaven in the Old Testament*), Franeker, 1974, aux pages 68-74: *Yahvé, dieu du ciel*, et aux pages 222-253: *Le ciel, domaine et résidence royale de Yahvé*.

Également parcimonieuses sont les allusions des écrits prophétiques au cosmos comme domaine royal de Yahvé. *Is.*, VI, 3 affirme que la gloire de Yahvé remplit toute la terre, *Jer.*, X, 10 constate que la terre tremble quand le courroux de Yahvé éclate, *Is.*, XXIV, 23 affirme que le soleil et la lune blêmissent devant sa gloire. Mais c'est surtout en *Zach.*, XIV, 6-8 qu'apparaît la sujétion du cosmos à la souveraineté divine. Sous l'action de Yahvé-roi, l'alternance du jour et de la nuit et celle de l'été et de l'hiver cesseront, et la terre d'Israël sera transformée. Bref la vision d'une terre nouvelle et d'un éon nouveau pointe à l'horizon[93bis].

En résumé, les allusions aux aspects cultuel, céleste et cosmique de la royauté de Yahvé restent dans les écrits prophétiques brèves et marginales. L'attention des prophètes s'est concentrée sur le rôle du roi Yahvé dans le développement historique d'Israël. Ils ont salué et proclamé leur dieu comme le «roi d'Israël», puis ils l'ont progressivement, et généralement en relation étroite avec le destin d'Israël, de mieux en mieux entrevu comme le «roi des nations»: *Jer.*, X, 7, 10, appelé à devenir un jour «le seul Dieu pour tous les royaumes de la terre»: *Is.*, XXXVII, 16.

Observons enfin que Yahvé-roi intervient, tout comme dans le Psautier, en tant que guerrier, juge et pasteur. Le rôle de pasteur, attesté dans le *Ps.* XCV, 7: cf. *Ps.* LXXIV, 14; LXXII, 21; LXXVIII, 52; LXXIX, 13; LXXX, 2; C, 3, et, sur le plan individuel, en XXIII, 1, est apparu surtout en *Mich.*, II, 12-13 et IV, 6-7, deux passages étroitement apparentés à *Jer.*, XXIII, 1-6 et *Ezech.*, XXXIV, 11-16, où toutefois la royauté de Yahvé n'est pas mentionnée.

Ne quittons pas la littérature prophétique sans noter qu'on s'attendrait à y rencontrer la royauté de Yahvé explicitement associée au «Jour du Seigneur», c'est-à-dire au Jour appelé à inaugurer la phase finale de l'histoire du salut. En réalité, cette association fait défaut. Dans son article sur le *Yôm Yhwh* du *Theologisches Handwörterbuch zum Alten Testament*, Munich, 1971, t. I, col. 723, E. Jenni signale que l'expression explicite *Yôm Yhwh* se rencontre seulement seize fois : *Is.*, XIII, 6, 9; *Ezech.*, XIII, 5; *Joel*, I, 15; II, 1, 11; III, 4; IV, 14; *Am.*, V, 18 (bis), 20; *Abd.*, 15; *Soph.*, I, 7, 14 (bis); *Mal.*, III, 23. Or de ces seize mentions, une seule : *Abd.*, 15 (à rapprocher du v. 21) rattache au Jour de Yahvé l'instauration de la royauté divine sur la colline de Sion. Il est vrai que l'on peut rapprocher de ce cas explicite unique d'autres passages bibliques tels *Is.*, XXIV, 23 et *Zach.*, XIV, 9, 16-17, où l'on peut estimer le Jour de Yahvé virtuellement présent.

93bis. Cf. *Is.*, LXV, 17; LXVI, 27. — *Is.*, LX, 19-20.

A tout bien peser, la rareté de l'évocation du *Yôm Yahvé* en connexion avec l'avènement de la royauté divine est moins surprenant qu'il ne paraît au premier abord : c'est que même dans les cercles prophétiques Yahvé est roi et même exerce son règne antérieurement au jugement final des nations. Ce dernier jugement ne sera en somme que l'éclatante manifestation d'une autorité possédée par Yahvé depuis les temps anciens, depuis sa victoire sur les eaux et sur les élohim, et déjà manifestée plus d'une fois sur le plan de l'histoire, notamment durant l'Exode et lors de la restauration postexilique d'Israël.

* * *

V. *Textes postexiliques d'allure historique.*

Vu les attestations nombreuses de la royauté de Yahvé dans la tradition prophétique d'après l'exil, il est naturel de rencontrer la titulature royale de Yahvé dans les livres historiques, notamment ceux de la période des Achéménides, monarques qui ont assuré au peuple juif deux siècles de tranquillité relative[94]. Il n'est d'ailleurs pas exclu qu'une certaine influence de la religion iranienne contribua à favoriser la titulature.

Dans le livre d'Esdras[95], les Juifs appellent Yahvé «le Dieu d'Israël»:

94. Cf. W. O. E. OESTERLY - Th. H. ROBINSON, *A History of Israel*, t. II, Oxford, 1932, pp. 63-172 : *The Period of Restoration*.

95. W. RUDOLPH, *Esra und Nehemia samt 3. Esra*, ap. *HAT*, XX, Tubingue, 1949. — M. REHM, *Esra-Nehemias*, ap. *Echter Bibel*, Wurzbourg, 1950. — R. A. BOWMAN, *The Book of Ezra and the Book of Nehemiah*, ap. *Interpreter's Bible*, New York, 1954. — A. GELIN, *Esdras et Néhémie*, ap. *La Sainte Bible*, Paris, 1953. — U. KELLERMANN, *Nehemia. Quellen. Ueberlieferung und Geschichte*, ap. *BZAW*, CII, Berlin, 1967. — L. H. BROCKINGTON, *Ezra, Nehemia and Esther*, Londres, 1969. — E. OSTY - J. TRINQUET, *La Bible. Esdras. Néhémie. Tobie. Judith. Esther*, Lausanne, 1970. — L. JENSEN, *Ezra, Nehemia, Esther*, Chicago, 1971. — R. HANHART, *Esdrae Liber I*, ap. *Septuaginta*, VIII, 1, Goettingue, 1973. — W. T. IN DER SMITTEN, *Esra-Quellen. Ueberlieferung und Geschichte*, Bonn, 1973. — J. M. MYERS, *I and II Esdras*, ap. *Anchor Bible*, XLII, New York, 1974. — C. G. TULAND, *Ezra-Nehemia or Nehemia-Ezra? An Investigation into the Validity of the Van Hoonacker Theory*, ap. *Andr. Univ. Sem. Studies*, 1974, t. XII, pp. 47-62. — R. HANHART, *Text und Textgeschichte des S. Esrabuches*, ap. *Abh. Akad. Wiss. Gött.*, Göttingen, 1974. — R. J. COLLINS, *The Books of Ezra and Nehemia*, ap. *Cambridge BC*, Londres, 1976.

Remarquons que l'on trouve dans les livres d'Esdras (V, 8) et de Néhémie (VIII, 6) le titre «grand dieu» attribué à Yahvé. Observons aussi que dans la prière des lévites et la confession des péchés rapportées en *Neh.*, IX, 6-37 toute allusion à la royauté de Yahvé fait défaut. Serait-ce parce qu'on y mentionne jusqu'à deux fois les rois terrestres (vv. 32, 34)?

Esdr., III, 2; IV, 1, 3; V, 1; VI, 21; IX, 4, 15. Toutefois en leur correspondance avec les Perses ils désignent Yahvé comme le «Dieu du ciel et de la terre»: *Esdr.*, V, 11 et comme le «Dieu du ciel»: *Esdr.*, V, 12. Ce dernier titre est celui que les Perses sont censés avoir employé de préférence en se référant au Dieu d'Israël: *Esdr.*, VI, 10; VII, 12, 21, 23. C'est sans doute en se conformant à la coutume iranienne que Néhémie appelle à diverses reprises Yahvé «Dieu du ciel»: *Neh.*, I, 4,5; II, 5,20. En II, 5, l'hagiographe insinue même que c'était là le titre dont le chef juif se servait en adressant sa prière à Yahvé.

Dans les livres des Chroniques[96], la notion de la royauté divine n'est pas spécialement soulignée. L'hagiographe y fait pourtant allusion à travers la mention du trône divin en *II Chron.*, XVIII, 18 et *I Chron.*, XXIX, 23. Le premier passage rapporte la scène déjà étudiée du livre des Rois, scène où le prophète Michée, fils de Yimla, voit Yahvé au ciel assis sur son trône, flanqué à droite et à gauche des êtres composant sa cour céleste. Le second passage est propre au Chroniqueur. Donnée nouvelle : l'hagiographe qualifie le trône de Salomon de «trône de Yahvé» exprimant ainsi à la fois la souveraineté de Dieu et la vassalité du davidide.

Le passage où s'exprime le plus directement la foi du Chroniste en la royauté de Yahvé se lit en *II Chron.*, XX, 6-8. Il se présente dans une prière du quatrième roi de Juda, Josaphat, fils d'Asa, (870-848), et il appartient à une section des Chroniques qui n'a pas de correspondant dans les Livres des Rois :

6. *Yahvé, dieu de nos pères,*
N'es-tu pas celui qui est dieu au ciel,
et n'est-ce pas toi dominant tous les royaumes des peuples?
Et en ta main il y a force et puissance
et il n'y a personne à se dresser contre toi.
7. *N'est-ce pas toi, notre Dieu,*
qui a dépossédé les habitants de cette terre

96. W. RUDOLPH, *Chronikbücher*, ap. *HAT*, XXI, Tubingue, 1955. — W.A.L. EMSLIE, *The First and Second Books of Chronicles*, ap. *Interpreter's Bible*, New York, 1954. — H. CAZELLES, *Les Livres des Chroniques*, 2ᵉ éd., ap. *La Sainte Bible*, Paris, 1961. — E. OSTY - J. TRINQUET, *La Bible. Premier et Deuxième Livre des Chroniques*, Lausanne, 1970. — R. LE DÉAUT - J. ROBERT, *Targum des Chroniques*, ap. *AB*, XXI, Rome, 1971. — P.R. ACKROYD, *I and II Chronicles, Ezra, Nehemia*, Londres, 1973. — L.C. ALLEN, *The Greek Chronicles. The Relation of the Septuagint of I and II Chronicles to the Massoretic Text*, I: *The Translator's Craft*, ap. *SVT*, XXV, Leyde, 1974.

devant ton peuple Israël,
et qui l'a donnée pour toujours
à la descendance d'Abraham, ton bien aimé, à jamais?
8. *Et ils s'y sont établis,*
et pour toi ils y ont construit
un temple pour ton nom.

Ce passage où *mèlèk*, *mālak* font défaut et où *māšal* les remplace, énumère divers motifs de la royauté de Yahvé qu'Israël a reconnus avant ou après l'exil. Yahvé y est proclamé *môšēl*, souverain, en tant que «dieu du ciel», puis en tant que monarque puissant dominant tous les peuples et royaumes, enfin en tant que dieu d'Israël, conducteur de son peuple, lui assurant à jamais un héritage sur la terre. Il s'y ajoute le fait que Yahvé possède un temple, c'est-à-dire un palais.

C'est à Yahvé, conçu comme dieu-guerrier selon les traditions israélites anciennes bien attestées, que Josaphat s'adresse pour se libérer des Ammonites, jugés à un titre tout particulier devoir mériter l'intervention punitive du dieu d'Israël.

La croyance en la royauté divine de Yahvé est également bien attestée dans les écrits populaires exaltant les promesses ou les vertus de Judith, de Tobie et d'Esther.

Dans le livre de Judith[97], la prière rapportée au chapitre IX, v. 12, fait appel à Yahvé en ces termes :

97. Le texte des trois livres populaires : Judith, Tobie, Esther, est diversément et mal transmis. Nous renvoyons à la *Bible de Jérusalem* qui suit le texte grec mais mentionne également les principales variantes des autres traditions : *La Bible de Jérusalem. La Sainte Bible traduite en français sous la direction de l'École biblique de Jérusalem*, nouvelle édition revue et augmentée, Paris, 1974, p. 559. Pour la Septante cf. A. RAHLFS, *Septuaginta id est Vetus Testamentum graece iuxta LXX interpretes*, Stuttgart, 1935, et pour la Vulgate : Robertus WEBER, *Biblia Sacra iuxta Vulgatam versionem*, 2 vol., Stuttgart, 1969.

Sur le livre de Judith cf. : A. LEFÈVRE, *Judith (Le livre de)*, ap. *DBS*, 1949, t. IV, col. 1319-1320. — Fr. STUMMER, *Das Buch Judith*, ap. *Echter Bibel*, Wurzbourg, 1950. — J. STEINMANN, *Lecture de Judith*, Paris, 1953. — A. BARUCQ, *Judith. Esther*, 2e éd., ap. *La Sainte Bible*, Paris, 1959. — E. HAAG, *Studien zum Buch Judith*, Trèves, 1963. — P.W. SKEHAN, *The Hand of Judith*, ap. *CBQ*, 1963, t. XXV, pp. 94-109. — A.M. DUBARLE, *Judith. Formes et sens des diverses traditions*, t. I, *Études*, Rome, 1966. — M. DELCOR, *Le Livre de Judith et l'époque grecque*, ap. *Klio. Beiträge zur alten Geschichte*, 1967, t. XLIX, pp. 151-179. — P.-M. BOGAERT, *Un témoin liturgique de la vieille version latine du livre de Judith*, ap. *Rev. Bén.*, 1967, t. LXXVII, pp. 7-26. — M. ENSLIN - S. ZEITLIN, *The Book of Judith. Greek Text and English Translation. Commentary and Critical Notes*, Leyde, 1972. — J. NUNES CARREIRA, *O género literário de Judite e os Macabeos*, ap. *Didaskalia*, 1973, t. III, pp. 215-230. —

Oui, oui, Dieu de mon père,
Dieu de l'héritage d'Israël,
Maître du ciel et de la terre,
Créateur des eaux[98],
Roi de tout ce que tu a créé,
toi exauce ma prière!

La royauté divine s'y appuie sur des thèmes devenus traditionnels : d'une part sur la notion de la création et de la souveraineté cosmique en résultant, et, d'autre part, sur les rapports historiques de Yahvé avec le peuple d'Israël. C'est sur ces rapports que revient au verset 14 la fin de la prière : «*Fais connaître à toute nation et à toute tribu que tu es le Dieu de toute puissance et de toute force, et que nul autre que toi ne veille sur la race d'Israël*». Pas question, on le voit, d'une profession d'un monothéisme bien clarifié ou d'une intention vraiment missionnaire, visant à gagner les nations au culte de Yahvé.

Dans le livre de Tobie[99], l'allusion au règne de Yahvé se lit dans

H. PRIEBATSCH, *Das Buch Judith und seine hellenistische Quellen*, ap. *ZDPV*, 1974, t. XC, pp. 50-60. — A. M. DUBARLE, *Les textes hébreux de Judith : un nouveau signe d'originalité*, ap. *Biblica*, 1975, t. LVI, pp. 503-511.

Pour le texte grec cf. A. RAHLFS, *Septuaginta*, Stuttgart, 1932, p. 489, IX, 12: δέσποτα τῶν οὐρανῶν καὶ τῆς γῆς, κτίστα τῶν ὑδάτων, βασιλεῦ πάσης κτίσεως σου. — La royauté divine s'y appuie donc sur la création, mais en IX, 7 et XVI, 2 l'hagiographe se réfère également au rôle historique de Yahvé: ὅτι σὺ εἶ κύριος συντρίβων πολέμους, 8. κύριος ὄνομά σοι. — ὅτι θεός συντρίβων πολέμους κύριος.

98. Notons comme trait particulier, plutôt curieux, la mention de «créateur des eaux». La Vulgate (éd. R. WEBER, t. I, p. 702, *Jud.*, IX, 17) donne le texte suivant :

Deus caelorum creator aquarum et
dominus totius creaturae
exaudi me miseram deprecantem
et de tua misericordia praesumentem.

99. Fr. STUMMER, *Das Buch Tobit*, ap. *Echter Bibel*, Wurzbourg, 1950. — R. PAUTREL, *Tobie*, 2e éd., ap. *La Sainte Bible*, Paris, 1957. — N. POULSSEN, *Tobit*, ap. *BOT*, VI, 2, Ruremonde, 1968. — J. GAMBERONI, *Die Auslegung des Buches Tobias in der griechisch-lateinischen Kirche der Antike und der Christenheit des Westens bis um 1600*, ap. *StANT*, XXI, Munich, 1969.

Le titre «Roi des siècles» surgit en *Tob.*, XIII, 7, et les «siècles» sont encore évoqués en relation étroite avec Dieu en *Tob.*, XI, 14; XIII, 17; XIV, 15 (*Bible de Jérusalem*). — Le titre «Roi du ciel» se rencontre dans la bouche de Raguel : XII, dans celle de Tobie : X, 13 et XIII, 7.

A propos du titre «*Roi des siècles*» mentionné en *Tobie*, XIII, 6 et repris en *I Tim.*, I, 17, les commentaires observent que le livre de Tobie préfère marquer l'emprise divine plutôt sur le temps, l'histoire, que sur le cosmos.

Voici d'après l'édition d'A. RAHLFS, *Septuaginta*, Stuttgart, 1935, les principales données du livre de Tobie: ἡ βασιλεία αυτοῦ (XIII, 1, p. 1033); τὸν βασιλέα τῶν

la prière clôturant le livre, aussi bien dans le psaume de louange (XIII, 2-10), formant la première partie de la prière que dans le morceau prophétique (XIII, 11-17) célébrant l'avenir de Jérusalem :

Béni soit Dieu qui vit à jamais,
car son règne dure dans tous les siècles (v. 1);
Bénissez le Seigneur de justice
et exaltez le Roi des siècles (v. 6);
Pour moi, j'exalte Dieu,
et mon âme se réjouit
dans le Roi du ciel (v. 7);
Remercie (Jérusalem) dignement le Seigneur,
et bénis le Roi des siècles (v. 10);
Des peuples nombreux viendront de loin,
de toutes les extrémités de la terre,
séjourner près du saint Nom du Seigneur Dieu,
les mains portant des présents au Roi du ciel (v. 11);
Ils (les justes) seront tous rassemblés,
et ils béniront le Seigneur des siècles (v. 13);
Mon âme bénit le Seigneur,
le grand roi (v. 15);
Quel bonheur, s'il reste quelqu'un de ma race,
pour voir ta gloire (celle de Jérusalem).
et louer le Roi du ciel (v. 16).

Nous sommes, on le constate, en présence d'une théologie fortement évoluée de la royauté divine. Le dieu d'Israël est le « grand roi », et sa royauté relève à la fois de sa résidence céleste : « Roi du ciel » et de sa souveraineté sur le cours de l'histoire : « Roi des siècles ». Bien que

αἰώνων (XIII, 7, pp. 1033-1034); τὸν βασιλέα τοῦ οὐρανοῦ (XIII, 9; manque en S, p. 1034); τὸν βασιλέα τῶν αἰώνων (XIII, 11, manque en S, p. 1034); τὸν θεὸν βασιλέα τὸν μέγαν (XIII, 16, p. 1035); τῷ βασιλεῖ τοῦ οὐρανοῦ (XIII, 17, manuscrit S, p. 1035).

Le titre «*Roi du ciel*» (*Tob.*, XIII, 7), repris en *Dan.*, IV, 34, combine, note R. Pautrel, le titre «*Dieu du ciel*», attesté à l'époque grecque et perse : cf. *Esdr.*, I, 2; V, 11-12; VI, 9-10; *Jon.*, I, 9; *Judith*, V, 8; VI, 19; *Ps.* CXXXVI, 26; *Dan.*, II, 18, 19, 37, 44, avec celui de «*roi*» «par un processus qui rappelle l'origine du nom de Baalshamîn»: *op. cit.*, p. 56, note a. En *Judith*, V, 8, le titre «dieu du ciel» apparaît dans la bouche d'Achior plutôt comme celui des fausses divinités de Mésopotamie.

Sur les titres «*Grand roi*» cf. également *Recueil Cerfaux*, ap. *BETL*, t. VI, Gembloux, 1954, p. 77, — «*Roi du ciel*», *ibid.*, pp. 13, 77, — «*Roi des rois*», *ibid.*, p. 13.

Pour le texte de la Vulgate voir R. Weber, *op. cit.*, t. I, pp. 688-689.

les yeux et l'action de Yahvé se tournent en tout premier lieu vers Israël, la race élue, la royauté divine est envisagée et appelée à se répercuter parmi les nations, et l'hagiographe estime que son emprise sur les peuples les amènera à Jérusalem pour y présenter leurs hommages et leurs dons au Dieu d'Israël.

Dans le livre d'Esther[100], la souveraineté divine est évoquée trois fois. Elle est reconnue d'abord dans la prière de Mardochée :

> *Seigneur, Seigneur, roi tout-puissant,*
> *tout est soumis à ton pouvoir,*
> *et il n'y a personne qui puisse te tenir tête*
> *dans ta volonté de sauver Israël* (IV, 17b).

Elle revient explicitement deux fois dans la prière d'Esther :

> *O mon Seigneur, notre roi, tu es l'Unique* (v. 17l);
> *Et moi, donne moi du courage,*
> *Roi des dieux et dominateur de toute autorité* (v. 17r).

Elle se déduit aussi par référence au sceptre que Yahvé tient en mains et dont il ne saurait se défaire :

> *N'abandonne pas ton sceptre, Seigneur,*
> *à ceux qui ne sont pas* (v. 17q).

Dans les écrits populaires que nous venons de parcourir, la royauté de Yahvé possède trois traits caractéristiques : elle s'y présente presque toujours dans un contexte de prière, prolongeant ainsi l'attestation nombreuse du titre cher au Psautier; elle est affirmée surtout par

100. Fr. STUMMER, *Das Buch Ester*, ap. *Echter Bibel*, Wurzbourg, 1950. — B. W. ANDERSON, *The Book of Esther*, ap. *The Interpreter's Bible*, New York, 1954. — A. BARUCQ, *Judith. Esther*, ap. *La Sainte Bible*, Paris, 1959. — W. DOMMERSHAUSEN, *Die Estherrolle. Stil und Zeit einer alttestamentlichen Schrift*, ap. *BM*, VI, Stuttgart, 1968. — G. GERLEMAN, *Esther*, ap. *BKAT*, XXI, 1, Neukirchen-Vluyn, 1970. — C. A. MOORE, *Esther. Introduction. Translation and Notes*, ap. *Anchor Bible*, VII, B, New York, 1971. — C. A. MOORE, *On the Origins of the LXX Additions to the Book of Esther*, ap. *JBL*, 1973, t. XCII, pp. 382-393. — *Traduction œcuménique de la Bible. Édition intégrale* (*TOB*), Paris, 1975.

A propos du v. 17l : « Tu es l'Unique », notons que Fr. STUMMER, *op. cit.*, p. 19 traduit « Mein Herr, unser König, du bist (es) allein » et que la *TOB* suggère de lire : « Toi, tu es le Seul » et y découvre une « affirmation du monothéisme ».

Dans la Vulgate (éd. R. WEBER, t. I, pp. 726, 727) les passages sur la royauté divine se lisent XIII, 9; XIV, 3, 11, 12.

Quant à la Septante, en voici les textes suivant l'édition de Rahlfs: Κύριε κύριε βασιλεῦ πάντων κρατῶν (17b, p. 960); — κύριε ὁ θεὸς ὁ βασιλεύς (17f, p. 960); — Κύριε μου ὁ βασιλεὺς ἡμῶν, σὺ εἶ μόνος (17l, p. 960); — βασιλεῦ τῶν θεῶν καὶ πάσης ἀρχῆς ἐπικρατῶν (17r, p. 961).

opposition aux empires terrestres et à la prétendue souveraineté des faux dieux (*Esth.*, IV, 17a; 17q); elle souligne l'aspect céleste : *roi du ciel* et l'aspect historique : *roi des siècles* de la souveraineté du Dieu d'Israël, évitant ainsi de contester directement la légitimité des royautés terrestres.

La titulature divine chère aux trois écrits populaires se retrouve dans deux passages du Second Livre des Maccabées : I, 24-25; XIII, 4[101], et un texte du troisième livre : II, 2-3 leur fait écho.

VI. *Textes sapientiaux.*

Après les passages bibliques réputés les plus anciens, après les témoignages des livres prophétiques et ceux des derniers livres historiques, il nous reste à interroger les traditions sapientiales et apocalyptiques des Livres Saints.

L'apport des écrits sapientiaux se limite à quelques textes de l'Ecclésiastique (Siracide) et de la Sagesse, en d'autres mots à quelques passages de deux ouvrages qui sont à compter parmi les plus récents du genre littéraire sapientiel.

Au texte hébreu du Siracide n'appartient qu'un seul passage. Il se rencontre au chapitre final de la recension hébraïque :

> *Célébrez le Roi des rois des rois,*
> *éternelle est sa fidélité*[102].

101. Sur les livres des Maccabées cf. D. SCHÖTZ, *Erstes und zweites Buch der Makkabäer*, ap. *Echter Bibel*, Wurzbourg, 1908. — F.M. ABEL - J. STARCKY, *Les Livres des Maccabées*, 3e éd., *La Sainte Bible*, Paris, 1961. — J.T. NELIS, *I Makkabeeën*, ap. *BOT*, VI, 1A, Ruremonde, 1972.

Cf. *II Macc.*, I, 24-25: κύριε κύριε ὁ Θεός ὁ πάντων κτίστης, ὁ φόβερος καὶ ἰσχυρὸς καὶ δίκαιος καὶ ἐλεήμων, ὁ μόνος βασιλεὺς καὶ χρηστός.

XIII, 4 : βασιλεὺς τῶν βασιλέων. —

III Macc., II, 2: βασιλεῦ τῶν οὐρανῶν καὶ δέσποτα πάσης κτίσεως.

102. La tradition textuelle de l'Ecclésiastique est compliquée et obscure. Pour le texte grec nous disposons de l'édition de J. ZIEGLER, *Sapientia Jesu filii Sirach*, Goettingue, 1965. Une concordance de la numérotation de ce texte avec celle de A. Rahlfs se trouve dans J. HASPECKER, *Gottesfurcht bei Jesus Sirach*, ap. *Anal. Bibl.*, t. XXX, Rome, 1967, p. XXV.

Du texte hébreu nous possédons l'édition de F. VATTIONI, *Ecclesiastico. Testo ebraico con apparato critico e versioni greca, latina et syriaca*, Naples, 1968. — P. BOCCACIO - G. BERARDI, *Ecclesiasticus. Textus hebraicus secundum fragmenta reperta*, Rome, 1976. L'édition de P. Boccacio reproduit *ad usum scholarum* les épreuves d'imprimerie préparées en 1966 par l'abbé Guido Berardi, décédé en 1973. Il contient les textes des manuscrits A, B, C, D, E découverts en 1896 dans la genizah de la synagogue qaraïte du Caire. Mais l'opuscule n'a pas intégré les fragments trouvés à Qumrân : 2 Q 1, 19-20; 6, 14-15; 6, 19-31; 11 Q 51, 13-20, 30b (ce dernier texte très important pour déterminer les relations entre les textes hébreu, grec et syriaque) ni les fragments

Le titre y mentionné n'est pas nouveau. Il peut en partie remonter très haut : *Deut.*, X, 17, mais la forme qu'il revêt en l'occurrence est singulière.

La version grecque du Siracide[103] offre trois passages où Yahvé est qualifié de roi : κύριος βασιλεῦς (LI, 1), ὕψιστος βασιλεῦς (L, 15) et

découverts à Massada : 39, 27-44, 17, ni les fragments publiés durant les deux dernières décennies sur lesquelles A. A. Di Lella nous informe dans *The Recently Identified Leaves on Sirah in Hebrew*, ap. *Biblica*, 1964, t. XLV, pp. 153-167. P. Rüger (Tubingue) prépare l'édition critique d'un texte hébreu qui tient compte de toutes les données, texte à paraître dans la *Biblia Hebraica* de Stuttgart.

Dans sa communication aux XXIXes Journées bibliques de Louvain, G. L. Prato (Rome) observa que des cinq manuscrits numérotés de A à E et trouvés dans la genizah du Caire, tous copies du VIIIe siècle, le manuscrit A est le plus amplifié, puis que le manuscrit B se rapproche le plus du texte hébreu I et que le manuscrit C, nonobstant son caractère anthologique, se rapproche le plus du texte hébreu II. Prato estime que tous les textes de la Genizah du Caire sont postérieurs à G et S et qu'il convient de distinguer deux étapes aussi bien pour le texte hébreu que grec, étapes qualifiées de HI–HII, GI–GII. GII et La présentent un texte tantôt simplifié tantôt amplifié.

Ajoutons que l'Ecclésiastique a bénéficié de nombreux et importants travaux au cours de ces dernières années. Citons, en-dehors de J. Haspecker déjà nommé, O. Rickenbacher, *Weisheitsperikopen bei ben Sira*, ap. *Orbis biblicus et orientalis*, t. I, Fribourg-en-Suisse, 1973. — G. L. Prato, *Il problema della teodicea in Ben Sira. Composizione dei contrari e richiamo alle origini*, ap. *Anal. Bibl.*, t. LXV, Rome, 1975. — J. Marböck, *Weisheit im Wandel. Untersuchungen zur Weisheitstheologie bei Ben Sira*, ap. *BBB*, t. XXXVII, Bonn, 1975. — J. Marböck, *Sirachliteratur seit 1966. Ein Ueberblick*, ap. *Theol. Rev.*, 1975, t. LXXI, pp. 177-184. — J. Marböck, *Das Gebet um die Rettung Zions Sir 36, 1-22 (G : 33, 1-13a ; 36, 16b-22) im Zusammenhang der Geschichtsschau ben Siras*, ap. *Memoria Jerusalem. Festschrift Frank Sauer*, Graz, 1977, pp. 93-115.

Déjà en 1903 H. L. Strack publia le texte hébreu disponible : *Die Sprüche Jesus', des Sohnes Sirachs. Der jüngst gefundene hebräische Text mit Anmerkungen und Wörterbuch*, Leipzig, 1903. — Pour l'état récent de la question cf. H. P. Rüger, *Text und Textform im hebräischen Sirach*, ap. *BZAW*, CXII, Berlin, 1970. On consultera aussi A. di Lella, *The Hebrew Text of Sirach. A Text-Critical and Historical Study*, Londres, 1966. — Y. Yadin, *The Ben Sira Scroll from Masada*, ap. *Eretz Israel*, 1967, t. VIII, pp. 1-48. — M. Delcor, *Le texte hébreu du Cantique de Siracide LI, 13 et sq. et les anciennes versions*, ap. *Textus*, 1968, t. VI, pp. 27-47. — Dans *Qumrân. Sa piété, sa théologie et son milieu*, ap. *Bibl. ETL*, t. XLVI, Gembloux, 1978, pp. 27-28, M. Delcor résume les positions d'A. Di Lella touchant la composition du Siracide et sa transmission.

103. Pour la version grecque de l'Ecclésiastique voir H. Duesberg - P. Auvray, *Le Livre de l'Ecclésiastique*, 2e éd., ap. *La Sainte Bible*, Paris, 1958. — J. Hadot, *L'Ecclésiastique ou le Siracide*, ap. *La Bible* (de la Pléiade). *L'Ancien Testament*, t. II, Paris, 1959. — É. Osty, *Le Livre de l'Ecclésiastique*, ap. *La Bible. Éditions Rencontre*, Lausanne, 1966. — *La Bible de Jérusalem. La Sainte Bible traduite en français sous la direction de l'École biblique de Jérusalem*, Paris, 1974.

βασιλεῦς πάντων (XVIII, 1)[104]. En I, 8, la royauté divine est également impliquée du fait que Dieu y est présenté assis sur son trône, mais le verset, attesté par l'Alexandrinus pourrait être une addition. Aussi bien en I, 8 qu'en L, 15 le texte latin a lu ou glosé *Rex potens*. A garder I, 8 comme authentique, nous possédons dans le Siracide un passage qualifiant de « sage » le roi Yahvé et lui attribuant même la création de la Sagesse. Hormis cette affirmation de *Sir.*, I, 8, l'Ecclésiastique se meut pour ses affirmations de la royauté de Yahvé dans des cadres traditionnels, d'autant plus traditionnels qu'en divers endroits surgit aussi le titre de ὕψιστος, *'Elyôn*, pour signifier la monarchie divine.

Le dernier livre sapiential de l'Ancien Testament, la *Sagesse* dite de Salomon, n'a pas perdu de vue le thème de la royauté divine qui, à l'époque de la composition de l'écrit, s'était définitivement implanté dans les milieux religieux d'Israël[105]. Sous ses traits traditionnels, le royaume de Dieu apparaît par exemple en *Sag.*, VI, 4; X, 10, et également là où l'hagiographe fait allusion au trône royal : IX, 4, 10; XVIII, 15. Se rapportent aussi à la dignité royale de Dieu les titres *despotès* (VI, 5; XI, 26; XII, 16), *pantokratôr* (VII, 28) et surtout *kyrios*, titres dont l'auteur se sert pour apostropher Dieu : VI, 3; VIII, 21; IX, 1; X, 20; XI, 10; XI, 13; XII, 2; XVI, 12, 26; XIX, 9, 22.

Mais la souveraineté divine acquiert dans le livre de la Sagesse des traits particuliers. La dignité royale est d'abord associée à la paternité divine : XI, 10 (cf. XIV, 3). Puis elle est d'une certaine manière partagée par le Verbe de Dieu (XVIII, 15) et par sa Sagesse (IX, 4). En outre, elle s'y présente dans des contextes nouveaux. La souveraineté divine apparaît d'abord dans un cadre eschatologique qui s'inspire du thème de Yahvé-guerrier tel que par exemple *Is.*, LIX, 17-19 le

104. Tous les manuscrits ne contiennent pas en XVIII, 1 l'attestation de la royauté divine.

105. Cf. J. FISCHER, *Das Buch der Weisheit*, ap. *Echter Bibel*, Wurzbourg, 1950. — J. REIDER, *The Book of Wisdom. An English Translation with Introduction and Commentary*, New York, 1957. — É. OSTY, *Le Livre de la Sagesse*, 2e éd., ap. *La Sainte Bible*, Paris, 1957.

Aux XXIXes Journées bibliques de Louvain, le professeur Paul Beauchamp rappela qu'un milieu judéo-alexandrin, évoquant Philon, reste le Sitz im Leben le plus indiqué pour l'origine de la Sagesse ou Sapience. Étudiant le thème : *Épouser la Sagesse* (et n'épouser qu'elle), P. Beauchamp y découvrit ce qu'on peut appeler un « plaidoyer en creux pour le célibat ». L'hagiographe parle en effet en termes favorables, au point de verser presque dans la louange, de l'eunuque, de la femme stérile et de l'adolescent mort avant d'avoir été victime du mal. Il y aurait là une secrète affinité avec certaines tendances bien connues de la secte essénienne.

développe, tout en lui donnant une couleur et une portée apocalyptiques : *Sap.*, V, 17-23. Ailleurs l'hagiographe envisage l'avènement du règne de Dieu non plus en tout premier lieu pour la nation mais individuellement pour les membres exemplaires qui la composeront : III, 1-7; V, 15-16. En d'autres mots, le règne de Dieu semble avant tout envisagé comme devant se réaliser désormais uniquement au profit des «justes»: III, 8b; V, 15-16 et des «sages»: VI, 20.

Il n'est pas facile d'harmoniser tous les aspects de l'attente apocalyptique de notre hagiographe[106]. Par endroits il ne paraît songer qu'à un règne purement céleste, où les justes seront assumés auprès de Dieu : III, 1; V, 16. Ailleurs surgit plutôt la vision d'une domination que les justes exerceront ici-bas sur les peuples, les nations : III, 8b. En toute hypothèse, nous sommes dans les deux cas en présence d'une vision individualisante et apocalyptique du règne de Dieu, nous renvoyant par certains côtés à l'attente apocalyptique de Daniel et à celle de quelques passages néotestamentaires tels *I Cor.*, VI, 2 et IX, 25.

VII. *Textes apocalyptiques.*

Avec le livre de Daniel nous abordons le premier écrit vétérotestamentaire que d'un avis unanime les exégètes rangent dans le genre apocalyptique[107]. Le dieu d'Israël, le dieu de Daniel et de ses compagnons, y reçoit diverses épithètes : il est qualifié de «vivant» par Darius le Méde (*Dan.*, VI, 21, 27) et Daniel (XIV, 5,25), — de «grand» (II, 45) par Daniel, — de «Très-Haut» par Nabuchodonosor (III, 32; IV, 14, 31), par Darius le Méde (VI, 27), par Daniel (IV, 22; V, 18) et par une Voix du ciel (IV, 29), — de «Dieu du ciel» par Daniel (II, 18, 28, 44) ou «Roi du ciel» par Nabuchodonosor (IV, 34), — de «saint» par Nabuchodonosor (IV, 5, 6) et par l'épouse de Balthasar (V, 11), — et d'«éternel» par Suzanne (XIII, 42).

Toute la première partie du livre : I-VII tend à mettre en lumière que le Dieu d'Israël est le seul vrai Dieu et qu'il est le maître de tous les royaumes terrestres. Telle est la foi de Daniel qui proclame le Dieu d'Israël «dieu du ciel»: *Dan.*, II, 18, 19, 37, 44, et le Seigneur suprême de tous les rois terrestres auxquels il distribue le pouvoir selon

106. J. Reider, *op. cit.*, p. 90, se rend compte d'un manque d'unité dans l'espérance de l'hagiographe, mais il n'éprouve pas le besoin de l'expliquer.

107. La bibliographie sur le livre de Daniel sera donnée dans un volume ultérieur où nous espérons étudier l'attente dont cet écrit s'est fait le messager.

sa volonté et ses desseins : *Dan.*, II, 21; IV, 22 (cf. les interventions célestes en IV, 14, 29; V, 21, 26-28). Telle est également la foi des compagnons de Daniel. Dans leur prière pénitentielle, ils confessent qu'il est le dieu unique (vulg. III, 45) et, dans leur cantique, ils le louent comme «roi du ciel» assis sur les chérubins célestes (vulg. III, 54-56).

Selon le narrateur biblique, Daniel et ses compagnons réalisèrent la fin qu'ils s'étaient proposée. Nabuchodonosor finit pas reconnaître que le dieu d'Israël, «roi du ciel» (IV, 34 vulg.), est le «dieu des dieux» (II, 47) et le «seigneur des rois» (II, 47). De même, au lendemain de la libération de Daniel jeté dans la fosse aux lions, Darius reconnaît dans le dieu du sage hébreu le dieu vivant, le dieu libérateur et sauveur (VI, 27).

A première vue, la foi de Nabuchodonosor et de Darius paraît même dépasser celle de Daniel et de ses compagnons, à savoir dans la mesure où les deux rois ne se contentent pas de reconnaître le règne du dieu d'Israël mais qu'ils le proclament devoir durer éternellement : III, 100 (vulg.); VI, 27.

L'aspect d'éternité, trait caractéristique du règne divin, apparaît précisément dans les passages qui nous en transmettent une deuxième facette. Il s'agit alors non plus de proclamer le règne présent du dieu d'Israël sur les empires de ce monde mais d'annoncer la venue d'un règne divin nouveau qui mettra fin à toutes ces souverainetés et y substituera par une intervention divine, sans concours humain : II, 34, un empire nouveau, «un royaume qui ne sera jamais détruit et dont la domination ne passera pas à un autre peuple; il brisera et anéantira tous ces royaumes-là, et lui-même subsistera à jamais» (II, 44).

Le chapitre II ne spécifie pas que ce royaume nouveau et éternel marquera l'avènement du règne de Dieu, sinon dans la mesure où sa venue est censée et dite s'accomplir à la faveur d'une intervention uniquement divine. Le chapitre VII, qui se présente comme une relecture du chapitre II, notamment dans son annonce de l'avènement d'un empire universel et éternel : VII, 14, 27, paraît apporter la précision désirée, dans la mesure où il attribue la possession de ce règne en première instance[108] aux «Saints du Très-Haut». Ces «Saints», ainsi que nous l'avons soutenu jadis, ne sont autres que les milices angéliques appelées à régir, en délégation d'un dieu devenu

108. La possession du règne est censée revenir en deuxième instance au «peuple des Saints du Très-Haut» (VII, 27), conformément à une deuxième interprétation du songe de Daniel en VII, 19-27, relecture de la première nous offerte en VII, 15-18. Cf. J. COPPENS, *Le Chapitre VII de Daniel. Lecture et commentaire*, ap. *ETL*, 1978, t. LIV, pp. 301-322.

trop transcendant, le règne éternel qu'il compte établir sur terre. Outre cette précision, le chapitre VII apporte un autre élément nouveau d'une importance capitale pour les spéculations et les révélations ultérieures sur l'avènement du règne de Dieu, à savoir l'intervention, en ce moment capital de l'histoire du salut, d'un personnage mystérieux, énigmatique, le « Fils d'homme », personnage appelé à jouer un rôle important dans les premières interprétations christologiques de la personne et de la mission ultime de Jésus.

VIII. *Les Attestations intertestamentaires.*

La croyance en la royauté de Dieu ne prit pas fin avec les écrits de l'Ancien Testament[109]. Bien au contraire, elle semble avoir pris un élan nouveau durant la période intertestamentaire. La plupart des titres royaux déjà rencontrés ont été repris dans la littérature de cette époque tels βασιλεύς[110], μέγας βασιλεύς[111], βασιλεύς τῶν βασιλέων[112], βασιλεύς τῶν οὐρανῶν[113], βασιλεύς τῶν αἰώνων[114]. Cette liste s'est allongée de pas mal de titres nouveaux si nous tenons compte de vocables tels κύριος, δυνάστης, δεσπότης, susceptibles, aussi bien que βασιλεύς, d'exprimer la dignité et la puissance royales[115].

Il est important de noter que dans les prolongements intertestamentaires de la croyance en la royauté de Yahvé et en l'avènement définitif de son règne, la figure du Fils d'homme, c'est-à-dire le

109. Pour un premier inventaire, fort incomplet et sans discernement critique, voir L. COUARD, *Die religiösen und sittlichen Anschauungen der alttestamentlichen Apokryphen und Pseudepigraphen*, Gütersloh, 1907. Les articles du *TWNT* nous permettent de le compléter mais seulement dans une mesure restreinte. Notons que pour Philon le vrai roi est le sage (*TWNT*, t. I, p. 575) et que Josèphe évite l'expression *basileia tou theou*. Il n'emploie qu'une fois *basileia* en relation avec Dieu. En *Ap.*, 2, 165 il se sert du terme *theokratia* (*TWNT*, t. I, p. 576).

110. *Basileus*, par ex. *III Macc.*, II, 9; *Ps. Salomon*, V, 19; XVII, 1, 34, 36, à rapprocher de *Sir.*, LI, 1; *Esth.*, IV, 17b, 17f, 17l; *Tob.*, XIII, 1.

111. *Megas basileus*, p. ex. *Ps. Salomon*, II, 32 coll. c. *Tob.*, XIII, 15.

112. *Basileus tôn basileôn*, p. ex. *III Macc.*, V, 35 coll. c. *II Macc.*, XIII, 4.

113. *Basileus tou ouranou* (*tôn ouranôn*), p. ex. *III Esdr.*, IV, 46, 58 coll. c. *Tob.*, XIII, 7, 11, 16; *III Macc.*, II, 2; *Ps. Salomon*, II, 30 : βασιλεύς ἐπὶ τῶν οὐρανῶν.

114. *Basileus tôn aionôn*, p. ex. fréquent dans *Hén. éthiop.*, coll. c. *Tob.*, XIII, 6, 10.

115. L. COUARD, *op. cit.*, pp. 32-33. — Les titres royaux sont particulièrement nombreux dans l'Hénoch éthiopien, mais jusqu'à présent une étude critique en fait défaut. — Une concordance de Flavius Josèphe est en cours de publication et celle des Apocryphes est en préparation.

personnage énigmatique du chapitre VII du livre de Daniel, n'intervient guère. On ne mentionne aucun intermédiaire pour établir le règne eschatologique de Dieu, ou on se rapporte à d'autres figures, dont les unes, tels le roi, le prêtre, le prophète des derniers temps, sont bien connues par ailleurs, tandis que d'autres, tel Melchisédech, ne sont pas attestées pour le rôle d'intermédiaire dans l'Ancien Testament[116].

Un seul document rejoint et reprend l'attente du Fils d'homme, à savoir la section de l'Hénoch éthiopien appelée le *Livre des Paraboles*, c'est-à-dire les chapitres XXXVII-LXXI. Dans le passé, ce document a été généralement considéré comme pouvant remonter à l'époque du Christianisme naissant. Mais, depuis la découverte et la publication des documents qumrâniens où jusqu'à présent toute trace du *Livre des Paraboles* fait défaut, la date de composition de ce texte est fortement mise en question[117].

Il n'en reste pas moins, vu la diffusion du livre de Daniel à l'époque de Jésus, vu également l'importance attachée à ce livre par Jésus, vu aussi la fréquence du titre «Fils de l'homme» dans les évangiles synoptiques et le quatrième évangile, vu enfin la présence probable du personnage dans l'apocalypse johannique, le IVe Livre d'Esdras et les traditions rabbiniques, que la figure énigmatique du Fils d'homme daniélique et le rôle lui attribué dans l'avènement eschatologique du règne de Dieu n'étaient pas perdus de vue dans les milieux où Jésus a vécu et exercé son ministère et où certaines églises des temps apostoliques sont nées et ont développé leur christologie.

Concluons qu'au terme de l'attente vétérotestamentaire du règne de Dieu, la relève messianique s'est accomplie dans un climat de plus en plus apocalyptique. L'occupation définitive du trône de Yahvé sur terre est envisagée non plus, comme dans *II Chron.*, XVIII, 18, par un davidide, mais, d'une part, par un personnage céleste, le Fils d'homme, et, de l'autre, à l'ultime consommation des siècles, soit par le peuple de Dieu : *Dan.*, VII, 27, soit, à la suite d'une relecture ultérieure, par les justes assumés dans la gloire céleste : *Sap.*, V, 15-16[118] : double attente dont nous trouvons l'écho dans le Nouveau Testament. Jésus, fils de l'homme, nous y est présenté comme intronisé à la

116. A. CAQUOT, *Le messianisme qumrânien*, ap. *Qumrân. Sa piété, sa religion et son milieu*, dans *BETL*, t. XLVI, pp. 231-247, Gembloux, 1978.

117. J. COPPENS, *Le Fils d'homme dans le Judaïsme de l'époque néotestamentaire*, ap. *Orient. Lovan. Period.*, 1975-1976, t. VI-VII, pp. 59-73.

118. On est en droit de se demander si une relecture actualisante, proche de *Sap.*, V, 15-16, ne surgit pas en *Dan.*, XII, 3.

droite de Dieu[119]. Certains de ses apôtres sont censés avoir espéré siéger à la droite ou à la gauche de Jésus : *Mt.*, XX, 20-23, après que le Maître leur eut promis douze trônes pour juger les douze tribus d'Israël[120]. En tout cas, l'Église apostolique n'a pas douté de l'intronisation du Fils d'homme, de l'Agneau, de Jésus et elle a cru que les fidèles étaient appelés à y participer[121].

Une fois l'intronisation définitive du Fils de l'homme réalisée et l'association des apôtres et des fidèles à la glorification du Seigneur accomplie, tous les serviteurs de Dieu, petits et grands (*Apoc.*, XIX, 5) proclameront que le royaume de Dieu est pleinement venu

'Ἀλληλουϊα, ὅτι ἐβασίλευσεν κύριος ὁ θεὸς ἡμῶν
ὁ παντοκράτωρ (*Apoc.*, XIX, 6).

CONCLUSIONS

De notre enquête sur la royauté de Yahvé dans les écrits de l'Ancien Testament se dégagent quelques conclusions générales que nous tenons à présenter sommairement.

1. Il nous est apparu que les traditions sur la royauté de Yahvé se sont surtout conservées dans le psautier et dans les écrits prophétiques. Plus tard elles ont imprimé leur foi aux cercles responsables des derniers livres d'allure historique de l'Ancien Testament ainsi qu'à l'œuvre des derniers représentants de la sagesse vétérotestamentaire. Enfin ces traditions ont abouti aux spéculations apocalyptiques sur l'eschatologie tant indivuelle que collective.

2. Alors qu'aucun problème chronologique majeur ne surgit pour la date des textes historiques tardifs, sapientiaux, apocalyptiques, dont nous avons dû tenir compte, la question s'est posée de la relation chronologique à établir entre les écrits prophétiques et les textes des psalmistes. Nous avons abouti à des positions nuancées, notamment en répartissant les psaumes en discussion sur une longue période, débutant au début de la royauté et se prolongeant jusqu'après l'exil. A nous tenir aux lignes essentielles, il n'est pas douteux qu'en gros

119. Cf. J. DUPONT, *« Assis à la droite de Dieu. » L'interprétation du Ps 110, 1 dans le Nouveau Testament*, ap. *Resurrexit. Actes du Symposium international sur la résurrection de Jésus (Rome 1970)*, Rome, 1974, pp. 340-422.

120. Cf. *Mt.*, XIX, 28 à rapprocher de *Lc.*, XXII, 30.

121. Cf. le Fils d'homme: *Mc.*, XIV, 62 par. *Mt.*, XXVI, 64; *Lc.*, XXII, 69; *Mt.*, XIX, 28; XXV, 31, ou Jésus : *Hebr.*, VIII, 1; XII, 2, ou l'Agneau : *Apoc.*, V, 6; XXII, 1, intronisés. Les croyants sont dits associés à ce trône en *Apoc.*, III, 21, ou du moins au règne en *II Tim.*, II, 12; *Apoc.*, I, 6; II, 26-28; III, 21; V, 10; XX, 6.

les psalmistes précèdent les prophètes dans leur adhésion enthousiaste à la foi en la royauté de Yahvé. Chez les prophètes, cette foi n'a pris de l'ampleur qu'à partir de l'exil. Aussi bien *Is.*, VI, 1-2 qu'*Is.*, LII, 7 marquent des jalons sur la voie parcourue par le kérygme prophétique.

3. La royauté de Yahvé se présente d'abord dans un triple contexte : mythico-poétique, historique et cultuel; plus tard surtout le mythico-poétique s'est aussi manifesté dans des visions eschatologiques de caractère apocalyptique. Le contexte mythico-poétique a envisagé l'avènement de la royauté divine dans l'établissement de l'autorité de Yahvé au ciel sur les élohim et, sous le ciel, sur les puissances chaotiques des eaux et des ténèbres. En revanche, le contexte historique a salué l'accès de Yahvé à la royauté dans son alliance avec Israël et dans ses luttes contre les ennemis de son peuple élu, en d'autres mots dans le cadre de ce qu'on se plaît d'appeler la *Heilsgeschichte*. Enfin le contexte cultuel a situé la royauté de Yahvé dans l'aide divine célébrée, implorée, obtenue, expérimentée dans le culte, tant dans les prières de la liturgie, hymnes de louange exaltant magnifiquement la souveraineté divine, que dans des supplications collectives ou individuelles, émanant de toute la nation ou d'individus se trouvant en détresse.

4. Au cours de son existence et de son évolution religieuse, Israël n'a pas cessé de confronter la conception mythico-poétique de la royauté céleste de Yahvé avec la double expérience, historique et cultuelle, de cette même royauté, et à se référer pour la mieux comprendre à l'interprétation des prophètes, censés être les porte-voix d'une inspiration divinement authentique.

5. Les données mythico-poétiques, historiques et cultuelles se rencontrent tantôt séparées, tantôt plus ou moins étroitement combinées. On signale par exemple à l'état isolé les éléments historiques dans les *Ps.* XLVII, XCV, XCIX et dans *Exod.*, XV, 18. Également presque isolés surgissent les traits poético-mythiques dans les *Ps.* XXIX, LXXIV, LXXXVIII, 6-15, XCIII, XCVII. Mais le plus souvent les appels aux victoires transcendantes et aux triomphes historiques de Yahvé se combinent, par exemple dans le *Ps.* LXVIII, XCVI, XCVIII. Et, d'une manière générale, les traits censément mythiques, acquièrent une portée de plus en plus simplement symbolique ou poétique, au fur et à mesure que la conscience religieuse d'Israël s'affine.

6. Sous leur forme la plus vive, la plus matérielle, les traits dits poético-mythiques révèlent une affinité avec certaines données religieuses de l'Ancien Proche-Orient, en particulier de Mésopotamie et surtout d'Ougarit. D'où l'hypothèse très souvent émise de l'origine,

sinon de la notion même de royauté divine, du moins des formes concrètes revêtues aux origines, par voie d'emprunt au milieu cananéen. A l'appui de l'hypothèse de l'emprunt, on insiste en particulier sur le fait que les textes censés les plus anciens sur la royauté de Yahvé sont rares et apparaissent seulement dans des traditions relativement récentes, celles de l'Élohiste.

7. Que les traditions sur la royauté de Yahvé aient été progressivement élaborées en connexion étroite avec les spéculations sur le Jour de Yahvé est une opinion plus d'une fois émise. Plus haut nous avons signalé qu'un seul texte, à savoir l'oracle d'Abdias, rapproche le «Jour de Yahvé», (mentionné explicitement au v. 15), du règne de Yahvé à Sion (v. 21). Mais nous avons ajouté que des rapprochements moins formels ne font pas défaut. De fait on renvoie à *Is.*, II, 9-22 (cf. le verset 12), où toutefois la royauté de Yahvé n'est pas explicitement mentionnée, — à *Soph.*, III, 15, qui ne peut entrer ligne de compte que dans la mesure où l'on sauvegarde l'unité du livre et par conséquent une éventuelle liaison du passage cité avec *Soph.*, I, 7 et II, 2-3, où le Jour est évoqué, — et surtout à *Zach.*, XIV où les versets évoquant le règne de Yahvé : XIV, 9 et 16-17, sont chapeautés par la mention du Jour du Seigneur au verset 1, mention reprise aux versets 6, 9, 13, 20. Enfin tout le contenu du chapitre XXIV d'Isaïe qui se termine par l'annonce du règne de Yahvé sur le mont Sion et à Jérusalem, permet de penser que le *yôm* y évoqué au verset 21 est bel et bien le Jour de Yahvé.

8. Le rapprochement de la royauté de Yahvé avec le Jour de Yahvé, tel qu'il se manifeste distinctement en Zacharie XIV et en Isaïe XXIV, a acheminé le message du Règne de Dieu vers son étape ultime, celle de sa manifestation absolue et définitive, sa révélation eschatologique et apocalyptique.

9. Des trois vocables français : *royauté*, *règne*, *royaume*, couverts par le terme hébreu *malkût*, vocables parmi lesquels il importe de choisir selon le contexte; surtout les deux premiers entrent en ligne de compte quand il s'agit d'affirmations concernant Dieu. Les hagiographes vétérotestamentaires ont conçu la dignité royale et le règne de Dieu comme l'exercice d'une autorité soucieuse d'établir partout, au ciel et sur la terre, une situation d'ordre et de bien-être, de *šālôm*, — d'une autorité toujours prête à engager le combat contre les forces capables de s'y opposer et de le détruire, quel que soit le plan de la lutte : cosmique, ou historique et politique, ou religieux, moral et social. Le royaume, lesdits hagiographes le conçoivent comme l'aboutissement de la victoire remportée ou à remporter par leur Dieu.

Ils l'estiment déjà complètement obtenue au ciel où Yahvé a soumis à son empire tous les élohîm. Sur terre, la lutte entre Yahvé et les puissances du chaos n'est pas achevée. Certes Yahvé est parvenu à stabiliser la terre et il s'est assuré un embryon de royaume, sa *naḥalāh*, son héritage, à savoir son peuple élu, la terre de ce peuple et en particulier sa capitale, le mont Sion et Jérusalem, conformément à la conception ancienne que le *mèlèk* est en premier lieu le souverain d'une ville[122].

Mais aussi bien de l'intérieur que de l'extérieur des forces hostiles ne cessent de surgir contre lesquelles Yahvé doit poursuivre la guerre sainte jusqu'au jour, «le Jour de Yahvé», d'un triomphe final, jour qui réclamera, pour que la victoire soit totale et définitive, un ciel nouveau et une terre nouvelle[123]. L'avènement d'un éon nouveau fut en fin de compte la seule alternative entrevue par les apocalypticiens pour le triomphe ultime et absolu du règne de Dieu, et les écrivains du Nouveau Testament reprirent cette alternative à leur compte. C'est alors que le gloire divine, — déjà manifestée partiellement par les *mirabilia*, les faits magnifiques de Yahvé, — éclatera complètement à la face de l'univers entier, de tous les peuples, et que Dieu exercera son pouvoir royal en tout et en tous.

122. Cf. *Melkart*, le baal de Tyr: St. A. COOK, *The Religion of Ancient Palestine in the Light of Archaeology*, ap. *The Schweich Lectures 1925*, Londres, 1930, pp. 135-136.

123. Cf. *Is.*, LXV, 17; LXVI, 27.

124. Cf. *I Cor.*, XV, 28.

CHAPITRE VI

LES ORIGINES ET LE DÉVELOPPEMENT DE LA CROYANCE VÉTÉROTESTAMENTAIRE EN LA ROYAUTÉ DE YAHVÉ

L'analyse tant du Psautier que des autres écrits de l'Ancien Testament nous a fourni un nombre suffisant d'éléments pour nous permettre de tenter, du moins dans ses lignes essentielles, une esquisse des origines et du développement de la croyance israélite en la royauté de Yahvé [1].

Les tout premiers débuts de cette croyance ne peuvent être fixés avec quelque certitude. Nous avons souligné la réserve avec laquelle il convient d'interpréter les témoignages d'*Exod.*, XV, 18, *Num.*, XXIII, 21 et *Deut.*, XXXIII, 5. Pour essayer de remonter à une date antérieure à l'institution de la royauté et, à fortiori, précédant la conquête de Canaan par les Hébreux, il importe de recourir à des inductions quelque peu vraisemblables à partir de données générales, plus ou moins communément reçues, touchant la condition ethnique, sociale, religieuse, des tribus israélites au moment où elles se sont groupées et fédérées sous la conduite de Moïse, de Josué et de leurs premiers successeurs.

Israël a eu conscience, — telle est une première observation, — d'être devenu une nation, un *goy*, à la suite des événements vécus au désert autour de la montagne du Sinaï. Or le propre d'un *goy*, c'est d'avoir à sa tête pour le gouverner un *mèlèk* [2]. Puis, toujours à l'occasion des événements du Sinaï, Israël est censé avoir conclu avec son dieu Yahvé un pacte, peut-être selon le modèle des alliances hittites, c'est-à-dire un pacte impliquant pour les tribus le rapport

1. Rappelons que S. Buber fait remonter la notion de la royauté de Yahvé au séjour d'Israël dans le désert, — que A. A. Koolhaas en situe l'origine dans la période comprise entre la sortie d'Égypte et la conquête de Canaan, — qu'A. Alt préfère celle comprise entre la conquête de Canaan et l'organisation des tribus, — que S. Mowinckel opte pour l'emprunt de la notion de royauté divine au culte local établi dans la Jérusalem cananéenne : cf. K.-H. BERNHARDT, *Das Problem der altorientalischen Königsideologie im Alten Testament*, ap. *SVT*, t. VIII, Leyde, 1961, p. 229, note 12. — Voir *supra*, p. 83, note 36.

2. Sur la notion de *gôy* cf. G. J. BOTTERWECK - R. E. CLEMENTS, *Gôy*, ap. *Theol. Wört. AT*, 1973, t. I, col. 965-973.

de vassalité à l'égard d'un suzerain[3]. Serait à retenir également le fait que depuis le Sinaï Israël aurait introduit l'arche dans le culte de Yahvé et qu'il aurait interprété cet objet cultuel comme un trône, partant comme l'emblème d'une présence royale de Yahvé au milieu de son peuple[4]. Et voici une quatrième donnée : selon les textes vétérotestamentaires, depuis la sortie d'Égypte Israël a cru que Yahvé l'accompagnait et le soutenait dans toutes ses entreprises guerrières. Or, d'après les vues de l'Ancien Orient, c'est aux rois que revenait la mission et la tâche de conduire la guerre avec succès[5]. Enfin il conviendrait de ne pas perdre de vue que dans tout l'ancien Proche Orient sémitique le titre de *mèlèk* a été attribué aux divinités. En particulier, les peuples de ce que jadis on aimait appeler le Croissant fertile, ont décoré de ce titre plusieurs de leurs dieux.

Aucune des données que nous venons d'énumérer, n'est absolument sûre et partant ne peut suffire à démontrer la haute antiquité de la croyance israélite à la royauté de Yahvé.

Bien que les traditions vétérotestamentaires aient fixé les origines d'Israël en tant que *goy* à la conclusion de l'alliance sinaïtique : *Exod.*, XIX, 6, ou à la période qui a suivi le séjour en Égypte (cf. *Deut.*, XXVI, 5), il est douteux que le vocable *goy* et dès lors sa thématique aient été introduits en Israël avant la période davidique[6]. Quant au pacte conclu au Sinaï avec Yahvé, les prétendus rapprochements avec les parallèles hittites sont contestés ou du moins jugés insuffisants pour conclure à la forme et à la portée d'un véritable traité de vassalité[7]. L'appel à l'arche en tant que trône divin est non moins insuffisant. Certes il n'est plus radicalement exclu que sous sa forme

3. Cf. sur les traités de vassalité R. DE VAUX, *Histoire ancienne d'Israël*, t. I, pp. 410-413, 611-612.

4. Cf. sur l'histoire de l'arche R. DE VAUX, *Histoire ancienne d'Israël*, t. I, pp. 435-437. — W. KORNFELD, *Religion und Offenbarung in der Geschichte Israels*, Innsbruck, 1970, pp. 111-113.

5. W. KORNFELD, *op. cit.*, pp. 107-109. — R. DE VAUX, *op. cit.*, pp. 360-361, 429-430, avec renvoi à G. VON RAD, *Der heilige Krieg im alten Israel*, Zurich, 1951, pp. 45-47. — H. FREDRIKSON, *Jahwe als Krieger*, Lund, 1945, pp. 83-86. — R. SMEND, *Jahwekrieg und Stämmebund*, Goettingue, 1963, pp. 79-81. — Fr. M. CROSS, *The Divine Warrior in Israels Early Cult*, ap. *Biblical Motifs*, éd. A. ALTMANN, Cambridge (Mass.), 1966, pp. 11-30. On y ajoutera l'ouvrage plus récent de Patrick D. MILLER, *The Divine Warrior in Early Israel*, 2e éd., Cambridge (Mass.), 1975.

6. Cf. R. E. CLEMENTS, ap. *Theol. Wört. AT*, 1973, t. I, fasc. 8-9, col. 971. Voir *ibid.* la notice de G. J. BOTTERWECK - R. E. CLEMENTS, col. 965-973. — Sur les rapports entre la royauté et le peuple-*gôy* cf. G. J. BOTTERWECK, *ibid.*, col. 968.

7. Cf. R. DE VAUX, *Histoire ancienne d'Israël*, t. I, pp. 410-414.

primitive elle puisse remonter jusqu'à l'époque mosaïque[8]. Aux origines toutefois elle aurait tout au plus fonctionné comme le piédestal d'une divinité réputée invisible[9]. C'est seulement à l'époque du sanctuaire de Silo et sous une influence «cette fois certainement cananéenne»[10] qu'elle aurait été promue au statut de marche-pied du trône divin. Désormais Yahvé Ṣ^{e}ba'ôt aurait de fait été conçu comme siégeant dans son temple sur un trône royal accosté de sphinx ailés le protégeant[11].

Des cinq données alléguées pour faire remonter très haut dans l'histoire d'Israël la croyance à la royauté de Yahvé, la mieux attestée est celle qui entend la déduire de la foi en Yahvé dieu-guerrier, toujours prêt à intervenir pour son peuple dans ses luttes contre ses ennemis. Elle est par exemple mentionnée en *Exod.*, XV, 17-18, 21; XVII, 8-16; *Num.*, X, 35-36; XXI, 14; *Jos.*, XXIV, 7; *Jud.*, V, 20, 31. Observons toutefois que les textes les plus anciens ne qualifient généralement pas de «roi» le guerrier Yahvé. Un passage tel celui du *Ps.* XXIV, 7, 9, 10 est exceptionnel. D'ailleurs, tout en proclamant Yahvé roi, même ce dernier poème contient une formulation où ce titre est absent et qui paraît plus primitive: «Yahvé, le fort, le vaillant, Yahvé le vaillant des combats» (v. 8).

Il reste à verser au débat un fait important en faveur d'une origine ancienne de la croyance en la royauté de Yahvé, à savoir le fait que selon des traditions vétérotestamentaires communément reconnues comme valables, l'introduction de la monarchie s'est longtemps heurtée en Israël à une violente opposition. Et celle-ci émana non seulement de cercles prophétiques plus ou moins restreints: *I Sam.*, VIII, 7; XII, 12, mais tout autant d'éléments laïques qui, en raison de services éclatants rendus au peuple, auraient pu se croire qualifiés pour prétendre à la dignité royale: *Jud.*, VIII, 22-23[12].

Cette opposition à l'introduction de la monarchie en Israël s'explique sans doute en partie par les traditions des tribus nomades peu

8. *Ibid.*, pp. 436-437. L'auteur s'appuie sur *Num.*, XIV, 44 et X, 33-36.

9. *Ibid.*, p. 436.

10. *Ibid.*, p. 437.

11. R. DE VAUX, *Les chérubins et l'arche d'alliance, les sphinx gardiens et les trônes divins dans l'ancien Orient*, ap. *MUSJ*, 1960-1961, t. XXXVII, pp. 91-124.

12. Cf. G. HENTON DAVIES, *Judges*, VIII, 22-23, ap. *VT*, 1963, t. XIII, pp. 151-157. — W. BEYERLIN, *Geschichte und heilsgeschichtliche Traditionsbildung im Alten Testament (Richter VI-VIII)*, ap. *VT*, 1963, t. XIII, pp. 1-25. — B. LINDARS, *Gideon and Kingship*, ap. *JTS*, 1965, nouv. sér., t. XVI, pp. 313-326. — H. HAAG, *Gideon – Jerubbaal – Abimelek*, ap. *ZAW*, 1967, t. LXVII, pp. 305-314. — H. SCHMID, *Die Herrschaft Abimelechs*, ap. *Judaica*, 1970, t. XXVI, pp. 1-11. — R. DE VAUX, *Histoire ancienne d'Israël*, t. II, *La Période des Juges*, Paris, 1973.

disposées à se rallier à une institution d'origine et de culture principalement urbaines. Elle paraît néanmoins découler aussi, voire primairement, d'une conviction religieuse, celle qu'aux origines de l'histoire d'Israël Yahvé était le vrai et le seul souverain de son peuple (cf. *Is.*, LXIII, 16ab). Cette conviction, les tribus l'auront progressivement acquise à la suite de l'assistance guerrière divine dont elles ont eu conscience d'avoir bénéficié au cours des combats qu'elles ont dû mener pour s'assurer la possession de la terre de Canaan.

Dans ces conditions, il n'est plus interdit de penser que la promotion de Yahvé à la dignité de *mèlèk* s'est progressivement imposée sous la période des Juges, période au cours de laquelle, au témoignage du Cantique de Déborah, les combattants d'Israël obtinrent d'une manière exceptionnelle l'aide efficace des milices célestes [13].

Fixer au cours de cette période une date plus précise est une entreprise plus difficile. On peut sans trop de risques, semble-t-il, songer à l'époque du séjour de l'arche au sanctuaire de Silo, époque durant laquelle les tribus prirent l'habitude d'appeler leur dieu Yahvé Ṣᵉba'ôt. Vu la présence de l'expression : *Ršf ṣbi'* à Ougarit [14], il n'est pas exclu que l'appellation Yahvé Ṣᵉba'ōt fut acceptée sous l'influence de contacts établis avec les Cananéens [15]. L'acceptation se serait faite d'autant plus facilement qu'à l'époque du sanctuaire de Silo, l'arche joua le rôle de palladium d'Israël dans les combats menés contre les Philistins [16].

L'hypothèse d'une influence cananéenne sinon pour l'origine de la croyance à la royauté de Yahvé, du moins pour sa rapide implantation et diffusion, trouve aujourd'hui pas mal de partisans [17]. D'aucuns suggèrent même de distinguer deux stades dans la pénétration de l'idéologie cananéenne. Dans un premier, les tribus hébraïques auraient sinon introduit, du moins révalorisé pour Yahvé le titre de *mèlèk* pour être à même d'opposer leur dieu sur pied d'égalité aux

13. Cf. *Jud.*, V, 20. Cf. aussi *Jos.*, X, 10-14; *II Sam.*, V, 24; *Ps.* XVIII, 14-15.

14. Cf. *PRU*, 1965, t. V, nº 4, l. 4, cité ap. W. KORNFELD, *op. cit.*, p. 108, note 416.

15. Cf. M. LIVERANI, *La preistoria dell'epiteto « Yahweh Ṣᵉbā'ôt »*, ap. *Annali dell'Istituto Orientali di Napoli*, 1967, n.s., t. XVII, pp. 331-224.

16. W. KÖRNFELD, *op. cit.*, p. 112 avec renvoi à J. MORGENSTERN, *The Ark, the Ephod and the « Tent of Meeting »*, Cincinnati, 1945, qui prétend découvrir dans le *kubbe* des bédouins un objet analogue à l'arche-palladium.

17. Fr. STOLZ, *Strukturen und Figuren im Kult von Jerusalem. Studien zur altorientalischen, vor- und frühisraelitischen Religion*, ap. *BZAW*, t. CXVIII, Berlin, 1970, pp. 179-180.

divinités de la terre de Canaan jouissant précisément de cette titulature. Dans un deuxième stade, elles auraient emprunté à l'épopée mythique des dieux cananéens plusieurs éléments pour mieux mettre en valeur et justifier la dignité royale de leur dieu. Aux traditions cananéennes circulant sur El, elles auraient repris plus spécialement la conception d'une cour céleste d'Élohim qu'El dominait en souverain, ainsi que l'idée d'une souveraineté divine résultant de sa puissance et de son œuvre créatrices. Dans les données colportées sur Baal, elles auraient découvert plutôt le mythe d'une victoire remportée aux origines cosmiques par la divinité sur les eaux et les ténèbres, ainsi que sur les êtres mythiques censés les maîtriser ou même les incarner [18].

Si l'hypothèse de contacts et d'impacts cananéens n'est pas à écarter totalement, observons que loin d'exclure l'antériorité d'une croyance israélite à la dignité royale de Yahvé, elle est plutôt de nature à la confirmer. Il va de soi en effet qu'une certaine symbiose a pu se réaliser plus facilement si déjà avant d'entrer en rapport avec les Cananéens, les tribus hébraïques saluaient leur dieu comme *mèlèk* et acclamaient sa souveraineté royale «étant dieu aussi bien là-haut dans les cieux qu'ici-bas sur la terre» (*Jos.*, II, 11) [19].

Si donc, comme nous l'estimons, Yahvé fut salué comme roi par les tribus israélites au cours des campagnes qui leur assurèrent la possession de Canaan et que cette croyance se développa ensuite au contact de l'idéologie religieuse cananéenne, l'introduction de la monarchie, en d'autres mots la reconnaissance d'un *mèlèk* terrestre à côté du *mèlèk* divin, céleste, n'a pu manquer de poser quelques problèmes, de provoquer notamment une certaine ambiguïté, voire d'amorcer un réel danger, celui de voir le monarque s'arroger des privilèges amorçant sa divinisation [20].

18. Fr. STOLZ (*op. cit.*, pp. 179-180) conteste toutefois que la distinction nettement affirmée par W. H. SCHMIDT, *Königtum Gottes in Ugarit und in Israel*, 2e éd., Leyde, 1967, entre la royauté de Ba'al et celle de El puisse ou doive valoir pour le El hiérosolymitain dont Yahvé aurait hérité les attributs. Cette divinité aurait été conçue et vénérée à la fois aussi bien comme un dieu transcendant le temps et l'espace que comme un dieu immanent en quelque sorte à l'histoire et au cours de la nature, et, à ce titre, obligé de lutter sans désemparer pour conserver sa suprématie.

19. Signalons que l'idée de construire un temple pour Yahvé serait également imputable aux dites influences cananéennes. D'où l'opposition manifestée en *II Sam.*, VII par Yahvé à ce projet. Cf. M. OTTOSON, *Hykal*, ap. *Theol. Wörterbuch A.T.*, 1975, t. II, fasc. 4, col. 408-415.

20. Que ce danger ait été réel, des textes tels *Ps.* XLV, 7 (du moins selon certaines interprétations), *II Sam.*, XIV, 17, l'établissent. Dans un même contexte, le même titre, celui de bouclier, serait attribuée selon J. Jacob à la fois au roi et à Dieu :

Pour parer à ce danger les milieux prophétiques ont tout d'abord insisté sur la subordination des monarques à l'autorité divine[21]. Ils semblent avoir introduit à cet effet le rite de l'onction[22]: d'où pour désigner le roi les appellations «oint de Yahvé», «son oint» qui expriment nettement sa dépendance à l'égard de Celui[23] qui jusqu'à l'avènement de la monarchie en Israël avait été considéré comme le seul vrai souverain des tribus israélites[24]. Ajoutons que les responsables du Yahvéisme n'ont pas non plus manqué d'interpréter la filiation divine que le protocole royal avait fini par attribuer au monarque, dans le sens d'une adoption et non dans celui d'un statut et rang vraiment divins: *II Sam.*, VII, 14; *Ps.* II, 7. Notons enfin qu'après la disparition du royaume de Juda, dans les plans d'une éventuelle restauration esquissés par la tôrah d'Ézéchiel: XL-XLVIII, la tendance prophétique à marquer la subordination du monarque à Yahvé aboutit à refuser au futur davidide le titre de *mèlèk* et à le qualifier seulement de *nāśî'*[25].

Ps. XLVII, 10; LXXXIV, 12; LXXXIX, 19: J. JACOB, *Théologie de l'Ancien Testament*, Neuchâtel, 1955, p. 191.

21. Cf. R. DE VAUX, *Le roi d'Israël vassal de Yahvé*, ap. *Bible et Orient* (*Cogitatio fidei*, t. XX), Paris, 1967, pp. 187-302.

22. On discute la portée de l'onction. On y a vu un rite impliquant formellement la vassalité de celui qui en était le bénéficiaire: cf. E. KUTSCH, *Salbung als Rechtsakt im Alten Testament*, ap. *BZAW*, 87, Berlin, 1963. — R. DE VAUX, *Le roi d'Israël vassal de Yahvé*, dans *Bible et Orient*. (*Cogitatio fidei*, 24), Paris, 1967, pp. 187-302. —J. COPPENS, *Le Messianisme royal. Ses origines. Son développement. Son accomplissement*, ap. *Lectio divina*, 54, Paris, pp. 13, 19.

Remarquons que pour Saül la subordination à Yahvé est soulignée deux fois, d'abord par l'onction: *I Sam.*, X, 1, puis devant tout le peuple en présence de Yahvé: *I Sam.*, XI, 14-15.

23. Cf. l'article de R. DE VAUX, *Le roi d'Israël vassal de Yahvé*. — Il n'est pas exclu que certains milieux ont préféré pour désigner le monarque divin au titre *mèlèk* celui de *'ādôn*. O. EISSFELDT le fait remonter dans les textes prophétiques et psalmiques jusqu'au VIIIe siècle: *TWAT*, 1970, t. I, fasc. 1, col. 62-78, en particulier col. 75.

24. Cf. K.-H. BERNHARDT, *op. cit.*, chapitre VI: «Die Ablehnung des Königtums als Charakteristikum der Königsauffassung im Alten Testament.»

25. Cf. K.-H. BERNHARDT, *op. cit.*, pp. 116-117. — J. COPPENS, *Le Messianisme royal*, pp. 91-93.

J. VERMEYLEN, *op. cit.*, t. II, Paris, 1978, p. 691, signale que les hagiographes évitent le terme *mèlèk* pour le roi de l'avenir en *Is.*, IX, 1-6a; XI, 1-5; *Mich.*, V, 1, 3-4a, 5b; *Is.*, XXII, 19-23. Faudrait-il également l'attribuer à l'émergence de la royauté divine dans le kérygme prophétique, amenant par voie de conséquence, comme dans Ezechiel XL-XLVIII, le refus du terme *mèlèk* pour le roi terrestre?

A tout bien considérer, il nous paraît qu'on peut s'accorder avec J. Jacob pour affirmer qu'avant l'exil l'adoption du régime royal et l'usage du vocable *mèlèk* pour le monarque terrestre et temporel fonctionnèrent plutôt comme un frein dans le développement d'une titulature royale pour Yahvé[26]. Sans doute les hérauts d'un Yahvéisme intégriste n'ont-ils pas voulu associer au nom saint et unique de Yahvé un titre désormais à leurs yeux trop entaché d'humanité[27], un titre propre à une institution contre laquelle plusieurs d'entre eux, tel par exemple Osée[28], n'ont pas manqué de polémiquer. Sans doute ont-ils voulu également éviter l'association du titre *mèlèk* avec Yahvé, parce que ce vocable devait nécessairement évoquer une divinité particulièrement abhorrée, à savoir Mōlek (gr. et lat. Moloch, gr. Milkom), la divinité des Ammonites, à laquelle les fidèles offraient des sacrifices d'enfants et dont le culte abominable avait réussi à recruter des adeptes jusqu'aux portes de Jérusalem[29].

De fait, de tous les prophètes préexiliques, Isaïe est le seul dont les Écritures nous rapportent qu'il a célébré Yahvé comme roi. Ce faisant, il n'oubliait pas, pour prévenir toute ambiguïté, de souligner la majesté, l'unicité, la transcendance de ce souverain dont la gloire remplissait non seulement le temple de Jérusalem mais la terre toute entière[30].

Plus ou moins ignorée ou négligée par le prophétisme classique d'avant l'exil, la titulature royale de Yahvé s'est le mieux et le plus vivement conservée dans le culte, ainsi que pas mal de psaumes dont le caractère cultuel paraît pouvoir être affirmé, tel le *Ps.* LXVIII, l'attestent[31].

La prise de Jérusalem par les Babyloniens et la disparition de tout pouvoir royal tant au sud qu'au nord du pays créa une atmosphère nouvelle qui permit aux représentants du prophétisme à mettre désormais de nouveau en évidence et en valeur l'ancienne titulature

26. E. Jacob, *Théologie de l'Ancien Testament*, Neuchâtel, 1955, p. 58.

27. *Ibid.*, p. 58.

28. *Os.*, V, 1; VII, 3, 5, 7; VIII, 4; X, 15; XI, 5; XIII, 11. — A cette attitude d'hostilité les versets III, 4-5 font exception. Osée (VIII, 4) estime qu'il vaut mieux rester sans roi que d'en établir un se passant de Yahvé: cf. E. Jacob, *op. cit.*, p. 140.

29. E. Jacob, *op. cit.*, p. 48. — Sur le culte du dieu ammonite Mèlèk ou Mōlèk (Milcom) (LXX Moloch) cf. *I Reg.*, XI, 5, 7, 33; *II Reg.*, XXIII, 10; *Jer.*, XXXII, 35; *Lev.*, XVIII, 21; XX, 2-5; *Ezech.*, XVI, 21.

30. *Is.*, VI, 1-4.

31. Cf. K.-H. Bernhardt, *op. cit.*, pp. 225-229.

royale de Yahvé. Cette restauration s'est surtout accomplie, semble-t-il, dans les milieux qui avaient renoncé à espérer et à promouvoir le retour au pouvoir de la dynastie davidique[32]. En d'autres mots, la disparition de tout pouvoir royal a désormais pu fonctionner comme accélérateur en faveur d'un nouvel emploi du titre de *mèlèk* pour Yahvé[33].

Rappelons la série imposante de passages prophétiques soulignant qu'Israël, en perdant ses monarques terrestres, n'a pas perdu son vrai, son éternel souverain, Yahvé: *Jer.*, X, 7, 10; XLVIII, 15; XLIX, 36; LI, 57; *Ezech.*, XX, 33; *Is.*, XLI, 21; XLIII, 15; XLIV, 6; LII, 7; *Abd.*, 21; *Soph.*, III, 15; *Mal.*, I, 5, 14; *Is.*, XXXIII, 17, 22; *Zach.*, XIV, 9, 17; *Mich.*, II, 13; IV, 7; *Is.*, XXIV, 23. Dans tous ces textes il n'est question que d'un seul souverain d'Israël, Yahvé. Le seul livret prophétique, aujourd'hui souvent considéré comme également postexilique, où dans le cadre du futur règne de Yahvé la restauration de la dynastie davidique est envisagée, se trouve en Michée, aux chapitres III-IV. L'avènement du règne de Yahvé y est clairement annoncée, surtout si l'on consent à déplacer II, 12-13 et à joindre ces versets à IV, 6-7. Or cette instauration de la royauté de Yahvé s'accompagnera selon V, 1-4a de la venue d'un nouveau davidide qui restaurera Israël avec l'aide de son Dieu[34].

Cette association explicite de l'avènement futur du règne de Yahvé avec celui, également futur, du davidide idéal est extrêmement rare. On la retrouve encore une fois dans le Psautier, à savoir dans la lecture et la rédaction définitives du *Ps.* LXXXIX[35]. Aux versets 6-19 l'hagiographe proclame la royauté de Yahvé (cf. v. 19), mais aux versets 20-52 il supplie Yahvé de rester fidèle aux promesses faites à David et dès lors il lui demande de restaurer la dynastie.

A. Bentzen estima pouvoir aligner un troisième texte à l'appui d'une association étroite du règne de Yahvé avec celui de son représentant terrestre le roi, à savoir le *Ps.* XCIX, 4. A cet effet il suggéra de corriger à la suite de Buhl le texte masorétique : *w^{e}ʿōz mèlèk* en *w^{e}ʿaz mālak* et de traduire : un « fort », aimant la justice, est devenu roi, mais cette correction et cette traduction n'ont guère été retenues[36].

32. Cf. J. Coppens, *Le Messianisme royal*, pp. 100-116.

33. E. Jacob, *op. cit.*, p. 48.

34. B. Renaud, *La Formation du Livre de Michée. Tradition et actualisation*, ap. *Études bibliques*, Paris, 1977, pp. 220-271 et pp. 404-408.

35. É. Lipiński, *Le poème royal du Psaume LXXXIX, 1-5, 20-38*, ap. *Cahiers de la Revue biblique*, VI, Paris, 1967. — J. Coppens, *Le Messianisme royal*, pp. 47-57.

36. A. Bentzen, *Det sakrale kongedømme*, Copenhague, 1945. — K.-H. Bernhardt, *op. cit.*, p. 228.

Tout comme durant la période préexilique la foi en la royauté de Yahvé et l'espérance en son règne futur restèrent vivaces dans la littérature piétiste. Des psaumes, plus nombreux qu'avant l'exil, évoquent et célèbrent la souveraineté divine[37]. Quelques psalmistes l'entrevoient comme s'étant déjà partiellement réalisée sur le plan historique par quelque intervention particulière et salutaire de Yahvé[38]. D'autres l'espèrent pour l'avenir quand une dernière, universelle et définitive, action de Yahvé couronnera et achèvera tous ses actes salutaires précédents[39]. Il en est qui saluent le règne de Yahvé comme un projet de société idéale sur le plan religieux et social[40]. Il en est aussi plus nationalistes qui invitent les fidèles de Yahvé à prendre les armes et à se lancer dans une entreprise guerrière pour libérer leur pays[41]. Enfin il y a les psalmistes qui, se résignant à ne plus attendre pour une date plus ou moins rapprochée la venue du règne de Yahvé, déclarent trouver dans la communion avec leur Dieu, dans la fidélité à ses préceptes, dans l'acceptation du «joug» de sa Loi, la béatitude suprême, et, en quelque sorte, une anticipation individuelle du règne[42].

L'affirmation de la royauté divine déjà reconnue par les israélites de la période prémonarchique[43], chantée ensuite par les psalmistes[44], acceptée et proclamée par les prophètes surtout depuis l'exil[45], est devenue finalement durant les derniers siècles précédant l'ère chrétienne, un thème, universellement agréé et répandu, de la foi et de la théologie vétérotestamentaires. Nous en avons trouvé la preuve d'une part dans les derniers écrits historiques où la foi populaire est censée s'exprimer souvent[46] et, de l'autre, dans une littérature plus savante, la sapientiale,

37. Cf. J. Coppens, *La Royauté de Yahvé dans le Psautier*, ap. *ETL*, 1977, t. LIII, pp. 297-362; 1978, t. LIV, pp. 1-59; *supra*, pp. 93-214.

38. Cf. *Ps.* XCVIII et XCVI: J. Coppens, *art. cit.*, 1978, t. LIV, pp. 30-33, 33-37; *supra*, pp. 185-187, 187-193.

39. Cf. *Ps.* XCVII: *ibid.*, pp. 13-18; *supra*, pp. 168-173.

40. *Ps.* CXLV et CXLI: *ibid.*, pp. 42-45, 45-46; *supra*, pp. 197-200, 200-201.

41. *Ps.* CXLIX: *ibid.*, pp. 47-49; *supra*, pp. 202-204.

42. *Ps.* LXXXIV: *ibid.*, 1977, t. LIII, pp. 353-356; *supra*, pp. 146-149.

43. Voir *supra*, pp. 265-268.

pp. 297-362; 1978, t. LIV, pp. 1-59.

45. *Ezech.*, XX, 33, 37; *Is.*, XLI, 21; XLIII, 15; XLIV, 6; LII, 7; *Soph.*, III, 14-17; *Abd.* 21; *Mal.*, I, 5, 14; *Is.*, XXXIII, 22; *Mich.*, II, 12-13; IV, 6-7; *Is.*, XXIV, 23; *Zach.*, XIV, 9, 16-17.

46. *I Chron.*, XXIX, 23; *II Chron.*, XVIII, 18; XX, 6; *Judith*, IX, 12; *Tob.*, XIII, 1, 6, 11, 13, 15, 16; *Esther*, IV, 17^{a}, 17^{b}, 17^{r}, 17^{q}; *II Macc.*, I, 24-25; XIII, 4; *III Macc.*, II, 2-3.

d'inspiration aussi bien hellénistique[47] que palestinienne[48].

Quand le prophétisme classique a pris fin, il fut relayé par les spéculations de l'apocalyptique dont le livre de Daniel est le seul échantillon canonique indiscutable[49]. L'hagiographe y interprète un songe du roi Nabuchodonosor comme impliquant l'annonce d'un royaume que Dieu suscitera directement, sans intervention humaine, pour mettre fin aux empires terrestres : *Dan.*, II, 44-45; puis il exprime en son nom personnel, à la fin d'une longue prière pénitentielle, son espoir en une intervention divine, nouvelle et définitive, pour manifester Yahvé comme le dieu unique et glorieux sur toute la terre : *Dan.*, III, 43-45; il met ensuite dans la bouche de Nabuchodonosor la proclamation de l'empire universel de Yahvé : *Dan.*, IV, 31-34; enfin il attribue à Daniel un songe : *Dan.*, VII, 1-27, qui confirme l'annonce déjà faite au roi de Babylone mais y distingue au surplus deux volets, l'un céleste : VII, 18, concernant le Fils d'homme et les Saints du Très-Haut, et l'autre terrestre : VII, 27 relatif au « peuple des Saints du Très-Haut ».

C'est par le songe danïélique du chapitre VII et son interprétation, en d'autres mots par l'annonce du règne divin y envisagé et par l'association du Fils d'homme à ce règne, que s'achève l'attente vétérotestamentaire de la royauté divine et du royaume ou des royaumes où elle s'exercera. Ainsi surgit le cadre dont les écrits du Nouveau Testament, sinon Jésus lui-même, ont pu se servir et se sont servi de fait pour proclamer l'avènement définitif du règne de Dieu.

47. *Sag.*, VI, 4; X, 10; — IX, 4, 10; XVIII, 15; — VI, 4; XI, 26; XII, 16; — VI, 3; XI, 10.

48. *Eccli.* (Siracide), I, 8; L, 15; LI, 1.

49. A. CAQUOT, *Le Judaïsme depuis la captivité de Babylone jusqu'à la révolte de Bar-Kokheba*, ap. *Encyclopédie de la Pléiade. Histoire des Religions*, t. II, Paris, 1972, p. 155.

CHAPITRE VII

LA RELECTURE NÉOTESTAMENTAIRE DES TRADITIONS BIBLIQUES SUR LA ROYAUTÉ DIVINE SA PROBLÉMATIQUE

L'enquête menée à travers les livres de l'Ancien Testament sur le thème de la royauté divine appelle tout naturellement un complément, à savoir un aperçu pour le moins sommaire de la répercussion de la croyance vétérotestamentaire en cette souveraineté sur les écrits de la Nouvelle Alliance où le message de Jésus sur le règne de Dieu et son interprétation par l'Église des Apôtres se sont exprimés. Nous examinerons d'abord dans quelle mesure les documents néotestamentaires attribuent la titulature royale à Dieu et à son Fils, puis comment ils ont compris le règne et le royaume de Dieu et du Christ que cette titulature désigne.

La croyance vétérotestamentaire en la dignité royale de Dieu et en l'avènement de son royaume se prolongent dans le Nouveau Testament, mais son dossier y est à la fois plus ample et plus restreint. Il s'amplifie du fait qu'à côté de Dieu le Père, Jésus entre lui aussi en ligne de compte pour la titulature royale et l'exercice de la royauté. En revanche, il se retrécit dans la mesure où l'attention se porte parfois plus sur le royaume, la *basileia*, que sur le *basileus*, son monarque. Ajoutons que la documentation se répartit surtout entre les Synoptiques, les écrits pauliniens, l'Évangile johannique et l'Apocalypse.

* * *

Examinons en premier lieu les textes néotestamentaires qui attribuent à Dieu le Père ou à Jésus la dignité royale.

Comparée à la documentation vétérotestamentaire, la titulature royale divine du Nouveau Testament frappe par sa sobriété. Le titre de « roi » est attribué à Dieu seulement en quatre endroits : en *Mt.*, V, 35 où l'hagiographe se réfère simplement à une donnée juive traditionnelle[1], en *I Tim.*, I, 17 : βασιλεὺς τῶν αἰώνων[2], en VI, 15 de

1. A.H. M'Neile, *The Gospel According to St. Matthew. The Greek Text with Introduction, Notes, and Indices*, Londres, 1961, p. 68, avec renvoi à *II Reg.*, XVIII, 19; *Ps.* XCV, 3; *Tob.*, XIII, 15.

2. C. Spicq, *Saint Paul. Les Épîtres pastorales*, ap. *Études bibliques*, Paris, 1947,

la même épître : ὁ βασιλεὺς τῶν βασιλευόντων καὶ κύριος τῶν κυριευόντων[3], en *Apoc.*, XV, 4 : ὁ βασιλεὺς τῶν ἐθνῶν[4], passage qui se présente de nouveau dans un contexte d'inspiration juive, à savoir dans un cantique attribué à Moïse[5]. A première vue, l'utilisation peu fréquente du titre *basileus* risque de surprendre, surtout dans l'Apocalypse. A y regarder de plus près, elle s'explique. Le vocable y cède la place à une appellation plus riche : ὁ Θεὸς ὁ παντοκράτωρ (*Apoc.*, XIV, 8; XVI, 14; XIX, 15) ou, sous sa forme plus complète : κύριος ὁ Θεὸς ὁ παντοκράτωρ (XI, 17; XV, 3; XVI, 7; XIX, 6; XXI, 22). Le verbe *basileuein* est davantage présent sous la plume de l'apocalypticien. Il désigne soit le règne du *Pantokratôr* (XI, 17; XIX, 6), soit le règne, participé selon IX, 5, de son Christ. A celui-ci revient deux fois, en *Apoc.*, XVII, 14 et XIX, 16, le titre de βασιλεὺς βασιλέων, qu'il reprend à la titulature du Dieu vétérotestamentaire.

Par l'attribution de βασιλεὺς βασιλέων à Jésus, l'Apocalypse dépasse de loin la titulalure royale qui apparaît par endroits, et non sans quelque ambiguïté, dans les évangiles.

Le titre de roi : «roi des Juifs» est attribué à Jésus par ses ennemis qui l'ont repris, semble-t-il, à certaines acclamations de la foule le saluant toutefois d'un titre plus noble, celui de «roi d'Israël». Les accusateurs du Sauveur s'y sont référés pour le dénoncer aux Romains comme un séditieux mettant en péril le pouvoir impérial[6]. Pilate est censé s'être préoccupé de résoudre l'énigme du titre[7], tandis

p. 45. — P. DORNIER, *Les Épîtres pastorales*, ap. *Sources bibliques*, Paris, 1969. — Le titre est désormais attesté également à Qumrân : cf. J. A. FITZMYER, *The Genesis Apocryphon of Qumran Cave I. A Commentary*, ap. *Biblica et Orientalia*, t. XVIII, Rome, 1966, p. 128 avec renvoi à *1 Q Gen. apocr.*, *XXI, 2 et 1 Q 20*, 2.5.

3. C. SPICQ, *op. cit.*, pp. 200-201. — P. DORNIER, *op. cit.*, p. 108 avec renvoi à *Deut.*, X, 17; *Ps.* CXXXVI, 2-3; *II Macc.*, XIII, 4; *Dn.*, II, 37; *Apoc.*, XVII, 14; XIX, 16.

4. La lecture n'est pas certaine. La variante τῶν ἐθνῶν cadre mieux avec le contexte : ὅτι πάντα τὰ ἔθνη ἥξουσιν καὶ προσκυνήσουσιν ἐνώπιόν σου.

5. *Apoc.*, XV, 3. Sur l'Apocalypse cf. L. CERFAUX - J. CAMBIER, *L'Apocalypse de Jean lue aux chrétiens*, ap. *Lectio divina*, t. XVII, Paris, 1955. — M.-E. BOISMARD, *L'Apocalypse*, 2e éd., ap. *La Sainte Bible*, Paris, 1959. — *L'Apocalypse*, ap. *Traduction œcuménique de la Bible*, Paris, 1970. — J. COMBLIN, *Le Christ dans l'Apocalypse*, ap. *Bibl. de Théologie. Théologie biblique*, sér. III, t. VI, Tournai 1965. — A. LÄPPLE, *L'Apocalypse de Jean*, ap. *Lire la Bible*, 24, Paris, 1970.

6. *Jn*, XIX, 15, 21; *Act.*, XVII, 7. Cf. en *Lc.*, XXIII, 3 la formule prégnante : καὶ λέγοντα ἑαυτὸν χριστὸν βασιλέα εἶναι.

7. *Mc.*, XV, 2, 9, 12; *Mt.*, XXVII, 11; *Lc.*, XXIII, 3; *Jn.*, XVIII, 33, 36-37, 39. — Certains auteurs ne voient pas dans la réponse de Jésus l'expression d'une réserve ou

que les soldats romains y ont fait appel pour se moquer du condamné[8] et du crucifié[9].

Selon le témoignage concordant des quatre évangiles, une partie nombreuse des juifs venus à Jérusalem pour la fête de Pâques, fut vraiment convaincue de la dignité royale et messianique de Jésus[10]. D'après le quatrième évangile, un israélite, Nathanaël, l'aurait même entrevue dès sa première rencontre avec le Maître[11]. Et toujours selon le même évangile, la foule, témoin du miracle de la multiplication des pains, aurait voulu acclamer et introniser le Sauveur comme son roi[12]. Quant au Christ lui-même, l'évangile johannique insiste plutôt sur sa réserve à l'égard d'un titre aussi ambigu[13].

Et voici divers passages des synoptiques où les évangélistes paraissent prendre directement à leur compte l'appellation de «roi» pour Jésus.

En XXV, 31-48, Matthieu est le seul des synoptiques à présenter le juge eschatologique, Fils de l'homme, avec le titre de *basileus* (vv. 34 et 40). Pour confirmer en quelque sorte cette dignité royale du Sauveur exalté, il nous le montre au v. 31 «siégeant sur son trône glorieux»[14].

d'une équivoque. C'est par exemple l'opinion de F. HAHN dans *Christologische Hoheitstitel. Ihre Geschichte im frühen Christentum*, ap. *FRLANT*, t. LXXXIII, Goettingue, 1963, p. 195, note 6, où il conteste l'avis de J. Héring et O. Cullmann.

8. *Mc.*, XV, 18; *Mt.*, XXVII, 29; *Jn*, XIX, 3.

9. *Mc.*, XV, 32; *Mt.*, XXVII, 42; *Lc.*, XXIII, 37. — Voir aussi l'inscription apposée sur la croix: *Mc.*, XV, 26; *Mt.*, XXVII, 37; *Lc.*, XXIII, 38; *Jn*, XIX, 19. Remarquons que le titre attribué à Jésus varie: *Roi des Juifs*: *Mc.*, XV, 2 par. *Mt.*, XXVII, 11; *Lc.*, XXIII, 3; *Jn*, XVIII, 23. — *Mc.*, XV, 18 par. *Mt.*, XXVII, 29. — *Mc.*, XV, 26 par. *Mt.*, XXVII, 37; *Lc.*, XXIII, 38; *Jn*, XIX, 19, 21. — *Jn*, XIX, 3. — *Roi d'Israël*: *Mc.*, XV, 32 par. *Mt.*, XXVII, 42; *Jn*, I, 49; XII, 13. — *Roi de Sion*: *Mt.*, XXI, 5 par. *Jn*, XII, 15.

Lc., XXIII, 2 distingue «Christ» et «roi». — *Mc.*, XI, 10 par. *Mt.*, XXI, 9 soulève le problème de la filiation davidique.

Dans *Christologische Hoheitstitel. Ihre Geschichte im frühen Christantum*, ap. *FRLANT*, t. LXXXIII, Goettingue, 1963, pp. 195-196, F. HAHN conteste que les passages concernant la royauté de Jésus appartiennent à la strate primitive de *Mc.*, XV. L'auteur responsable de leur addition vise à inculquer la réalité de la souveraineté du Sauveur.

10. Pour l'entrée à Jérusalem : *Lc.*, XIX, 38 (ὁ βασιλεύς); *Jn*, XII, 13 (βασιλεὺς τοῦ 'Ισραήλ). Dans les textes vétérotestamentaires allégués en *Mt.*, XXI, 5 et *Jn*, XII, 15, Jésus est envisagé comme roi de la fille de Sion.

11. *Jn*, I, 50.

12. *Jn*, VI, 15.

13. Cf. *supra*, note 7.

14. Commentant *Mt.*, XXV, 31-42, F. HAHN, *op. cit.*, pp. 187-188, souligne l'insistance en *Mt.*, XXV, 31 sur le caractère royal de Jésus désigné en l'occurrence ὁ βασιλεύς. Il ne pense pas que la mention du Fils de l'homme doit être qualifié

Au même caractère royal du Seigneur fait allusion l'évangile matthéen de l'enfance. Matthieu commence par noter le caractère royal de l'ancêtre de Jésus, «le roi David» (I, 5). Puis il prête aux mages l'intention de venir rendre hommage au «roi des Juifs» (II, 2), qu'Hérode identifie avec le «Christ» (II, 4) et que les conseillers du monarque comprennent à la lumière de *Mich.*, V, 1, comme «le chef appelé à gouverner le peuple d'Israël» (II, 6).

A tout compter, il semble que Matthieu est des Synoptiques celui qui a le plus d'allusions explicites au caractère royal de Jésus. On les trouve en diverses sections de son évangile: en I, 5; II, 2; II, 6; XXI, 5; XXV, 34, 40; XXVII, 11, 29, 37, 42. D'où, conclut G. Kümmel, l'usage courant de *kyrios* dans la bouche des disciples, d'où l'insistance sur le titre «Fils de David»; d'où l'accouplement de ce titre avec *Kyrios* en XV, 22; XX, 30-31; d'où enfin son usage de προσκυνεῖν, (προσ)-πίπτειν (V, 25; VII, 25) ou γονυπετεῖν (I, 40)[15].

L'évangile lucanien de l'enfance n'applique pas à Jésus le vocable βασιλεύς, mais il n'en parle pas moins de son règne, se servant pour le decrire des termes βασιλεία, βασιλεύειν et Θρόνος Δανίδ (I, 32). Luc accorde même à l'annonce de la dignité royale du Sauveur une portée toute spéciale en l'attribuant à l'ange Gabriel (I, 26). L'importante nouveauté consiste dans le fait que le messager céleste déclare les promesses jadis faites à la dynastie davidique désormais totalement accomplies en l'enfant qui va naître de la Vierge. Jésus apparaît donc comme l'héritier ultime, absolu, définitif, des promesses dynastiques en fonction d'un règne éternel, d'un règne qui ne prendra jamais fin.

Dès lors, Luc n'hésite pas à décrire le règne futur de l'enfant dans le cadre d'une attente d'une couleur fortement vétérotestamentaire. Alors que Matthieu attend du fils de David (*Mt.*, I, 1) pour son peuple avant tout la rémission des péchés (*Mt.*, I, 21) et la présence de Dieu (*Mt.*, I, 23), Luc paraît, du moins au premier abord, envisager l'avènement du règne de Jésus comme la restauration définitive du trône

d'«Interpretament» matthéen et conclut: «Das Nebeneinander der Hoheitsnamen 'Menschensohn' und 'König' (Messias) ist in dieser Weltgerichtsschilderung nicht überraschend, vielmehr sachlich und traditionsgeschichtlich wohl begründet.»

Remarquons, — fait curieux, — que dans la deuxième section du récit, aux versets 41 et 45, l'évangéliste ne reprend pas le substantif *basileus*. Cf. *Jesus als basileus*, ap. G. KÜNZEL, *Studien zum Gemeindeverständnis des Matthäusevangeliums*, ap. *Calwer Theologische Monographien*, t. X, Stuttgart, 1978, pp. 115-120.

15. Cf. G. KÜMMEL, *Studien zum Gemeindeverständnis des Matthäus-evangeliums*, Stuttgart, 1978, pp. 115-120. — Pour l'emploi de προσκυνεῖν cf. *Mt.*, VIII, 2; IX, 18; XIV, 33; XV, 25; en XVIII, 26 le verbe paraît simple synonyme de «tomber à terre». Comme parallèles du sens fort de προσκυνεῖν, il n'y aurait qu'un exemple en Marc (V, 6) et un exemple en *Lc.*, dans une variante de XXIV, 52.

davidique (*Lc.*, I, 32) et comme l'exaltation non moins définitive d'Israël (*Lc.*, II, 32), pour aboutir ainsi à l'instauration d'une paix universelle (*Lc.*, I, 79; II, 14), dépassant divinement la *Pax romana.* Pour compléter cette espérance largement terrestre et rejoindre l'attente plus spirituelle de Matthieu, c'est au cantique de Zacharie : II, 75, 77, qu'en Luc il importe d'avoir recours.

Les deux évangiles de l'enfance nous renvoient, semble-t-il, à un milieu chrétien sans doute largement judéo-chrétien où la référence aux promesses vétérotestamentaires était courante. Que ces promesses n'aient pas non plus été totalement perdues de vue dans les communautés belléno-chrétiennes, un logion, attribué à Jésus et rapporté en *Act.*, I, 6-7, paraît l'attester.

Ajoutons que pour justifier dans un avenir proche ou lointain, — un avenir à déterminer par le Père, — la restauration du trône de David et de la souveraineté d'Israël (*Act.*, I, 6: ἀποκαθιστάντες τὴν βασιλείαν τῷ Ἰσραήλ), les communautés chrétiennes apostoliques ont pu se référer aux traditions évangéliques colportées en leur milieu où Jésus est apostrophé et salué comme «fils de David», voire où lui-même semble réfléchir sur sa filiation davidique.

Le problème de l'historicité de ces traditions est classique et difficile. Renvoyons à un exposé d'A. Descamps présenté en 1952 aux Journées bibliques de Louvain : *Le Messianisme royal dans le Nouveau Testament*[16]. L'auteur de cet article conclut qu'au cours de son ministère le Seigneur ne paraît pas avoir totalement refusé la proclamation d'une dignité royale que son activité thaumaturgique avait provoquée[17]. Toutefois en demandant aux malades qui l'avaient salué «fils de David» de garder le secret sur leur guérison, Jésus aurait voulu prévenir le déclanchement d'un mouvement populaire qui fatalement aurait conféré à sa filiation davidique une portée politique[18]. En même temps, il aurait lentement préparé le terrain pour une conception différente, non nationaliste, de la royauté lui attribuée. Peut-être a-t-il même songé à dévoiler un jour, sinon à la foule, du moins à ses disciples, la vraie dignité royale de sa personne[19]. En tout cas, le Sauveur a bien frôlé de près une telle

16. *Recherches bibliques*, Bruges-Paris, 1953, pp. 57-84. — Dans l'article : *The Davidic-royal Motif in the Gospels*, ap. *JBL*, 1968, t. LXXXVII, pp. 136-150, Sh.-E. JOHNSON, entreprend de sauver dans une certaine mesure les traditions évangéliques sur la filiation davidique de Jésus. — Cf. G. KÜNZEL, *op. cit.*, pp. 67-76. Voir aussi A. SUHL, *Der Davidssohn im Matthäus-Evangelium*, ap. *ZNW*, 1968, t. LIX, pp. 57-81. — Chr. BURGER, *Jesus als Davidssohn*, ap. *FRLANT*, XCVIII, Goettingue, 1970.

17. *Ibid.*, p. 61.

18. *Ibid.*, p. 62.

19. *Ibid.*, p. 62.

explication quand il fut amené à discuter le titre «fils de David» avec les pharisiens en leur proposant de résoudre l'aporie soulevée par le *Ps.* CX, 1 touchant l'identité du Messie[20].

De toutes les acclamations de Jésus comme fils de David aucune n'a sans doute l'importance de celle qui selon Matthieu saluait son entrée à Jérusalem le Jour des rameaux[21]. Mais aucune n'offre des variantes aussi importantes en Marc, Luc et Jean. Dans le second évangile, l'acclamation que la foule entonne, et que les cieux sont censés assumer à leur tour[22], concerne deux faits : d'abord la venue de Jésus au nom du Seigneur, une venue qui, dans la perspective du *Ps.* CXVIII auquel l'acclamation renvoie, vise en dernière instance l'entrée du Sauveur au temple (*Mc.*, XI, 11), puis l'avènement de la royauté de «notre père David»[23].

On n'a pas manqué de souligner le caractère insolite de l'expression «la royauté *de notre père* David». Elle n'est reprise ni par Matthieu ni par Luc. Matthieu garde toutefois une allusion à David en faisant appeler Jésus par les foules «fils de David». En revanche tout renvoi au monarque judéen est absent du troisième évangile, mais Jésus y est qualifié ὁ βασιλεύς, comme si Luc avait lu le renvoi matthéen à *Zach.*, IX, 9 où précisément ὁ βασιλεύς figure[24]. Le passage de Luc offre d'autres particularités : il omet le ὡσαννά et introduit à la fin de l'acclamation : ἐν οὐρανῷ εἰρήνη καὶ δόξα ἐν ὑψίστοις, insinuant peut-être par cette addition le vrai caractère,

20. *Ibid.*, pp. 63-64; cf. *Mt.*, XXII, 41-46 par. *Lc.*, XX, 41-44; *Mc.*, XII, 35-37.

21. Dans *Synopse des Quatre Évangiles en français*, t. II : *Commentaire par* M.-E. BOISMARD *avec collaboration de* A. LAMOUILLE *et* P. SANDEVOIR, Paris, 1972, M.-E. Boismard, s'appuyant sur les concordances qu'offre le récit de l'entrée de Jésus en Jérusalem le dimanche des rameaux avec les thèmes de la fête juive des tabernacles, propose de rattacher la narration non à la célébration de l'ultime Pâque de Jésus mais à une célébration, à une date antérieure, de la fête des tabernacles.

22. Les trois évangélistes sont d'accord pour mentionner à côté de l'acclamation de la foule (*Mt.* et *Mc.*) ou des disciples (*Lc.*), celle entonnée au ciel sans doute par les chœurs célestes.

23. Voir sur *Mc.*, XI, 9, V. TAYLOR, *The Gospel according to St. Mark. The Greek Text with Introduction, Notes and Indexes*, Londres, 1957, pp. 456-457. On note que l'acclamation marcienne n'attribue pas directement la dignité messianique à Jésus. Elle distingue en effet la venue de l'ἐρχόμενος et celle de la βασιλεία.

24. Les manuscrits offrent pas mal de variantes de *Lc.*, XIX, 32. — Certains auteurs suggèrent de lire avec א* H 69 e l* Or : εὐλογημένος ὁ βασιλεὺς ἐν ὀνόματι κυρίου : cf. R. A. HOFFMANN, *Das Marcusevangelium und seine Quellen. Ein Beitrag zur Lösung der Urmarcusfrage*, Königsberg-en-Pr., 1904, p. 454, note 1. Plus tard on aurait inséré, après βασιλεύς, (ὁ) ἐρχόμενος ou on aurait adopté, — c'est le cas de D, — une leçon combinant divers éléments de la tradition : εὐλογημένος ὁ ἐρχόμενος ἐν ὀνόματι Κυρίου, εὐλογημένος ὁ βασιλεύς.

le caractère céleste du βασιλεύς, vu que les propriétés du règne, la εἰρήνη et la δόξα, ne sont véritablement présentes qu'au ciel[25]. Quant à l'évangile johannique, il rejoint et précise même le sens messianique temporel déjà attesté par Marc en notant que la foule proclama Jésus «le roi d'Israël» (*Jn*, XII, 13) : précision nullement étonnante sous la plume d'un évangéliste qui avait déjà rapporté en VI, 15 l'intention de la foule d'enlever «le prophète qui devait venir dans le monde» (VI, 14) et d'en faire leur roi (VI, 15)[26].

Quoiqu'il en soit, les variantes de la tradition évangélique touchant l'acclamation dont Jésus fut l'objet lors de son entrée solennelle dans la Ville sainte, montrent que l'Église apostolique éprouva quelque difficulté à intégrer dans sa christologie la royauté davidique du Seigneur.

Quelle que soit la solution de cette difficulté, les traditions évangéliques touchant l'apostrophe et l'acclamation de «Jésus fils de David» nous aident au moins à comprendre comment les évangiles matthéen et lucanien de l'enfance n'ont pas hésité à mettre la dignité royale de Jésus en rapport avec la filiation davidique : *Mt.*, I, 1, 17,20; *Lc.*, I, 27; II, 4, 11; III, 31 et à attribuer l'affirmation de cette relation à l'Esprit (*Lc.*, I, 67) inspirant Zacharie (*Lc.*, I, 69), et à l'ange Gabriel, messager des desseins célestes (*Lc.*, I, 32).

Les vocables βασιλευς, βασιλεία, ne sont pas, semble-t-il, les seuls à insinuer dans les synoptiques la dignité royale du Sauveur. Entre également en ligne de compte le vocable κύριος, du moins si nous pouvons lui attribuer le sens formellement royal que par exemple Lucien Cerfaux revendique pour lui dans le vocabulaire paulinien[27].

25. On est en droit de se demander si *Lc.*, XIX, 38 ne corrige pas *Lc.*, II, 14. En *Lc.*, II, 14, la paix fut promise sur la terre. Cette promesse n'ayant pas été accueillie par les juifs incrédules, elle est désormais réservée aux cieux. C'est d'ailleurs ce que *Lc.*, XIX, 42 paraît insinuer.

26. Cf. J. SCHNEIDER, *Das Evangelium nach Johannes. Aus dem Nachlass herausgegeben unter Leitung von* E. FASCHER, ap *ThHKNT*, Berlin, 1976 — Jean possède tout comme *Lc.*, XIX, 38, le titre βασιλεύς, mais il ajoute τοῦ Ἰσραήλ comme en I, 49, titre accordé à Jésus par un apprenti-disciple et par la foule mais auquel lui-même ne souscrit pas sans plus en XVIII, 33, 39; XIX, 3, 19, 21. D'après L. VAN HARTINGSVELD, *Die Eschatologie des Johannesevangeliums*, Assen, 1962, pp. 91-92, les paroles de Jésus sur sa royauté sont à comprendre en fonction de *Dan.*, VII, 14, 22, 27. Jésus parle non du royaume de Dieu mais de *son* royaume; il le situe dans le cadre d'une opposition non «matériel-spirituel» mais «terrestre-céleste».

27. L. CERFAUX, *Le titre kyrios et la dignité royale de Jésus*, ap. *Recueil L. Cerfaux*, t. I (*BETL*, t. VI), Gembloux, 1954, pp. 35-63. — *«Adonai» et «Kyrios»*, *ibid.*, pp. 137-172. — *«Kyrios» dans les citations pauliniennes de l'Ancien Testament*, *ibid.*, pp. 173-188.

Les études de L. Cerfaux furent largement provoquées par l'important ouvrage de W. W. BAUDISSIN, *Kyrios als Gottesname im Judentum*, Giessen, 1927-1928.

Le plus ancien des évangiles, celui de Marc, est d'une grande sobriété dans l'emploi de *kyrios*. Le titre s'applique à Dieu en *Mc.*, V, 19 par. *Lc.*, VII, 39, où toutefois «Dieu» remplace «Seigneur»; puis en *Mc.*, XXI, 42 et en *Mc.*, XII, 36 par. *Mt.*, XXII, 44; *Lc.*, XX, 42, où l'évangile allègue un texte vétérotestamentaire. *Kyrios* revient à Jésus en tant que titre véritable seulement dans l'appendice marcien, en *Mc.*, XVI, 19. En *Mc.*, II, 28 par. *Mt.*, XII, 8; *Lc.*, VI, 5 il n'a pas vraiment cette portée, bien qu' I. de la Potterie insinue le contraire[28].

La présence de *kyrios* augmente considérablement dans l'évangile de Matthieu. D'après W. Trilling, le vocable y serait le principal titre christologique[29]. W. D. Davies estime qu'il partage cette importance avec «Fils de l'homme»[30], tandis que G. Strecker préfère l'associer étroitement à «Fils de David»[31]. Pour G. Bornkamm, il se situe au même rang que «Fils de David», «Fils d'homme», «Fils de Dieu», mais il exprime plus que ces trois titres la majesté de Jésus[32]. Quant à J. D. Kingsbury[33], il attribue à *kyrios* surtout un rôle d'appoint. Il servirait à transcender les autres titres, à les situer à un niveau d'exaltation proprement divine[34]. Le meilleur exemple de cette portée spécifiquement matthéenne du terme se trouverait en *Mt.*, XII, 8[35]. Dans tout l'évangile il n'y aurait qu'un seul passage : *Mt.*, XXIV, 42, dérivant du *Sondergut* matthéen, où *kyrios* se présente comme titre christologique indépendant[36].

Plus que Matthieu, Luc use abondamment de *kyrios* en relation avec Jésus. Résumant son enquête sur l'usage dans l'écrit lucanien,

28. I. DE LA POTTERIE, *Le titre kyrios appliqué à Jésus dans l'Évangile de Luc*, ap. *Mélanges bibliques B. Rigaux*, Gembloux, 1970, pp. 117-146. — Pour Matthieu cf. J. D. KINGSBURY, *The Title « Kyrios » in Matthew's Gospel*, ap. *JBL*, 1975, t. XCIV, pp. 246-255.

29. W. TRILLING, *Das wahre Israel*, 3e éd., ap. *StANT*, X, Munich, 1964, pp. 21-51, cit. ap. J. D. KINGSBURY, *op. cit.*, p. 247.

30. W. D. DAVIES, *The Setting of the Sermon on the Mount*, Cambridge, 1964, pp. 96-99, 360, cit. *ibid.*, p. 247.

31. G. STRECKER, *Der Weg der Gerechtigkeit*, ap. *FRLANT*, t. LXXXII, Goettingue, 1962, pp. 96-99, 360, cit. *ibid.*, p. 247.

32. G. BORNKAMM, *Enderwartung und Kirche im Matthäusevangelium*, ap. G. BORNKAMM – G. BARTH – H. J. HELD, *Ueberlieferung und Auslegung im Matthäusevangelium*, 5e éd., Neukirchen, 1968.

33. J. D. KINGSBURY, *art. cit.*, pp. 248, 249.

34. *Ibid.*, p. 249.

35. *Ibid.*, p. 249.

36. *Ibid.*, p. 255. — D'après certains auteurs, κύριος sans l'article vise le plus souvent Dieu sans plus, tandis que ὁ κύριος tend à être réservé à Jésus.

de la Potterie conclut: «Luc est pratiquement le seul à désigner régulièrement Jésus du titre chrétien ὁ κύριος. Dans les deux autres synoptiques, on ne trouve ce titre, avant Pâques, que dans le récit de l'entrée messianique à Jérusalem (*Mc.*, 11, 3 = *Mt.*, 21, 3). Mais cet unique usage est insolite... Dans le quatrième évangile, la situation n'est guère différente: si le titre y est utilisé régulièrement à partir de la résurrection, il l'est à peine trois fois pour la vie publique (4, 1; 6, 23; 11, 2)»[37].

Dans Luc, *kyrios* aurait, selon le professeur de Rome, la valeur d'un « titre messianique » compris dans « la plénitude de son sens chrétien »[38], comportant dès lors une «réinterprétation chrétienne du messianisme royal»[39]. Cette relecture du titre *kyrios* aurait abouti dans cet évangile à l'attribuer à Jésus sous un triple aspect, en tant que roi messianique au sens déjà précisé: *Lc.*, I, 43; II, 11; XIX, 31, 34 (cf. v. 38) (même *Lc.*, X, 1 posséderait une résonance messianique), — en tant que Seigneur de l'Église[40], — et en tant que juge eschatologique, notamment dans les paraboles sur la fin des temps: XIV, 23; XVI, 8[41].

Au but que nous poursuivons, il n'est pas requis d'examiner en détail dans quelle mesure les vues de J.D. Kingsbury et d'I. de la Potterie sont parfaitement fondées. Admettons sans peine, à la lumière de l'évolution de *kyrios* dans la théologie paulinienne[42] ainsi que dans le culte chrétien, que très tôt le vocable a dû acquérir des connotations impliquant l'autorité tantôt royale tantôt divine du Sauveur. Laquelle de ces deux nuances l'emporte en chaque cas, il est difficile de trancher. Si le vocable se présentait dans des contextes où surgit également la notion de *basileia*, le choix serait facile, mais les passages où *basileia* et *kyrios* sont accouplés ne se rencontrent guère.

Une référence à la *basileia* du Sauveur n'est présente qu'une seule fois en Marc, à savoir dans la bouche de la foule acclamant Jésus lors de son entrée solennelle à Jérusalem: *Mc.*, XI, 10; elle revient trois ou quatre fois en Matthieu et trois fois en Luc.

37. I. DE LA POTTERIE, *art. cit.*, p. 117.

38. *Ibid.*, p. 146.

39. *Ibid.*, p. 146. — On peut renvoyer pour ce sens plénier à *Act.*, II, 36, que pas mal d'exégètes considèrent comme un texte-clef.

40. *Ibid.*, p. 146.

41. *Ibid.*, p. 146.

42. Cf. les études de L. CERFAUX citées *supra*, note 27.

L'évangile matthéen mentionne indiscutablement la *basileia* du Sauveur en XIII, 41; XVI, 28 et XX, 21. A ces trois passages s'ajoute peut-être un quatrième, *Mt.*, XVI, 19, où Jésus déclare disposer des clefs du royaume céleste. Dans ces conditions, son royaume comporte dans la théologie matthéenne un premier aspect, terrestre, que nous pouvons appeler ecclésial: *Mt.*, XIII, 41, un deuxième à qualifier d'eschatologique: *Mt.*, XVI, 28, et un troisième nettement céleste : *Mt.*, XX, 21 et XVI, 19.

Dans l'évangile lucanien la *basileia* de Jésus surgit en I, 33; XXII, 29 et XXIII, 42. Deux fois: en XXII, 29 et XXIII, 42, l'évangéliste vise le royaume céleste du Christ. La troisième fois, il a en vue un règne apparemment terrestre : celui de Jésus, fils de David, sur la maison d'Israël : *Lc.*, I, 33. Deux fois : en I, 33 et XXII, 29, le Seigneur Dieu ou le Père est dit conférer à Jésus le royaume.

L'évangile de Jean mentionne une seule fois le royaume de Jésus, car c'est bien de *son* royaume que le Sauveur parle quand il s'adresse à Pilate : *Jn*, XVIII, 36.

Dans le seul contexte marcien où la *basileia* de Jésus est évoquée, — seulement d'ailleurs de manière indirecte, — nous rencontrons l'expression «celui qui vient», l'*erchomenos*, pour désigner le Sauveur. On peut être tenté de la comprendre comme titre messianique, sinon christologique, et dès lors d'y découvrir une certaine connotation royale. Mais *kyrios* n'y intervient pas.

Dans quatre des passages sur la *basileia* propres à Matthieu ou à Luc: *Mt.*, XX, 21; XVI, 19; *Lc.*, XXII, 29; XXIII, 42, aucun titre christologique ne surgit[43]. Deux autres textes: XIII, 41, XVI, 28, renvoient au Fils de l'homme et, à ce titre, vu le caractère royal de ce personnage en *Dan.*, VII, 13-14, ils tendent sans doute à présenter Jésus comme roi[44]. Il n'y a somme toute qu'un seul passage à amener directement et explicitement dans un contexte de la *basileia* la mention de *kyrios*, à savoir *Lc.*, I, 32-33, à condition d'y garder la leçon *Christos kyrios*[45] et de mettre le passage en relation étroite avec *Lc.*, II, 10-11. A maintenir *Christos kyrios* on a l'impression que l'hagiographe a voulu en quelque sorte dresser en face ou à côté du κύριος ὁ θεὸς de *Lc.*, I, 16, 28 le Χριστὸς κύριος de *Lc.*, II, 11 et 26.

43. Notons toutefois que dans la péricope sur le pouvoir concédé à Pierre, *Mt.*, XVI, 19 est précédé du v. 13 où Jésus mentionne le Fils de l'homme et du v. 16 où Simon Pierre confesse son Maître comme le Christ et le Fils de Dieu.

44. *Mt.*, XIII, 4; XVI, 28.

45. I. DE LA POTTERIE, *art. cit.*, pp. 120-121.

En résumé, si par le biais du Fils d'homme *Mt.*, XIII, 41 et XVI, 28 impliquent la dignité royale de Jésus, il n'y a qu'un seul passage, à savoir *Lc.*, I, 32-33 à utiliser dans un contexte de *basileia* le titre *kyrios*. Et ce seul passage ne manque pas de poser un sérieux problème de critique textuelle[46].

A côté de la titulature, deux données concourent à attester la souveraineté qui revient à Jésus et à son Père, à savoir la possession d'un trône et celle de la gloire royale.

La mention du trône n'est pas fréquente. A celui de Dieu font allusion deux passages matthéens : V, 34 et XXIII, 22 dans un contexte d'inspiration nettement vétérotestamentaire. Presque toujours c'est au trône du Fils que les textes néotestamentaires font allusion. Matthieu y renvoie en deux logia : *Mt.*, XIX, 28; XXV, 31, et chaque fois le trône est accordé au Sauveur en sa qualité du Fils de l'homme. C'est de nouveau en tant que Fils d'homme que *Mc.*, XIV, 62 par. *Mt.*, XXVI, 64; *Lc.*, XXII, 69, contemple Jésus intronisé, cette fois sur le trône divin, à la droite même de la Puissance : place revenant au Sauveur également en *Act.*, VII, 55-56, où toutefois la mention du trône fait défaut.

On retrouve le trône du Fils dans le corpus des écrits pauliniens, à savoir dans l'épître aux Hébreux : I, 8; IV, 16; VIII, 1; XII, 2. Jésus l'occupe non plus comme Fils de l'homme mais en tant que Fils ou Pontife suprême, exerçant son ministère à partir du ciel.

C'est dans l'Apocalypse que nous découvront les allusions les plus nombreuses au trône divin du Père ou du Fils. Le plus souvent l'hagiographe mentionne celui du Père : IV, 2, 3, 5, 6, 9, 10; V, 1, 7; VI, 16; VII, 10, 11, 15; VIII, 3; XIV, 3; XIX, 4; XX, 11, 12; XXI, 5. Mais celui du Fils n'est pas oublié : III, 21; V, 6; VII, 17; XII, 5, et, en III, 21; XII, 5, et, sans doute également en XXII, 1, 3, où le Père et le Fils paraissent siéger sur le même trône. Il n'est pas exclu qu'en raison d'*Apoc.*, I, 13, l'apocalypticien ait attribué l'intronisation royale à Jésus en sa qualité de Fils de l'homme. Il aurait ainsi rejoint les passages des Synoptiques où la même perspective surgit.

A côté du trône, la *doxa*, c'est-à-dire la gloire, souligne la dignité royale de Dieu et de son Fils, mais, observons-le d'entrée de jeu, souvent c'est plutôt le caractère céleste, pneumatique, et non le caractère royal, que la *doxa* entend manifester.

46. *Ibid.*, pp. 120-121.

Dans un contexte de souveraineté royale, les Synoptiques attribuent la gloire tant au Fils qu'au Père[47], en notant toutefois que le Fils la recoît du Père[48]. Le Fils est dit l'obtenir en sa qualité de Fils d'homme et cela en deux moments, celui de son intronisation céleste[49] et surtout celui de sa parousie[50]. Mais selon Luc la gloire fut déjà mystérieusement présente en lui lors de la transfiguration[51].

* * *

On ne se trompera pas en affirmant que les écrits pauliniens proclament plus nettement que les évangiles la dignité royale de Jésus[52]. Cela ressort d'abord de l'emploi fréquent du titre *Kyrios*, surtout si l'on est d'accord avec l'exégèse de L. Cerfaux estimant devoir lui donner une connotation spécifiquement royale[53], — puis de

47. *Lc.*, XVI, 26 par. *Mc.*, VIII, 38; *Mt.*, XVI, 27.

48. *Lc.*, XVI, 26. — *Mc.*, VIII, 38 par. *Mt.*, XVI, 27. — Sur la gloire de Jésus voir J. COPPENS, *La glorification céleste de Jésus dans la théologie néotestamentaire et l'attente de Jésus*, ap. *Resurrexit. Actes du Symposium international sur la résurrection de Jésus (Rome 1970)*, Rome, 1974, pp. 31-55.

49. *Mc.*, X, 37. Dans le texte parallèle *Mt.*, XX, 21 la *doxa* est remplacée par la *basileia*. Cf. aussi *Lc.*, XXIV, 26.

50. *Mt.*, XXIV, 3 par. *Mc.*, XIII, 26; *Lc.*, XXI, 27, passages où la *doxa* est associée à la *dunamis*. — *Mt.*, XXV, 31.

51. *Lc.*, IX, 31.

52. Pour l'analyse de la doctrine paulinienne renvoyons en ordre principal aux travaux de Lucien Cerfaux. Bien que traduits en partie en allemand et en anglais, ils sont trop peu utilisés. L'exposé du professeur de Louvain n'est pas toujours facile, et les versions de ses œuvres laissent à désirer. C'est à leur teneur originale qu'il importe avant tout de recourir.

On consultera en premier lieu la trilogie paulinienne : *La théologie de l'Eglise suivant saint Paul*, 2e éd. mise à jour et augmentée, ap. *Unam Sanctam*, t. LIV, Paris, 1965. — *Le Christ dans la théologie de saint Paul*, ap. *Lectio divina*, t. VI, Paris, 1951. — *Le chrétien dans la théologie paulinienne*, ap. *Lectio divina*, t. XXXIII, Paris, 1962. Pas mal de données sont à cueillir dans les articles réunis dans les trois volumes du *Recueil Lucien Cerfaux*, t. I-II, ap. *BETL*, t. VI-VII, Gembloux, 1954; t. III, ap. *BETL*, t. XVIII, Gembloux, 1962.

Sur l'œuvre du professeur L. Cerfaux lire J. COPPENS, *La christologie de saint Paul*, ap. *L'Attente du Messie*, Bruges, 1954, pp. 139-153. — *L'état présent des études pauliniennes*, ap. *ETL*, 1956, t. XXXII, pp. 363-372. — *La carrière et l'œuvre scientifique de Mgr Lucien Cerfaux*, ap. *ETL*, 1969, t. XLV, pp. 9-44, 59-73, et dans *L'Évangile de Luc. Problèmes littéraires et théologiques. Mémorial Lucien Cerfaux*. Éd. F. NEIRYNCK, ap. *BETL*, t. XXXII, Gembloux, 1971, pp. 23-59. — *Bibliographie Lucien Cerfaux*, *ibid.*, pp. 71-90.

53. L. CERFAUX, *Le Christ*, pp. 75, 375-381, en particulier p. 380.

l'insistance paulinienne sur l'intronisation glorieuse de Jésus telle qu'elle nous est présentée en *Phil.*, II, 9-11, — ou sur sa domination universelle du Sauveur : κυριεύειν, englobant les vivants et les morts, enseignée en *Rom.*, XIV, 9[54]. Et puis il y a la mention de la session du Christ à la droite de Dieu : *Rom.*, VIII, 34[55] et celle de la *doxa*, la gloire royale, lui conférée à tout jamais[56].

Signalons en passant que dans la perspective de *Rom.*, V, 17; *I Cor.*, VI, 2-3; *II Tim.*, II, 12, les fidèles sont appelés à être étroitement associés à la royauté de Jésus (cf. *Eph.*, II, 6). L'Apôtre rejoint en ces passages certaines vues du livre vétérotestamentaire de la Sagesse quant au statut et au rôle des bienheureux, et il y anticipe une espérance plus tard fortement exprimée par l'auteur de l'Apocalypse[57].

Les épîtres deutéro-pauliniennes affirment à leur tour la session du Christ exalté à la droite du Père : *Col.*, III, 1 et *Eph.*, I, 20. En outre, la lettre aux Colossiens se plaît à insister sur la victoire de Jésus sur toutes les puissances : II, 10, 15, et celle aux Éphésiens rapporte l'ascension triomphale du Sauveur aux cieux : IV, 8-10. L'une et l'autre saluent la primauté du Christ : *Col.*, I, 18; *Eph.*, I, 10, primauté que la notion de plérôme exprime à son tour : *Eph.*, I, 23[58].

Avec les lettres trito-pauliniennes, le vocabulaire change notablement. Dans ces écrits survient pour la première fois un recours à des titres qui s'inspirent explicitement du vocabulaire vétérotestamentaire pour signifier la royauté céleste de Dieu le Père ou de Jésus. Des trois lettres pastorales, toutes trito-pauliniennes, la première à Timothée se contente de saluer seul Dieu le Père comme roi céleste, et cela en des termes largement repris à la terminologie vétérotestamentaire : *I Tim.*, I, 17 et VI, 15[59]. Elle connaît pourtant l'exaltation de Jésus qu'elle rapporte en citant un hymne christologique[60]. En revanche, la deuxième lettre à Timothée porte son attention sur la souveraineté céleste du Christ dont elle mentionne la gloire : II, 10[61], le règne :

54. *Ibid.*, p. 86. Cf. aussi *I Cor.*, XV, 25 et *Phil.*, III, 21.

55. *Ibid.*, p. 75.

56. Cf. par exemple *II Cor.*, III, 18; IV, 6.

57. L. CERFAUX, *La théologie de l'Église*, p. 346 et 346, note 1. — Renvoyons aussi à *I Cor.*, IV, 8, où l'Apôtre implique pour les chrétiens l'acte de « régner » mais non pas en-dehors de leur soumission à l'autorité apostolique.

58. I. DE LA POTTERIE, *Le Christ, plérôme de l'Église* (*Ep., I, 22-23*), ap. *Biblica*, 1977, t. LVIII, pp. 500-524.

59. Cf. C. SPICQ, *Les Épîtres pastorales*, ap. *Études bibliques*, Paris, 1947, pp. 45-46.

60. *Ibid.*, pp. CXLV, 106-111.

61. *Ibid.*, p. 348.

II, 12[62]; IV, 18[63] et la manifestation de son pouvoir royal lors du jugement eschatologique des vivants et des morts[64].

Plus haut nous avons déjà allégué le témoignage de l'épître aux Hébreux[65]. Rappelons qu'elle applique au Christ exalté le *Ps.* XLV, 7-8 pour lui conférer un trône et un royaume céleste, et qu'elle fait appel au *Ps.* CX, 1 pour proclamer la session du Christ à la droite de Dieu et sa domination universelle sur ses ennemis[66]. Rien d'étonnant qu'en XIII, 21 l'hagiographe adresse au Christ une acclamation doxologique qui ailleurs, en *Phil.*, IV, 20 et en *I Tim.*, I, 17, est réservée à Dieu le Père[67].

Ne quittons pas l'exposé de la doctrine néotestamentaire sur la royauté de Jésus sans insister sur le fait que dans la mesure où les écrits du Nouveau Testament saluent le Seigneur comme roi, ils se réfèrent en dernière instance à son intronisation céleste et que presque toujours ils rattachent celle-ci non à la parousie mais à l'exaltation céleste[68] qui lui échut à sa résurrection[69]. Cette liaison ressort entre autres de ce que les ennemis verront le Fils de l'homme non dans l'acte de s'asseoir sur le trône mais comme déjà y installé et assis (καθήμενον). En d'autres mots, du moins les évangiles visent un état déjà acquis et non un acte d'intronisation réservé à la fin des temps.

Concluons qu'à tout prendre en compte et à excepter l'Apocalypse, les écrits du Nouveau Testament n'ont guère souvent retenu le terme *basileus* pour exprimer la dignité royale de Dieu le Père ou de Jésus et, par conséquent, qu'ils n'ont guère repris le vocabulaire de la royauté divine chère à l'Ancien Testament[70]. La réserve s'explique, bien qu'elle

62. En II, 12, le vocable συμβασιλεύσομεν implique un certain corègne. Nous serions donc ici en progrès par rapport aux lettres proto- et deutéro-pauliniennes et nous nous trouverions sur le chemin qui conduit à l'Apocalypse.

63. *Ibid.*, p. 396. C. Spicq paraphrase : « Il me sauvera (en m'introduisant) dans le royaume céleste. »

64. *Ibid.*, pp. 383-384, 388-389.

65. Cf. C. Spicq, *L'Épître aux Hébreux*, t. II : *Commentaire*, ap. *Études bibliques*, Paris, 1953, pp. 412-413.

66. *Ibid.*, pp. 21-22. — A la *basileia* céleste du Christ se rapporte aussi *II Petr.*, I, 11.

67. *Ibid.*, p. 437.

68. J. Dupont, *« Assis à la droite de Dieu. » L'interprétation du Ps. 110, 1 dans le Nouveau Testament*, ap. *Resurrexit*, p. 357.

69. J. Dupont, *loc. cit.*, remarque « qu'on ne peut s'en faire une idée que par d'autres passages témoignant de la pensée de l'Église primitive ; il est clair alors qu'il se rattache à la résurrection ».

70. Dans *The Names of Jesus* (Londres, 1953, pp. 76-77), V. Taylor offre quelques réflexions sur l'accueil réservé au titre « roi » dans la christologie de l'Église naissante : « It is evident that at Ephesus at the end of the first century there was an increased

puisse surprendre vu l'importance revenant par ailleurs dans les évangiles à la notion de Royaume de Dieu.

En ce qui concerne Dieu le Père, la révélation de la paternité divine a dû faire oublier quelque peu son caractère de *basileus* céleste. Rien de plus frappant de ce point de vue que le texte de l'oraison dominicale. Alors qu'elle implore explicitement la venue du règne, de la souveraineté divine, elle s'adresse pour le faire à Dieu comme «père»[71]. Et les chrétiens de l'Église apostolique ont continué d'apostropher ainsi Dieu, ayant reçu un esprit d'adoption qui les fait crier : *Abba*, Père (*Rom.*, VIII, 14)[72].

Quant à Jésus, βασιλεύς était pour lui un titre ambigu dans ses relations tant avec ses compatriotes[73] qu'avec les païens[74]. Puis, pour les chrétiens, il était devenu totalement superflu depuis qu'ils avaient appris à saluer leur Sauveur, exalté à la droite du Père, surtout comme le *Christos* et le *Kyrios*[75]. *Kyrios*, non moins applicable

interest in the kingship of Christ... (l'auteur se base sur les textes du quatrième évangile). This fact is confirmed by three passages in the Apocalypse which affirm the supreme dignity and greatness of Jesus (I, 5; XVII, 14; XIX, 16).

This interest, however, was not widespread, for there are no passages of the kind in the Epistles, and the only remaining New Testament example is *Ac.* XVII, 7... It is easy to say why the name is not more freely used. The title was politically dangerous. Further, in view of their favorable attitude to the Empire, it is naturally avoided by St. Paul and the author of 1 Peter, just as, for the contrary reason, it is thrown out as a challenge by the Seer John. Jesus himself has not used the name, and for Christian usage in general, all that was of value in it could be embraced in the title 'the Lord', with the added advantage of the liturgical associations of the Kyrios-title.»

71. A.H. M'NEILE, *op. cit.*, pp. 77-78. — Le sens du «royaume» envisagé dans l'oraison dominicale fait l'objet d'interprétations divergentes: plusieurs exégètes songent au royaume présent et à son progrès. Ce dernier sens est adopté par la minuscule 700^{greg}, qui substitue à la venue des royaume celle de l'Esprit : ἐλθέτω τὸ πνεῦμα σου ἐφ' ἡμᾶς καὶ καθαρισάτω ἡμᾶς.

72. J. JEREMIAS, *Abba*, ap. *Abba. Studien zur neutestamentlichen Theologie*, Goettingue, 1966, pp. 15-67. — W. MARCHEL, *Abba, Père! La Prière du Christ et des chrétiens. Étude exégètique sur les origines et la signification de l'invocation à la divinité comme père, avant et dans le Nouveau Testament*, ap. *Analecta Biblica*, t. XIX, Rome, 1963. — J. COPPENS, *Dieu le Père dans la théologie paulinienne*, ap. *La Notion biblique de Dieu. Le Dieu de la Bible et le Dieu des Philosophes* (*Bibl. ETL*, t. XLI), Gembloux, 1976, pp. 331-335.

73. Sur l'ambiguïté de la notion de royauté dans l'attente messianique lire J. COPPENS, *Le Messianisme royal. Ses origines. Son développement. Son accomplissement*, ap. *Lectio divina*, t. LIV, Paris, 1968, pp. 158-198.

74. Cf. *Lc.*, XXII, 25 par. *Mc.*, X, 42; *Mt.*, XX, 25.

75. Cf. la conclusion du discours de Pierre : *Act.*, II, 36, parole qui passe à juste titre comme un logion-clef de la christologie naissante.

à Dieu[76], — ne l'oublions pas, — contribua dès lors à faire oublier également pour le Père l'usage du vocable *basileus*.

Enfin, il n'est pas exclu qu'au début de la prédication chrétienne dans l'empire romain les apôtres de la religion nouvelle aient évité de se servir d'un vocable qui aurait pu provoquer l'hostilité des pouvoirs publics. En revanche, quand la persécution eut commencé et quand les autorités païennes cherchèrent à obliger les chrétiens à nier la seigneurie de Jésus, la réserve n'était plus de mise. Bien au contraire désormais il leur fallait confesser à la face des persécuteurs la foi en la royauté divine de Jésus[77].

* * *

Si les écrits du Nouveau Testament s'arrêtent peu à la titulature royale de Dieu et de son Fils, ils consacrent d'autant plus d'attention à la présentation du Royaume, de la *Malkût*. Ils se distinguent ainsi de la documentation vétérotestamentaire et nous offrent un dossier aussi complexe que varié[78].

Dans les Synoptiques domine l'annonce de la venue du Royaume. Elle est saluée de «bonne nouvelle» et, au premier abord, elle est présentée comme prochaine, voire imminente. La fin que nous poursuivons, ne réclame pas un exposé complet, approfondi, original, d'une notion qui a provoqué une littérature abondante. Il nous suffit de tenir compte des travaux récents et d'en dégager les conclusions le plus communément retenues.

76. Rappelons la distinction établiè par Luc entre κύριος ὁ θεός (*Lc.*, I, 16, 28) et χριστὸς κύριος (*Lc.*, II, 11, 26).

77. Cf. *supra*, note 70 les réflexions de V. Taylor.

78. J. BONSIRVEN, *Le Règne de Dieu*, ap. *Théologie*, t. XXXVII, Paris, 1957. — L. CERFAUX, *L'Église et le Règne de Dieu d'après saint Paul*, ap. *Recueil Cerfaux* (*Bibl. ETL*, t. VII), Gembloux, 1954, t. II, pp. 365-387. — Voir les théologies récentes du Nouveau Testament H. CONZELMANN, *Grundriss der Theologie des Neuen Testaments*, Munich, 1968. — W. G. KÜMMEL, *Die Theologie des Neuen Testaments nach seinen Hauptzeugen*, Goettingue, 1969. — J. JEREMIAS, *Neutestamentliche Theologie*, t. I: *Die Verkündigung Jesu*, Gütersloh, 1971. — É. LOHSE, *Grundriss der neutestamentlichen Theologie*, Stuttgart, 1974. — N. PERRIN, *Jesus and the Language of the Kingdom. Symbol and Metaphor in the New Testament Interpretation*, Philadelphie, 1976. Dans cet ouvrage, Perrin discute les vues des principaux auteurs contemporains, notamment de C. H. Dodd, T. W. Manson, R. Bultmann. Il attire l'attention spécialement sur *Mc.*, I, 15; *Mt.*, X, 7; *Lc.*, X, 9-11; *Mt.*, XII, 28 par. *Lc.*, XI, 20; *Mt.*, XI, 12 (cf. *Lc.*, XVI, 16); *Lc.*, XVII, 20-21 et verse au dossier des textes intertestamentaires *Ps. Sal.*, V, 18-19; XVII, 3; *1 Q M*, VI, 6; XII, 7; *1 Q Sb*, 3, 5; *1 Q Sb*, 4, 25-26; *Ass. Moïse*, X, 5; *Sib. Orac.*, III, 46-47; 652-795.

Le Royaume de Dieu entrevu dans les Synoptiques possède un caractère nettement eschatologique, propriété qui soulève un problème aussi difficile que classique. Pour le résoudre, cinq hypothèses principales se disputent notre adhésion[79]. La première suggère de ne voir dans la perspective eschatologique et dans la tension en résultant dans les évangiles qu'un procédé de dialectique. La deuxième patronnée par des exégètes de renom, tels J. Weiss, A. Schweizer, A. Loisy, M. Werner, E. Grässer, estime que Jésus a vraiment prêché une eschatologie absolue, conséquente, eschatologie que le déroulement historique a démentie. Moins radicale, une troisième solution chère à Ch. H. Dodd, préfère parler d'une eschatologie réalisée. De cette opinion se rapprochent les auteurs qui songent à ce qu'on pourrait appeler un accomplissement proleptique de l'eschatologie. Une cinquième théorie rallie les exégètes qui, désireux de se distancer de toute position extrême, avancent l'hypothèse d'une eschatologie amorcée.

De cette dernière interprétation se rapprochent par exemple les vues de L. Cerfaux[80]. Selon le professeur de Louvain, Jésus aurait intégré dans son message, certes en la transformant notablement, la double attente, messianique et apocalyptique, de l'Ancien Testament. Assumant d'une part le rôle du messager deutéro-isaïen de la «bonne nouvelle», il aurait entrevu et proclamé la venue du règne de Dieu comme l'avènement définitif du salut entrevu et attendu par l'espérance messianique classique. D'autre part, il se serait référé à l'attente apocalyptique, surtout telle qu'elle s'était exprimée dans le livre de Daniel. En d'autres mots, Jésus aurait entrepris d'opérer une synthèse, synthèse aussi originale que difficule, du messianisme et de l'apocalyptique, de l'attente du «Règne» messianique et de celle du «Royaume» transcendant de Dieu[81]. D'où, selon L. Cerfaux, la nécessité pour toute exégèse bien conduite de distinguer deux sens, à coup sûr apparentés mais néanmoins distincts, de la *basileia* divine dans les écrits du Nouveau Testament. Le premier dénote avant tout l'exercice de la puissance royale divine; le second s'attache à envisager, éventuellement à circonscrire, dans un contexte quelque peu spatial, le domaine où cette influence s'exerce. Le premier implique la présence amorcée, partiellement réalisée, du règne et du royaume;

79. Cf. un résumé de ces opinions dans R. SCHNACKENBURG, *Reich Gottes*, ap. *Bibeltheologisches Wörterbuch*. Éd. J.B. BAUER, Graz, s.d. (1962), t. II, pp. 974-975.

80. L. CERFAUX, *La théologie de l'Église suivant saint Paul*, nouvelle édition, ap. *Unam Sanctam*, t. LIV, Paris, 1965, p. 333. Il renvoyait pour une prise de position analogue à W.G. KÜMMEL, *Jesus and Paulus*, ap. *NTS*, 1963-1964, t. X, pp. 177-180.

81. *Ibid.*, p. 386.

le second envisage une réalité à venir, future, eschatologique, une réalité qui appartient à un «nouvel éon» et qui aura une dimension supraspatiale et transtemporelle.

Déjà l'évangile de Marc semble nous mettre en présence des deux significations que L. Cerfaux nous invite à distinguer[82]. Au Royaume eschatologique se rapportent quelques-uns des logia où il est question d'entrer dans le Royaume[83], puis ceux où il est opposé à la géhenne[84], où il est assimilé à la vie éternelle[85], où il est à recevoir définitivement dans le siècle futur, siècle nouveau et éternel[86]. Selon un logion censément prononcé par Jésus lors de la dernière cène, le Sauveur aurait explicitement envisagé ce Royaume la veille de sa mort tragique[87].

Parmi les paroles du Christ qui en revanche comportent la présence actuelle du règne, à tout le moins son amorce, il y a d'abord *Mc.*, I, 15, où le Seigneur invite à croire au royaume, puis *Mc.*, X, 15 par. *Lc.*, XVIII, 17, où il impose de le recevoir à la manière des enfants[88], qui en quelque sorte le possèdent déjà[89], enfin *Mc.*, IV, 11, où le «mystère» du royaume est donné[90] aux Douze et à ceux qui entouraient le Sauveur[91].

On discute sur la question de savoir quelle forme du logion : celle de *Mc.*, IV, 11 ou celle de *Mt.*, XIII, 11 par. *Lc.*, VIII, 10, est la plus primitive. Les arguments qui plaident pour la tradition *Mt.-Lc.* ne nous convainquent pas[92]. A retenir comme leçon originale

82. Voir aussi par exemple Enrique NARDONI, *La transfiguración de Jesus y el dialogo sobre Elias*, ap. *Teologia. Estudios y documentos*, t. II, Buenos Aires, 1977, pp. 68-88.

83. *Mc.*, IX, 47, par. *Mt.*, XVIII, 8. — En certains textes, ζωή correspond à βασιλεία. Cf. *infra*, note 85.

84. Le royaume est opposé à la géhenne en *Mc.*, IX, 47-48 par. *Mt.*, XVIII, 8.

85. Le royaume des cieux de *Mc.*, IX, 47 est remplacé par la vie en *Mt.*, XVIII, 8. — De même, dans un contexte pas ou moins parallèle la récompense est la vie éternelle : *Mc.*, X, 30 par. *Mt.*, XIX, 29; *Lc.*, XVIII, 30, à recevoir dans le siècle qui vient : *Mc.*, XIX, 29; *Lc.*, XVIII, 30.

86. *Mc.*, X, 30 par. *Lc.*, XVIII, 30.

87. *Mc.*, XIV, 25 par. *Mt.*, XXVI, 29; *Lc.*, XXII, 15-17.

88. L'expression est un hapax legomenon dans le N.T.

89. *Mc.*, X, 14 par. *Mt.*, XIX, 14; *Lc.*, XVIII, 16.

90. Dans *Le Nouveau Testament. Traduction nouvelle*, Paris, 1949, E. OSTY traduit trop librement : «A vous est révélé le secret du Royaume».

91. Matthieu et Luc ne parlent pas de «ceux qui l'entouraient et des Douze», mais des *mathètai*, des disciples.

92. Cf. L. CERFAUX, *La connaissance des secrets du Royaume d'après Mt., XIII, 11 et parallèles*, ap. *Recueil Lucien Cerfaux*, t. III, Gembloux, 1962, pp. 123-138. L'auteur allègue quatre arguments : le vocable est employé au pluriel dans le Livre

Mc., IV, 11 et à comprendre la forme passive δέδοται comme choisie pour exprimer le résultat de l'action divine[93], le mystère du royaume visé par l'hagiographe paraît être l'objet par excellence de la prédication de Jésus, à savoir le secret messianique, le secret ou mystère de sa propre personne[94].

C'est en effet par sa personne que Jésus rend déjà présent le royaume de Dieu. Recevoir le royaume comme des enfants, c'est aller comme eux vers Jésus[95]. S'exclure du royaume, c'est refuser l'allégeance à Jésus que professent les enfants[96]. C'est en outre des dispositions témoignées à l'égard de sa personne que Jésus fait dépendre la proximité du royaume[97], et c'est la *dynamis* se dégageant de lui qui en manifeste l'avènement[98].

Marc amorce aussi, ce nous semble, une troisième acception de la *basileia*, se situant entre celle de l'exercice du règne, c'est-à-dire de la *dynamis* réalisant l'influence actuelle de la royauté divine, et celle du royaume futur, aboutissement eschatologique de l'emprise divine sur le monde. Cette troisième acception implique la réalité d'un état intermédiaire, en d'autres mots la présence d'un royaume transitoire, temporel. Elle est présente dans deux des trois paraboles marciennes du Royaume. Alors que la première: celle du semeur continue en effet à se rattacher à la première notion, celle de l'influence divine actuelle dans le monde, s'exerçant en l'occurrence par la parole, celle de la semence qui croît d'elle-même «sans que l'on sache comment» (*Mc.*, IV, 27) et celle du grain de senevé nous font découvrir une réalité introduite par Jésus dans le cours de l'histoire. Cette réalité, à laquelle Marc ne donne pas de nom, Matthieu l'appelle le «royaume du Fils de l'homme» (*Mt.*, XIII, 41), un royaume distinct de celui du Père (*Mt.*, XIII, 43).

de Daniel pour désigner l'événement eschatologique (*Dan.*, II, 28); il est aussi plus en harmonie avec le style des Rouleaux de la mer Morte; il est également plus conforme au contenu de ces rouleaux où les mystères sont des mystères de connaissance, d'intelligence, de sagesse; enfin *mustèrion* au singulier a trop de parallèles dans Paul pour que nous ne soupçonnions pas Marc d'en avoir subi l'influence (cf. *loc. cit.*, pp. 126-127). A. M. AMBROZIC accepte la position du professeur de Louvain: *The Hidden Kingdom. A Redaction-critical Study of the References to the Kingdom of God in Mark's Gospel*, ap. *CBQ Monograph Series*, t. II, Washington, 1972, pp. 87-88. — Cf. G. KÜNZEL, *op. cit.*, pp. 132-133.

93. W. GRUNDMANN, *Das Evangelium nach Markus*, 2e éd., Berlin, 1959, p. 90.

94. E. NARDONI, *op. cit.*, pp. 69-71.

95. *Ibid.*, pp. 74-75.

96. *Ibid.*, pp. 74-75.

97. *Ibid.*, pp. 74, 76-77, 77-78.

98. *Ibid.*, pp. 79-88.

Nous pouvons, semble-t-il, conclure que l'évangile marcien nous entretient d'un Royaume de Dieu annoncé : I, 14, amorcé : I, 15, appelé à se développer mystérieusement : IV, 11, 26, 30-31. Ce royaume est confié et transmis : IV, 11 ; X, 14. Il doit être assumé avec toutes ses exigences : IX, 47; X, 23-27, 28-31. Il sera consommé à la fin des temps : IX, 1 ; XIV, 25, au moment de la moision : IV, 29, de la parousie : XIII, 26; XIV, 62. Il obtiendra ainsi son achèvement final dans un règne céleste, celui possédé par Dieu dans l'au-delà : IX, 47; XIV, 25.

La plupart des aspects marciens du royaume, nous les retrouvons dans les logia[99], dans le *Sondergut* lucanien[100] ou matthéen[101]. Quelques aspects nouveaux y surgissent dont un seul doit en l'occurrence particulièrement retenir notre attention, à savoir qu'aussi bien Luc: XXIII, 42 que Matthieu: XIII, 41, mentionnent explicitement le royaume de Jésus ou du Fils de l'homme[102].

Des trois évangélistes, Matthieu atteste l'évolution la plus accentuée de la notion de « royaume de Dieu ». Ce développement ressort en particulier de l'expression : « l'Évangile du Royaume de Dieu » que nous rencontrons trois fois dans son écrit, partout introduit par le verbe *kèryssein :* IV, 23; IX, 35; XXIV, 14. Il ne s'agit plus d'annoncer simplement la bonne nouvelle de la venue prochaine du Royaume de Dieu mais d'en prêcher le contenu, les exigences religieuses et morales, d'abord en Galilée : IV, 23; IX, 35, puis à travers le monde entier : XXIV, 14.

Ce sens évolué de *basileia* visant avant tout l'enseignement sur le Royaume, se retrouve dans la plupart des textes des Actes où le terme se rencontre, à savoir en *Act.*, I, 3; VIII, 12; XIX, 8;

99. Dans sa *Neutestamentliche Theologie*, t. I : *Die Verkündigung Jesu*, Gütersloh, 1971, p. 40, J. JEREMIAS renvoie aux neuf passages suivants : *Mt.*, V, 3 par. *Lc.*, VI, 20; *Mt.*, VI, 10 par. *Lc.*, XI, 2; *Mt.*, VI, 33 par. *Lc.*, XII, 31; *Mt.*, VIII, 11 par. *Lc.*, XIII, 29; *Mt.*, X, 7 par. *Lc.*, X, 9; *Mt.*, XI, 11 par *Lc.*, VII, 28; *Mt.*, XI, 12 par. *Lc.*, XVI, 16; *Mt.*, XII, 28 par. *Lc.*, XI, 20; *Mt.*, XIII, 33 par. *Lc.*, XIII, 20.

100. Pour le *Sondergut* lucanien J. Jeremias allègue douze textes: IV, 43; IX, 60; IX, 62; X, 11; XII, 32; XIII, 28; XVII, 20a.b; XVII, 21; XVIII, 29; XXI, 31; XXII, 16; XXII, 18.

101. Le *Sondergut* matthéen compte vingt-sept attestations : V, 10; V, 19a.b; V, 20; VII, 21; VIII, 12; XIII, 19, 38, 43, 44, 45, 47, 52; XVI, 19; XVIII, 1, 3, 4, 23; XIX, 12; XX, 1; XXI, 31, 43; XXII, 2; XXIII, 13; XXIV, 14; XXV, 1.

102. Toutefois le royaume visé n'est pas le même : Matthieu, parlant du royaume du Fils de l'homme, envisage l'Église; Luc, mentionnant celui de Jésus, songe à un domaine céleste du Seigneur.

XXVIII, 23, 31[103]. Le même livre nous offre une deuxième acception également secondaire, substituant à l'affirmation de l'attente et de la venue du Règne, celle de sa présence en quelque sorte transtemporelle et spatiale, à savoir en *Act.*, XIV, 22.

Dans l'évangile johannique, la notion du Royaume est un recul[104]. L'hagiographe éviterait le terme et le thème par opposition aux spéculations du Judaïsme apocalyptique[105]. Si néanmoins il s'en sert en III, 3 et 5, ce serait pour en corriger la notion. L'hagiographe combattrait l'attente juive d'un salut assuré d'avance par Dieu à son peuple et il insisterait sur la nécessité d'une conversion intérieure, d'une «renaissance» spirituelle, pour y avoir part. La même préoccupation de l'évangéliste se manifesterait dans ses réflexions sur l'autre royaume religieux dont il atteste l'existence, celui de Jésus[106].

Il n'est pas exclu que l'opposition johannique aux notions juives traditionnelles de «royaume de Dieu» et de «roi d'Israël» soit encore plus radicale que ne le suppose C. K. Barrett. A la déclaration de Nathanaël proclamant Jésus comme «le roi d'Israël» (*Jn*, I, 46) le Sauveur répliquerait tout de suite par sa vraie identité, celle de Fils de l'homme céleste (*Jn*, I, 51). De même, mais cette fois moins nettement, à l'acclamation de Jésus comme «roi d'Israël» par la foule au jour des Rameaux (*Jn*, XII, 13), l'hagiographe opposerait d'abord

103. E. HAENCHEN, *Die Apostelgeschichte*, 5e éd., ap. *HEKNT*, Goettingue, 1965, p. 109, reconnaît sans ambages que ce sens est présent en *Act.*, I, 3; XIX, 8; XX, 25; XXVIII, 23. L'usage de la préposition *peri* pour introduire la mention de la *basileia* le confirme. Quant aux verbes employés pour désigner l'enseignement sur le royaume, il y a *euaggelizein* (VIII, 12) et *kèrussein* (XX, 25; XXVIII, 31), qui sont l'écho d'un vocabulaire primitif mais également *legein* (I, 3), *didaskein* (XXVIII, 3), *peithein* (XIX, 8) et *diamarturein* (XXVIII, 23) qui conviennent mieux au sens évolué de la notion.

104. C'est l'opinion de C. K. BARRETT, *The Gospel according to St John. An Introduction with Commentary and Notes on the Greek Text*, Londres, 1958, p. 173. — Sur la notion de la royauté de Jésus voir aussi M. DE JONGE, *Jesus as Prophet and King in the Fourth Gospel*, ap. *ETL*, 1973, t. XLIX, pp. 160-177.

105. Dans *The Interpretation of the Fourth Gospel* (Cambridge, 1953, p. 303, note 3), C. H. DODD s'est parfaitement rendu compte du recul de la mention de la *basileia*. Par ailleurs il relève — apparente antinomie — l'insistance de l'hagiographe sur le caractère royal de Jésus et sur sa royauté. Il signale à ce propos quelques rapprochements avec des textes philoniens spiritualisant la notion de la royauté et la mettant, tout comme Jean, en relation avec l'ἀλήθεια (*Quod Det.*, 22). Tout en constatant l'affinité de la réinterprétation johannique de la royauté avec celle de Philon, Dodd se garde d'affirmer la dépendance de l'évangeliste à l'endroit du philosophe alexandrin : cf. *op. cit.*, pp. 228-230, en particulier p. 230.

106. *Jn*, XVIII, 36. Cf. *ibid.*, pp. 447-448.

son interprétation de *Zach.*, IX, 9, interprétation écartant l'idée de la venue d'un roi temporel, puis et surtout le renvoi à la glorification de Jésus, c'est-à-dire une fois de plus à la thématique du Fils de l'homme, pour comprendre exactement sa dignité royale[107]. La notion d'un règne terrestre et temporel est le plus catégoriquement écarté en *Jn*, XVIII, 36-37, où Jésus situe son règne dans une mission spirituelle, celle de rendre témoignage à la vérité.

Concluons qu'à côté du royaume de Dieu le royaume de Jésus est à peine signalé dans les évangiles. Chez Matthieu il vise, semble-t-il, l'Église; chez Luc, il renvoie à l'au-delà; chez Jean il s'identifie avec une mission toute spirituelle qui oppose Jésus au «monde».

* * *

Abordant le corpus des lettres pauliniennes nous y decouvrons une doctrine sur le Royaume de Dieu distincte de celle des Synoptiques, des Actes et de l'Évangile johannique[108].

Paul lui-même ne s'est pas soucié de nous offrir une synthèse de sa pensée[109]. Puis il convient de distinguer dans les écrits lui attribués trois étapes aujourd'hui de plus en plus acceptées, étapes représentées respectivement par les lettres proto-pauliniennes : *I Thess.*, *II Thess.* (dont l'authenticité est toutefois mise en question), *I-II Cor.*, *Gal.*, *Rom.*, *Phil.*, *Philém.*, — deutéro-pauliniennes : *Col.*, *Éph.*, — et trito-pauliniennes: *I Tim.*, *II Tim.*, *Tit.*, sans compter l'épître aux Hébreux qui constitue à elle seule un domaine spécial[110]. Il importe ensuite de tenir compte dans l'analyse de l'œuvre paulinienne de la présence simultanée de tendances et d'aspirations mystiques et apocalyptiques[111].

Dans les lettres proto-pauliniennes, l'Apôtre conserve dans une certaine mesure l'expression évangélique «royaume de Dieu»[112], mais

107. Nous reprenons en l'occurrence les suggestions de J. PAINTER, *Christ and the Church in John 1, 45-51*, ap. *L'Évangile de Jean. Sources, rédaction, théologie*. Éd. M. DE JONGE, ap. *BETL*, XLIV, Gembloux, 1977, pp. 359-362.

108. Sur la littérature paulinienne voir *supra*, note 52.

109. Cf. J. COPPENS, *La carrière et l'œuvre scientifique de Mgr Lucien Cerfaux*, ap. *ETL*, 1969, t. XLV, pp. 9-44, 59-73.

110. Cf. J. COPPENS, *L'état présent des études pauliniennes*, ap. *ETL*, 1956, t. XXXII, pp. 363-372. Dans *Saint Paul. Les Épîtres aux Thessaloniciens*, ap. *Études bibliques*, Paris, 1956, p. 433, B. RIGAUX allègue quelque peu trop pêle-mêle les passages pauliniens.

111. L. CERFAUX, *La théologie de l'Église*, p. 180.

112. L. CERFAUX, *Le chrétien*, p. 49.

en la situant désormais nettement dans le futur. En *II Thess.*, I, 5, texte d'une épître dont l'origine paulinienne est discutée, Paul semble mettre le royaume de Dieu en connexion étroite avec la parousie. En tout cas, le «royaume de Dieu» auquel Dieu nous appelle: *I Thess.*, II, 12, dont il veut nous rendre les héritiers: *I Cor.*, VI, 9; XV, 50; *Gal.*, V, 21, est un royaume nullement présent mais nous réservé auprès de Dieu, dans l'au-delà, aux cieux[113].

On met en avant diverses raisons pour rendre compte de la distance prise par S. Paul à l'endroit du vocabulaire évangélique et pour en expliquer la réinterprétation céleste. Les Grecs auxquels saint Paul s'adressait, détestaient toute forme de tyrannie. Ils n'auraient guère été prêts à accepter une nouvelle économie religieuse présentée sous les traits d'une *basileia.* Quant aux Romains, ils auraient pu appréhender un danger pour leur sécurité personnelle en se ralliant à une religion prônant l'instauration d'une royauté. De plus aux uns et aux autres le terme et le thème se présentaient avec une frappe trop sémitique.

Préférant la réalité à l'utopie, se défiant des spéculations apocalyptiques sur l'éon nouveau et la Jérusalem céleste[114], rejoignant plutôt les textes des Synoptiques sur l'amorce du règne de Dieu dans le temps présent[115], l'Apôtre annonce cependant par endroits, nonobstant les textes eschatologiques déjà cités, une certaine anticipation présente de la βασιλεία τοῦ θεοῦ. Il la découvre non dans l'observation de pratiques humaines: *Rom.*, XIV, 17, ni dans la possession d'une éloquence ou d'une sagesse toutes naturelles: *I Cor.*, I, 18-19; IV, 8, 20, mais dans la présence et l'aide d'une force divine, celle de l'Esprit. Tout comme les chrétiens de Jérusalem qui avaient vu dans la résurrection de Jésus et dans l'effusion de l'Esprit prédite pour les derniers temps les débuts du règne de Dieu[116], Paul affirme que la présence de l'Esprit en constitue les prémices[117]. Il en déduit que les fruits du Pneuma divin: la justice, la paix, la joie: *Rom.*, XIV, 17, constituent bel et bien ceux du Royaume de Dieu.

De cette présence du royaume réalisée par le Christ ressuscité et par son Esprit, Paul conclut à l'existence d'un royaume du Christ à côté de celui de Dieu. Les épîtres protopauliniennes n'en parlent expli-

113. L. CERFAUX, *La théologie de l'Église*, pp. 343-344.

114. L. CERFAUX, *La théologie de l'Église*, pp. 180, 344.

115. Voir *supra*, pp. 290-294, les données sur les Synoptiques. Cf. L. CERFAUX, *ibid.*, p. 336: «Le Royaume est présent dans la parole de Jésus, dans le Fils de l'homme et sans doute aussi dans le petit troupeau des disciples galiléens.»

116. L. CERFAUX, *ibid.*, p. 180.

117. *Ibid.*, p. 180.

citement qu'une seule fois, à savoir en *I Cor.*, XV, 24-25. D'après l'Apôtre, cette βασιλεία : *I Cor.*, XV, 24 est encore en pleine expansion. Il faut que le Christ continue à remporter de nouvelles victoires : *I Cor.*, XV, 25-28, qu'il aboutisse même à se soumettre toutes les créatures : *I Cor.*, XV, 25, et qu'au terme d'un triomphe total et radical, y compris sur la mort, le Fils : *I Cor.*, XV, 28 remette et soumette le domaine ainsi conquis à Dieu le Père : *I Cor.*, XV, 28 [118].

La conception que les épîtres proto-pauliniennes expriment du royaume de Dieu ne recoupe pas, on s'en sera aperçu, celle des évangiles synoptiques [119]. Distinguons y d'abord deux notions distinctes : une première qui l'envisage dans un cadre céleste, transcendant et le lie par conséquent à l'eschatologie, à la parousie du Seigneur, et une deuxième qui le voit réalisé dans la vie chrétienne grâce à l'influx du Christ ressuscité et au don de l'Esprit.

La *basileia* anticipée sur terre tend à constituer une société sur laquelle le Christ exerce sa seigneurie [120], en d'autres termes à s'identifier avec l'Église et amorcer ainsi une troisième notion. Cette seigneurie du Christ dépasse toutefois les contours de ce qu'on peut appeler l'Église. Elle tend à devenir cosmique, à embrasser l'univers entier : *I Cor.*, XV, 24-28, objectif qui devra être atteint pour que la parousie du Christ puisse se produire : *I Cor.*, XV, 24. En ce moment précis, le royaume du Fils paraît devoir prendre fin dans la mesure où il le remettra au Père : *I Cor.*, XV, 24, afin que Dieu soit tout et en tous : *I Cor.*, XV, 28.

A considérer *I Cor.*, XV, 28, il semble que pour l'Apôtre la royauté soit essentiellement le fait du Père [121], par conséquent que le Fils n'est appelé qu'à exercer une corégence qui lui vaut néanmoins le même titre que le Père, celui de *Kyrios*.

Dans les épîtres deutéro-pauliniennes, le « Royaume de Dieu » est évoqué deux fois, d'abord seul en *Col.*, IV, 11, puis, en *Eph.*, V, 5, en union étroite avec celui du Christ. Dans les deux cas il est loisible d'y découvrir le prolongement de la pensée proto-paulinienne de I Cor., XV, 28, aux termes de laquelle tout, y compris le domaine du Christ, doit en dernière instance concourir à la souveraineté du Père.

118. E. SCHWEIZER, *« Pour que Dieu soit tout en tous » (I Cor., XV, 28). Contribution à la notion de l'image de Dieu dans les perspectives eschatologiques de Jésus et de Paul*, ap. *La Notion biblique de Dieu. Le Dieu de la Bible et le Dieu des Philosophes* (*BETL*, t. XLI), Gembloux, 1976, pp. 275-291.

119. B. RIGAUX, *op. cit.*, p. 433.

120. *Ibid.*, p. 433.

121. *Ibid.*, p. 433.

Ailleurs les épîtres deutéro-pauliniennes mentionnent le seul «royaume du Christ» et elles tendent à l'identifier avec l'Église[122] marquant ainsi, à l'intérieur du corpus des écrits pauliniens, une nette évolution.

En *Col.*, I, 13, l'identification avec l'Église est la plus obvie. La notion d'«église» est en effet présente dans le contexte, en *Col.*, I, 18 et 24. Observons toutefois qu'au verset 12, passage parallèle à celui mentionnant le royaume du Fils, l'hagiographe pourrait viser non la société des fidèles mais celle des «saints»[123], c'est-à-dire celle des milices angéliques peuplant le royaume céleste[124].

Si le rapport du royaume du Christ avec l'Église est déjà discutable en *Col.*, I, 13, il est peut-être absent en *Eph.*, V, 5. Que ce texte vise avant tout le royaume transcendant, céleste, de Dieu, paraît ressortir aussi bien de la juxtaposition du royaume de Dieu à celui du Christ que du parallélisme avec un texte proto-paulinien, à savoir *Gal.*, V, 21[125]. Toutefois L. Cerfaux n'exclut pas «une allusion à l'Église»[126]. Pour la justifier, on pourrait supposer que l'hagiographe entend exclure les pécheurs nommés en *Eph.*, V, 5 à la fois de l'Église désignée comme le royaume du Christ et du bonheur éternel visé par celui de Dieu.

Ne perdons pas de vue que les épîtres deutéro-pauliniennes accordent au règne du Christ beaucoup plus d'ampleur que ne lui confère l'affirmation proto-paulinienne de *I Cor.*, XV, 25. Les victoires que selon *I Cor.*, XV, 25 le Christ doit encore gagner pour aboutir à son triomphe ultime, absolu, *Col.*, II, 10, 15 les voit déjà remportées. L'épître aux Éphésiens est du même avis quand elle mentionne l'ascension du Christ : IV, 8-10, ou quand elle rapporte sa session à la droite de Dieu : I, 20, ou encore quand elle signale son exaltation au-dessus de toute «Principauté, Domination, Puissance, Seigneurie, et de quelque Nom qui se puisse nommer non seulement dans ce monde mais aussi

122. L. Cerfaux, *La théologie de l'Église*, p. 345 : «C'est dans les épîtres de la captivité que l'équation s'établit entre le Royaume du Christ et l'Église. Et encore ne possédons-nous qu'un seul texte tout à fait explicite, *Col.* 1, 12s.» L'équation fut retenue par la tradition chrétienne. Cf. *I Clem.*, L, 3; *Barn.*, VIII, 6; IV, 13, textes cités *ibid.*, p. 345, note 1.

123. Dans *Colossians and Philemon*, ap. *Hermeneia. A Critical and Historical Commentary on the Bible*, Philadelphie, 1971, p. 36, É. Lohse voit les anges désignés par «les saints».

124. Tout en identifiant les «saints» avec les «anges» É. Lohse, *loc. cit.*, pp. 36ss., n'incline pas à identifier le «royaume du Christ» avec son règne céleste.

125. L. Cerfaux, *Le Christ*, p. 76.

126. L. Cerfaux, *ibid.*, p. 76.

dans le monde à venir» : I, 21, bref l'emprise du Christ sur l'univers entier : I, 22. D'un tel triomphe du Christ, d'une telle extension de sa souveraineté, nous ne trouvons pas de témoignage explicite dans les lettres proto-pauliniennes, sauf en *Phil.*, II, 9-10, dans l'hymne christologique dont peut-être la paternité n'appartient pas à l'Apôtre.

Relevons que c'est au cœur de la primauté universelle attribuée au Christ exalté: *Col.*, I, 18; *Eph.*, I, 22-23, que les lettres deutéropauliniennes situent celle lui revenant en particulier à l'égard de son Église. Soulignons ensuite que pour exprimer la domination universelle du Christ, elles introduisent dans le corpus des écrits pauliniens, un vocable et un thème nouveaux, ceux du *plèrôma*[127]. Toutes choses sont dans le Christ selon l'épître aux Colossiens[128] ou inversément, selon la lettre aux Éphésiens, le Christ est en toutes choses[129]. Quelle que soit la perspective adoptée, il en résulte que la souveraineté du Christ finit par correspondre à celle de Dieu au point que l'énoncé de *I Cor.*, XV, 28 : ἵνα ᾖ ὁ θεὸς πάντα ἐν πᾶσιν puisse être transposé au Christ en *Col.*, III, 11 : ἀλλὰ πάντα καὶ ἐν πᾶσιν Χριστός.

En résumé: alors que les lettres proto-pauliniennes mentionnent surtout le royaume de Dieu, entrevu soit dans son existence céleste, éternelle : *I Thess.*, I, 5; *II Thess.*, II, 12; *I Cor.*, VI, 9; XV, 50; *Gal.*, V, 21, à laquelle les fidèles sont appelés à avoir part : *I Thess.*, I, 5; *II Thess.*, II, 12; *I Cor.*, XV, 28[130], soit dans sa réalisation anticipée grâce à la présence de l'Esprit dans la vie chrétienne : *Rom.*, XIV, 17, les épîtres deutéro-pauliniennes le voient surtout réalisé dans et par le royaume du Christ. Celui-ci comprend certes l'Église : *Col.*, I, 18; *Eph.*, I, 22, mais il la déborde, englobant tout l'univers: *Col.*, II, 10, 15.

Et voici un dernier trait du Royaume, cette fois attesté uniquement dans les textes proto-pauliniens. En *I Cor.*, VI, 3, l'Apôtre paraît associer les fidèles à la royauté du Christ, en les faisant participer à son action judiciaire[131] et rappeler ainsi certaines spéculations de

127. La notion de *plèrôma* a fait l'objet d'investigations nombreuses. Rappelons en particulier celle de Jacques DUPONT, *Gnosis. La connaissance religieuse dans les Épîtres de saint Paul*, ap. *Un. Cath. Lov.*, *Diss. grad. mag.*, sér. II, t. XL, Bruges, 1949, pp. 473-475. L. CERFAUX ne la reprend pas entièrement : cf. *La théologie de l'Église*, pp. 272-275. Voir en dernier lieu la contribution d'I. DE LA POTTERIE, *Le Christ, plérôme de l'Église (Ep I, 22-23)*, ap. *Biblica*, 1977, t. LVIII, pp. 500-524.

128. J. DUPONT, *op. cit.*, pp. 473-474.

129. *Ibid.*, pp. 474-475.

130. *Phil.*, III, 20 paraît exprimer une représentation particulière de notre appartenance à l'au-dela.

131. L'idée d'une certaine dignité royale des chrétiens apparaît également en *I Cor.*, IV, 18, mais l'Apôtre s'y moque des Corinthiens qui l'ont travestie.

l'auteur de la *Sapience*, c'est-à-dire du livre grec de la *Sagesse*[132]. Les lettres deutéro-pauliniennes n'ont pas repris le thème de *I Cor.*, VI, 3. Elles affirment certes que les fidèles hériteront du royaume céleste de Dieu: *Col.*, I, 13; *Eph.*, V, 5, mais elles n'ajoutent pas qu'ils participeront activement à l'exercice du règne divin. A première vue, *Hebr.*, XII, 28 semble connaître le thème, mais l'interprétation de ce passage est difficile et, en toute hypothèse, controversée.

* * *

De tous les écrits néotestamentaires, l'Apocalypse a le plus réfléchi sur le royaume de Dieu dans une perspective le situant dans le prolongement des espérances vétérotestamentaires[133]. L'hagiographe attend sur terre l'avènement du règne de Dieu : V, 10 et il le contemple s'exerçant sur les nations : XV, 3. Ce règne, c'est d'abord et avant tout celui de Dieu : XI, 17; XV, 3; XIX, 6, mais le Christ y est associé : XI, 15; XII, 10, et il ne se réalise que grâce à la victoire définitive du Sauveur. L'Apocalypse associe les fidèles au règne : I, 6; V, 10; XX, 6; XXII, 5, et répond ainsi à l'attente exprimée pour les Saints du Très-Haut dans le livre de Daniel : VII, 27[134]. Non seulement cette association, mais également certains préparatifs de la venue du règne : XIV, 14 et surtout la description du Christ comme Fils d'homme : I, 13 évoquent l'apocalypticien vétérotestamentaire[135].

Par l'évocation du Fils d'homme en I, 13, le dernier écrit néotestamentaire rejoint plusieurs logia évangéliques qui sont à compter parmi les plus anciens et qui, plus d'une fois, mettent ce personnage en relation étroite avec l'avènement ultime, complet, définitif, parousiaque du règne de Dieu, à savoir : *Mc.*, VIII, 38 par. *Lc.*, IX, 26; — *Mc.*, XIII, 26 par. *Mt.*, XXIV, 30; *Lc.*, XXI, 27; — *Mc.*, XIV, 62 par. *Mt.*, XXVI, 64; *Lc.*, XXII, 69; — *Mt.*, X, 23; XVI, 27, 28; XIX, 28; — *Mt.*, XXIV, 27 par. *Lc.*, XVII, 23-24; — *Mt.*, XXIV, 37 par. *Lc.*, XVII, 24, 26, 30; — *Mt.*, XXIV, 39; XXIV, 44 par. *Lc.*, XXI, 40; XXV, 31; — *Mt.*, XXV, 31.

132. Cf. *supra*, pp. 256-257.

133. Dans nos réflexions sur l'Apocalypse, nous faisons abstraction du problème particulier, peut-être insoluble, du règne de mille ans : cf. M.-E. BOISMARD, *op. cit.*, p. 81.

134. Cf. J. DE MENASCE, *Daniel*, 2e éd., ap. *La Bible de Jérusalem*, Paris, 1958.

135. Notons toutefois qu'il n'est pas certain qu'en XIV, 14 le «fils d'homme» soit à identifier avec le Christ.

Bref, aussi bien diverses traditions évangéliques des plus anciennes que la dernière relecture christologique néotestamentaire, celle de l'Apocalypse, concordent avec l'ultime relecture messianique vétéro-testamentaire, celle du livre de Daniel, pour nous renvoyer à la figure du Fils de l'homme et nous le présenter comme le personnage incarnant la relève apocalyptique du messianisme royal.

* * *

A parcourir l'aperçu de la doctrine néotestamentaire de la royauté divine, nous y découvrons une relecture pluraliste des traditions bibliques antérieures. Elle comporte entre autres données non seulement l'annonce évangélique de l'avènement sur terre du règne de Dieu avec la venue de Jésus, mais également l'affirmation paulinienne de la réalisation de ce règne dans la vie chrétienne sous la mouvance de l'Esprit ainsi que l'espérance en un accomplissement céleste dans un contexte empreint d'images apocalyptiques.

Ce pluralisme ne peut nous étonner. Jésus, ses apôtres, les chefs des premières communautés chrétiennes de Palestine avaient hérité de l'Ancien Testament une notion déjà multiform de la royauté de Yahvé. La foi vétéro- et intertestamentaire s'arrêta, ou voudra bien le rappeler, tantôt à la vision d'une royauté divine supraterrestre à l'abri de toute fluctuation, tantôt à l'espoir d'une théocratie d'ordre politique à exercer directement par Dieu ou par l'intermédiaire d'une autorité humaine, royale ou sacerdotale, tantôt aussi, principalement dans les milieux piétistes, à l'instauration d'un nouvel ordre moral, social, religieux où la pratique d'une sainteté, faite de justice et de bonté, aurait réalisé parmi les hommes la présence et le visage de Dieu, tantôt enfin à l'attente d'une économie entièrement nouvelle, d'un éon nouveau, au-delà et indépendamment de tout développement historique.

POSTFACE

De l'étude des textes vétérotestamentaires sur la royauté de Yahvé, son règne et son royaume, il est apparu que la croyance d'Israël en la souveraineté de son dieu s'est implantée dans le peuple élu, qu'elle s'y est développée à la fois dans les milieux piétistes, prophétiques, sapientiaux et apocalyptiques, qu'elle a fini par devenir un thème commun de la religion populaire. Pas plus que la plupart des autres grandes notions théologiques de l'Ancienne Alliance, elle n'a échappé à une de leurs caractéristiques majeures, à savoir le manque d'une parfaite homogénéité [1]. D'où la difficulté de tout essai visant à harmoniser les données qui, au cours des siècles, se sont juxtaposées, interpénétrées, mélangées, au fur et à mesure que la Révélation vint enrichir la foi d'Israël et que l'expérience religieuse des prophètes, des chefs religieux, et même des fidèles, chercha, sous la mouvance de l'Esprit, à la comprendre et à l'exprimer.

Il n'est pas exclu que très tôt, peut-être dès les origines, Yahvé, «le puissant et le héros», le «héros de guerre» exalté par le *Ps.* XXIV [2], ait été suffisamment investi d'attributs, notamment de force, de puissance, de vaillance, de gloire, pour être jugé digne de posséder la dignité royale et l'exercer. Mais par ailleurs il apparaît qu'Israël a également entrevu des circonstances où son dieu manifesta d'une façon si spectaculaire l'exercice de sa souveraineté que dans ces conjonctures il était tout indiqué d'affirmer que Yahvé était devenu roi, en d'autres mots qu'une accession nouvelle à la royauté, qu'une nouvelle intronisation royale lui avait échu [3].

Le premier de ces avènements à une souveraineté apparemment nouvelle semble se situer au ciel. Yahvé est censé y avoir imposé sa suprématie aux élohim: *Ps.* XXIX,1-2, 9c, c'est-à-dire aux êtres supposés composer sa cour céleste et plus tard identifiés avec les anges, exécuteurs de ses volontés : *Ps.* CIII,20. Nous découvrons un deuxième nouvel avènement à l'exercice de la royauté dans les textes célébrant Yahvé comme le souverain du cosmos. Cette intronisation est décrite dans les textes les plus anciens comme une victoire remportée sur le

1 Sur le développement des croyances vétérotestamentaires voir J. Coppens, *Les Harmonies des Deux Testaments. Essai sur les divers sens des Écritures et sur l'unité de la Révélation*, Tournai, 1949.

2 Voir *supra*, pp. 106-110.

3 Voir *supra*, pp. 166-168, 168-173, 185-188, 188-192, 197-182.

chaos, sur les êtres mythiques qui furent estimés l'incarner en quelque sorte: *Ps.* LXXIV, 13-14; LXXXIX, 10-11; XCIII, 3-4. Dans les passages bibliques plus récents, la souveraineté cosmique de Yahvé fut davantage présentée comme le résultat direct de son action qui est dite avoir formé ou créé l'univers: *Ps.* LXXIV, 16-17; LXXXIX, 12-13; XCV, 5; CXLVI, 6. Comme roi du cosmos, Yahvé possède sa résidence également au ciel, et, chevaucheur des nuées, il manifeste son règne à travers et par les phénomènes météréologiques, le tonnerre interprété comme sa voix: *Ps.* XXIX, 3-5, et les éclairs compris comme ses flèches ardentes: *Ps.* XXIX, 7. Une troisième accession à la souveraineté, Yahvé la réalisa sur le plan historique au profit d'une nation élue, le peuple d'Israël: *Ps.* XCV, 7; XLVII, 4-6; LXVIII, 8-9, 29-32. Elle aboutit non seulement à faire des Hébreux un peuple, un *goy*, mais à lui donner un héritage, une *naḥalak*: *Ps.* LXVIII, 10; LXXIV, 2, — une capitale à l'abri des assauts: *Ps.* XLVIII, 2-9; *Is.*, XXVI, 1-4; — un lieutenant, c'est-à-dire un monarque vassal, établi pour régir le peuple avec justice: *Ps.* XCIX, 4, et des prophètes pour intercéder auprès de lui en cas de défaillance: *Ps.* XCIX, 6, 8, — une résidence royale secondaire sur la colline de Sion, c'est-à-dire un temple où sa gloire: *Ps.* XXIV, 7, 8, 9 et son nom: *Ps.* LXXIV, 7 le rendirent présent. En tant que souverain suprême d'Israël, Yahvé dut également se préoccuper de sauvegarder l'existence de son peuple au milieu des nations, châtiant, humiliant, au besoin exterminant celles qui menaçaient l'indépendance d'Israël: *Ps.* XLIV, 2-4; XLVII, 2-4; LXVIII. 2, 12-15, 22-24, 29-32; LXXIV, 2; LXXXIX, 18-19. La suite continue des «merveilleuses» interventions historiques de Yahvé au profit de son peuple finit par lui valoir les titres de «grand roi»: *Ps.* XLIII, 8 et de «roi éternel»: *Ps.* CXLV, 13. Après que la nation se fut montrée dans son ensemble peu digne de sa vocation, les prophètes et les psalmistes, interprètes mandatés des intentions divines, ont circonscrit de plus en plus le domaine où Yahvé exercerait de fait sa royauté, au seul noyau des justes, des *ṣaddiqîm*: *Ps.* V, 13; LXVIII, 4; XCVII, 11, 12, et des dévots, des *ḥ*[a]*sidîm*: *Ps.* CXVI, 8, soucieux les uns et les autres d'observer la Loi. De cette façon l'action divine commença à se préoccuper moins d'assurer l'avenir national d'Israël que de réaliser un meilleur ordre moral et religieux, de susciter avant tout une société incarnant au mieux l'idéal caressé par les prophètes et repris par des psaumes tels XI, CXLV et CXLVI.

Le triple avènement de Yahvé à un nouvel exercice de sa souveraineté: céleste, cosmique, historique, Israël ne manqua pas de le célébrer dans son culte. De l'avis de beaucoup d'exégètes, cette célébration donna lieu à la composition des Psaumes du Règne de Yahvé : *Ps*. XCIII, XCV, XCVI, XCVII, XCVIII, XCIX[4], et elle aurait coïncidé surtout avec la fête des tabernacles. Au cours du déroulement de cette solennité, les ministres du culte et les fidèles non seulement louaient la souveraineté divine mais en outre ils avaient conscience de l'expérimenter dans la ferveur de la communion liturgique avec leur dieu, et même ils auraient estimé anticiper en quelque sorte le développement glorieux de la royauté divine que l'avenir devait encore lui réserver.

Les prophètes et les dévots d'Israël réalisèrent en effet que ni au plan cosmique ni au plan historique Yahvé n'avait accompli la souveraineté dans toute son ampleur. Toutes les forces chaotiques n'avaient pas été vaincues et toutes les nations n'avaient pas rallié la foi yahvéiste. C'est pourquoi émergea peu à peu en Israël l'attente d'une nouvelle et nécessaire amplification du règne de Dieu. D'où naquit l'espoir d'une transformation radicale du Cosmos éliminant toutes les formes du mal, amenant la venue d'un éon nouveau, d'une terre et de cieux nouveaux : *Zach*., XIV, 6-9 ; *Is*., XI, 6-9 ; XXIV, 23, dont Jérusalem et la colline de Sion resteraient le centre : *Is*., XXIV, 23; *Zach*., XIV, 8, 11, 16. D'où également l'espérance de voir les nations jugées par Yahvé : *Ps*. IX, 8-9; XCVII, 7; XCVIII, 9; XCVI, 10c, 13, puis amenées à venir à Jérusalem apporter leurs hommages et même s'adjoindre au peuple de Dieu : *Ps*. XLVII, 10; XCVI, 7-10a; *Is*., XI, 10; II, 2-5; *Zach*., XIV, 16-19. D'où, en d'autres mots, la vision de plus en plus nette et consciente d'un dernier avènement royal de Yahvé, le plus glorieux, l'avènement de sa royauté eschatologique.

Dans la description des temps et du Cosmos nouveaux, les prophètes et les apocalypticiens ont largement donné libre cours à leur imagination. Le plus souvent l'espérance nouvelle n'a pas brisé le cadre traditionnel, c'est-à-dire collectif, national, terrestre, de l'attente messianique. Même le livre de Daniel ne l'abandonne pas entièrement au chapitre VII, car le verset 27 envisage pour le peuple d'Israël un empire terrestre en quelque sorte universel. Toutefois dans le même livre surgit peut-être une vision différente, celle d'un règne des élus au ciel[5]. Un tel règne paraît davantage entrevu dans le Livre de la Sagesse : III, 7, où les justes seront introduits au royaume des saints, c'est-à-dire des anges, et acquérir une existence angélique : V, 15-16. Pour l'auteur

4 Voir *supra*, pp. 157-193. — Selon divers auteurs, le Ps. LXVIII pourrait déjà se rapporter à cette fête : cf. J. GRAY, *A Cantata of the Autumn Festival : Ps*. LXVIII, ap. *JSS*, 1977, t. XXII, pp. 2-26.

5 Le texte manque de précision et A. DI LELLA conteste le caractère céleste : *The Book of Daniel*, ap. *Anchor Bible*, pp. 308-310.

de l'écrit, le royaume de Dieu est en effet avant tout celui des «saints», c'est-à-dire des anges : X, 10[6].

Les deux visions eschatologiques : celle d'un royaume de Dieu à réaliser finalement dans un au-delà céleste et celle d'un royaume à établir ici-bas sur une terre radicalement transformée se sont juxtaposées sans qu'on ait beaucoup éprouvé le besoin de les harmoniser. Cependant tout essai de synthèse n'a pas manqué. L'auteur de l'Apocalypse par exemple voit la Jérusalem nouvelle descendre du ciel: XXI, 10. Dès lors il n'est pas exclu qu'on se soit représenté les élus enlevés et beatifiés au ciel : *I Thess.*, IV, 17, puis redescendre sur une terre radicalement transformée, adaptée à une écologie eschatologique, et, à ce titre, devenue digne de les accueillir.

Dans la mesure où les textes scripturaires décrivent l'exercice du règne divin ils donnent à Yahvé les attributs que selon les prophètes le monarque terrestre, vassal de Yahvé, et surtout le roi idéal de l'avenir, à naître de la dynastie davidique, devaient posséder : *Is.*, IX, 5-6; XI, 1-5; *Mich.*, V, 1-4; *Ps.* LXXII, 1-14. D'où, au *Ps.* LXXXIX, v. 15, l'affirmation : «Justice et jugement sont le support de ton trône, grâce et loyauté précèdent ta face»; d'où, surtout aux *Ps.* CIII, CXLV et CXLVI, la magnifique énumération des attributs éthiques de Yahvé qui lui permettent d'envisager et d'instaurer un programme de bien-être, de *shalôm* social et religieux : *Mich.*, V, 1-4.

Parmi les passages bibliques qui annoncent l'avènement du règne de Dieu, il en est, surtout d'après l'exil, qui l'attribuent à la seule intervention divine. D'autres affirment le concours d'un intermédiaire, tels le monarque judéen, le davidide, surtout le davidide idéal de l'avenir[7], ou le prophète eschatologique pareil à Moïse[8]. Quand l'apocalyptique eut pris la relève du prophétisme s'ébaucha l'idée d'un intermédiaire non plus terrestre mais transcendant. Dans le livre de la Sapience salomonienne, la Sagesse (*Sag.*, IX, 4) et la Parole (*Sag.*, XVIII, 15), associées l'une et l'autre au trône de Dieu et à l'exercice du règne divin, anticipent en quelque sorte l'existence et le rôle attribués plus tard par le Judaïsme aux hypostases divines[8]. En revanche, le livre de Daniel, le premier écrit apocalyptique vétérotestamentaire, introduit dans la catégorie des intermédiaires transcendants l'intervention d'êtres an-

6 C'est la vision à laquelle aboutit sinon l'*Hén. ethipien*, XXXIX, 5; CIV, 2, 6, du moins *Mt.*, XXII, 30 : cf. A. DI LELLA, *op. cit.*, p. 310.

7 J. COPPENS, *Le Messianisme royal. Ses origines. Son développement. Son accomplissement*, ap. *Lectio divina*, t. LIV, Paris, 1968.

8 J. COPPENS, *Le Messianisme royal et sa Relève prophétique. Les anticipations vétérotestamentaires. Leur accomplissement en Jésus*, ap. *BETL*, t. XXXVIII, Gembloux 1974. — *De Oud- en Intertestamentische Verwachting van een eschatologische Heilsmiddelaar. Haar realisatie in het wordende Chritendom. Avec un résumé et des compléments*

géliques, puis et surtout, au chapitre VII, celle du Fils d'homme. Cette figure énigmatique dont l'interprétation est de plus en plus controversée, le Judaïsme postérieur ne l'a pas perdu de vue. Puis et surtout elle réapparaît dans le Nouveau Testament, à savoir dans les Synoptiques[9] et, — peut-être en passant par les Actes[10], — dans l'évangile johannique[11] et dans l'Apocalypse. C'est dès lors à l'étude de cette énigmatique figure que nous rencontrons dans le dernier écrit aussi bien de l'Ancien Testament que du Nouveau Testament, que doit aboutir normalement notre enquête sur la relève apocalyptique du messianisme royal. Cette étude s'impose d'autant plus que malgré un imposant volume de mélanges consacrés au Fils d'homme[12], divers auteurs récents mettent en doute que l'existence d'un tel personnage ait été réellement entrevue et soit de fait attestée, — réserve faite peut-être de l'Apocalypse[13], — par les Saintes Écritures[14]. Partant, s'il plaît à Dieu, l'objet de notre prochain volume sera l'examen du dossier vétéro- et intertestamentaire relatif au Fils d'homme.

Louvain, le 6 décembre 1978.

en français, op. *Meded. Kon. Acad. Wet. Lett. Sch. Kunsten*, t. XXXVIII, 3, Bruxelles, Rue ducale, 1975.

8 Voir sur les hypostases G. PFEIFFER, *Ursprung und Wesen der Hypostasenvorstellungen im Judentum*, ap. *A.z.Theol*, 1re sér., fasc. 31, Stuttgart, 1967.

9 Nous avons commencé l'étude des Synoptiques dans *Les logia du Fils de l'homme dans l'Évangile de Marc*, ap. *L'Évangile de Marc* (*BETL*, t. XXXIV), Gembloux, 1973, pp. 487-528 et *De Mensenzoon - logia in het Markusevangelie. Avec un résumé, des notes et une bibliographie en français*, ap. *Meded. Kon. Acad. Wet. Lett, Sch. Kunsten*, t. XXXV, n° 8, Bruxelles, Rue Ducale, 1978.

10 L'attestation des Actes est contestée du point de vue de la critique textuelle. — Dans les écrits pauliniens le Fils de l'homme paraît être absent : J. COPPENS, *Le Fils de l'homme dans le dossier paulinien*, ap. *ETL*, 1976, t. LII, pp. 309-330.

11 J. COPPENS, *Le Fils de l'homme dans l'évangile johannique*, ap. *ETL*, 1976, t. LII, pp. 28-81. — *Le Fils d'homme johannique*, *ibid.*, 1978, t. LIV, pp. 126-130.

12 R. PESCH-R. SCHNACKENBURG-O. KAISER (éd.), *Jesus und der Menschensohn. Für Anton Vögtle*, Fribourg-en-Br., 1975.

13 Même le dossier de l'Apocalyptique mérite une enquête nouvelle. Dans l'entretemps on consultera J. COMBLIN, *Le Christ dans l'Apocalypse*, Tournai, 1965.

14 Cf. R.L. LEIVESTAD, *Der apokalyptische Menschensohn: ein theologisches Phantom*, ap. *Ann. Swed. Theol. Inst.*, 1968, t. VI, pp. 49-105. — R.L. LEIVESTAD, *Exit the Apocalyptic Son of Man*, ap. *NTS*, 1972, t. XVIII, pp. 242-267. — B. LINDARS, *Re-enter the Apocalyptic Son of Man*, ap. *NTS*, 1975, t. XXII, pp. 22-52. — G. VERMES, *The Present State of the «Son of Man» Debate*, ap. *JJS*, 1978, t. XXIX, pp. 123-134. — M. BLACK, *Jesus and the Son of Man*, ap. *Journ. Study New Test.*, 1978, pp. 4-18. — G. VERMES, «*The Son of Man*» *Debate*, *ibid.*, pp. 19-32. — Comme le remarque avec humour P. Winter, on estime que le «Fils d'homme» serait né dans les élucubrations des exégètes : *Deutsche Literaturzeitung*, 1968, t. LXXXIX, col. 784.

15 Pour une première approche voir J. COPPENS, *Le Chapitre VII de Daniel. Lecture et commentaire*, ap. *ETL*, 1978, t. LIV, pp. 301-302.

INDICES

I. INDEX DES PRINCIPAUX PASSAGES BIBLIQUES EXPLIQUÉS

II. INDEX DES NOMS D'AUTEURS

J. COPPENS
HISTOIRE DE L'ATTENTE MESSIANIQUE

I

Le Messianisme royal. Ses origines. Son développement. Son accomplissement, ap. **Lectio divina,** t. LIV, Paris, 1969. In-8, 228 p.

Compléments

1. *L'oracle dynastique de 2 Sam 7*, ap. *XXVI Semana Bíblica Española*, Madrid, s.d. (1967), pp. 185-200.
2. *L'union du trône et du temple d'après l'oracle de Nathan*, ap. *ETL*, 1968, t. XLIV, pp. 489-491.
3. *La composition littéraire et la portée dynastique de l'oracle de Nathan*, à paraître dans la *Festschrift v.d. Ploeg*, Nimègue, 1979.

II

Le Messianisme et sa Relève Prophétique. Les anticipations vétérotestamentaires. Leur accomplissement en Jésus, ap. *BETL*, t. XXXVIII, Gembloux, Duculot, 1974. In-8, x-274 p.

III

La Relève Apocalyptique du Messianisme Royal.

III-A

La Royauté, le Règne, le Royaume de Dieu cadre de la Relève Apocalyptique. Louvain, Éditions Peeters, 1979. In-8, 330 p.

III-B

L'Avènement du Fils d'homme, relève apocalyptique vétéro- et intertestamentaire du messianisme royal (en préparation).

Travaux préparatoires

1. *La composition du livre de Daniel (J.G. Gammie)*, ap. *ETL*, 1976, t. LII, pp. 346-349.
2. *Le Chapitre VII de Daniel. Lecture et commentaire* ap. *ETL*, 1978, t. LIV, pp. 301-322.
3. *Le Chapitre VII de Daniel, ibid.*, 1963, t. XXXIX, pp. 87-94.
4. *Un nouvel essai d'interpréter Daniel VII* (*M. Delcor*), *ibid.*, 1969, t. XLV, pp. 122-125.
5. *Dan. VII un rituel d'intronisation?*, *ibid.*, 1970, t. XLVI, pp. 112-116.
6. *La vision du Très-Haut en Dan., VII et Hén. éthiopien XIV*, ap. *ETL*, 1977, t. LIII, pp. 187-189.
7. *La vision danïélique du Fils d'homme*, ap. *VT*, 1969, t. XIX, pp. 172-182.
8. *L'interprétation collective du Fils d'homme daniélique (M. Casey)*, ap. *ETL*, 1977, t. LIII, pp. 189-191.
9. *Le Fils d'homme daniélique vizir céleste?*, ap. *ETL*, 1964, t. XL, pp. 72-80.

10. *Le Serviteur de Yahvé et le Fils d'homme danièlique sont-ils des figures messianiques?*, *ibid.*, 1963, t. XXXIX, pp. 104-114.
11. *L'origine du symbole du «Fils d'homme»*, *ibid.*, pp. 100-104.
12. *Les origines du symbole du Fils d'homme en Dan.*, *VII*, *ibid.*, 1968, t. XLIV, pp. 497-502.
13. *Le messianisme sapiential et les origines littéraires du Fils de l'homme danièlique* ap. *Wisdom in Israel and in the Ancient Near East* (*SVT*), Leiden, 1955, pp. 33-51.
14. *Les Saints du Très-Haut sont-ils à identifier avec les milices célestes?*, ap. *ETL*, 1963, t. XXXIX, pp. 94-100.
15. *Les «Saints dans le Psautier»*, *ibid.*, 1963, t. XXXIX, pp. 485-500.
16. *Le Fils d'homme danièlique et les relectures de Dan.*, *VII*, *13*, *dans les Apocryphes et les Écrits du Nouveau Testament*, *ibid.*, 1961, t. XXXVII, pp. 5-51.
17. *Le Fils d'homme dans le Judaïsme de l'époque intertestamentaire*, ap. *Orientalia Lovaniensia Periodica*, 1975, t. VI-VII, pp. 59-73.

III-C

Jésus Fils de l'homme. Relecture apocalyptique néotestamentaire du Messianisme royal (en préparation).

Travaux préparatoires

1. *Le Fils d'homme dans le dossier paulinien*, ap. *ETL*, 1976, t. LII, pp. 300-330.
2. *Le Fils de l'homme dans la tradition évangélique (J.R. Donohue, J.M. Nützel, J. Lange)*, ap. *ETL*, 1974, t. L, pp. 260-263.
3. *Les logia du Fils de l'homme dans l'Évangile de Marc*, ap. *L'Évangile selon Marc* (*BETL*, t. XXXIV), Gembloux, 1974, pp. 487-528.
4. *De Mensenzoon-logia in het Markusevangelie*, ap. *Meded. Kon. Acad. Wet. Lett. Sch. Kunsten van België*, t. XXXV, fasc. 3, 1000–Bruxelles, 1, rue Ducale, 1973. In-8, 56 p.
5. *Le Fils d'homme dans l'évangile johannique*, ap. *ETL*, 1976, t. LII, pp. 28-81.
6. *Les logia johanniques du fils de l'homme*, ap. *L'Évangile de Jean. Sources, rédaction, théologie* (*BET*, t. XLIV), Gembloux, 1977, pp. 311-315.
7. *Le Fils d'homme johannique*, ap. *ETL*, 1978, t. LIV, pp. 126-130.

IV. *Essai de synthèse*

1. *L'Espérance messianique. Ses origines et son développement.* I. *Les apports de l'exégèse catholique d'expression française à l'étude du messianisme vétérotestamentaire.* II. *L'évolution de l'espérance messianique. Essai de synthèse*, 2e éd., ap. *ALBO*, sér. IV, fasc. 9, Bruges-Louvain, 1963. In-8, 84 p. — Cf. *RSR*, 1963, XXXVII, 113-149, 225-249.
2. *De Oud- en intertestamentische Verwachting van een eschatologische Heilsmiddelaar. Haar realisatie in 't wordende Christendom. Avec un résumé et des compléments en français*, ap. *Meded. Kon. Academie Wet. Lett. Sch. Kunsten van België*, t. XXXVII, 3, Bruxelles, Academie, Rue Ducale, 1, 1975. In-8, 56 p.

BIBLIOGRAPHIE J. COPPENS

I. ARTICLES ET OUVRAGES

La Carrière et l'œuvre scientifique d'un maître louvaniste. Hommage-Hulde J. Coppens 1927-1967, ap. *ALBO*, sér. IV, fasc. 49, Louvain, 1969, pp. 95*-132*. — *Bibliographia Academica*, Louvain, Bibliothèque de l'Université: VI. 1914-1934. Louvain, 1937, pp. 34-37. — VII. 1934-1954. Louvain, 1954, pp. 318-332. — VIII. 1954-1955. Louvain, 1956, pp. 16-19. — IX. 1956. Louvain, 1957, pp. 13-16. — X. 1957-1963. Louvain, 1963, pp. 38-48. — XII. 1963-1968. Louvain, 1968, pp. 41-52. — XIII. 1963-1968. Supplementum. Louvain, 1975, pp. 29-33. — *Bibliographia Academica. Faculteit der Godgeleerdheid*, ap. *Annua Nuntia Lovaniensia*, t. XVIII, Louvain, 1972, pp. 14-29. — *Koninklijke Academie van België. Jaarboeken*, Bruxelles, Hertogstraat 1.

II. OUVRAGES PRINCIPAUX

1. *L'imposition des mains et les rites connexes dans le Nouveau Testament et dans l'Église ancienne*, ap. *Univ. Cath. Lov. Diss. ad gradum magistri in Fac. theol.*, sér. II, t. XV, Wetteren-Paris, 1925. In-8, XXI-438 p.

2. É. TOBAC. *Les Prophètes d'Israël.* I. *Le prophétisme en Israël. Les Prophètes orateurs.* Nouvelle édition revue et augmentée par J. COPPENS, Malines, 1932. In-16, XXXVI-192 p.

3. *Le Chanoine Albin Van Hoonacker. Son enseignement, sa méthode et son œuvre exégétique*, Paris, 1935. In-8, XX-137 p.

4. *Pour mieux comprendre et mieux enseigner l'Histoire sainte de l'Ancien Testament*, Bruges, 1936. In-8, 83 p.

5. *L'Histoire critique de l'Ancien Testament. Ses origines. Ses orientations nouvelles. Ses perspectives d'avenir*, Tournai, 1938. In-8, XII-128 p.

6. *Heilsgeschiedenis van het Oude Testament voor priesters en onderwijzers uiteengezet*, Averbode, 1940. In-8, 167 p.

7. *Paulin Ladeuze oriëntalist en exegeet 1870-1940. Een bijdrage tot de geschiedenis van de Bijbelwetenschap in het begin van de XXe eeuw*, ap. *Kon. Vl. Academie Wet., Lett. en Sch. Kunsten*, III, 1, Bruxelles, 1941. In-8, 117 p.

8. *Histoire critique des Livres de l'Ancien Testament*, 3e éd., ap. *Introduction à l'Étude historique de l'Ancien Testament*, Bruges, 1942. In-8, 216 p.

9. *The Old Testament and the Critics. Translated by* E.A. RYAN *and* E.W. TRIBBE, Paterson (N.J.), 1942.

10. *De geschiedkundige Ontwikkelingsgang van de Oudtestamentische Exegese vanaf de Renaissance tot en met de Aufklärung*, ap. *Meded. Kon. Vl. Acad. Wet. Lett. Sch. Kunsten*, V, 4, Bruxelles, 1943. In-8, 48 p.

11. *De Kennis van Goed en Kwaad. Een nieuwe proeve van verklaring. Avec un résumé en français*, ap. *Meded. Kon. Vl. Academie Wet. Lett. Sch. Kunsten*, VI, 4, Bruxelles, 1945. In-8, 71 p.

12. *Notata de Traditione divina. Een onuitgegeven Leuvensch handschrift als bijdrage tot de geschiedenis van de Leuvensche Theologische Faculteit*, *ibid.*, VII, 1, Bruxelles, 1945. In-8, 36 p.

13. *La définibilité de l'Assomption*, 2e éd., Bruges, 1947. In-8, 35 p.

14. *La Connaissance du Bien et du Mal et le Péché du Paradis. Contribution à l'interprétation de Gen., II-III*, ap. *ALBO*, sér. II, fasc. 3, Gembloux, 1948. In-8, 156 p.

15. A. VAN HOONACKER. *De compositione litteraria et de origine mosaica Hexateuchi disquisitio historico-critica. Een historisch-kritisch onderzoek naar het ontstaan van de Hexateuch op grond van verspreide nagelaten aantekeningen samengesteld en ingeleid door professor* J. COPPENS, ap. *Verhandelingen Kon. Vl. Academie Wet. Lett. Sch. Kunsten van België*, t. XI, 11, Bruxelles, 1949. In-8, 102 p.

16. *Les Harmonies des deux Testaments. Essai sur les divers sens des Écritures et sur l'unité de la Révélation*, ap. *Cahiers de la Nouvelle Revue Théologique*, t. VI, Tournai, 1949. In-8, 148 p.

17. *La critique du texte hébreu de l'Ancien Testament*, 2e éd., ap. *Introduction à l'étude historique de l'A.T.*, III, Bruges, 1950. In-8, 50 p.

18. *Les Douze Petits Prophètes, bréviaire du Prophétisme*, ap. *ibid.*, IV, Bruges, 1950. In-8, 59 p.

19. *Les Douze Petits Prophètes. Version nouvelle d'après l'hébreu*, ap. *La Sainte Bible*, Paris-Lille, Ligue catholique de l'Évangile, 1950, pp. 1069-1126.

20. *Problèmes et méthode d'exégèse biblique* (en collaboration avec L. CERFAUX et J. GRIBOMONT), ap. *ALBO*, sér. II, fasc. 16, Bruges, 1950.

21. *Vom christlichen Verständnis des Alten Testaments*, ap. *Folia Lovaniensia*, 3-4, Louvain-Fribourg-en-Br., 1952.

22. *De messiaanse verwachting in het Psalmboek*, ap. *Meded. Kon. Vl. Academie Wet. Lett. Sch. Kunsten van België*, t. XVII, 5, Bruxelles, 1955. In-8, 36 p.

23. *Het Onsterfelijkheidsgeloof in het Psalmboek*, ap. *Meded. Kon. Vl. Acad. Wet. Lett. Sch. Kunsten van België*, t. XIX, 3, Bruxelles, 1957. In-8, 62 p.

24. J. COPPENS - L. DEQUEKER, *Le Fils de l'homme et les Saints du Très-Haut en Daniel VII, dans les Apocryphes et dans le Nouveau Testament*, ap. *ALBO*, sér. III, fasc. 23, Louvain, 1961.

25. *L'Espérence messianique. Ses origines et son développement*, *ibid.*, sér. IV, fasc. 9, Louvain, 1963. In-8, 62 p.

26. *Erasmus' laatste bijdrage tot de hereniging der christenen*, ap. *Meded. Kon. Vl. Acad. Wet. Lett. Sch. Kunsten van België*, t. XXIV, 3, Bruxelles, 1962. In-8, 26 p.

27. *Le Messianisme royal. Ses origines. Son développement. Son accomplissement*, ap. *Lectio divina*, t. LIV, Paris, 1969. In-8, 228 p.

28. *Monseigneur K.-J. Calewaert 1893-1963. In Memoriam*, Louvain, 1972. In-8, 38 p.

29. *De huidige crisis in de Kerk en onder de priesters*, Louvain, 1972. In-8, 34 p.

30. *De Mensenzoon-logia in het Markus-evangelie. Avec un résumé, des notes et une bibliographie en français*, ap. *Meded. Kon. Acad. Wet. Lett. Sch. Kunsten van België*, t. XXXV, 3, Bruxelles-1000, Hertogsstraat, 1, 1973. In-8, 56 p.

31. *Le Messianisme et sa Relève prophétique. Les anticipations vétérotestamentaires. Leur accomplissement en Jésus*, ap. *BETL*, t. XXXVIII, Gembloux, 1974. In-8, 276 p.

32. *Eustachius van Zichem en zijn strijdschrift tegen Erasmus. Met een latijnse samenvatting van Eustachius' schrift*, ap. *Meded. Kon. Ned. Acad. Wet.*, afd. *Letterkunde*, Amsterdam, 1974. In-8, 34 p.

33. EUSTACHIUS DE ZICHINIS. *Erasmi Roterodami Canonis quinti interpretatio. Le dernier écrit louvaniste anti-érasmien édité, introduit et annoté. Met een samenvatting in 't Nederlands*, ap. *Verhand. Kon. Academie Wet. Lett. Sch. Kunsten van België*, XXXVII, 75, Bruxelles, 1975. In-8, 120 p.

34. *De oud- en intertestamentische verwachting van een eschatologische heilsmiddelaar. Haar realisatie in het wordende Christendom*, ap. *Meded. Kon. Academie Wet. Lett. Sch. Kunsten van België*, t. XXXVII, fasc. 5, Bruxelles, 1975. In-8, 56 p.

III. ÉDITIONS

1. *Le Cinquième Centenaire de la Faculté de théologie de l'Université de Louvain 1432-1532. Liber Memorialis*, Bruges, Beyaert, 1932. In-8, 208 p. [en collaboration].

2. *Recueil Lucien Cerfaux*, t. I et II, Gembloux, Duculot, 1954. In-8, 504 et 558 p. [en collaboration].

3. *Sacra Pagina. Miscellanea Biblica Congressus Internationalis Catholici de Re Biblica*, Gembloux, Duculot, 1959. 2 vol. in-8, 579 et 486 p. [en collaboration avec A. DESCAMPS et É. MASSAUX].

4. *Scrinium Lovaniense. Mélanges historiques Étienne Van Cauwenbergh*. Gembloux, Duculot, 1961 [en collaboration, notamment avec É. MASSAUX].

5. *Scrinium Erasmianum. Mélanges historisues publiés sous le patronage de l'Université de Louvain à l'occasion du cinquième centenaire de la naissance d'Érasme*, Leiden, Brill, 1969. 2 vol. in-8, 444 et 738 p.

6. *Ecclesia a Spiritu Sancto edocta. Mélanges théologiques Gérard Philips*. Gembloux, Duculot, 1970. In-8, 604 p.

8. G. PHILIPS, *L'Union personnelle avec le Dieu vivant. Essai sur l'origine et le sens de la grâce créée*, Gembloux, Duculot, 1974. In-8, 300 p.

9. *La Notion biblique de Dieu. Le Dieu de la Bible et le Dieu des philosophes*, ap. *BETL*, t. XLI, Gembloux, Duculot, 1975. In-8, 522 p.

10. *Annua Nuntia Lovaniensia*, fasc. I-XVI, Louvain, 1936-1963.

BIBLIOTHECA EPHEMERIDUM THEOLOGICARUM LOVANIENSIUM

1. *Miscellanea dogmatica in honorem Eximii Domini J. Bittremieux*. Louvain, 1947. In-8°, 235 p. (épuisé).
2-3. *Miscellanea moralia in honorem Eximii Domini Arthur Janssen*. Louvain, 1948. 2 vol. in-8°, 672 p. (épuisé).
4. Gérard PHILIPS. *La grâce des justes de l'Ancien Testament*. Louvain, 1948. In-8°, 78 p. (épuisé).
5. Gérard PHILIPS. *De ratione instituendi tractatum de gratia nostrae sanctificationis*. Louvain, 1953. In-8°, 20 p. (épuisé).
6-7. *Recueil Lucien Cerfaux*. Gembloux, Duculot, 1954. 2 vol. in-8°, 504 et 577 p. FB 500 par tome. Cfr *infra*, n° 18.
8. Gustave THILS. *Histoire doctrinale du mouvement œcuménique*. Nouvelle édition. Louvain, Imprimerie Orientaliste, 1963. 338 p. FB 135.
9. Joseph COPPENS, Lucien CERFAUX, Gustave THILS, Albert VAN ROEY, Roger AUBERT, Gérard PHILIPS. *Études sur l'Immaculée Conception. Sources et sens de la doctrine*. Gembloux, Duculot, 1955. In-8°, 110 p. FB 150.
10. James A. DONOHOE. *Tridentine Seminary Legislation. Its Sources and its Formation*. Louvain, Publications Universitaires, 1957. In-8°, 194 p. (épuisé).
11. Gustave THILS. *Orientations de la théologie*. Louvain, Ceuterick, 1958. In-8°, 188 p. (épuisé).
12-13. *Sacra Pagina. Miscellanea Biblica Congressus Internationalis Catholici de Re Biblica*. Ediderunt Joseph COPPENS, Albert DESCAMPS, Édouard MASSAUX. Gembloux, Duculot, 1959. 2 vol. in-8°, 579 et 486 p. FB 700.
14. Son Éminence le Cardinal VAN ROEY, Son Excellence Mgr FORNI, Son Excellence Mgr VAN WAEYENBERGH, J. COPPENS, L. HALKIN, R. POST, M.-L. STOCKMAN. *Le Pape Adrien VI, sa personne et son œuvre. Mémorial du cinquième centenaire de sa naissance*. Gembloux, Duculot, 1959. In-8°, 150 p. FB 200.
15. F. CLAEYS BOUUAERT. *Les déclarations et serments imposés par la loi civile aux membres du clergé belge sous le Directoire (1795-1801)*. Gembloux, Duculot, 1960. In-8°, 74 p. FB 100.
16. Gustave THILS. *La « Théologie Œcuménique ». Notion-Formes-Démarches*. Louvain, Imprimerie Orientaliste, 1960. In-8°, 84 p. FB 42.
17. Gustave THILS. *Primauté pontificale et prérogatives épiscopales. « Potestas ordinaria » au Concile du Vatican*. Louvain, Imprimerie Orientaliste, 1961. In-8°, 104 p. FB 50.
18. *Recueil Lucien Cerfaux*, t. III. Gembloux, Duculot, 1961. In-8°, 458 p. FB 500.
19. J. COPPENS (éd.), *Foi et réflexion philosophique. Mélanges Franz Grégoire* par P. Asveld, R. Aubert, J. Coppens, A. Dondeyne, J. Étienne, A. Lambert, M. Nédoncelle, J. Palsterman, H. van Waeyenbergh, G. Van Riet, A. Vergote. Gembloux, Duculot, 1961. In-8°, 231 p. FB 200.
20. J. COPPENS (éd.), *Mélanges Gonzague Ryckmans* par L. Cerfaux, R. F. Collins, J. Coppens, R. De Langhe, L. Dequeker, J. Giblet, J. Luyten, É. Massaux,

P. Naster, F. Neirynck, J. Pirenne, J. Ryckmans, H. van Waeyenbergh, J. Vergote. Gembloux, Duculot, 1963. In-8°, 168 p. FB 200.

21. Gustave THILS. *L'infaillibilité du peuple chrétien « in credendo »*. Louvain, Imprimerie Orientaliste; Bruges-Paris, Desclée De Brouwer, 1963. In-8°, 66 p. FB 50.
22. J. FÉRIN et L. JANSSENS. *Progestogènes et morale conjugale*. Gembloux, Duculot, 1963 (épuisé).
23. *Collectanea Moralia in honorem Eximii Domini Arthur Janssen*. Gembloux, Duculot, 1964. FB 200.
24. H. CAZELLES (éd.). *L'Ancien Testament et son milieu d'après les études récentes. De Mari à Qumrân* (Hommage J. Coppens, I) par J. Angénieux, A. Charue, M. Dahood, R. Le Déaut, A. Descamps, G. Dossin, A.-M. Dubarle, E. Jacob, J. Lust, J. Scharbert, G. Thils, D. Winton Thomas, J. van der Ploeg, L. Van Peteghem. Gembloux, Duculot, 1969. In-8°, 158*-370 p. FB 800.
25. I. DE LA POTTERIE (éd.). *De Jésus aux évangiles. Tradition et rédaction dans les évangiles synoptiques*, par P. Bonnard, J. Delorme. A.-M. Denis, M. Didier, A. George, J. Lambrecht, X. Léon-Dufour, S. McLoughlin, F. Neirynck, E. Rasco, M. Sabbe, B. M. F. van Iersel. Gembloux, Duculot, 1967. In-8°, 272 p. FB 500.
26. G. THILS et R. BROWN (éd.). *Exégèse et théologie* (Hommage J. Coppens, III) par P. Asveld, R. Brown, J. Cahill, P. Grelot, L. Malevez, M.-L. Ramlot, U. Scheire, G. Thils, S. Trooster, S. Van Riet, A. Vögtle. Gembloux, Duculot, 1968. In-8°, 328 p. FB 550.
27. J. COPPENS (éd.). *Ecclesia Spiritu sancto edocta. Mélanges Gérard Philips* par N. Afanassieff, G. Alberigo, G. Balič, A. Charue, Y. Congar, J. Coppens, P. De Haes, Ph. Delhaye, A. Descamps, S. Dockx, A. Dondeyne, N. Garcia, G. Geenen, J. Grootaers, J. Heuschen, A. Houssiau, J. Lecuyer, L. Malevez, Ch. Moeller, P. Molinari, P. Parente, K. Rahner, B. Rigaux, O. Rousseau, J. Salaverri, H. Schauf, Th. F. Torrance, S. Tromp, J. Van Haelst, H. Walgrave. Gembloux, Duculot, 1961. In-8°, 432 p. FB 300.
28. J. COPPENS (éd.). *Célibat et Sacerdoce. Études historiques et théologiques* par A. Charue, P. Chauchard, H. Crouzel, G. Cruchon, A. de Bovis, J. Folliet, J. Guitton, P. Hacker, L. Hödl, J. Höffner, H. Jedin, J. Kosnetter, L. Legrand, L. Leloir, M. Marini, J.-P. Massaut, M. Nédoncelle, G. Rambaldi, A. M. Stickler, F. Van Steenberghen. Gembloux, Duculot; Louvain BP 41, Éditions Peeters, 1971. In-8°, 740 p. FB 600.
29. M. DIDIER (éd.). *L'évangile selon Matthieu. Rédaction et théologie*, par É. Cothenet, A. Descamps, M. Devisch, J. Dupont, K. Gatzweiler, L. Hartman, J. Kahmann, J. Lambrecht, S. Légasse, C. M. Martini, F. Neirynck, D. Senior, J. Smit Sibinga, G. Strecker, F. Van Segbroeck, A. Vögtle. Gembloux, Duculot, 1971. In-8°, 432 p. FB 750.
30. J. KEMPENEERS. *Le Cardinal van Roey en son temps*. Gembloux, Duculot, 1971. In-8°, 312 p. (Épuisé).
31. F. NEIRYNCK. *Duality in Mark. Contributions to the Study of the Markan Redaction*. Leuven University Press, 1972. In-8°, 214 p. Out of print. New edition in preparation.

32. F. NEIRYNCK (éd.). *L'évangile de Luc. Problèmes littéraires et théologiques. Mémorial Lucien Cerfaux*, par L. Cerfaux, J. Coppens, B. Dehandschutter, J. Delobel, A. Denaux, A. Descamps, J. Duplacy, J. Dupont, E. E. Ellis, W. G. Kümmel, F. Neirynck, R. Pesch, É. Samain, W. C. van Unnik. Gembloux, Duculot, 1973. In-8°, 386 p. FB 650.
33. C. BREKELMANS (éd.). *Questions disputées d'Ancien Testament. Méthode et Théologie*, par J. Barr, P. A. H. de Boer, P. Buis, M. Dahood, L. Dequeker, E. Kutsch, J. Lévêque, D. J. McCarthy, R. Martin-Achard, H. D. Preuss, J. F. A. Sawyer. Leuven University Press & Gembloux, Duculot, 1974. In-8°, 202 p. FB 600. (Épuisé.)
34. M. SABBE (éd.). *L'évangile selon Marc. Tradition et rédaction*, par K. Aland, H. W. Bartsch, E. Best, M.-E. Boismard, J. Coppens, B. Dehandschutter, A. Descamps, M. Devisch, D. L. Dungan, W. Hendriks, J. Konings, J. Lambrecht, P. Mourlon Beernaert, F. Neirynck, N. Perrin, R. Pesch, J. Radermakers, J. M. Robinson, T. Snoy, J. M. Van Cangh. Leuven University Press & Gembloux, Duculot, 1974. In-8°, 596 p. FB 1100.
35. B. WILLAERT (éd.). *Miscellanea Albert Dondeyne. Godsdienstfilosofie. Philosophie de la Religion*, par E. De Keyser, N. de Pater, A. de Waelhens, U. Dhondt, A. Dondeyne, H. Duméry, L. Dupré, J. Étienne, A. Gesché, J. Grootaers, J. Ladrière, O. Laffoucrière, P. Masterson, M. Nédoncelle, G. Philips, J. Plat, C. Troisfontaines, J. Van der Veken, J. Van de Wiele, G. Van Riet, A. Vergote, J. Walgrave, A. Wylleman. Gembloux, Duculot, 1974. In-8°, 456 p. FB 800.
36. G. PHILIPS. *L'Union personnelle avec le Dieu vivant*. Gembloux, Duculot, 1974. In-8°, 302 p. FB 900. (Épuisé.)
37. F. NEIRYNCK in collaboration with T. HANSEN and F. VAN SEGBROECK. *The Minor Agreements of Matthew and Luke against Mark with a Cumulative List*. Louvain, Leuven University Press, 1974. In-8°, 330 p. FB 800. Distr.: Duculot, Gembloux.
38. J. COPPENS. *Le Messianisme et sa Relève prophétique. Les anticipations vétérotestamentaires. Leur accomplissement en Jésus*. Gembloux, Duculot, 1974. In-8°, 270 p. FB 700. (Épuisé.)
39. D. SENIOR, *The Passion Narrative according to Matthew. A Redactional Study*. Louvain, Leuven University Press, 1975. In-8°, 433 p. FB 550. Distr. : Duculot, Gembloux. (Épuisé.)
40. J. DUPONT (éd.). *Jésus aux origines de la christologie*, par P. Benoit, M. de Jonge, I. de la Potterie, A. L. Descamps, J. Dupont, E. E. Ellis, J. A. Fitzmyer, A. George, E. Käsemann, X. Léon-Dufour, E. Linnemann, D. Lührmann, J. B. Muddimann, F. Neirynck, M. Rese. Louvain, Leuven University Press & Gembloux. Duculot. 1975. In-8°, 376 p. FB 950. (Épuisé.)
41. J. COPPENS (éd.). *La notion biblique de Dieu. Du Dieu révélé au Dieu des Philosophes. Volume jubilaire des journées Bibliques*, par Card. B. Alfrink, A. P. Ackroyd, J. Coppens, A. Baruch, P. Bonnard, H. Cazelles, K. P. Donfried, A. Gesché, J. Giblet, M. Gilbert, A. Houssiau, J. Jónsson, L. Légasse, L. Legrand, N. Lohfink, J. Lust, B. Rigaux, E. Schweizer, H. Servotte, J. Van der Veken, W. C. van Unnik, A. Vögtle, W. Zimmerli. Louvain, Leuven University Press; Gembloux, Duculot, 1976. In-8°, 504 p. FB 1.100.

42. H. DEMEESTER (éd.). *Liber Amicorum Monseigneur Onclin*, par R. Baccari, P. Ciprotti, P.A. D'Avack, F.X. De Ayala, A. Del Portillo, W. Delva, A. Dordet, P. Fedele, G. Franssen, J. Gaudemet, J.H. Herbots, J. Herranz, J. Hervada, S. Kuttner, G. Leclerc, P. Lombardia, R. Metz, C. Moeller, K. Mörsdorf, M. Petroncelli, J.S. Quinn, J. Ronse, L. Spinelli, W. Van Gerven, W. Van Hecke. Louvain, Leuven University Press; Gembloux, Duculot, 1976. In-8°, 396 p.
43. R.E. HOECKMAN (éd.), *Pluralisme et Oecuménisme en Recherches théologiques. Mélanges offerts au R.P. Dockx, O.P.*, par Y. Congar, G. Dejaifve, H. de Lubac, P. de Vooght, J. Guitton, J. Hajjar, R.E. Hoeckman, T.I. Jiménez-Urresti, J. Lécuyer, P. Meinhold, É. Melia, Methodios, †M. Nédoncelle, K. Rahner, J. Ratzinger, E. Schlink, Ed. Schweizer, T.F. Torrance, J.J. von Allmen, J.H. Walgrave, N. Zernov. Gembloux, Duculot, 1976. In-8°, 316 p. F.B. 900.
44. M. DE JONGE (éd.). *L'Évangile de Jean*, par M.-E. Boismard, P. Bonnard, P. Borgen, R. Brown, J. Coppens, M. de Jonge, I. de la Potterie, J. Delobel, K.P. Donfried, J. Giblet, K. Hanhart, C.J.A. Hickling, Y. Janssens, B. Lindars, J.L. Martin, F. Neirynck, J. Painter, T.L. Pollard, E. Ruckstuhl, M. Sabbe, R. Schnackenburg, S.M. Schneiders, B. Schwank, J. Seynaeve, H. Thyen. Gembloux, Duculot; Leuven, University Press, 1977. In-8°, 416 p.
45. E.J.M. VAN EYL (éd.). *Facultas S. Theologiae Lovaniensis 1432-1797. Bijdragen tot haar geschiedenis. Contributions to its History. Contributions à son histoire*, par A.J. Black, H.J. Brandt, L. Burie, L. Ceyssens, E.J.M. van Eyl, J. IJsewijn, W. Lourdaux, E. De Maesschalck, J. Orcibal, J. Roegiers, M. Rotsaert, G. Tournoy, A. Vanneste, L. Vinken. Leuven, University Press, 1977. In-8°, 570 p. F.B. 1500. — avec une bibliographie: pp. 495-551, comprenant 1026 titres sur le passé de la faculté.
46. M. DELCOR (éd.). *Qumrân. Sa piété, sa théologie et son milieu* par M. Delcor, H. Stegemann, E.M. Laperrousaz, E. Szysman, M. Baillet, J.T. Milik, J. van der Ploeg, Y. Yadin, A.S. van der Woude, B. Jongeling, H. Pabst, H. Lichtenberger, P.W. Skehan, H.W. Brownlee, J. Carmiqnac, A. Caquot, J. Starcky, N. Ilg, Sh. Talmon, H.F. Fabry, J. Coppens, A. Jaubert, P.M. Bogaert, M. Hengel, J. Schmitt, S. Sabugal. Gembloux, Duculot; Leuven, Leuven University Press, 1978. In-8°, 432 p. F.b. 1550.
47. M. CAUDRON (éd.). *Foi et Société* par R. Aubert, A. Gesché, F. Dumont, F. Houtart, E. Schillebeeckx, J. Kerkhofs, K. Börresen, E. Boné, A. Vergote, A. Pitrou, M.-Th. Van Lunen-Chenu, J. Van Nieuwenhove, F. De Graeve, J. Ponthot, P. Asveld, H. Borrat, K. Dobbelaere, J. Billiet, J. Remy, H. Legrand, J.F. Lescrauwaet. Gembloux, Duculot; Leuven, Leuven University Press, 1978. In-8°, 304 p. F.b. 1150.
48. J. KREMER (éd.). *Les Actes des Apôtres. Traditions, rédaction, théologie.* Gembloux, Duculot; Louvain, University Press, 1979. In-8°, 590 p. Fb. 1600.
49. F. NEIRYNCK avec la collaboration de J. DELOBEL, T. SNOY, G. VAN BELLE et F. VAN SEGBROECK. *Jean et les Synoptiques. Examen de l'exégèse de M.-E. Boismard.* Gembloux, Duculot; Louvain, University Press, 1979. In-8°, XII-428 p. Fb. 950.
50. J. COPPENS. *La Relève apocalyptique du messianisme royal.* I. *La Royauté, le Règne, le Royaume de Dieu cadre de la Relève apocalyptique.* Louvain, Éditions Peeters, Postbus 41; Louvain, University Press, 1979. In-8°, 330 p.

Imprimerie Orientaliste, s.p.r.l., Louvain (Belgique)